Заключительный отчёт
Сорок шестое Консультативного совещания по Договору об Антарктике

КОНСУЛЬТАТИВНОЕ СОВЕЩАНИЕ
ПО ДОГОВОРУ ОБ АНТАРКТИКЕ

Заключительный отчёт Сорок шестое Консультативного совещания по Договору об Антарктике

Кочин, Индия
20 - 30 мая 2024 г.

Том I

Секретариат Договора об Антарктике
Буэнос-Айрес
2024

Консультативное совещание по Договору об Антарктике (46-е, 2024 г., Кочин) Заключительный отчёт Сорок шестое Консультативного совещания по Договору об Антарктике. Кочин, Индия 20 - 30 мая 2024 года.
Буэнос-Айрес, Секретариат Договора об Антарктике, 2024 г.
350 с.

ISBN 978-987-8929-38-5

1. Международное право – Природоохранные вопросы. 2. Система Договора об Антарктике. 3. Экологическое право – Антарктика. 4. Охрана окружающей среды – Антарктика.

DDC 341.762 5

Опубликовано:

Secretariat of the Antarctic Treaty
Secrétariat du Traité sur l' Antarctique
Секретариат Договора об Антарктике
Secretaría del Tratado Antártico

Maipú 757, piso 4
C1006ACI - Buenos Aires
Argentina
Tel: +54 11 3991 4250
ats@ats.aq

Эта книга доступна бесплатно в цифровом формате на https://www.ats.aq и в печатном виде на https://www.amazon.com/.

ISSN 2346-9919
ISBN 978-987-8929-38-5

Содержание

ТОМ I

Акронимы и сокращения	9
ЧАСТЬ I. ЗАКЛЮЧИТЕЛЬНЫЙ ОТЧЕТ	11
1. Заключительный отчет 46 КСДА	13
2. Отчет 26 КООС	101
3. Приложения	193
Приложение 1: Предварительная Повестка дня 47-го КСДА, Рабочие группы и распределение пунктов Повестки дня	195
Приложение 2: Коммюнике принимающей страны	197
ЧАСТЬ II. МЕРЫ, РЕШЕНИЯ И РЕЗОЛЮЦИИ	199
1. Меры	201
Мера 1 (2024 г.) Особо охраняемый район Антарктики № 116 «Долина Нью-Колледж и Пляж Коли» (мыс Бэрд, полуостров Росса): Пересмотренный План управления	203
Мера 2 (2024 г.) Особо охраняемый район Антарктики № 128 «Западный Берег Залива Адмиралти» (остров Кинг-Джордж (Ватерлоо), Южные Шетландские острова): Пересмотренный План управления	205
Мера 3 (2024 г.) Особо охраняемый район Антарктики № 135 «Северо-Восточная Часть Полуострова Бейли» (Берег Бадда, Земля Уилкса): Пересмотренный План управления	207
Мера 4 (2024 г.) Особо охраняемый район Антарктики № 136 «Полуостров Кларк» (Берег Бадда, Земля Уилкса, Восточная Антарктида): Пересмотренный План управления	209
Мера 5 (2024 г.) Особо охраняемый район Антарктики № 137 «Северо-Западная Часть Возвышенности Уайт» (залив Мак-Мердо): Пересмотренный План управления	211
Мера 6 (2024 г.) Особо охраняемый район Антарктики № 141 «Долина Юкидори» (Лангховде, залив Лютцов-Хольм): Пересмотренный План управления	213
Мера 7 (2024 г.) Особо охраняемый район Антарктики № 142 «Свартамарен»: Пересмотренный План управления	215
Мера 8 (2024 г.) Особо охраняемый район Антарктики № 151 «Лайонз-Рамп» (остров Кинг-Джордж (Ватерлоо), Южные Шетландские острова): Пересмотренный План управления	217
Мера 9 (2024 г.) Особо охраняемый район Антарктики № 154 «Залив Ботани» (мыс Джеолоджи, Земля Виктории): Пересмотренный План управления	219

Мера 10 (2024 г.) Особо охраняемый район Антарктики № 160 «Острова Фрейжер» (острова Уиндмилл, Земля Уилкса, Восточная Антарктика): Пересмотренный План управления — 221

Мера 11 (2024 г.) Особо охраняемый район Антарктики № 161 «Залив Терра-Нова» (море Росса): Пересмотренный План управления — 223

Мера 12 (2024 г.) Особо охраняемый район Антарктики № 171 «Мыс Наребски» (полуостров Бартон, остров Кинг-Джордж (Ватерлоо): Пересмотренный План управления — 225

Мера 13 (2024 г.) Особо охраняемый район Антарктики № 173 «Мыс Вашингтон и Бухта Сильверфиш» (залив Терра-Нова, море Росса): Пересмотренный План управления — 227

Мера 14 (2024 г.) Особо охраняемый район Антарктики № 175 «Высокогорные Геотермальные Участки Региона Моря Росса»: Пересмотренный План управления — 229

Мера 15 (2024 г.) Особо охраняемый район Антарктики № 180 «Архипелаг Островов Дейнджер» (Северо-восточная часть Антарктического полуострова): План управления — 231

Мера 16 (2024 г.) Особо охраняемый район Антарктики № 181 «Перевал Фарьер» (остров Хорсшу, залив Маргерит): План управления — 233

Мера 17 (2024 г.) План управления Особо охраняемым районом Антарктики № 182 «Западная Часть Пролива Брансфилд и Восточная Часть Бухты Далльманн» — 235

Мера 18 (2024 г.) Пересмотренный перечень Исторических мест и памятников Антарктики: новое Историческое место и памятник № 96 и обновление информации для Исторических мест и памятников № 93, № 63, № 75 и № 24 — 237

2. Решения — 241

Решение 1 (2024 г.) Уведомление от Консультативных сторон о списке Наблюдателей в соответствии со Статьей VII Договора об Антарктике и Статьей 14 Протокола по охране окружающей среды к Договору об Антарктике через Секретариат Договора об Антарктике — 243

Решение 2 (2024 г.) Пересмотренные Правила процедуры Консультативного совещания по Договору об Антарктике — 245

  Приложение: Пересмотренные Правила процедуры Консультативного совещания по Договору об Антарктике (2024 г.) — 247

Решение 3 (2024 г.) Отчет, программа и бюджет Секретариата — 261

  Приложение 1: Проверенный финансовый отчет за 2022/2023 финансовый год — 263

  Приложение 2: Предварительный Финансовый отчет за 2023/2024 финансовый год — 273

  Приложение 3: Программа работы Секретариата на 2024/2025 финансовый год — 277

Решение 4 (2024 г.) Многолетний стратегический план работы Консультативного совещания по Договору об Антарктике — 287

  Приложение: Многолетний стратегический план работы КСДА — 289

Решение 5 (2024 г.) Разработка Системы регулирования туристической и другой неправительственной деятельности в Антарктике 299

  Приложение: Перечень тем 301

3. Резолюции 303

Резолюция 1 (2024 г.) Пересмотренное Руководство по подготовке Планов управления Особо охраняемыми районами Антарктики 305

  Приложение: Руководство по подготовке Планов управления Особо охраняемыми районами Антарктики 307

Резолюция 2 (2024 г.) Общее руководство для посетителей Антарктики 343

  Приложение: Общее руководство для посетителей Антарктики 345

Дополнительные документы совещания, включая вступительную и заключительную речь, отчеты депозитариев и наблюдателей, список участников и прочие материалы, доступны на сайте СДА в разделе «Заключительные отчеты». Планы управления, утвержденные на данном совещании, доступны в виде приложений в Базе данных Договора об Антарктике.

Акронимы и сокращения

АКАП	Соглашение о сохранении альбатросов и буревестников
ЗБРА	Заповедные биогеографические регионы Антарктики
ОУРА	Особо управляемый район Антарктики
АСОК	Коалиция по Антарктике и Южному океану
ООРА	Особо охраняемый район Антарктики
СДА	Система Договора об Антарктике или Секретариат Договора об Антарктике
КСДА	Консультативное совещание по Договору об Антарктике
Сторона КСДА	Консультативная Сторона Договора об Антарктике
СЭДА	Совещание экспертов Договора об Антарктике
ВР	Вспомогательный документ
АНТКОМ	Конвенция о сохранении морских живых ресурсов Антарктики и (или) Комиссия по сохранению морских живых ресурсов Антарктики
КОАТ	Конвенция о сохранении тюленей Антарктики
CCRWP	Рабочая программа ответных мер в отношении изменения климата
ВООС	Всесторонняя оценка окружающей среды
КООС	Комитет по охране окружающей среды
КОМНАП	Совет управляющих национальных антарктических программ
ОВОС	Оценка воздействия на окружающую среду
СЭОИ	Система электронного обмена информацией
ГКА	Гидрографический комитет по Антарктике
ИМП	Историческое место и памятник
МААТО	Международная ассоциация антарктических туристических операторов
КОТ	Ключевая орнитологическая территория
ИКАО	Международная организация гражданской авиации
МКГ	Межсессионная контактная группа
ПООС	Первоначальная оценка окружающей среды
IGP&I Clubs	Международная группа ассоциаций (клубов) взаимного страхования
МГО	Международная гидрографическая организация
ИМО	Международная морская организация
МОК	Межправительственная океанографическая комиссия
Фонды IOPC	Международные фонды для компенсации ущерба от загрязнения нефтью
IP	Информационный документ
МГЭИК	Межправительственная группа экспертов по изменению климата
МСОП	Международный союз охраны природы
МОР	Морской охраняемый район
НКО	Национальный компетентный орган
СКЦ	Спасательно-координационный центр
SAR	Поиск и спасание
СКАР	Научный комитет по антарктическим исследованиям
НК-АНТКОМ	Научный комитет АНТКОМ
SGCCR	Вспомогательная группа по ответным мерам в отношении

	изменения климата
ВГПУ	Вспомогательная группа по планам управления
СОЛАС	Международная конвенция по охране человеческой жизни на море
SOOS	Система наблюдений Южного океана
SP	Документ Секретариата
ТЗ	Техническое задание
БПЛА/ДПАС	Беспилотный летательный аппарат / дистанционно пилотируемая авиационная система
ЮНЕП	Программа ООН по окружающей среде
РКИК ООН	Рамочная конвенция ООН об изменении климата
VSSOS	Ночёвки, организованные при поддержке судов
ВМО	Всемирная метеорологическая организация
WP	Рабочий документ
ВТО	Всемирная туристическая организация

ЧАСТЬ I

Заключительный Отчёт

1. Заключительный отчет
   46 КСДА

Заключительный отчёт Сорок шестое Консультативного совещания по Договору об Антарктике

Кочин, Индия, 21 – 30 мая 2024 г.

(1) В соответствии со ст. IX Договора об Антарктике представители Консультативных Сторон (Австралии, Аргентины, Бельгии, Болгарии, Бразилии, Соединенное Королевство Великобритании и Северной Ирландии, Германии, Индии, Испании, Италии, Китая, Нидерландов, Новой Зеландии, Норвегии, Перу, Польши, Республики Корея, Российской Федерации, Соединенных Штатов Америки, Украины, Уругвая, Финляндии, Франции, Чехии, Чили, Швеции, Эквадора, Южно-Африканской Республики и Японии) собрались в г. Кочине в период с 21 по 30 мая 2024 года с целью обмена информацией, проведения консультаций, а также выработки, рассмотрения и рекомендации своим правительствам мер по дальнейшему претворению в жизнь принципов и целей Договора. Совещание прошло очно с виртуальной аудиторией.

(2) На Совещании также присутствовали делегации следующих Договаривающихся Сторон Договора об Антарктике, не являющихся Консультативными Сторонами: Беларуси, Венесуэлы, Канады, Колумбии, Малайзии, Португалии, Румынии, Турции, Швейцарии и Эстонии.

(3) В соответствии с Правилами 2 и 31 Правил процедуры, в работе Совещания приняли участие Наблюдатели от Комиссии по сохранению морских живых ресурсов Антарктики (АНТКОМ), Научного комитета по антарктическим исследования (СКАР) и Совета управляющих национальных антарктических программ (КОМНАП).

(4) В соответствии с Правилом 39 Правил процедуры в работе Совещания приняли участие Эксперты от следующих международных и неправительственных организаций: Коалиции по Антарктике и Южному океану (АСОК), Международной ассоциации антарктических туристических операторов (МААТО), Международного союза охраны природы (МСОП), Программы ООН по охране окружающей среды и Всемирной метеорологической организации (ВМО).

(5) Индия в качестве принимающей страны выполнила все требования в отношении информационного обеспечения Договаривающихся Сторон, Наблюдателей и Экспертов путем рассылки циркуляров и писем Секретариата и размещения информации на специально предназначенном для этих целей сайте Секретариата.

Пункт 1: Открытие Совещания

(6) Официальное открытие Совещания состоялось 21 мая 2024 г. От имени правительства страны-организатора и в соответствии с Правилами 5 и 6 Правил процедуры Глава Секретариата правительства страны-организатора д-р Виджай Кумар (Vijay Kumar) открыл Совещание и предложил кандидатуру посла Панкаджа Сарана (Pankaj Saran) в качестве Председателя 46-го КСДА. Предложение было принято, и посол Саран был назначен Председателем 46-го КСДА в соответствии с Правилом 6.

(7) Председатель тепло приветствовал все Стороны, Наблюдателей и Экспертов в Кочине. Председатель поблагодарил Совещание за оказанное доверие и выразил надежду на то, что Стороны смогут продуктивно взаимодействовать на благо Антарктики и Договора об Антарктике. Отметив удаленность и суровые условия антарктической зимы, Председатель признал ценный вклад участников

национальных антарктических программ в поддержку и проведение научных исследований на Антарктическом континенте.

(8) Делегаты почтили минутой молчания память друзей, коллег и сотрудников, которые были активными членами антарктического сообщества и ушли из жизни в прошлом году.

(9) Министр Кирен Риджиджу (Kiren Rijiju) – член Объединенного совета министров, Министерства наук о Земле и Министерства пищевой промышленности правительства Индии – поприветствовал делегатов в Кочине и отметил, что для Индии является большой честью во второй раз принимать КСДА. Г-н Риджиджу напомнил о древней санскритской мудрости *Васудхайва Кутумбакам*, что означает «одна земля, одна семья, одно будущее», в качестве руководящего принципа для объединения Сторон в рамках Системы Договора об Антарктике, содействия миру, сотрудничеству и сохранению Антарктики для человечества. Г-н Риджиджу подчеркнул, что Индия гордится своим вкладом в продолжающийся диалог, и подчеркнул, что сотрудничество имеет важное значение для управления самым нетронутым континентом на планете. Он отметил, что Антарктика с ее обширными ледяными просторами является важнейшим регулятором климата и индикатором его изменения. Она скрывает бесценную информацию о прошлом и будущем климата планеты, а также выступает в качестве динамичной живой лаборатории, которая нуждается в максимально возможной охране Сторон. Он напомнил, что связь Индии с Антарктикой восходит к 1956 году, когда Индия на 11-й Генеральной Ассамблее ООН выступила за признание Антарктики территорией мира. Он отметил, что после первой индийской научной экспедиции в Антарктику в 1981 г. Индия по сей день сохраняет приверженность принципам Договора об Антарктике с целью использования Антарктики в мирных и научных целях. Он напомнил, что индийская научно-исследовательская станция Мейтри, основанная в 1989 г., была основной рабочей площадкой страны, которая способствовала проведению многочисленных научных исследований и экспедиций, и стала светочем неизменной приверженности Индии исследованиям в Антарктике. Он также добавил, что в 2012 г. Индия расширила свой исследовательский потенциал за счет постройки станции Бхарати, повторно подтвердив свою приверженность миру и науке. Г-н Риджиджу объявил, что Индия планирует расширить свой исследовательский потенциал за счет строительства новой станции Мейтри-II, и подчеркнул, что целью Индии является укрепление глобальных научных знаний, в частности ключевых исследований в области смягчения последствий изменения климата. Г-н Риджиджу подчеркнул решающую роль Антарктики в регулировании глобального климата, уровня моря и океанических течений, погодных условий и морской флоры и фауны, а также подчеркнул, что ее охрана имеет важное значение для сохранения биоразнообразия и экологического баланса. Г-н Риджиджу подчеркнул, что своим участием в усилиях по сохранению Стороны могут гарантировать, что этот нетронутый деятельностью человека континент останется символом международного сотрудничества и рационального использования окружающей среды. Он призвал Стороны подтвердить свою совместную приверженность этим принципам и работать над сохранением Антарктики для будущих поколений, укрепляя дух сотрудничества и взаимоуважения, а также отметил, что решения, принятые на совещании, напомнят о себе со временем, определяя судьбу этой нетронутой земли. Он пожелал Сторонам успешного совещания и повторно призвал к сотрудничеству как в глобальной семье для пользы планеты и сохранения Антарктике.

(10) Посол Паван Капур (Pavan Kapoor) – секретарь Министерства иностранных дел Индии (страны Запада) правительства Индии – поблагодарил Председателя и приветствовал все Стороны на 46-м КСДА. Он отметил, что для Индии является

1. Заключительный отчет

большой честью во второй раз принимать КСДА. Он подчеркнул важность Антарктики как естественной лаборатории для понимания океанических систем и изменения климата, а также подчеркнул необходимость продвижения научных знаний для поиска решений проблем изменения климата и глобального потепления, особенно в полярных экосистемах. Он упомянул, что Индия соблюдает основополагающие принципы Системы Договора об Антарктике, и призвал все Стороны также следовать этим принципам. Ссылаясь на ст. 2 Протокола по охране окружающей среды, посол Капур подчеркнул, что Стороны должны продемонстрировать свою приверженность определению Антарктики в качестве природного заповедника, предназначенного для мира и науки. Посол Капур подчеркнул, что 43-я антарктическая экспедиция Индии, проводимая в настоящее время, включает ученых из Бангладеш и Маврикия, и отметил, что Индия готова к любому возможному сотрудничеству со всеми Сторонами-единомышленниками для проведения совместных научных исследований в Антарктике. Посол Капур сослался на Закон Индии об Антарктике, который соответствует присоединению Индии к Договору об Антарктике, Мадридскому протоколу и Конвенции о сохранении морских живых ресурсов Антарктики. Он добавил, что Закон направлен на обеспечение стабильного, прозрачного и подотчетного процесса регулирования интересов и участия Индии в деятельности в Антарктике, включая туризм и рыболовство. В заключение он настоятельно призвал все Стороны принять участие в ориентированных на результат дискуссиях по разработке системы регулирования туризма, крайне важной для охраны первозданной окружающей среды Антарктики и связанных с ней хрупких экосистем.

(11) Д-р Шайлеш Наяк (Shailesh Nayak), директор Национального института современных исследований и бывший секретарь Министерства наук о Земле правительства Индии, подчеркнул, что Антарктика является уникальной территорией, свободной от суверенного контроля и международных разногласий, а также отметил значительные успехи в понимании роли региона в модулировании глобальной погоды и климата. Д-р Наяк подчеркнул, что в контексте изменения климата есть три ключевых вопроса, которые требуют внимания. Во-первых, он отметил, что скорость таяния полярных ледниковых щитов увеличилась, способствуя повышению глобального уровня моря и что стабильность шельфовых ледников Антарктики и смещение атмосферных рек в сторону Антарктики вызывают серьезную озабоченность у всего мира. Д-р Наяк сообщил, что вторая проблема связана с воздействием регионального потепления, закисления океана и изменений распределения морского льда на биологические виды Антарктики, экосистемы и ресурсы. Он отметил, что среды обитания и доступность пищи для многих видов сокращаются, некоторые популяции пингвинов приходят в упадок и перемещаются в другие районы из-за потепления, а также существует риск того, что неместные виды станут инвазивными. Д-р Наяк подчеркнул, что третий вопрос связан с растущим спросом на ресурсы и потенциалом для разработки полезных ископаемых, отметив, что Протокол по охране окружающей среды запрещает такую деятельность только для Договаривающихся сторон, что может еще больше усугубиться нерегулируемым туризмом. Он отметил необходимость стратегий охраны экологически уязвимых районов, важность долгосрочного мониторинга и исходных данных для морской флоры и фауны, а также проблемы, связанные с расширением антропогенной деятельности, в том числе и туризма. Д-р Наяк призвал к более строгому соблюдению природоохранного законодательства, повышению качества научной информации, особенно прогнозов изменения климата, и принятию решений для преодоления этих глобальных проблем. Он признал роль КСДА в качестве платформы для международного сотрудничества с целью охраны окружающей среды и научных ценностей Антарктики. Д-р Наяк призвал к

сотрудничеству и взаимному уважению, чтобы обеспечить сохранение Антарктики для будущих поколений.

Пункт 2: Выборы должностных лиц и формирование Рабочих групп

(12) Д-р Анна Фьоретти (Anna Fioretti), глава делегации Италии, которая будет принимающей страной 47-го КСДА, была избрана Заместителем Председателя Совещания. В соответствии с Правилом 7 процедуры, г-н Альберт Льюберас Бонаба (Albert Lluberas Bonaba), Исполнительный секретарь Секретариата Договора об Антарктике, исполнял обязанности Секретаря Совещания. Обязанности Заместителя Секретаря Совещания были возложены на д-ра Виджая Кумара – Главу Секретариата принимающей страны.

(13) Совещание отметило, что заседание Комитета по охране окружающей среды возглавлял его первый Заместитель Председателя д-р Ануп Кумар Тивари (Anoop Kumar Tiwari) из Индии при поддержке вице-председателя д-ра Хайке Хераты (Heike Herata) из Германии.

(14) Были сформированы три Рабочие группы:

- Рабочая группа 1: по стратегическим, правовым и институциональным вопросам;
- Рабочая группа 2: по вопросам операционной, научной и туристической деятельности;
- Специальная рабочая группа 3: по разработке системы регулирования туризма.

(15) Были избраны следующие Председатели Рабочих групп:

- Рабочая группа 1: г-н Теодор Килл (Theodore Kill) из США;
- Рабочая группа 2: г-жа Соня Рамос Гарсия (Sonia Ramos Garcia) из Испании и д-р Филлип Трейси (Phillip Tracey) из Австралии;
- Специальная рабочая группа 3: проф., д-р Рене Лефебер (René Lefeber) из Нидерландов.

Пункт 3: Принятие Повестки дня, распределение пунктов по Рабочим группам и рассмотрение Многолетнего стратегического плана работы

(16) Была принята следующая Повестка дня:

1. Открытие Совещания
2. Выборы должностных лиц и формирование Рабочих групп
3. Принятие Повестки дня, распределение пунктов по Рабочим группам и рассмотрение Многолетнего стратегического плана работы
4. Работа Системы Договора об Антарктике: отчеты и доклады Сторон, Наблюдателей и Экспертов
5. Отчет Комитета по охране окружающей среды
6. Работа Системы Договора об Антарктике:
   a. Заявка Канады на получение статуса Консультативной Стороны
   b. Заявка Беларуси на получение статуса Консультативной Стороны
   c. Общие вопросы
7. Работа Системы Договора об Антарктике: вопросы, касающиеся Секретариата
8. Материальная ответственность
9. Биопроспектинг в Антарктике

1. Заключительный отчет

10. Обмен информацией
11. Вопросы образования
12. Многолетний стратегический план работы:
    a. Стратегические, правовые и институциональные приоритеты
    b. Научная, операционная и туристическая деятельность
13. Безопасность и операционная деятельность в Антарктике
14. Инспекции в рамках Договора об Антарктике и Протокола по охране окружающей среды
15. Вопросы науки, будущих проблемных аспектов научной деятельности, научного сотрудничества и содействия
16. Последствия изменения климата для режима управления в районе Договора об Антарктике
17. Туризм и неправительственная деятельность в районе Договора об Антарктике, включая рассмотрение вопросов компетентных органов
18. Разработка Системы регулирования туризма
19. Подготовка 47-го Совещания
20. Прочие вопросы
21. Принятие Заключительного отчета
22. Закрытие Совещания

(17) Совещание приняло следующее распределение пунктов Повестки дня:
- Пленарные заседания: пункты 1, 2, 3, 4, 5, 6a, 6b, 19, 20, 21, 22.
- Рабочая группа 1: пункты 6c, 7, 8, 9, 10, 11, 12a.
- Рабочая группа 2: пункты 12b, 13, 14, 15, 16, 17.
- Специальная рабочая группа 3: Пункт 18.

(18) Совещание также приняло решение направлять проекты нормативных актов, которые могут быть подготовлены по результатам работы Комитета по охране окружающей среды и Рабочих групп, в группу правовых консультаций для рассмотрения правовых и институциональных аспектов данных документов.

Пункт 4: Работа Системы Договора об Антарктике: отчеты и доклады Сторон, Наблюдателей и Экспертов

(19) В соответствии с Рекомендацией XIII-2 Совещание получило отчеты от правительств-депозитариев и секретариатов.

(20) Соединенные Штаты Америки, выступая в качестве Правительства-депозитария Договора об Антарктике и Протокола по охране окружающей среды, представили отчет о состоянии Договора об Антарктике и Протокола по охране окружающей среды к Договору об Антарктике (IP 95 ред. 2). С момента последнего доклада к Договору об Антарктике присоединилась одна страна. США отметили, что Королевство Саудовская Аравия сдало на хранение свой документ о присоединении 22 мая 2024 г., и в тот же день Договор об Антарктике вступил в силу для Королевства Саудовская Аравия. В отношении Меры 1 (2005 г.), в которой рекомендуется сделать Приложение VI о Материальной ответственности, возникающей в результате чрезвычайных экологических ситуаций, частью Протокола по охране окружающей среды, США сообщили, что Чехия утвердила Меру 1 (2005 г.) 21 мая 2024 г. В отношении Меры 16 (2009 г.) (Приложение II с

поправками) – Чехия одобрила Меру 16 (2009 г.) 21 мая 2024 г. США сообщили, что на текущий момент Договаривающимися Сторонами Договора являются 57 государств, а 42 государства являются Сторонами Протокола.

(21) США подчеркнули, что Президент США совсем недавно утвердил новый политический курс США в отношении Антарктического региона, отметив, что это первое изменение Президентского политического курса в отношении Антарктики с 1994 года. США также признали ценную работу и значительный вклад д-ра Полли Пенхейл в работу КСДА и КООС за последние 21 год.

(22) Австралия, выступая в качестве Правительства-депозитария Конвенции о сохранении морских живых ресурсов Антарктики (Конвенция АНТКОМ), сообщила о том, что с момента закрытия XLV КСДА она не получила ни запросов о присоединении к Конвенции, ни каких-либо документов о присоединении (IP 50).

(23) Великобритания, выступая в качестве Правительства-депозитария Конвенции о сохранении тюленей Антарктики (КОАТ), проинформировала о том, что после завершения работы XLV КСДА к ней не поступало никаких ходатайств о присоединении к Конвенции и никаких документов о присоединении (IP 81). Великобритания напомнила Договаривающимся сторонам КОАТ, что обмен информацией за отчетный период с 1 марта 2023 г. по 28 февраля 2024 г. должен быть произведен до 30 июня 2024 г. Великобритания призвала все Стороны КОАТ к своевременному предоставлению информации.

(24) Австралия, выступая в качестве правительства-депозитария Соглашения о сохранении альбатросов и буревестников (АКАП), проинформировала, что со времени завершения работы XLV КСДА ни одно новое государство не присоединилось к Соглашению и что в настоящий момент участниками данного Соглашения являются 13 государств (IP 49).

(25) АНТКОМ представила IP 34 ред. 1 *Отчет Наблюдателя АНТКОМ для Сорок шестого Консультативного совещания по Договору об Антарктике*, в котором сообщалось о 42-м Ежегодном совещании Комиссии по сохранению морских живых ресурсов Антарктики (АНТКОМ-42), состоявшемся в Хобарте (Австралия) с 16 по 27 октября 2023 г. Председателем совещания был г-н В. Цимбалюк (V. Tsymbaliuk) (Украина). АНТКОМ отметила, что Постоянный комитет по выполнению и соблюдению (SCIC), Постоянный комитет по административным и финансовым вопросам (SCAF) и Научный комитет заседали в Хобарте в течение недели с 16 по 20 октября 2023 г. В ответ на угрозы, связанные с высокопатогенным птичьим гриппом (ВППГ), Комиссия просила Секретариат АНТКОМ сотрудничать с другими организациями в целях отслеживания вспышек ВППГ и разработки руководства по ВППГ для рыболовных судов и научных наблюдателей. АНТКОМ сообщила, что в связи с новым подходом к управлению промыслом криля, разрабатываемым Комиссией, были предложены изменения в природоохранных мерах, связанных с крилем, включая предложение о сборе акустических данных с рыболовных судов. Комиссия согласилась провести совместно с Научным комитетом симпозиум в 2024 г., на котором будут представлены рекомендации для АНТКОМ о шагах по согласованию внедрения пересмотренного подхода к управлению промыслом криля и созданию МОР в Домене 1 в регионе Антарктического полуострова. Комиссия приняла пересмотренные природоохранные меры, касающиеся промысла клыкача и ледяной рыбы. АНТКОМ сообщила, что Третье специальное совещание Комиссии (CCAMLR-SM-III) состоялось в Сантьяго, Чили, с 19 по 23 июня 2023 г. для рассмотрения вопроса о том, как продвигать разработку, определение и реализацию МОР. Комиссия отметила, что, несмотря на то, что не удалось достичь желаемого результата в виде создания плана по созданию репрезентативной системы МОР, совещание позволило

1. Заключительный отчет

лучше понять различные позиции среди членов, что способствовало более четкому видению дальнейших действий. АНТКОМ сообщила, что проведет свое следующее совещание в Хобарте с 14 по 25 октября 2024 г.

(26) СКАР представил Информационный документ IP 10 *Ежегодный доклад Научного комитета по антарктическим исследованиям за 2024 г. 46-му Консультативному совещанию по Договору об Антарктике*, в котором описана его недавняя работа по продвижению научных исследований и содействию расширения научного познания, более глубокому пониманию и просвещению в вопросах, связанных с Антарктикой. СКАР проинформировал Совещание о том, что его ведущие научно-исследовательские программы – Нестабильности и пороги в Антарктике (INStabilities & Thresholds in ANTarctica) (INSTANT), AntClimNow и AntICON – продолжают работу по высокоприоритетным актуальным научным вопросам. Также была освещена деятельность групп СКАР, включая работу в области высокопатогенного птичьего гриппа (ВППГ), Инициативную группу RINGS, Экспертную группу по вопросам криля, Группу экспертов по Антарктической системе прибрежных и наземных наблюдений (ANTOS), Группу экспертов по астрономии и астрофизике в Антарктике (AAA), Инициативную группу Plastics, а также подготовку новой группы по вопросам программы мониторинга и оценки в Антарктике (AnMAP). СКАР уведомил Совещание о том, что он продолжает участвовать в работе органов Организации Объединенных Наций: СКАР принял участие в ряде сопутствующих мероприятий на Конференции Организации Объединенных Наций по изменению климата (КС-28), а также отметил, что недавно получил аккредитацию от Программы Организации Объединенных Наций по окружающей среде. СКАР уведомил Совещание о том, что его 11-я Открытая научная конференция будет проведена в г. Пукон, Чили, с 19 по 23 августа 2024 г., а 38-е Совещание делегатов будет проведено в г. Пунта-Аренас, Чили, с 26 по 28 августа 2024 г.

(27) КОМНАП представил IP 16 *Ежегодный отчет Совета управляющих национальных антарктических программ (КОМНАП) за 2023/2024 гг.*, также ссылаясь на свое Ежегодное общее собрание 2023 г., 20-й симпозиум КОМНАП (BP 3) и 5-й семинар КОМНАП по вопросам поисково-спасательных операций (IP 1). КОМНАП отметил, что после присоединения Португалии, его членами являются 33 национальные антарктические программы. КОМНАП подчеркнул готовность и реагирование на повышенный риск ВППГ в Антарктике, который впервые возник в результате естественной миграции видов диких животных в район действия Договора об Антарктике в конце декабря 2023 г., и отметил продолжение работы в области ВППГ (WP 47 и IP 4). В документе представлены примеры международного сотрудничества и отмечен ряд инструментов КОМНАП, разработанных в поддержку обмена информацией и мер безопасности. КОМНАП также отметил свою работу по повышению эффективности операций, предотвращению притеснений в Антарктике, разработке передовых методов в поддержку содействия науке, а также в области образования и информационно-просветительской деятельности.

(28) Совещание поблагодарило КОМНАП за его отчет и признало ценность его поддержки для Системы Договора об Антарктике, отметив важность устойчивого сотрудничества между национальными антарктическими программами в поддержку научных исследований и безопасных операций в Антарктике.

(29) В рамках положений ст. III-2 Договора об Антарктике вниманию Совещания были представлены доклады других международных организаций.

(30) ВМО представила IP 9 ред. 1 *Годовой отчет Всемирной метеорологической организации (ВМО)*. ВМО отметила, что ее цель, закрепленная в Конвенции

Всемирной метеорологической организации, охватывает ряд технологических и научных мероприятий по исследованию погоды и климата, которые имеют отношение к работе КСДА. ВМО сообщила о различных аспектах научной деятельности в Антарктике, своих всемирных программах исследований климата и погоды, а также своих услугах в области климата Антарктике, включая участие в панельной дискуссии на высшем уровне по высоким горам и ледникам. ВМО воспользовалась этой возможностью, чтобы повторно заявить о свей приверженности сотрудничеству с Системой Договора об Антарктике и другими экспертными органами в духе Резолюции 2 (2014 г.) об океанографических и криосферных исследованиях.

(31) АСОК представила IP 142 *Отчет АСОК для КСДА*. АСОК сообщила о своей деятельности, имеющей отношение к работе КСДА и охране окружающей среды Антарктики. К ней относятся участие в совещаниях ИМО, РКИК ООН и АНТКОМ и широкая поддержка научных исследований и информационно-просветительской деятельности в отношении криля, усатых китов, пингвинов и других видов, а также их естественных сред обитания. Информационно-просветительская деятельность включала участие во Всемирном дне пингвинов и Всемирном дне криля. АСОК отметила, что продолжающееся воздействие изменения климата в Антарктике и Южном океане привлекло к себе еще большее внимание в прошлом году, и поблагодарила Стороны и КОМНАП, СКАР и МААТО за их межсессионное сотрудничество. В результате наблюдений за тем, как независимые субъекты начали продвигать геотехнические решения в Антарктике, АСОК также заявила, что считает эти инициативы ошибочными и что наиболее эффективным методом смягчения неблагоприятного изменения климата по-прежнему является глобальное сокращение выбросов.

(32) МААТО представила IP 101 *Доклад Международной ассоциации антарктических туристических операторов за 2023–2024 гг.* МААТО отметила свое продолжающееся сотрудничество со СКАР и КОМНАП для решения потенциальных проблем, связанных с ожидаемым появлением ВППГ в районе Антарктики, включая пересмотр своих руководящих принципов и протоколов, а также подчеркнула деятельность, предпринятую в течение сезона, и поддержку научной экспедиции. МААТО обратила внимание на работу, проделанную в отношении ее пятилетней стратегии *Embracing Our Role as Stewards of Antarctica [Осознавая нашу роль служителей Антарктики]*, и отметила, что на ее ежегодном общем собрании 2024 г. были утверждены 17 новых Правил поведения МААТО для посетителей участков. МААТО поблагодарила некоторые Стороны и экспертов за участие в ее ежегодном совещании и пригласила все Стороны присоединиться к нему в предстоящем году в Португалии. МААТО повторно заявила о своей постоянной поддержке научной работы в Антарктике, включая совместные с КОМНАП стипендии для начинающих ученых и материально-техническую поддержку национальных антарктических программ. МААТО также выразила признательность за возможность продолжить участие в межсессионных обсуждениях, включая Ежегодное общее собрание КОМНАП и онлайн Семинар по мониторингу туризма, организованный Германией в октябре 2023 г.

(33) Совещание поблагодарило ВМО, АСОК и МААТО за их доклады и приветствовало их постоянный вклад в работу КСДА и КООС.

(34) Д-р Шиба Ченоли (Sheeba Chenoli) выступила с лекцией по IP 162 *Decoding the Intricate Link Between the Tropics and Antarctica [Расшифровка сложной связи между тропиками и Антарктикой]* (СКАР). Д-р Ченоли объяснила, что в последнее время улучшилось научное понимание влияния тропиков на климат Антарктики, что имеет значительные последствия для понимания и прогнозирования будущих изменений климата Антарктики и шельфовых ледников. Д-р Ченоли представила концепцию

1. Заключительный отчет

климатических взаимодействий между Антарктикой и тропическими широтами и проиллюстрировала их на конкретных примерах регионального воздействия тропических погодных явлений из Индийского и Атлантического океанов в Антарктике, а также влияния антарктической изменчивости климата и погоды, ощущаемой на участках суши в Индийском океане и Южном полушарии, таких как Южная Америка и Австралия, а также на индийские муссоны из-за дальних корреляционных связей с Антарктикой. Она рассказала о текущей работе и информационно-просветительской деятельности СКАР и подчеркнула необходимость будущих исследований по этой важной теме.

(35) Совещание поблагодарило д-ра Ченолу за ее лекцию и признало важность этой темы для Системы Договора об Антарктике в целом. Стороны подчеркнули важность выводов, которые помогли понять различные дальние корреляционные связи между климатическими условиями Антарктики и глобальными погодными явлениями, включая муссоны и Эль-Ниньо. Совещание высоко оценило продолжающуюся работу СКАР, подчеркнуло необходимость устойчивых долгосрочных наблюдений и улучшения климатических моделей, а также вновь заявило о своей приверженности поддержке научных исследований в Антарктике посредством СКАР и национальных антарктических программ.

Пункт 5: Отчет Комитета по охране окружающей среды

(36) Д-р Ануп Кумар Тивари, первый Заместитель Председателя Комитета по охране окружающей среды, представил Отчет 26-го заседания КООС. КООС рассмотрел 43 Рабочих документа и 85 Информационных документов, отметив постоянство рабочей нагрузки за последние несколько лет. Д-р Тивари отметил, что 38 из 42 Членов приняли участие в 26-м КООС

(37) Д-р Тивари напомнил о циркулярном письме СДА 4/2024, в котором Сторонам сообщалось об отставке Председателя КООС Патрисии Ортусар (Patricia Ortúzar) из Аргентины. Д-р Тивари пояснил, что в соответствии с Правилом 17 Правил процедуры КООС совещание КООС проходило под председательством первого Заместителя Председателя, и поблагодарил второго Заместителя Председателя д-ра Хайке Херату из Германии за ее поддержку.

(38) Председатель КООС отметила, что со времени последнего заседания новых присоединившихся сторон к Протоколу не было и что КООС по-прежнему состоит из 42 Членов.

(39) Совещание поблагодарило Д-ра Тивари за готовность оперативно председательствовать в КООС, а также за эффективную координацию, обеспеченную обоими заместителями Председателя во время 26-го КООС. Оно также признало масштабность работы, проделанной КООС, и поблагодарило его Членов за их усилия.

(40) Совещание подчеркнуло важную роль КООС при предоставлении Сторонам рекомендаций, связанных с реализацией Протокола по охране окружающей среды. Некоторые Стороны отметили важность того, чтобы все Члены КООС активно участвовали в межсессионной работе, отметив, что некоторые Члены выразили озабоченность и возражения лишь во время совещания КООС, хоть и не участвовали в межсессионных дискуссиях.

(41) Некоторые Стороны, напомнив, что КООС является независимым органом, также предложили КООС и КСДА рассмотреть вопрос о внесении поправок в свои графики совещаний, чтобы максимально расширить возможности КСДА по всестороннему рассмотрению и принятию мер в ответ на рекомендации КООС.

Стратегическое обсуждение дальнейшей работы КООС (пункт 3 Повестки дня КООС)

(42) Председатель КООС уведомила, что Комитет обсудил результаты работы Межсессионной контактной группы (МКГ), созданной на XXV заседании КООС для разработки проекта пересмотренного Пятилетнего плана работы для его последующего рассмотрения на 26-м КООС и предоставления рекомендаций по практическим мерам, которыми КООС мог бы пользоваться при инициировании, реализации и мониторинге хода выполнения действий в рамках плана работы. Комитет постановил принять Пятилетний план работы. Он также постановил, что Пятилетний план работы будет по-прежнему пересматриваться и обновляться с учетом согласованных результатов обсуждений на КООС и стратегически пересматриваться на регулярной основе.

(43) Совещание высоко оценило завершение КООС обзора Пятилетнего плана работы. Было отмечено, что Пятилетний план работы является гибким и практическим руководством для КООС и важным инструментом для доведения приоритетов и действий КООС до сведения КСДА и более широкой аудитории.

Работа КООС (пункт 4 Повестки дня КООС)

(44) Председатель КООС сообщила, что в межсессионный период 2023-2024 гг. был достигнут прогресс и получены результаты для представления на 27-м КООС.

(45) Некоторые Стороны отметили, что с 2013 г. КСДА не получало никаких новых рекомендаций от КООС по вопросам материальной ответственности, возникающей в результате чрезвычайных экологических ситуаций. Отметив, что КСДА постановило обсудить сроки возобновления переговоров об ответственности в 2025 г., они предположили, что для КООС было бы полезно рассмотреть вопрос о том, остаются ли актуальными его рекомендации 2013 г.

Сотрудничество с другими организациями (пункт 5 Повестки дня КООС)

(46) Председатель КООС сообщила, что в Комитет поступили годовые отчеты от его Наблюдателей и что были назначены представители КООС для проведения совещаний с другими организациями в течение предстоящего года.

Последствия изменения климата для окружающей среды: Стратегический подход (пункт 7 Повестки дня КООС)

Стратегический подход

(47) Председатель КООС сообщила, что Комитет постановил сообщить КСДА о своей поддержке разработки руководства по передовым методам использования возобновляемых источников энергии в Антарктике, об увеличении масштаба использования возобновляемых источников энергии в операциях в Антарктике и содействии инновационному применению новых экологически чистых энергетических объектов и технологий, подходящих для уникальной антарктической среды. В своей рекомендации Комитет также отметил, что КОМНАП обсудит вопрос энергоэффективности на своем совещании в августе 2024 г. и представит результаты на рассмотрение КСДА и КООС.

(48) Совещание поддержало разработку руководства по передовым методам использования возобновляемых источников энергии в Антарктике и другие рекомендации КООС. Совещание также приветствовало работу КОМНАП, который согласился внести свой вклад в эти усилия.

(49) Председатель КООС также сообщила, что Комитет также рассмотрел предложение о добавлении в Рабочую программу ответных мер в отношении изменения климата (CCRWP) новых действий, касающихся изменений морского льда, на основе запроса совместной сессии КСДА/КООС по изменению климата на XLV КСДА (2023 г.). Комитет выразил обеспокоенность по поводу быстрой и значительной потери

1. Заключительный отчет

морского льда, ее последствий и кумулятивного воздействия на антарктические виды и их среду обитания, а также постановил обновить CCRWP. Комитет подчеркнул важность своевременного реагирования на запросы КСДА.

(50) Комитет постановил сообщить КСДА, что он обновил CCRWP, включив новое действие, связанное с морским льдом «Оценить пространственные и временные характеристики уязвимостей, связанных с изменением протяженности морского льда в районе Антарктического полуострова, и на основании этого рассмотреть потенциальные последствия для управления в этом регионе, учитывая высокий и растущий уровень человеческой деятельности в регионе» в рамках связанного с климатом вопроса №7 (в столбце 1 CCRWP) в соответствии с запросом XLV КСДА. Комитет поручил SGCCR: рассмотреть и предложить дальнейшие работы по предлагаемым задачам и при этом предоставить обзор текущей работы, которая может иметь отношение к информированию об этом действии; и в сотрудничестве со СКАР рассмотреть варианты подготовки ежегодного обновления последних изменений морского льда для КООС в целях поддержки его работы по углублению понимания и реагированию на последствия изменения морского льда для управления деятельностью человека.

(51) Совещание подчеркнуло важность CCRWP и призвало КООС продолжить ее реализацию в первоочередном порядке. Отметив, что CCRWP не обновлялась с 2016 г., а также учитывая быстро меняющиеся условия окружающей среды некоторые Стороны подчеркнули необходимость регулярного обновления CCRWP в целом, а не только в зависимости от конкретного случая.

(52) Совещание поддержало обеспокоенность КООС по поводу быстрой и значительной потери морского льда и ее последствий, а также кумулятивного воздействия на антарктические виды и их среды обитания. Оно приветствовала решение КООС о включении этого пункта в CCRWP, призвало к проведению дополнительных исследований проблемы потери морского льда и выразило надежду на получение ежегодных обновлений об изменениях морского льда.

(53) Китай предложил Сторонам рассмотреть в межсессионный период вопрос о разработке определения и оперативных критериев уязвимости в контексте окружающей среды Антарктики. Китай также подчеркнул важность оценки динамики изменения распределения, популяций и сред обитания в контексте изменения климата с участием национальных антарктических программ, а также СКАР с целью предоставления научных данных и рекомендаций КООС и КСДА. Китай также выразил обеспокоенность в связи с ожидаемыми выводами WP 38 *Обновление CCRWP с учетом новых действий, связанных с изменением морского льда*, в которых говорится о запрете или ограничении доступа человеческой деятельности в морские или наземные районы с учетом принципа свободы научных исследований, закрепленного в Договоре об Антарктике.

(54) Новая Зеландия поблагодарила КООС за его работу по уязвимым к изменению климата видам и за постоянные рекомендации о необходимости обеспечения особой охраны видов соответствующим образом. Новая Зеландия отметила, что КООС не следует ждать общих определений таких понятий, как уязвимость, или определенного научного стандарта для реализации CCRWP, или предоставления рекомендаций КСДА для поддержки решений о мерах предосторожности в контексте быстро меняющейся среды.

(55) Председатель КООС отметила, что Комитет также обсудил документ о проекте антарктических климатических индикаторов СКАР AntClimNow, в котором определен ряд Климатических индикаторов Антарктики (ACI) с целью предоставления доступной визуализации широких аспектов климатической системы Антарктики. Комитет подчеркнул ценность Климатических индикаторов

Антарктики для выявления и мониторинга последствий изменения климата и информирования Комитета при обсуждении и принятии решений по этой теме. Комитет постановил предложить СКАР ежегодно предоставлять обновленную информацию о Климатических индикаторах Антарктики и предположил, что для представления такой информации может быть полезен Портал окружающей среды. Также была отмечена актуальность ежегодных обновлений отчета «Изменение климата Антарктики и окружающая среда» (ИКАОС).

Реализация и пересмотр Рабочей программы ответных мер в отношении изменения климата

(56) Председатель КООС отметила, что Комитет рассмотрел отчет Вспомогательной группы по ответным мерам в отношении изменения климата (SGCCR), в котором изложены работа и результаты SGCCR в межсессионный период. Комитет поблагодарил координатора SGCCR д-ра Хайке Херату и всех членов SGCCR за их работу в межсессионный период. Он также отметил, что SGCCR стабильно продвигается по нескольким приоритетным вопросам и должна сохранить свою динамику для обеспечения полной реализации CCRWP.

(57) Комитет постановил уведомить КСДА о продолжении работы по реализации CCRWP (2016 г.). После обсуждения шести приоритетных действий, одобренных XXV заседанием КООС (2023 г.), КООС постановил сообщить КСДА, что он вынес следующие рекомендации:

- Поддержка работы по оценке состояния климатически уязвимых антарктических видов (Действие 6c): КООС постановил начать работу по выявлению известных уязвимых к изменению климата видов в качестве основы для определения приоритетности усилий по выполнению оценок уязвимых к изменению климата видов.

- Разработка руководства по вопросам изменения климата в документах по созданию охраняемых территорий и управлению ими (Действие 2e): отметив, что члены ВГПУ приступили к пересмотру существующих инструментов охраны и управления территориями, КООС рекомендовал на данный момент не предпринимать никаких дальнейших действий.

- Своевременное обновление Руководства по неместным видам в соответствии с текущими тенденциями (Действие 1a): отметив, что никаких срочных изменений не требуется, КООС рекомендовал на данный момент не предпринимать никаких дальнейших действий.

- Усиление координации мер реагирования на изменения климата в морской сфере с НК-АНТКОМ (Действие 3e): признавая, что предпринимаются усилия для проведения совместного семинара КООС и НК-АНТКОМ, запланированного на 2025 год, КООС призвал Членов активно участвовать в подготовительной работе к этому семинару.

- Деконтаминация прошлых участков деятельности в районе Антарктики (Действие 5f); и

- Оценка риска изменения климата для существующей и проектируемой инфраструктуры Антарктики и связанных с этим экологических последствий, а также учет влияния климатических изменений в соответствии с руководящими принципами ОВОС, например обеспечение надлежащей устойчивости предлагаемых долгосрочных объектов к изменениям климата (Действия 5a и 5d): КООС предложил Членам активно прилагать усилия по деконтаминации прошлых участков деятельности и в связи с рисками изменения климата для инфраструктуры. Он также отметил текущую работу

КОМНАП и предложил согласовать будущие обсуждения с рекомендациями КОМНАП на заседаниях КООС в 2024 и 2025 гг.

(58) Председатель КООС подчеркнул, что Комитет также принял к сведению и обсудил следующие Действия, которые были реализованы или касаются текущих исследований, которые регулярно предоставляются Комитету:

- Действие 5a. Национальные операторы должны оценить риски изменения климата (например, вечной мерзлоты) для их инфраструктуры и последствия для окружающей среды (WP 18 и IP 30).

- Действие 5b. Оценить риск климатических изменений для ИМП/ООРА, содержащих объекты наследия (IP 88 и IP 120).

- Действие 6c. Поддержка работы по оценке состояния климатически уязвимых антарктических видов (WP 34 и WP 48).

- Действие 7. Более чёткое понимание потенциального расширения присутствия человека в Антарктике в результате изменений, связанных с изменением климата, например, изменение в распределении морского льда; разрушение шельфовых ледников; расширение площади, свободной ото льда (WP 37).

(59) Участники Совещания поблагодарили SGCCR и её координатора д-ра Хайке Херату за проделанную ими обширную и ценную работу по поддержке реализации CCRWP, отметив, что шесть приоритетных действий, определённых КООС, были своевременными и заслуживают внимания. Отметив, что изменение климата является важным фактором сокращения биоразнообразия, несколько Сторон также подчеркнули важность оценки состояния уязвимых к изменению климата видов.

(60) Председатель КООС сообщила, что Комитет также продолжал подготовку к следующему совместному семинару КООС и НК-АНТКОМ, постановив провести совместный семинар КООС и НК-АНТКОМ, посвящённый изменению климата и его воздействию на Антарктику, совместно с 27-м КООС в 2025 г. Комитет отметил, что окончательные даты, место и формат будут рассмотрены Организационным комитетом и подтверждены в надлежащее время Циркуляром Председателя КООС.

(61) Председатель КООС сообщила, что Комитет согласился: принять техническое задание, предоставленное НК-АНТКОМ; назначить новых сокоординаторов КООС; принять пересмотренный состав Руководящего комитета семинара; и предоставить практические рекомендации по организации семинара. Комитет также запросил КСДА выделить средства на совместный семинар КООС и НК-АНТКОМ.

(62) Подчеркнув необходимость сотрудничества с другими организациями для решения проблемы изменения климата, Совещание решительно поддержало совместный семинар КООС и НК-АНТКОМ по вопросам изменения климата и мониторинга. Кроме того, Совещание постановило выделить средства на проведение семинара.

(63) Некоторые Стороны отметили работу, уже проделанную для планирования семинара, и выразили надежду, что Руководящий комитет преодолеет практические проблемы, чтобы семинар мог быть проведён в 2025 г. Великобритания выразила мнение о том, что в случае невозможности организации очного семинара не следует исключать проведение онлайн-семинара.

(64) Комитет также рассмотрел документ о работе КОМНАП по оценке построенной инфраструктуры и потенциальных экологических последствий изменения Антарктики. Комитет одобрил рекомендацию о том, чтобы Члены поддерживали свои национальные антарктические программы путём участия и дальнейшего предоставления своего технического и практического опыта для тематических обсуждений на Ежегодных общих собраниях КОМНАП и в течение всего года.

(65) Отметив, что КООС уже рассмотрел многие документы, представленные также по пункту 16 Повестки дня КСДА, Великобритания предложила Совещанию рассмотреть вопрос о том, может ли эта научная информация быть представлена КООС и КСДА совместно на пленарном заседании в первый день КСДА.

Оценка воздействия на окружающую среду (ОВОС) (пункт 8 Повестки дня КООС)

Прочие вопросы ОВОС

(66) Председатель КООС сообщила, что Комитет обсудил потенциальные улучшения Порядка рассмотрения ВООС. Комитет отметил, что процесс ОВОС является фундаментальной частью природоохранных положений Протокола по охране окружающей среды. Он признал важность постоянного пересмотра и обновления процесса ОВОС для обеспечения того, чтобы он оставался эффективным и современным инструментом. Он также признал необходимость дальнейших наставлений по применению Приложения I, в том числе в случаях, в которых может потребоваться разработка новой или пересмотр существующей ОВОС, и применению процессов ОВОС в ситуациях, когда какая-либо деятельность изменилась.

(67) Председатель КООС сообщила, что Комитет обсудит усовершенствования Порядка рассмотрения ВООС посредством неофициальных межсессионных обсуждений, а также то, что Комитет приветствовал предложение Новой Зеландии и Великобритании совместно руководить этими неофициальными межсессионными обсуждениями.

(68) Комитет также отметил, что КСДА следует обсудить вопрос предварительной оценки и определения объемов в рамках ВООС, и постановил сообщить КСДА о своей готовности рассмотреть любые возникающие запросы.

(69) Совещание отметило, что КООС проведет межсессионное обсуждение этого вопроса.

(70) Председатель КООС сообщила, что Комитет рассмотрел документ о кумулятивном воздействии в Антарктике. Комитет одобрил рекомендацию обобщить оценку передовых методов и подходов, используемых для оценки кумулятивного воздействия. Он подчеркнул важность учета опыта как в Антарктике, так и за ее пределами. Комитет постановил сообщить КСДА, что он продолжит обсуждения по продвижению руководства по оценке кумулятивного воздействия и включил задачи, связанные с этим, в свой Пятилетний план работы.

(71) Совещание отметило непреходящую важность углубления понимания кумулятивных воздействий и поддержало возобновление внимания КООС к этой теме.

(72) Председатель КООС сообщила, что Комитет также рассмотрел документ по вопросу о вложенных разрешениях, который предусматривает выдачу двух или более отдельных разрешений на совместное посещение на одном судне, отправляющемся в Антарктику. Комитет также отметил, что возрастает необходимость в эффективной координации между национальными компетентными органами по мере усложнения и повышения взаимозависимости деятельности в Антарктике. Комитет отметил важность обеспечения надлежащей оценки и санкционирования всех видов деятельности и призвал продолжить обсуждение темы вложенных разрешений на Форуме национальных компетентных органов.

(73) Комитет согласился уведомить КСДА о том, что: вопрос о вложенных разрешениях следует продолжать обсуждать на Дискуссионном форуме компетентных органов в

1. Заключительный отчет

качестве одного из пяти приоритетных вопросов, чтобы обеспечить надлежащую оценку воздействия на окружающую среду всей деятельности в экспедициях с большим количеством участников; кроме того, следует обновить СЭОИ, чтобы можно было идентифицировать отдельные разрешения на деятельность, проводимую в рамках единой общей экспедиции.

(74) Совещание согласилось с тем, что вопрос о вложенных разрешениях должен обсуждаться на Дискуссионном форуме компетентных органов. Российская Федерация отметила, что этот вопрос также следует рассмотреть на КСДА.

Охрана районов и Планы управления (пункт 9 Повестки дня КООС)

Планы управления

(75) Председатель КООС сообщила, что Комитет рассмотрел проекты Планов управления для двух предлагаемых новых ООРА, в архипелаге островов Дейнджер, северо-восточная часть Антарктического полуострова, и на перевале Фарьер, остров Хорсшу, залив Маргерит, которые были рассмотрены Вспомогательной группой по планам управления (ВГПУ), и постановил направить Планы управления КСДА для их утверждения посредством принятия Меры.

(76) Комитет рассмотрел пересмотренный План управления для предлагаемого нового ООРА в западной части пролива Брансфилд и восточной части залива Далльман (учитывая слияние ООРА № 152 «Западная Часть Пролива Брансфилд» и ООРА № 153 «Восточная Часть Залива Далльман»), который был рассмотрен на XXV заседании КООС и утвержден на АНТКОМ-42 (2023 г.), и постановил направить План управления КСДА для его утверждения посредством принятия Меры.

(77) Председатель КООС заявил, что Комитет рассмотрел 16 пересмотренных Планов управления ООРА, которые были рассмотрены ВГПУ перед совещанием в соответствии с ее техническим заданием 4. Комитет отметил, что по четырнадцати из этих Планов при предварительном обзоре возникли незначительные вопросы, которые были рассмотрены авторами до или на заседании. Комитет утвердил эти Планы. Председатель КООС отметила, что большинство Членов поддержали направить пересмотренный План управления ООРА № 139 «Мыс Биско» (остров Анверс, архипелаг Палмер) на утверждение КСДА, но консенсус не был достигнут. Мнения, выраженные в ходе обсуждения, представлены в параграфах 122–131 Отчета КООС.

(78) Совещание поблагодарило Комитет за его работу по пересмотру планов управления и поздравило авторов планов управления.

(79) Многие Стороны выразили разочарование в связи с тем, что в КООС не был достигнут консенсус в отношении направления пересмотренного плана управления ООРА № 139 на утверждение, хотя многие Члены указали, что включение прилегающего морского района является целесообразным для усиления охраны видов в этом районе.

(80) Китай отметил, что предложение о существенном изменении размера ООРА с 0,6 квадратных километров до 3,9 квадратных километров для включения окружающих морских районов недостаточно подкреплено научными данными и что необходимо рассмотреть альтернативные меры по регулированию антропогенного воздействия в этом районе. Китай предложил направить предложение в АНТКОМ для рассмотрения в связи с включением прилегающих морских районов. Он подчеркнул, что, хотя в настоящее время в этом районе нет рыболовства, в будущем потенциально могут проводиться мероприятия, связанные с АНТКОМ.

(81) Многие Стороны напомнили о важности ООРА в контексте изменения климата, а также о том, что ООРА должны быть динамичными, чтобы иметь возможность

реагировать на изменения, и в связи с этим высоко оценили предложение об изменении границ ООРА № 139. Они напомнили, что любой район, в т. ч. любой морской район, может быть определен в качестве ООРА. Было отмечено, что термины «существенное изменение» и «незначительное изменение» в плане управления не определены, а также эти термины не представлены в Приложении V к Протоколу. Учитывая настоятельность рекомендаций КООС для КСДА и научную базу для пересмотренного Плана управления, оправдывающую включение очень маленькой морской территории, они призвали КСДА утвердить пересмотренный План управления для ООРА № 139 посредством принятия соответствующей Меры.

(82) Многие Стороны выразили мнение, что это предложение не нужно направлять в АНТКОМ, поскольку морская зона очень мала и мелководна, а также что вести промысел в этом районе небезопасно из-за острых скал, следовательно территория не будет представлять интереса для каких-либо будущих деятельностей, связанных с АНТКОМ. Некоторые Стороны сослались на комментарий Председателя НК-АНТКОМ в КООС о том, что в настоящее время в предлагаемых границах ООРА № 139 рыболовная деятельность не ведется. Многие Стороны подчеркнули, что Решение 9 (2005 г.) было согласовано между КСДА и АНТКОМ и, чтобы не задерживать прогресс, не должно применяться для поручения АНТКОМ провести обзор районов, которые вряд ли будут представлять интерес для рыболовства, таких как предлагаемый новый район.

(83) Что касается сообщения КООС о том, что по этому вопросу не был достигнут консенсус, некоторые Стороны указали на Правило 13 Правил процедуры КООС, в котором говорится, что Комитет должен попытаться достичь консенсуса, а там, где это невозможно, должен изложить в своем отчете все мнения, высказанные по данному вопросу. Эти Стороны предположили, что Правило 13 допускает изложение выраженных мнений в рекомендациях КООС для КСДА, и подчеркнули, что КСДА может принимать решения о дальнейших действиях, если ему будут представлены такие рекомендации КООС.

(84) После дальнейших обсуждений Стороны не достигли консенсуса по утверждению пересмотренного Плана управления ООРА № 139.

(85) АСОК приветствовала новые ООРА, но выразила сожаление в связи с тем, что КООС не достиг консенсуса относительно направления Плана управления ООРА № 139 на утверждение КСДА. АСОК отметила, что прошло десять лет с тех пор, как были опубликованы исследования, в которых был сделан вывод о том, что охраняемые районы Антарктики являются нецелесообразными, нерепрезентативными и подверженными риску, и подчеркнула, что ситуация существенно не изменилась. Стороны не выполнили свое обязательство в соответствии с Приложением V к Протоколу по охране окружающей среды по определению ООРА в систематических эколого-географических рамках. АСОК заявила, что КСДА, похоже, движется назад, если оно не может защитить очень маленькие территории.

(86) Председатель КООС отметила, что Комитет постановил направить План управления предлагаемым новым ООРА в горах Грубера (Земля королевы Мод, Восточная Антарктида) ВГПУ для рассмотрения в предстоящий межсессионный период.

(87) Китай отметил, что на заседании КООС он приветствовал направление предварительного Плана управления в ВГПУ для межсессионного рассмотрения при условии, что будет дополнительно учтено его беспокойство по поводу размера и границ района и что он с нетерпением ожидает дальнейших обсуждений в межсессионный период.

1. Заключительный отчет

(88) Германия поблагодарила Комитет за поддержку ее предложения по определению нового ООРА в горах Грубера (Земля Королевы Мод, Восточная Антарктида), подготовленного совместно с США. Китай заявил, что с нетерпением ожидает обсуждения вопроса в рамках ВГПУ для дальнейшей подготовки Плана управления.

(89) Комитет запросил Секретариат добавить в базу данных ООРА новое поле «Сторона, осуществляющая пересмотр Плана управления» и отметил, что в это поле будут добавлены Члены для соответствующих ООРА и ОУРА, включая ООРА № 128 (Польша и США) и ОУРА № 5 (США и Норвегия).

(90) Председатель КООС далее отметила, что Комитет также рассмотрел предварительную оценку двух предлагаемых новых охраняемых районов в рамках этого пункта Повестки дня. Комитет постановил, что предложенный ООРА на острове Сигню (Южные Оркнейские острова) заслуживает особой охраны, и одобрил разработку Плана управления этим районом. КООС также призвал заинтересованных Членов неформально сотрудничать с соавторами в межсессионный период. Что касается предлагаемого ООРА в пределах залива Коллинс и Земли Грэйама (полуостров Киев) Комитет призвал автора продолжить работу в сотрудничестве с заинтересованными Членами и учесть проблемы и вопросы, поднятые в ходе заседания, в ходе неофициальных обсуждений в межсессионный период.

(91) Франция отметила, что она не видит никаких препятствий для продвижения вперед в вопросе предлагаемых новых ООРА в пределах залива Коллинс и Земли Грэйама (полуостров Киев) и что предварительная оценка этого района была подкреплена отличной научной работой.

(92) Совещание приняло следующие меры по охраняемым территориям:

- Мера 1 (2024 г.) *Особо охраняемый Район Антарктики № 116 «Долина Нью-Колледж и Пляж Коли» (мыс Бэрд, полуостров Росса): Пересмотренный План управления*

- Мера 2 (2024 г.) *Особо охраняемый район Антарктики № 128 «Западный Берег Залива Адмиралти» (остров Кинг-Джордж (Ватерлоо), Южные Шетландские острова): Пересмотренный План управления*

- Мера 3 (2024 г.) *Особо охраняемый район Антарктики № 135 «Северо-Восточная Часть Полуострова Бейли» (берег Бадда, Земля Уилкса): Пересмотренный План управления*

- Мера 4 (2024 г.) *Особо охраняемый район Антарктики № 136 «Полуостров Кларк» (берег Бадда, Земля Уилкса, Восточная Антарктида): Пересмотренный План управления*

- Мера 5 (2024 г.) *Особо охраняемый район Антарктики № 137 «Северо-Западная Часть Возвышенности Уайт» (залив Мак-Мердо): Пересмотренный План управления*

- Мера 6 (2024 г.) *Особо охраняемый район Антарктики № 141 «Долина Юкидори» (Лангховде, залив Лютцов-Хольм): Пересмотренный План управления*

- Мера 7 (2024 г.) *Особо охраняемый район Антарктики № 142 «Свартамарен»: Пересмотренный План управления*

- Мера 8 (2024 г.) *Особо охраняемый район Антарктики № 151 «Лайонз-Рамп» (остров Кинг-Джордж (Ватерлоо), Южные Шетландские острова): Пересмотренный План управления*

- Мера 9 (2024 г.) *Особо охраняемый район Антарктики № 154 «Залив Ботани» (мыс Джеолоджи, Земля Виктории): Пересмотренный План управления*

- Мера 10 (2024 г.) *Особо охраняемый район Антарктики № 160 «Острова Фрейжер» (острова Уиндмилл, Земля Уилкса, Восточная Антарктика): Пересмотренный План управления*
- Мера 11 (2024 г.) *Особо охраняемый район Антарктики № 161 «Залив Терра-Нова» (море Росса): Пересмотренный План управления*
- Мера 12 (2024 г.) *Особо охраняемый район Антарктики № 171 «Мыс Наребски» (полуостров Бартон, остров Кинг-Джордж (Ватерлоо): Пересмотренный План управления*
- Мера 13 (2024 г.) *Особо охраняемый район Антарктики № 173 «Мыс Вашингтон и Бухта Сильверфиш» (залив Терра-Нова, море Росса): Пересмотренный План управления*
- Мера 14 (2024 г.) *Особо охраняемый район Антарктики № 175 «Высокогорные Геотермальные Участки Региона Моря Росса»: Пересмотренный План управления*
- Мера 15 (2024 г.) *Особо охраняемый район Антарктики № 180 «Архипелаг Островов Дейнджер» (Северо-восточная часть Антарктического полуострова): План управления*
- Мера 16 (2024 г.) *Особо охраняемый район Антарктики № 181 «Перевал Фарьер» (остров Хорсшу, залив Маргерит): План управления*
- Мера 17 (2024 г.) *Особо охраняемый район Антарктики № 182 «Западная Часть Пролива Брансфилд и Восточная Часть Бухты Далльманн»: План управления*

Исторические места и памятники

(93) Председатель КООС сообщила, что Комитет рассмотрел предложение об обновлении информации для ИМП № 93 Крушение «Эндьюранс» и предварительную оценку предлагаемого ООРА, включающего ИМП № 93. Комитет принял к сведению План управления по сохранению объектов наследия для ИМП № 93 и постановил рекомендовать КСДА обновить информационное поле «Описание» для ИМП. Хотя некоторые Члены не одобрили разработку Плана управления районом для последующего определения ООРА, многие Члены поддержали ее.

(94) Великобритания подчеркнула историческую важность «*Эндьюранс*». Она заявила, что уже получила несколько запросов относительно доступа к месту и ожидает большего внимания со стороны международного сообщества в ближайшем будущем в связи с ожидаемым выпуском документального фильма. Поэтому Великобритания намерена продолжить разработку проекта Плана управления ООРА для дальнейшей охраны и призывает заинтересованные Стороны принять участие в этом процессе в межсессионный период.

(95) Новая Зеландия приветствовала текущую работу по разработке Плана управления участком.

(96) Председатель КООС отметила, что Комитет также рассмотрел предложение об обновлении информации для ИМП № 63 и согласился изменить информационные поля ИМП № 63 «Описание» и «Природные особенности окружающей среды, культурный контекст и местная специфика».

(97) Комитет также рассмотрел предложение об обновлении ИМП № 75 для включения двух оставшихся вспомогательных сооружений – геомагнитных Хижин «G» и «Н». Комитет постановил обновить определение ИМП № 75.

1. Заключительный отчет

(98) Председатель КООС сообщила, что Комитет также рассмотрел предложение об обновлении координат, описания и природоохранного статуса ИМП № 24 «Пирамида Амундсена». Комитет постановил изменить координаты и описание ИМП № 24 и внести небольшие изменения в описание охранного статуса.

(99) Комитет также рассмотрел предложение об определении нового ИМП на озере Унтерзе в ознаменование первого визита в этот район. Комитет подчеркнул ценный вклад исследований озера Унтерзе для наук об Антарктике и одобрил определение «Памятная табличка, посвященная первому посещению района озера Унтерзе» в качестве нового ИМП.

(100) Совещание поблагодарило Комитет за его работу в области ИМП. Совещание приняло Меру 18 (2024 г.) *Пересмотренный перечень Исторических мест и памятников Антарктики: новое Историческое место и памятник № 96 и обновление информации для Исторических мест и памятников № 93, № 63, № 75 и № 24.*

(101) Председатель КООС сообщил, что Комитет также согласился обновить списки в Базе данных об охраняемых районах Антарктики:

- Охранный статус ИМП № 75 заменить на: «После масштабных работ по консервации, проведенных новозеландским траст-фондом «Antarctic Heritage» в 2016–2017 гг., «Хижина A» выдерживает тяжелые погодные условия, обеспечивая сохранность коллекции артефактов. Ежегодный мониторинг и обслуживание обеспечивают постоянную стабильность этого здания. Консервационные работы еще не проводились в хижинах «G» и «H». Здания являются конструктивно прочными и исправными, демонстрируя износ, ожидаемый для зданий возрастом около 65 лет. Новозеландский траст-фонд «Antarctic Heritage» намерен провести работы по удалению асбеста и консервации в зданиях в ближайшие годы».

- Добавить к фотографиям ИМП № 75 фотографии «Хижины G» и «Хижины H», приложенные к WP 21 (рис. 1–4).

- Охранный статус ИМП № 24 заменить на: «Пирамида осталась нетронутой. Внутри пирамиды находится хорошо сохранившийся бак с парафином. Жестяная коробка, содержащая две записки, которая была первоначально помещена в пирамиду Амундсеном, уже давно удалена. У основания пирамиды установлена мемориальная доска, посвященная экспедиции Амундсена».

- Фотографии приложены к WP 41 (рис. 2–4).

- Средства и методы управления ИМП № 93 заменить на: «План управления по сохранению объектов обновляется».

(102) Совещание отметило эти обновления записей в базе данных.

Правила поведения для посетителей участков

(103) Председатель КООС сообщила, что Комитет рассмотрел документ о повышении эффективности Правил поведения для посетителей участков. Комитет подчеркнул необходимость и своевременность пересмотра существующих Правил поведения для посетителей участков. Комитет выразил разочарование в связи с тем, что многие Правила поведения для посетителей участков не были обновлены в согласованные сроки. Комитет выражает поддержку неофициальным обсуждениям для дальнейшего развития вопросов, поднятых в документе, с целью повышения полезности и эффективности руководящих принципов для участков путем повышения согласованности, полноты и полезности информации, содержащейся в Правилах поведения для посетителей участков. Председатель КООС отметила, что

Комитет постановил рекомендовать КСДА призвать предлагающие Стороны пересмотреть существующие Правила поведения для посетителей участков, используя Вопросник, принятый Резолюцией 4 (2021 г.).

(104) Приняв к сведению рекомендации КООС, Совещание поддержало пересмотр существующих Правил поведения для посетителей участков с использованием Вопросника.

(105) Председатель КООС заявила, что Комитет также обсудил предлагаемые Правила поведения для посетителей колонии императорских пингвинов на острове Сноу-Хилл. Комитет отметил важность разработки Правил поведения для посетителей этого района. Комитет приветствовал предложение Аргентины провести неофициальное обсуждение предлагаемых руководящих принципов для представления пересмотренного проекта на 27-м КООС.

(106) Новая Зеландия приветствовала рекомендации КООС относительно Правил поведения для посетителей участков. Она напомнила, что КСДА только что обсудило важность соображений, связанных с участками, включая чувствительность и охрану участков, в контексте своей работы над системой регулирования туризма. Она призвала КООС давать рекомендации по участкам для посетителей, в том числе относительно эффективности Правил поведения для посетителей участков и их взаимосвязи с ОВОС и другими инструментами, которые могут быть полезны для дальнейшего управления участком.

Прочие вопросы, связанные с Приложением V

(107) Председатель КООС сообщила, что Комитет рассмотрел отчет о работе Вспомогательной группы по Планам управления (ВГПУ) рамках ее технических заданий 5 и 6. ВГПУ рассмотрела и пересмотрела (Пересмотренное) Руководство по подготовке Планов управления Особо охраняемыми районами Антарктики (Резолюция 2 (2011 г.), чтобы изучить вопрос о том, эффективно ли и каким образом оно затрагивает вопросы изменения климата. Комитет одобрил пересмотренный вариант Руководства, а также принял план работы ВГПУ на 2024-2025 гг.

(108) Комитет сообщил КСДА, что в целях поддержки Сторон в принятии во внимание вопросов изменения климата с использованием существующих инструментов управления он постановил направить на утверждение проект Резолюции о пересмотренном Руководстве по подготовке Планов управления Особо охраняемыми районами Антарктики; и запросил Секретариат обеспечить доступ к Приложению 2 к Руководству с внесенными в него поправками.

(109) Совещание приняло Резолюцию 1 (2024 г.) *Пересмотренное Руководство по подготовке Планов управления Особо охраняемыми районами Антарктики*.

(110) Комитет также рассмотрел предложение о разработке и использовании «Сводных требований участков» в качестве необязательного практического материала для понимания и реализации подробных мер в планах управления ООРА. Комитет счел это полезной и практичной идеей, которая поможет посетителям, получившим разрешение на доступ, лучше понять и соблюдать требования и ограничения, применимые к ним при входе в охраняемые районы. Комитет отметил важность обеспечения того, чтобы в случае противоречия между Сводными требованиями участка и Планом управления ООРА последний являлся приоритетным документом.

(111) Комитет постановил одобрить разработку Сводных требований участков ООРА, когда это уместно и полезно, для обеспечения того, чтобы попадающие в ООРА лица были осведомлены о требованиях Плана управления. Комитет согласился с тем, что Сводные требования участков ООРА будут включены в качестве приложения к соответствующим Планам управления ООРА. Комитет также постановил

1. Заключительный отчет

рассмотреть вопрос о пересмотре Руководства по подготовке Планов управления Особо охраняемыми районами Антарктики (Резолюция 2 (2011 г.) в целях включения в него положения о возможности подготовки Сводных требований участков ООРА.

Сохранение антарктической флоры и фауны (пункт 10 Повестки дня КООС)

Карантин и неместные виды

(112) Председатель Комитета сообщила, что Комитет рассмотрел обновленную информацию о статусе высокопатогенного птичьего гриппа (ВППГ) в Антарктике после сезона 2023/2024 гг. Комитет выразил глубокую обеспокоенность в связи с рисками ВППГ для дикой природы Антарктики и здоровья человека, а также подтвердил важность продолжения усилий по мониторингу и предотвращению распространения. Комитет высоко оценил сотрудничество СКАР, КОМНАП, МААТО и АНТКОМ и поблагодарил Членов за их координацию в области мониторинга и отчетности.

(113) Председатель КООС сообщила КСДА, что Комитет согласился с рекомендациями: обеспечить строгое соблюдение руководящих принципов и процедур биобезопасности для устранения или снижения риска для человека, а также риска распространения болезни в Антарктике в результате деятельности человека; поощрять постоянную бдительность и мониторинг, а также отбор проб и тестирование при наличии и допустимости соответствующих профессиональных навыков; и продолжать сообщать и обмениваться информацией о предполагаемых и подтвержденных случаях (в том числе в рамках проекта мониторинга ВППГ Сети охраны здоровья диких животных Антарктики СКАР (AWHN), поддерживать сотрудничество, информировать о принятии решений и улучшать научное понимание распространения и воздействия заболевания.

(114) Совещание отметило, что эти рекомендации были утверждены КСДА (пункт 13 Повестки дня).

Особо охраняемые виды

(115) Председатель КООС сообщила, что Комитет рассмотрел обновленную информацию СКАР о статусе императорских пингвинов, основанную на результатах недавно опубликованной 10-летней циркумполярной оценки (2009-2018 гг.) колоний императорских пингвинов, согласно которой популяция императорских пингвинов сократилась на 9,6%. Комитет поблагодарил СКАР за приверженность продолжению этой работы и призвал заинтересованных Членов внести свой вклад в эту важную тему. Он также поддержал рекомендацию СКАР призвать Стороны поддержать расширенное сотрудничество в рамках национальных антарктических программ для улучшения понимания видов и факторов, способствующих наблюдаемому изменению популяции.

(116) Председатель КООС сообщил, что Комитет также рассмотрел документ, в котором освещаются недавние исследования, свидетельствующие о сокращении популяции императорских пингвинов в период 2009-2018 гг., рост упадка в колониях императорских пингвинов из-за разрушения припая, на котором они гнездятся, а также в котором предлагается, чтобы Комитет рекомендовал КСДА включить императорских пингвинов в список Особо охраняемых видов.

(117) Председатель КООС отметил, что Комитету не удалось достичь консенсуса в отношении необходимости отнести императорского пингвина к Особо охраняемым видам. Комитет постановил, что охрана императорских пингвинов должна оставаться высокоприоритетной задачей для Комитета, призвал к дальнейшему межсессионному обсуждению этого вопроса, чтобы решить любые нерешенные

вопросы до совещания в следующем году, а также подчеркнул важность всестороннего участия в этих обсуждениях.

(118) Председатель КООС сообщила, что КООС постановил уведомить КСДА о том, что большинство Членов решительно поддержали рекомендацию о признании императорского пингвина Особо охраняемым видом, но консенсуса достигнуто не было. Мнения, выраженные в ходе обсуждения, представлены в параграфах 230-240 Отчета КООС.

(119) Большинство Сторон выразили разочарование тем, что КООС не достиг консенсуса относительно рекомендации по определению императорского пингвина в качестве Особо охраняемого вида. Большинство Сторон подчеркнули, что имеются четкие научные данные в поддержку такого определения. Они подчеркнули, что недавние исследования, в которых отмечено сокращение популяций императорского пингвина почти на 10% за последнее десятилетие, дополняют более ранние рекомендации СКАР о том, что этот вид уязвим к текущим и прогнозируемым изменениям климата, в частности из-за сокращения площади морского льда. Несколько Сторон выразили обеспокоенность в связи с тем, что отсутствие признания императорского пингвина особо охраняемым видом будет препятствовать его охране, и подчеркнули важность использования превентивного подхода, предусматривающего конкретные действия по реагированию на угрозу изменения климата и охране важного вида, при одновременном продолжении исследований для лучшего понимания факторов сокращения популяции.

(120) Несколько Сторон высоко оценили опыт СКАР и его четкие рекомендации о статусе популяции императорского пингвина.

(121) Признавая, что его определение в качестве особо охраняемого вида не может предотвратить сокращение площади морского льда, большинство Сторон подчеркнули, что это определение позволит принять меры по минимизации дополнительного давления на императорских пингвинов, в том числе от деятельности человека и ВППГ, а также может максимизировать способность видов адаптироваться и реагировать на изменение климата.

(122) Большинство Сторон указали на то, что императорский пингвин является знаковым и символическим видом Антарктики, что привело к повышенному вниманию общественности к этому вопросу. Они вновь заявили об отсутствии научных оснований для противодействия признания императорского пингвина особо охраняемым видом и подчеркнули, что такое определение не будет иметь негативных последствий.

(123) Большинство Сторон призвали к признанию императорского пингвина особо охраняемым видом посредством Меры на текущем Совещании на основании рекомендации КООС для КСДА и научных данных, лежащих в основе этой рекомендации.

(124) Большинство Сторон подчеркнули, что КСДА несет ответственность за принятие решения о признании императорского пингвина особо охраняемым видом, и выразили решительную поддержку немедленному принятию этого решения.

(125) Некоторые Стороны не поддержали признание императорского пингвина особо охраняемым видом. Приведенные причины включали: сокращение популяции на 9,6% нуждалось в дальнейшей оценке из-за большой научной неопределенности и противоречивой информации; движущие силы такого изменения популяции недостаточно изучены; мало доказательств того, что площадь морского льда будет продолжать уменьшаться; существует слабая корреляция между сокращением морского льда и сокращением популяции пингвинов; очень низкая угроза

императорским пингвинам от деятельности человека, и, в частности, императорский пингвин уже достаточно защищен в соответствии с рядом существующих мер.

(126) В ответ СКАР настоял, что есть четкие доказательства сокращения популяции императорских пингвинов почти на 10% за последнее десятилетие. Он подчеркнул статистически значимую корреляцию между сокращением морского льда и численностью императорских пингвинов, а также то, что важность морского льда для императорских пингвинов хорошо изучена и задокументирована. Он также сообщил, что площадь морского льда продолжает сокращаться, при этом в последние годы отмечаются рекордно малые значения площади морского льда, и ожидается, что эта тенденция сохранится, как указано в IP 166. СКАР подчеркнул, что императорские пингвины уязвимы к изменению климата, что результаты текущих исследований соответствуют прогнозам об исчезновении этого вида к концу века и что популяция этого вида не является стабильной. СКАР призвал Стороны к сотрудничеству в международных исследованиях и отметил, что признание императорского пингвина Особо охраняемым видом поспособствует, а не помешает исследованию и мониторингу.

(127) АСОК подчеркнула, что инструменты Протокола по охране окружающей среды были созданы для таких ситуаций, как эта, и напомнила о превентивном подходе. Он заявил, что были предоставлены четкие научные данные в поддержку определения ООВ. АСОК напомнил Сторонам, что общественность нуждается в уверенном лидерстве в вопросах борьбы с изменением климата и что мир пристально наблюдает за КСДА.

(128) После дальнейших обсуждений Совещание не смогло достичь консенсуса по вопросу о признании императорского пингвина Особо охраняемым видом.

(129) Новая Зеландия, отметив очень сильную поддержку в КСДА определения ООРА № 139 и присвоения императорскому пингвину статуса Особо охраняемого вида, призвала те Стороны, которые не были готовы поддержать предложения на этом Совещании, упорно работать в межсессионный период с целью их продвижения на следующем КСДА.

Мониторинг окружающей среды и отчетность (пункт 11 Повестки дня КООС)

(130) Председатель КООС отметила, что Комитет рассмотрел доклад Межсессионной контактной группы (МКГ) по международной системе мониторинга окружающей среды, которая была создана на XXV заседании КООС. Комитет подчеркнул, что мониторинг окружающей среды является обязательством в соответствии со ст. 12 Протокола по охране окружающей среды и важным инструментом его работы. Он постановил продлить работу МКГ еще на год и отметил, что цель, задача и сфера охвата должны быть в центре внимания этого следующего этапа.

(131) Комитет приветствовал предложение Уругвая и Нидерландов выступить в качестве координаторов МКГ.

(132) Совещание приветствовало рекомендации КООС по продолжению работы МКГ и выразило надежду на получение дальнейших рекомендаций от КООС относительно международной системы мониторинга окружающей среды.

(133) Российская Федерация предложила заменить слово «определение» на «предложение» в техническом задании МКГ, поскольку КООС может лишь предоставлять рекомендации КСДА. В ответ Новая Зеландия отметила, что, хотя она и не расходится во мнениях с Российской Федерацией, КСДА не может изменить техническое задание, поскольку КООС является независимым органом, однако КООС может принять к сведению замечания, высказанные на КСДА, при выполнении своей работы.

(134) Председатель КООС отметил, что Комитет также рассмотрел результаты деятельности Научно-исследовательской программы СКАР Ant-ICON по разработке примера онлайн-приложения для предоставления информации для Докладов о состоянии окружающей среды Антарктики (ДСОСА). Комитет поблагодарил СКАР за этот полезный инструмент и за его постоянный вклад в КООС, который способствует принятию решений. Комитет постановил, что онлайн-приложение СКАР для информирования о состоянии окружающей среды Антарктики считается полезным инструментом и что оно, вероятно, улучшит доступность данных.

(135) Комитет также рассмотрел представленный Нидерландами проект Резолюции о прекращении загрязнения пластиком и подчеркнул свою обеспокоенность по поводу растущего присутствия загрязнения пластиком в Антарктике и его угрозы окружающей среде Антарктики. Комитет не смог прийти к согласию за отведенное на заседание время. Комитет согласился направить проект Резолюции на рассмотрение КСДА.

(136) Несколько Сторон поблагодарили Нидерланды за представление проекта Резолюции о загрязнении пластиком на заседании КООС и отметили важность этой темы.

(137) Подчеркнув, что проект Резолюции не был приложен к рабочему документу, несколько Сторон отметили, что, по их мнению, проект Резолюции не следует рассматривать. Эти Стороны просили, чтобы Стороны придерживались установленного порядка и представляли решения по существу посредством подачи Рабочего документа, что позволило бы перевести проект на все четыре официальных языка. Было также отмечено, что в Организации Объединенных Наций ведутся переговоры по юридически обязывающему документу, касающемуся загрязнения пластиком, и было бы неуместно рассматривать подобный документ на КСДА без соответствующей подготовки.

(138) Несколько Сторон подчеркнули, что КСДА допускает гибкость и что Стороны могут выдвигать темы в любое время. Некоторые Стороны также отметили, что, хотя переводы являются важной частью порядка работы КСДА, многие Стороны должны постоянно работать на иностранном языке и что это не должно мешать Сторонам принимать решения.

(139) Несколько Сторон предложили обратиться к КООС с запросом представить технические, научные и экологические рекомендации относительно загрязнения пластиком для дальнейшего обсуждения этого вопроса в следующем году.

Отчеты об инспекциях (пункт 12 Повестки дня КООС)

(140) Председатель КООС отметила, что Комитет рассмотрел отчеты об инспекциях, проведенных Австралией и Францией соответственно в сезоне 2023-2024 гг. Комитет поблагодарил и поздравил Австралию и Францию с их взаимными инспекциями, отметив значительные усилия и тот факт, что эти инспекции проводились на станциях, которые редко инспектировались. Отметив важность инспекций для укрепления доверия и прозрачности в Системе Договора об Антарктике, Комитет приветствовал выводы, представленные в отчетах об инспекциях, о том, что обе Стороны осуществляют свою деятельность в Антарктике в соответствии с Договором об Антарктике и Протоколом по охране окружающей среды.

Выборы должностных лиц (пункт 14 Повестки дня КООС)

(141) Председатель КООС сообщила, что Комитет избрал Кейшу Пуаро (Ceisha Poirot) из Новой Зеландии Председателем на двухлетний срок и поздравил ее с назначением

на эту должность. Председатель КООС также отметила, что Комитет переизбрал д-ра Хайке Херату на пост Заместитель Председателя на второй двухлетний срок и поздравил ее с назначением на эту должность. Она также была вновь назначена координатором SGCCR. Комитет также поблагодарил Патрисию Ортусар за ее работу.

(142) Совещание поздравило Кейшу Пуаро с ее назначением и д-ра Хайке Херату с ее повторным назначением.

Подготовка следующего заседания (пункт 15 Повестки дня КООС)

(143) Председатель КООС сообщила, что Комитет принял предварительную Повестку дня 27-го заседания КООС, которая соответствует Повестке дня заседания 26-го КООС (Приложение 3 к Отчету КООС).

Пункт 6a: Работа Системы Договора об Антарктике: Заявка Канады на получение статуса Консультативной Стороны

(144) Соединенные Штаты Америки, выступая в качестве Правительства-депозитария Договора об Антарктике и Протокола об окружающей среде подтвердили, что Канада соблюдала правила, изложенные в Решении 2 (2017 г.).

(145) Совещание приняло решение предоставить Канаде возможность представить свои IP 7 *Поддержка Канадой полярной науки и исследований* и IP 32 *Обзор и обновление нормативно-правовой базы Канады по Антарктике*, в которых представлен обзор канадской программы научных исследований в Антарктике и ее национального законодательства, касающегося Антарктики. Канада продемонстрировала активное продвижение своих исследований в Антарктике через свои правительственные ведомства и агентства, а также за счет академического финансирования. Она также отметила деятельность, осуществляемую через ее международную сеть университетов и агентств, в том числе в сотрудничестве со Сторонами, по научным вопросам в духе устойчивого международного сотрудничества. Канада подтвердила свою приверженность Системе Договора об Антарктике за счет активного участия и поддержки со стороны своих федеральных организаций различных вспомогательных органов Системы, в том числе участия в КООС, СКАР, КОМНАП и АНТКОМ. В заключение Канада поблагодарила участников Совещания за возможность представить обновленную информацию.

(146) Консультативные Стороны поблагодарили Канаду за представленный доклад. Большинство Сторон поддержали кандидатуру Канады в качестве Консультативной Стороны, так как она выполнила требование о проведении существенной научно-исследовательской деятельности в соответствии со ст. IX (2) Договора об Антарктике и требования, изложенные в Решении 2 (2017 г.), признав качество и разнообразие научных исследований, продемонстрированных в презентации Канады.

(147) Две Стороны отметили, что, хотя Канада продемонстрировала приверженность и поддержку науки, они не считают, что она выполнила требования ст. IX (2) в отношении проведения существенной научно-исследовательской деятельности в Антарктике, так как Канада представила лишь небольшое количество Информационных документов или результатов научной и национальной оперативной деятельности в СЭОИ.

(148) Стороны приветствовали рассмотрение заявки Канады на 47-м КСДА и призвали Канаду продолжать добиваться статуса Консультативной Стороны. Соответственно, этот пункт был включен в предварительную Повестку дня, и нет необходимости в повторном подачи заявки.

Пункт 6b: Работа Системы Договора об Антарктике: Заявка Беларуси на получение статуса Консультативной Стороны

(149) Соединенные Штаты Америки, выступая в качестве Правительства-депозитария Договора об Антарктике и Протокола по охране окружающей среды, отметили, что Беларусь сообщила о своем запросе о предоставлении статуса Консультативной Стороны дипломатической нотой чуть менее чем за 210 дней до Совещания. Отметив, что в формулировке Решения 2 (2017 г.) используется как обязательное «должно», так и разрешительное «следует» и что короткая задержка вряд ли нанесет ущерб сути и цели Решения, позволяющим Сторонам должным образом оценить заявку, США предложили Совещанию определить, следует ли принять запрос Беларуси.

(150) Совещание согласилось с тем, что заявка Беларуси может быть заслушана.

(151) Беларусь представила документ IP 45 *Основание для запроса Республики Беларусь о предоставлении статуса Консультативной Стороны Договора об Антарктике*. В нем были представлены различные аспекты участия Беларуси в органах Договора об Антарктике, ее национальное антарктическое законодательство и реализация Договора об Антарктике, Протокола по охране окружающей среды и пяти Приложений, а также ее научная деятельность и инфраструктура в Антарктике. Беларусь продемонстрировала свою научную деятельность в Антарктике и обратила внимание на все более регулярный и междисциплинарный характер своих научных исследований. Беларусь также подчеркнула приверженность своей Национальной академии наук антарктическим исследованиям, создание белорусского журнала по полярным исследованиям и положительные отзывы, полученные после инспекции, проведенной Австралией в 2020 г. Беларусь отметила, что в своей презентации она учла комментарии, полученные во время ее предыдущего запроса о предоставлении статуса Консультативной Стороны на XLV КСДА (2023 г.), и поблагодарила Совещание за предоставленную возможность.

(152) Консультативные Стороны поблагодарили Беларусь за представленный доклад. Некоторые Стороны поддержали кандидатуру Беларуси в качестве Консультативной Стороны на том основании, что существенная научно-исследовательская деятельность Беларуси в Антарктике соответствовала требованиям ст. IX (2). В этом контексте эти Стороны высоко оценили создание исследовательской станции, экспедицию, исследовательскую деятельность в Антарктике, а также результаты исследований, представленные КСДА и КООС.

(153) Другие Стороны заявили, что, по их мнению, Беларусь не выполнила требования, изложенные в ст. IX (2) Договора об Антарктике, а также в Решении 2 (2017 г.), отметив, что они по-прежнему обеспокоены качеством ее науки и разнообразием мероприятий ее программы.

(154) Многие Стороны далее отметили, что в свете текущих политических событий, обсуждавшихся на XLIV КСДА и XLV КСДА, они не считают, что соглашение по этому вопросу может быть достигнуто.

(155) Некоторые Стороны подчеркнули, что такая оценка в отношении статуса Консультативной Стороны должна основываться на научных и последовательных критериях, а не исходить из политических соображений.

(156) Стороны приветствовали рассмотрение заявки Беларуси на 47-м КСДА и призвали Беларусь продолжать добиваться статуса Консультативной Стороны. Соответственно, этот пункт был включен в предварительную Повестку дня, и нет необходимости в повторной подаче заявки.

1. Заключительный отчет

Пункт 6c: Работа Системы Договора об Антарктике: Общие вопросы

(157) Отметив включение пунктов 6a и 6b в предварительную Повестку дня 47-го КСДА, Стороны также подчеркнули, что КСДА остается открытой для получения запросов от других Сторон, не являющихся Консультативными Сторонами, которые желают подать заявку на получение статуса Консультативной стороны и которые считают, что они соответствуют требованиям Договора об Антарктике.

(158) Великобритания представила WP 40 *(Соглашение на базе Конвенции Организации Объединенных Наций по морскому праву о сохранении и устойчивом использовании морского биологического разнообразия в районах за пределами действия национальной юрисдикции (Соглашение BBNJ)*, подготовленный совместно с Австралией, Норвегией и Новой Зеландией. В этом документе внимание участников Совещания обращается на подписание Соглашения на базе Конвенции Организации Объединенных Наций по морскому праву о сохранении и устойчивом использовании морского биологического разнообразия в районах за пределами национальной юрисдикции (Соглашение BBNJ) Организации Объединенных Наций от 19 июня 2023 г. В нем представлена рекомендация КСДА принять Резолюцию, чтобы признать и приветствовать принятие Соглашения BBNJ и повторно заявить о правомочности Системы Договора об Антарктике в вопросах, касающихся Антарктики.

(159) Большинство Сторон поддержали принятие Совещанием Резолюции, приветствующей Соглашение BBNJ, подтверждая, что Система Договора об Антарктике обладает юрисдикцией в вопросах, касающихся Антарктики, и поддерживая сотрудничество и взаимодействие между Системой Договора об Антарктике и Соглашением BBNJ.

(160) Российская Федерация заявила о своем несогласии с предложением о признании значимости Соглашения BBNJ в качестве глобальной вехи, которая соответствовала бы роли Системы Договора об Антарктике в Антарктике. Она указала на то, что в Рабочем документе ничего не говорится о несогласии Российской Федерации с текстом, отраженным в докладе конференции для Генеральной Ассамблее ООН. Позиция РФ заключалась в том, что положения ЮНКЛОС были нарушены и что нормы Соглашения BBNJ позволят вмешиваться в полномочия и юрисдикцию соответствующих отраслевых и региональных организаций.

(161) В отношении первой рекомендации, представленной в Документе, Российская Федерация отметила отсутствие у КСДА оснований для «применения» или «толкования» Соглашения 2023 г. Она поддержала рекомендацию о подтверждении правомочности Системы Договора об Антарктике в вопросах, связанных с Антарктикой, включая вопросы рационального использования морских живых ресурсов. Кроме того, Российская Федерация подтвердила, что в ходе общего анализа отношений между СДА и другими соответствующими международными правовыми системами, включая ЮНКЛОС и процесс BBNJ, проведенного в рамках МКГ по актуальным вопросам, тенденциям и вызовам для СДА, а также в Заключительном докладе XLIII КСДА (п. 89) был достигнут «консенсус относительно того, что СДА следует сохранять свою специфику в иных международно-правовых рамках и глобальных процессах». По мнению Российской Федерации, рассмотрение действующих документов, в частности ЮНКЛОС, должно быть приоритетным для КСДА. Российская Федерация сочла принятие Резолюции неактуальным, поскольку Резолюция 1 (2006 г.) и Резолюция 9 (2009 г.) предусматривают «основную ответственность Консультативных сторон в том, что касается охраны и сохранения окружающей среды Антарктики» и «что система Договора об Антарктике является подходящей основой для регулирования сбора

биологических материалов в районе действия Договора об Антарктике и рассмотрения возможностей их использования».

(162) Многие Стороны приветствовали тот факт, что Соглашение BBNJ теперь открыто для подписания, и сочли, что действие Совещания на 47-м КСДА является своевременным, поскольку Соглашение BBNJ не вступит в силу по крайней мере еще один год.

(163) Аргентина представила WP 59 *Уведомление о датах начала и окончания деятельности наблюдателей при проведении инспекций*, подготовленный совместно с Чили. Аргентина отметила, что во многих уведомлениях, направляемых Сторонами с указанием назначения наблюдателей, не указывается дата истечения срока их полномочий и что в некоторых случаях срок назначения является неточным. Для достижения большей ясности в отношении наблюдателей, уполномоченных проводить инспекции на антарктических станциях, Аргентина предложила Совещанию принять следующее Решение:

- поручить Сторонам включать в свои уведомления как дату начала, так и дату окончания назначения наблюдателя;
- при отсутствии даты окончания, установить датой окончания назначения наблюдателя 30 апреля, следующее после даты начала деятельности; а также
- указывать, если назначенный наблюдатель прекратит выполнение своих функций до наступления даты окончания его деятельности, ответственная Сторона должна сообщить об этом в Секретариат Договора об Антарктике для обновления текущего списка.

(164) Совещание поблагодарило Аргентину и Чили за полезное предложение и признало возможные неопределенности, связанные с этим вопросом. Совещание поддержало принятие Решения. Совещание отметило, что текущий порядок уведомления уже предусматривает метод указания даты окончания назначения. Некоторые Стороны также отметили, что ничто не мешает Сторонам назначать наблюдателей на несколько лет или более, чтобы сохранить возможность проведения инспекций без предварительного уведомления инспектируемой Стороны.

(165) После дальнейшего обсуждения Совещание приняло Решение 1 (2024 г.) *Уведомление от Консультативных сторон о списке Наблюдателей в соответствии со Статьей VII Договора об Антарктике и Статьей 14 Протокола по охране окружающей среды к Договору об Антарктике через Секретариат Договора об Антарктике.*

(166) Российская Федерация представила WP 62 *Вклад СДА в укрепление принципов многополярного мироустройства*, отметив продолжающиеся усилия по решению системных вопросов Договора об Антарктике. В этом документе отмечается, что автор считает ценности Системы Договора об Антарктике важными для укрепления принципов многополярного мироустройства. Его целью является подтверждение роли каждой Стороны в эффективном развитии международного сотрудничества в Системе Договора об Антарктике и поиске дальнейших путей укрепления многосторонних принципов в рамках КСДА. Российская Федерация считает, что основные цели и принципы Договора об Антарктике направлены на сохранение Антарктики как зоны мира, свободы научных исследований и международного сотрудничества, что привело к созданию мини-модели многополярного мироустройства. Она заявила, что равное многостороннее сотрудничество требует сохранения многополярных особенностей Системы Договора об Антарктике, таких как открытость для новых участников. Российская Федерация отметила, что для присоединения к Договору об Антарктике не предусмотрено обязательного наличия существенной исследовательской программы. Она отметила, что, по ее мнению, такое требование возникло для тех, кто претендует на статус Консультативных

Сторон, поскольку эти Стороны сыграли решающую роль в процессе разработки мер, способствующих реализации целей и принципов Договора об Антарктике. Она подчеркнула, что принятие решений на основе консенсуса является ключевым фактором для учета мнений всех Сторон. Российская Федерация предложила Совещанию:

- зафиксировать понимание о том, что Система Договора об Антарктике вносит важный вклад в укрепление основ многополярного мира и что антарктическое сообщество является ценностью Системы Договора об Антарктике и связано со всем персоналом национальных антарктических программ;
- подтвердить основополагающее значение целей и принципов Договора об Антарктике;
- обменяться мнениями по следующим вопросам: каким образом Консультативные Стороны могли бы способствовать развитию эффективных механизмов многостороннего сотрудничества в соответствии с буквой и духом Договора, и какие вопросы, по мнению Консультативных Сторон, требуют первоочередного внимания в целях обеспечения устойчивости Системы Договора об Антарктике, в том числе в целях их отражения в Многолетнем стратегическом плане работы; и
- предусмотреть возможность продолжения работы по вопросам многополярности и многостороннему сотрудничеству, а также соответствующих приоритетов в межсессионный период.

(167) Совещание поблагодарило Российскую Федерацию за представленный WP 62.

(168) Многие Стороны не поддержали проведение неформальных межсессионных дискуссий относительно теории многополярного мироустройства, или какой-либо связи между Договором об Антарктике и этой концепцией. Эти Стороны подтвердили свою приверженность принципу консенсуса на КСДА, который, по мнению большинства Сторон, влечет за собой не только право влиять на совместные решения, но и позитивное обязательство добросовестно работать над поиском общих решений. Эти Стороны отметили, что стремление к миру и международному сотрудничеству не должно ограничиваться районом действия Договора об Антарктике и что ослабление мирового порядка, основанного на правилах, влечет за собой ослабление Системы Договора об Антарктике.

(169) Китай выразил признательность за рекомендации, содержащиеся в WP 62, и подчеркнул необходимость продолжения обсуждения этого вопроса, о чем свидетельствуют высказанные расхождения во мнениях. Китай далее подчеркнул, что консенсус является полезным инструментом, направленным на достижение общей позиции на благо всех Сторон на КСДА.

(170) АСОК согласилась с тем, что консенсус является ключевой особенностью КСДА, но также отметила, что консенсус не должен быть механизмом блокирования прогресса. АСОК считает, что в последнее время КСДА не удалось достичь консенсуса по широкому кругу вопросов охраны окружающей среды, несмотря на признание того, что планета переживает глобальный экологический кризис. АСОК также напомнила, что многие достижения КСДА, например запрет на добычу полезных ископаемых, были возможны только потому, что Стороны работали над преодолением своих значительных первоначальных разногласий, а не просто блокировали консенсус.

(171) Российская Федерация выразила признательность за позитивные комментарии Сторон. В ответ на комментарии Российская Федерация пояснила, что под «многополярном устройством» она подразумевает, что в мире существует несколько точек зрения с большим количеством субъектов, взаимодействующих на равной основе, чьи взгляды необходимо уважать. Российская Федерация также

отметила свою приверженность международному праву и выразила мнение о том, что международное право в первую очередь ослаблено так называемым «порядком, основанным на правилах».

(172) Индия представила IP 61 *The Indian Antarctic Environmental Protection Rules, 2023: A step towards enforcement of Indian Antarctic Act 2022 [Законодательство Индии по охране окружающей среды Антарктики 2023 г.: на пути к реализации Закона Индии об Антарктике 2022 г.]*, в котором представлен следующий этап XLV КСДА - IP 141. В этом документе обобщены меры, принятые путем обнародования новых положений Закона Индии об Антарктике. В нем отмечается доступность для ознакомления законодательства и недавно опубликованного отчета об ОВОС на веб-сайте Национального центра полярных и океанических исследований.

(173) Перу представила IP 134 *XXXIV Reunión de Administradores de Programas Antárticos Latinoamericanos-RAPAL (Perú,2023) [XXXIV Совещание администраторов латиноамериканских антарктических программ – RAPAL (Перу, 2023 г.)]*. В этом документе представлена информация о 34-м Совещании администраторов латиноамериканских антарктических программ (RAPAL) в Лиме в 2023 г. Аргентина, Бразилия, Чили, Уругвай, Эквадор и Перу приняли участие в качестве консультативных членов, а Венесуэла и Колумбия – в качестве членов-наблюдателей. Перу сослалась на цели RAPAL по развитию научного, технического, логистического и экологического сотрудничества между латиноамериканскими антарктическими программами.

(174) США представили документ IP 185 ред. 1 *Updated United States Policy on the Antarctic Region [Обновленная политика США в отношении Антарктического региона]*, в котором вниманию Совещания представлено недавнее подписание Президентом США Меморандума о национальной безопасности в отношении политики США в отношении Антарктического региона. В документе говорится, что в соответствии с этой политикой США будут продолжать свои совместные международные усилия в рамках Системы Договора об Антарктике, стремясь сохранить регион Антарктики для использования в мирных целях, охранять его окружающую среду и экосистемы, а также проводить научные исследования с большей коллективной приверженностью Сторон.

(175) Секретариат представил SP 14 *Отчет об актуальных мерах КСДА (1961–2023 гг.)*, в котором сообщается обо всех 562 Рекомендациях, Мерах, Решениях и Резолюциях в Базе данных Договора об Антарктике, действующих в настоящее время. В отчете представлены все меры, сгруппированные по категориям и в хронологическом порядке. Секретариат отметил, что он начал пересмотр категорий и тем, используемых в настоящее время для классификации мер КСДА в Базе данных Договора об Антарктике, с целью упрощения поиска и сортировки мер. Секретариат предположил, что КСДА, возможно, пожелает рассмотреть вопрос о том, какие тексты можно считать утратившими актуальность.

(176) Совещание поблагодарило Секретариат за его работу и выразило признательность и поддержку в отношении разработки этого инструмента.

(177) Исполнительный секретарь представил SP 3 *Перечень мер со статусом «Еще не вступило в силу»*, в котором приводится перечень Мер, которые еще не вступили в силу в соответствии с информацией, предоставленной Правительством-депозитарием. Они включают три Меры, принятые на XXVII КСДА (Кейптаун, 2004 г.), XXVIII КСДА (Стокгольм, 2005 г.) и XXXII КСДА (Балтимор, 2009 г.) соответственно. Исполнительный секретарь отметил, что Мера 1 (2005) *Приложение VI к Протоколу по охране окружающей среды к Договору об Антарктике (Материальная ответственность, возникающая в результате чрезвычайных экологических ситуаций)* еще не была одобрена Аргентиной,

1. Заключительный отчет

Бельгией, Болгарией, Бразилией, Индией, Китаем, Республикой Корея, США и Японией. Он также отметил, что Мера 4 (2004) *(Страхование и планирование действий в чрезвычайных ситуациях при осуществлении туристической и неправительственной деятельности в Районе Договора об Антарктике)* еще не была одобрена Болгарией, Бразилией, Германией, Индией, Италией, Китаем, Перу, Республикой Корея, США и Швецией. Исполнительный секретарь отметил, что Мера 15 (2009) *(Высадка людей на берег с пассажирских судов в районе действия Договора об Антарктике)* еще не была одобрена Болгарией, Бразилией, Германией, Индией, Италией, Китаем, Норвегией, Перу, Польшей, Республикой Корея, США, Швецией и Южной Африкой.

(178) Совещание отметило, что вступление в силу Приложения VI к Протоколу по охране окружающей среды по-прежнему требует имплементации на национальном уровне девятью из первоначально подписавших его Консультативных Сторон в 2005 г. Стороны представили оперативную информацию о положении дел с ратификацией их государствами Приложения VI и его имплементации на национальном уровне. Индия сообщила, что она завершила имплементацию Приложения VI в результате принятия *Indian Antarctic Act [Закона Индии об Антарктике]* (2022 г.). Чехия сообщила, что она завершила все национальные процедуры для имплементации Приложения VI и представила уведомление об одобрении Правительству-депозитарию. Некоторые Стороны сообщили, что они находятся в процессе приведения национального законодательства в соответствие с требованиями Приложения VI. Совещание призвало все Стороны имплементировать оставшиеся Меры на национальном уровне, чтобы ввести их в действие.

(179) Испания представила WP 42 *Порядок организации и функционирования деятельности в межсессионные периоды КСДА*. Испания предложила КСДА утвердить официальную процедуру организации и функционирования мероприятий, которые проводятся в межсессионный период на онлайн-форуме веб-сайта Секретариата Договора об Антарктике. Испания отметила важность и ценный вклад межсессионной деятельности на протяжении более 20 лет в изучение конкретных вопросов, представляющих интерес для КСДА. Она отметила, что, хотя КСДА официально подтвердила существование некоторых межсессионных мероприятий, конкретные положения в этом отношении еще не разработаны. В качестве первого шага Испания предложила запросить у Секретариата Договора об Антарктике анализ различных межсессионных мероприятий, чтобы Стороны могли иметь достаточное представление для надлежащего обсуждения вопроса.

(180) Совещание поблагодарило Испанию и выразило широкую поддержку в отношении данного предложения. Совещание выразило заинтересованность в возможности создания единой процедуры создания и функционирования групп Форума КСДА, которая могла бы поспособствовать пониманию Сторонами процедур, которыми необходимо руководствоваться при проведении Форума. Совещание отметило, что межсессионная работа может способствовать обсуждениям на КСДА, но не заменяет их.

(181) Совещание решило поручить Секретариату составить перечень различных видов межсессионной деятельности в рамках онлайн-форума на веб-сайте Секретариата. Список должен будет включать краткое описание каждого вида деятельности, включая темы и процессуальную основу. В нем будет представлена деятельность за последние восемь лет.

(182) Исполнительный секретарь выразил готовность оказать содействие Совещанию в выполнении его запроса и сообщил, что он предоставит запрошенную информацию на 47-м КСДА.

(183) Секретариат представил SP 8 *Проверка гендерно-нейтральных формулировок в документах КСДА и КООС*, в котором вниманию КСДА предложены варианты для потенциального утверждения в целях обеспечения использования гендерно-нейтральных формулировок в документах Договора об Антарктике в соответствии с Руководством по гендерно-инклюзивной коммуникации, разработанным Организацией Объединенных Наций (ООН), предложенным Российской Федерацией на XLV КСДА. Секретариат представил информацию о заказе редакционного обзора четырех документов Договора об Антарктике. Секретариату было предложено: включить согласованное ООН Руководство по гендерно-инклюзивной коммуникации в свои стандартные редакционные процедуры для обеспечения того, чтобы будущие документы КСДА и КООС отражали специфику и уникальные особенности четырех языков Договора и в то же время соответствовали принципу паритета между официальными языками, предусмотренными Договором и Протоколом; и каждый год добавлять ссылку на Руководство ООН при подготовке документов на веб-странице следующего совещания в качестве ресурса для делегатов.

(184) Участники Совещания выразили благодарность Секретариату за всеобъемлющий обзор, подчеркнули важность использования гендерно-нейтральных формулировок в документах КСДА и поддержали предложения. Многие Стороны подчеркнули полезность ссылки на Руководство ООН для обеспечения использования гендерно-инклюзивных формулировок при разработке документов, отметив высокое качество этого инструмента. Стороны подчеркнули, что гендерное равенство является всеобщей целью, к которой следует стремиться и что обеспечение гендерно-нейтральных и инклюзивных формулировок является важным шагом вперед. Некоторые Стороны сообщили о своей деятельности по поощрению инклюзивности и разнообразия в своих национальных антарктических программах. Стороны предложили принять решение об обновлении Правил процедуры КСДА и резолюцию об обновлении Общего руководства для посетителей Антарктики в соответствии с предложениями Секретариата.

(185) Несколько Сторон отметили, что введение гендерно-нейтральных формулировок не должно приводить к непреднамеренным изменениям в содержании Правил процедуры, отметив, что это может потенциально привести к расхождениям между версиями на разных языках. В частности, были высказаны опасения в отношении предложений в русской версии. Несколько Сторон призвали проявлять особую осторожность при редактировании во избежание расхождений на разных языках.

(186) Совещание согласилось принять пересмотренную английскую версию Правил процедуры и Общего руководства для посетителей Антарктики с учетом гендерно-нейтральных и инклюзивных формулировок. Версии на французском, испанском и русском языках будут пересмотрены корректорами в межсессионный период и представлены на утверждение на 47-м КСДА.

(187) Совещания приняло Решение 2 (2024 г.) *Пересмотренные Правила процедуры Консультативного совещания по Договору об Антарктике*.

(188) Совещания приняло Резолюцию 2 (2024 г.) *Secretariat Report, Programme and Budget* [*Общее руководство для посетителей Антарктики*].

(189) В рамках данного пункта Повестки дня были также представлены следующие документы:

- BP 21 *Diplomatic Participation to the Eighth Turkish Antarctic Expedition [Участие дипломатов в восьмой Турецкой антарктической экспедиции]* (Турция).

1. Заключительный отчет

- BP 35 *Programa de celebración por el XXXV Aniversario de la constitución del Perú como Parte Consultiva del Tratado Antártico [Программа празднования XXXV годовщины получения Перу статуса Консультативной стороны Договора об Антарктике]* (Перу).

Пункт 7: Работа Системы Договора об Антарктике: Вопросы, касающиеся Секретариата

(190) Исполнительный секретарь представил SP 4 *Отчет Секретариата за 2023/2024 г.*, в котором содержится подробная информация о деятельности Секретариата в 2023/2024 финансовом году (с 1 апреля 2023 г. по 31 марта 2024 г.), включая организацию XLV КСДА и XXV заседания КООС в Финляндии и подготовку к 46-му КСДА и 26-му КООС в Индии. Исполнительный секретарь обратил внимание Совещания на межсессионную деятельность, которую Секретариат поддерживал в этот период, включая проведение онлайн-обсуждений КСДА и контактных групп, созданных XLV КСДА, а затем по запросу Сторон; Форумы национальных компетентных органов; межсессионную деятельность Форума, определенную на XXV заседании КООС; различные веб-сайты и веб-сервисы, карты и базы данных; обучение использованию СЭОИ и подготовку представителей по вопросам функционирования КСДА; координацию и коммуникацию, включая посещение Секретариата и подготовку Документов Секретариата, которые были представлены на 46-м КСДА и 26-м КООС. Исполнительный секретарь сообщил, что один сотрудник по финансовым вопросам вышел на пенсию и был заменен новым сотрудником на должности бухгалтера. Касательно финансовых вопросов Исполнительный секретарь представил обзор полученных Секретариатом взносов и прошедший внешнюю аудиторскую проверку финансовый отчет за 2022/2023 финансовый год. Исполнительный секретарь представил предварительный финансовый отчет за 2023/2024 год, в котором отмечается, что ассигнования соответствовали бюджету, за исключением статьи финансирования, на которую повлияла сильная девальвация аргентинского песо по отношению к доллару США, и письменных и устных переводов, в которую были включены расходы на дополнительный перевод. Период закончился с предварительным дефицитом на 2023/2024 год в размере 99 370 долл. США, сумма задолженности по взносам составила 178 672 долл. США, а излишек наличности составил 812 657 долл. США.

(191) Исполнительный секретарь представил SP 5 *Программа работы Секретариата на 2024/2025 финансовый год*, в котором излагаются мероприятия, предложенные Секретариату на 2024/2025 финансовый год (с 1 апреля 2024 г. по 31 марта 2025 г.). Исполнительный секретарь кратко рассказал о регулярной деятельности Секретариата, связанной с подготовкой 47-го КСДА, публикацией отчетов и решением других поставленных перед Секретариатом задач в соответствии с положениями Меры 1 (2003 г.). Исполнительный секретарь отметил, что каких-либо кадровых изменений в предстоящий период не предвидится. Касательно финансовых вопросов Исполнительный секретарь обратил внимание Совещания на продолжающуюся инфляцию и рост стоимости жизни в Аргентине, который лишь частично компенсировался повышением курса доллара США по отношению к аргентинскому песо. Исполнительный секретарь предложил увеличить заработную плату сотрудников Секретариата на 2,9%. Исполнительный секретарь сообщил, что, несмотря на влияние местной и глобальной инфляции, благодаря консервативному и осторожному подходу к управлению, дефицит бюджета составил всего 89 922 долл. США и будет покрыт за счет существующего профицита в Общем фонде и что размер взносов на 2024-2025 г. финансовый год не увеличится. Что касается межсессионной деятельности, он объявил о продолжении работы над развитием и совершенствованием нескольких веб-сайтов и информационных систем. Исполнительный секретарь также сообщил, что Стороны могут принять решение об

обновленном порядке Объявления о выборах нового Исполнительного секретаря во время 46-го КСДА в 2024 г. и 47-го КСДА в 2025 г.

(192) Исполнительный секретарь представил SP 6 *Перспективная пятилетняя бюджетная оценка на 2025/26 - 2029/30 финансовые годы*, в котором приводится план бюджета Секретариата на 2025–2030 гг. Он отметил, что несмотря на местную и глобальную инфляцию, накопленный профицит в Общем фонде все еще позволяет прогнозировать нулевое номинальное увеличение взносов до 2029–2030 финансового года. Тем не менее он сообщил, что будущие изменения в местных и международных условиях могут потребовать обсуждения способов компенсации потенциального дефицита за счет корректировки взносов или иным образом.

(193) Совещание выразило благодарность Секретариату за его неоценимую поддержку, которую он оказывал и продолжает оказывать КСДА. Оно также выразило признательность Исполнительному секретарю за его руководство и готовность к работе. Совещание поблагодарило Секретариат за обеспечение нулевого роста расходов в номинальном выражении, что позволило взносам оставаться без изменений до 2029/2030 г. Многие Стороны поблагодарили Секретариат за учебные онлайн-занятия по СЭОИ и, отражая свой положительный опыт, призвали другие Стороны использовать эту возможность. Несколько Сторон приветствовали готовность Секретариата взять на себя новые задачи и мероприятия в соответствии с просьбой КСДА. Некоторые Стороны сообщили, что их граждане были тепло приняты Секретариатом в Буэнос-Айресе, и за это они очень признательны. Некоторые Стороны предупредили о необходимости рассмотрения сбалансированности и согласованности между бюджетом, выделенным Секретариату, и порученной ему работой.

(194) Некоторые Стороны подчеркнули важность своевременности финансовых взносов для обеспечения того, чтобы Секретариат имел достаточно средств для продолжения своей деятельности и оказания необходимой поддержки. Совещание призвало Стороны, еще не оплатившие свои взносы, сделать это. Некоторые Стороны также предостерегли от работы с дефицитными бюджетами.

(195) Индия поблагодарила Секретариат за отменную поддержку, которую он оказал в ходе подготовки Совещания, и признала, что его успешная организация обусловлена отличной координацией и сотрудничеством между Секретариатом принимающей страны и Секретариатом Договора об Антарктике.

(196) Отвечая на вопросы Сторон, Исполнительный секретарь подчеркнул, что, несмотря на текущие непредсказуемые условия и рост расходов и инфляции, Секретариат работает с тем же бюджетом с 2014 г., который, как ожидается, не изменится до 2029 г. Он подчеркнул, что он не рассматривал возможность обращения к Сторонам с просьбой об увеличении взносов и что он оценил несколько альтернативных решений для реагирования на меняющиеся сценарии.

(197) Совещание поручило Секретариату открыть новую тему на Форуме КСДА для неофициальной дискуссии для Консультативных Сторон, модераторами которой будут Германия и Бельгия, при поддержке Секретариата для оценки вариантов увеличения доходной части Секретариата, таких как:

- Категории взносов, выбранные каждой Стороной на момент создания Секретариата, и возможное намерение некоторых Сторон перейти к более высоким категориям, которые в соответствии с Мерой 1 (2003 г.) ст. 4 (3) «зависят от объема их деятельности в Антарктике, с учетом финансовых возможностей каждой Консультативной стороны». В целях упрощения оценки Сторонами масштабов их национальной деятельности в Антарктике модераторы могут использовать на форуме общедоступные данные КОМНАП.

- Возможность получения добровольных взносов от Консультативных Сторон, Неконсультативных Сторон (особенно тех, которые являются членами КООС) и других организаций.
- Любые другие альтернативные поступления.

(198) В ответ на запрос Нидерландов Совещание санкционировало создание Секретариатом Специального фонда для финансирования деятельности в поддержку разработки единообразной всеобъемлющей системы регулирования туристической и другой неправительственной деятельности в Антарктике. Нидерланды внесут добровольный взнос в этот Специальный фонд, и все остальные Стороны также могут вносить добровольные взносы. Расчетный объем средств этого Специального фонда составил 55 000 долл. США.

(199) В ответ на запрос КООС Совещание санкционировало создание Секретариатом Специального фонда, который будет использоваться для покрытия расходов на совместный семинар КООС/НК-АНТКОМ, который будет проведен за неделю до заседания 27-го КООС в 2025 г. Стороны будут вносить добровольные взносы в этот Специальный фонд, но при необходимости разрешено использование профицита из Общего фонда Секретариата в размере до 20 000 долл. США. Расчетный объем средств этого Специального фонда составил 65 000 долл. США.

(200) После дальнейшего обсуждения Совещание приняло Решение 3 (2024 г.) *Отчет, программа и бюджет Секретариата*.

(201) Исполнительный секретарь представил SP 12 *Секретариат Договора об Антарктике: двадцать лет спустя*, в котором содержится подробная информация о деятельности, задачах и результатах работы Секретариата, а основное внимание уделяется пяти ключевым вопросам: организации встреч, хранилищам информации, инструментам и ресурсам для делегатов, обмену информацией, а также институциональной преемственности и преемственности в КСДА/КООС. Исполнительный секретарь отметил, что в документе представлен график предоставления продуктов, услуг и отчетов. Он также отметил, что в документ были добавлены изображения, чтобы сделать его чтение более приятным. Исполнительный секретарь подчеркнул, что документ является исторической сводкой работы Секретариата за последние 20 лет, и признал, что еще многое предстоит сделать, а также выразил большое удовольствие в оказании помощи Сторонам.

(202) Совещание поблагодарило Исполнительного секретаря за представление этого документа и поздравило Секретариат с 20-летием. Несколько Сторон признали критическую, существенную и важную работу, которую он проделал за эти годы, сохраняя при этом бюджет без изменений.

(203) Исполнительный секретарь поблагодарил Стороны за их комментарии и заявил, что Секретариат гордится тем, что оправдал ожидания Сторон. Секретариат по-прежнему открыт для получения отзывов о дальнейшем совершенствовании своей работы.

(204) Аргентина представила WP 17 *Пересмотренный Порядок отбора кандидатур и назначения Исполнительного секретаря Секретариата Договора об Антарктике*, подготовленный совместно с США. В нем предлагается утвердить новый Порядок отбора и назначения секретаря на 46-м КСДА посредством принятия Решения с тем, чтобы КСДА могло назначить нового Исполнительного секретаря на 47-м КСДА в 2025 г. в соответствии со ст. III (1) Меры 1 (2003 г.) и Положением о персонале Секретариата 6.1. Аргентина и США предложили кандидатам подать заявку через свои национальные компетентные органы не позднее, чем за 180 дней до 47-го КСДА, после чего кандидаты, прошедшие первоначальный отбор, будут

приглашены на собеседование во время КСДА. Аргентина отметила, что в Приложении А к WP 17 содержится проект Решения о Пересмотренном Порядке отбора и назначения Исполнительного секретаря Секретариата Договора об Антарктике, а также предложила формулировку объявления для использования Консультативными Сторонами для предстоящего назначения, приведенного в Приложении В.

(205) Совещание поблагодарило Аргентину и США за представленный ими проект. Относительно критериев отбора несколько Сторон подчеркнули важность поощрения разнообразия и равных возможностей в процессе отбора и предложили варианты решения этой задачи. Среди предложений были включение требования о том, чтобы кандидаты демонстрировали твердую приверженность ценностям инклюзивности и разнообразия; поощрение заявок от кандидатов женского пола без предпочтений по половому признаку; упразднение бремени Правительства-депозитария по проведению первоначальной оценки кандидатов; и проведение виртуальных собеседований, чтобы предоставить возможность рассмотрения заявок кандидатов, которые не имеют финансовых средств для покрытия расходов на поездку.

(206) Совещание не достигло консенсуса в отношении пересмотренного Порядка отбора и назначения нового Исполнительного секретаря. Совещание отметило, что Решение 4 (2016 г.) остается в силе и будет определять порядок объявления, отбора и назначения нового Исполнительного секретаря. Сторонам напомнили о необходимости пересмотра текста проекта объявления в Приложении 1 к Решению 4 (2016 г.) с учетом правильных дат.

Пункт 8: Материальная ответственность

(207) Австралия представила IP 48 *Краткий отчет о неофициальном межсессионном процессе для обмена информацией об имплементации странами Приложения VI к Протоколу по охране окружающей среды к Договору об Антарктике*. В нем обобщена деятельность в рамках неофициального межсессионного процесса, утвержденного на XLV КСДА (2023 г.) для обмена информацией между Сторонами об имплементации Приложения VI к Протоколу по охране окружающей среды на национальном уровне. Австралия поблагодарила всех участников дискуссий и сообщила, что все участники подтвердили свою поддержку принципов, лежащих в основе Приложения VI. Австралия проинформировала Совещание о том, что, хотя некоторые участники сочли имплементацию Приложения VI довольно сложной и длительной, в ходе обсуждений не сообщалось о каких-либо непреодолимых препятствиях.

Пункт 9: Биопроспектинг в Антарктике

(208) В рамках данного пункта Повестки дня был подан и принят в текущем виде следующий документ:

- IP 59 *Contribution towards Study of Psychrophilic organisms in Antarctic by India [Вклад Индии в изучение психрофильных организмов в Антарктике]* (Индия).

Пункт 10: Обмен информацией

(209) Испания представила WP 54 *Полный пересмотр системы электронного обмена информацией (СЭОИ)*, подготовленный совместно с Аргентиной. Испания предложила провести комплексный пересмотр СЭОИ с учетом обновленных требований к обмену информацией, изложенных в Решении 4 (2023 г.). Испания отметила, что в течение последнего десятилетия проходило много дебатов о том, как улучшить использование и эффективность СЭОИ и что в этом документе говорится

1. Заключительный отчет

о тенденции к снижению ее использования. Она подчеркнул, что использование и полезность большого объема информации, предлагаемой Сторонам, не подтверждены. Чтобы упростить процесс и повысить общую эффективность СЭОИ, соавторы предложили поручить Секретариату Договора об Антарктике провести подробный анализ СЭОИ для выявления устаревших, ненужных или повторяющихся требований и представить свои выводы на 47-м КСДА. Испания отметила, что этот анализ может помочь КСДА в проведении комплексного пересмотра устройства СЭОИ и определении возможных шагов для улучшения обмена информацией и обеспечения более активного использования системы. Было высказано предположение, что после анализа, проведенного Секретариатом, Стороны могли бы выявить устаревшие, ненужные и повторяющиеся требования; обеспечить простой и эффективный обмен информацией; максимально упростить обмен информацией; и признать полезность обмена информацией.

(210) Совещание поблагодарило Испанию и Аргентину за их предложение и согласилось с необходимостью проведения комплексного пересмотра СЭОИ. Совещание напомнило об обязательстве обмениваться информацией и подтвердило, что обмен информацией и прозрачность являются фундаментальными аспектами Системы Договора об Антарктике. Несколько Сторон согласились с тем, что можно добиться значительных улучшений, чтобы сделать СЭОИ более удобной и понятной для пользователей. Стороны согласились с тем, что упрощение СЭОИ является желательным и что предоставление информации имеет основополагающее значение для Договора об Антарктике. Несколько Сторон выразили обеспокоенность по поводу низкого уровня обмена информацией через СЭОИ, отметив, что несколько несоответствий затрудняют сравнительный и эффективный анализ данных. Совещание напомнило, что Стороны имеют обязательства по обмену информацией в рамках Договора об Антарктике и Протокола по охране окружающей среды, которые отражены в обновленных Требованиях к обмену информацией, приведенных в Приложении к Решению 4 (2023 г.).

(211) Многие Стороны отметили вопрос о вложенных разрешениях, которые возникали, когда экспедиция, разрешенная одним национальным компетентным органом, перевозила пассажиров, имеющих разрешение на деятельность, разрешенную другим национальным компетентным органом. Несколько Сторон отметили, что в этих случаях регистрация данных в СЭОИ может быть затруднена и может приводить к неверному указанию количества экспедиций в Антарктику.

(212) Поддерживая улучшение СЭОИ, Российская Федерация высказала свое мнение о том, что обновленные Требования к обмену информацией, приведенные в приложении к Решению 4 (2023 г.), являются четкими и всеобъемлющими. Она заявила, что анализ требований является вопросом существа и подразумевает толкование соответствующих обязательств, и этот вопрос должен быть проведен Сторонами, а не Секретариатом.

(213) Совещание согласилось инициировать при поддержке Секретариата комплексный пересмотр требований к обмену информацией, приведенных в Приложении к Решению 4 (2023 г.), который будет рассматривать возможность обработки данных, полученных через СЭОИ; ясность каждого требования; возможное дублирование информации, предоставляемой через другие органы, такие как СКАР и КОМНАП; возможные несоответствия между категориями информации; и долю пользователей, которые соблюдают каждое требование.

Пункт 11: Вопросы образования

(214) Болгария представила Рабочий документ WP 29 *Седьмой отчет Межсессионной контактной группы по образовательной и информационно-просветительской*

деятельности, подготовленный совместно с Австралией, АСОК, Бельгией, Бразилией, Великобританией, Венесуэлой, ВМО, Индией, Испанией, Италией, КОМНАП, МААТО, Польшей, Португалией, Республикой Корея, Румынией, СКАР, США, Турцией, Уругваем, Финляндией, Францией, Чили и Эстонией. Болгария напомнила, что XLV КСДА поддержало продолжение работы МКГ по вопросам образовательной и информационно-просветительской деятельности, и отчиталась о дискуссиях в рамках МКГ за последний год через Дискуссионный форум КСДА. Болгария отметила, что форум привлек 51 сообщение и более 1105 мнений от 24 Сторон, Наблюдателей и Экспертов, обсуждающих образовательную и информационно-просветительскую деятельность, которую они проводили. Болгария предоставила примеры образовательной деятельности, в области равенства, разнообразия и инклюзивности, а также отчиталась о будущем развитии МКГ. Упомянутая деятельность включала лекции и семинары, вебинары, публичные посещения антарктических кораблей, кинофестивали и музыкальные фестивали, мероприятия в музеях, национальные и международные научные конференции, учебные материалы, публикации и кампании в социальных сетях. Соавторы рекомендовали КСДА признать полезность Форума по вопросам образования и информационно-просветительской деятельности и поддержать работу МКГ в течение еще одного межсессионного периода, а также содействовать использованию Форума. Они также предложили КСДА организовать второй семинар по вопросам образования и информационно-просветительской деятельности.

(215) Португалия поддержала презентацию Болгарии и отметила значительное расширение участия Сторон в Дискуссионном форуме КСДА. Португалия призвала Стороны обновить свои контактные данные на веб-сайте. Она отметила, что расширение участия в форуме привело к обмену информацией и определению ключевых вопросов для дальнейшего рассмотрения, включая равенство, разнообразие и инклюзивность, а также изменение климата. Португалия отметила, что образование и информационно-просветительская деятельность являются одной из наиболее объединяющих тем КСДА, и призвала Стороны продолжать тесное сотрудничество.

(216) Совещание поблагодарило Болгарию и соавторов за их отчет, а также Болгарию и Португалию за их лидерство в МКГ по вопросам образования и информационно-просветительской деятельности. Многие Стороны подчеркнули важность образовательной и информационно-просветительской деятельности как важного элемента сотрудничества, закрепленного в Договоре об Антарктике и Протоколе по охране окружающей среды. Многие Стороны подчеркнули важность ознакомления широкой общественности с работой КСДА и понимания общественностью ее целей и достижений, а также рисков, которым подвержена Антарктика. Стороны признали, что образование и информационно-просветительская деятельность имеют решающее значение для повышения осведомленности и вдохновения будущих ученых. Великобритания подчеркнула важность адаптации и обновления материалов с учетом форматов социальных сетей, в частности, для привлечения новой и более широкой аудитории. Бельгия подчеркнула, что отмечает 125-ю годовщину Бельгийской антарктической экспедиции 1897–1899 гг., которая была первой зимней экспедицией в районе Антарктики, и подчеркнула, что на судне находились представители пяти разных стран, что делает ее символом антарктического сотрудничества.

(217) Совещание поддержало рекомендации WP 29 и приняло решение о продолжении работы МКГ в течение еще одного межсессионного периода. Совещание также поддержало организацию второго семинара по вопросам образования и информационно-просветительской деятельности.

(218) Совещание приняло решение о продлении работы МКГ на работу по вопросам образовательной и информационно-просветительской деятельности в течение еще одного межсессионного периода с целью:

- обеспечения содействия совместной работе по образовательной и информационно-просветительской деятельности на национальных и международном уровнях;

- определения международных видов деятельности и (или) мероприятий в области образовательной и информационно-просветительской деятельности для возможного участия в них Сторон Договора об Антарктике;

- обеспечения обмена результатами образовательных и информационно-просветительских мероприятий для наглядного представления работы Сторон Договора об Антарктике в области управления деятельностью в районе действия Договора об Антарктике;

- привлечения особого внимания к осуществляемым мероприятиям в области охраны окружающей среды, по которым имеются данные о результатах работы и научных наблюдений, в целях повышения роли и значения Договора об Антарктике и Протокола по охране окружающей среды;

- содействия работе Экспертов и Наблюдателей по вопросам образовательной и информационно-просветительской деятельности и поддержки сотрудничества с этими группами;

- обмена передовым опытом, а также поощрения, расширения и продвижения разнообразия и инклюзивности в глобальном антарктическом сообществе, в том числе среди ученых, логистов, политиков и всех других лиц, занимающихся вопросами Антарктики, с целью сокращения любых барьеров для всех талантов, необходимых для решения проблем будущего Антарктики;

- поощрения Сторон к предоставлению в Секретариат ссылок на свои веб-страницы с образовательными и информационно-просветительскими ресурсами (Секретариат включит эти ссылки в свой раздел «Образовательные ресурсы» на веб-странице Секретариата); а также

- приглашения Сторон, Наблюдателей и Экспертов к рассмотрению в межсессионный период в рамках Форума КСДА по вопросам образования и информационно-просветительской деятельности работы, проделанной МКГ, обсуждению ее будущего развития и возможности организации и планирования второго Семинара по вопросам образования и информационно-просветительской деятельности.

(219) Совещание также пришло к согласию относительно:

- рекомендации Наблюдателям и Экспертам, которые участвуют в КСДА, внести свой вклад;

- создания Исполнительным секретарем Форума КСДА для МКГ и оказания содействия работе МКГ; и

- назначения Болгарии координатором МКГ с представлением отчета о результатах работы МКГ на следующем КСДА.

(220) США представили IP 92 *Polar Science Early Career Community Office (PSECCO): An Initiative to Increase Accessibility and Inclusion in Antarctic Research [Офис сообщества молодых специалистов в области полярных наук (PSECCO): инициатива по повышению доступности и инклюзивности исследований в*

Антарктике]. Они заявили, что оказание прямой поддержки профессиональному развитию и организации сообществ для начинающих полярных ученых с помощью различных инициатив и программ является одним из способов обеспечения готовности будущих поколений возглавить полярные исследовательские и полевые команды в сложных реалиях международного сотрудничества Антарктики. США выразили свою приверженность поощрения карьеры полярных ученых с особым акцентом на молодых ученых с целью поддержания активного и разнообразного сообщества с привлечением исследователей на всех этапах карьеры.

(221) Бразилия представила IP 17 *Education & Outreach activities of Brazil in 2023/2024 [Образовательная и информационно-просветительская деятельность Бразилии в 2023/2024 гг.]*, в котором изложена образовательная и информационно-просветительская деятельность, осуществленная Бразильской антарктической программой (PROANTAR) в сезоне 2023/2024 гг. Эта деятельность включала, среди прочего, первый Бразильский полярный кинофестиваль, торжества по случаю Дня Антарктики, виртуальную поездку в Антарктику, а также несколько выставок и презентаций.

(222) Перу представило документ IP 137 *Educación y Difusión de la Temática Antártica [Образование и распространение антарктической тематики]*, в котором сообщается о различных мероприятиях Перу по повышению осведомленности о проблемах Антарктики на национальном уровне. Перу предложило усилить освещение Антарктики в базовом образовании, чтобы способствовать осознанной позиции в отношении научной и исторической значимости и значения Антарктики для природы. Оно также подтвердило свою приверженность исследованиям и международному сотрудничеству в регионе.

(223) Турция представила документ IP 96 *Education & Outreach Activities of Türkiye in 2023-2024 [Образовательная и информационно-просветительская деятельность Турции в 2023-2024 гг.]*, в котором обобщена образовательная и информационно-просветительская деятельность Турции, направленная на повышение осведомленности молодого поколения о полярных регионах и повышение интереса молодежи к полярным исследованиям. Она отметила, что деятельность включала фестивали, конкурсы, издание полярной энциклопедии и конкурс живописи. Она сообщила, что еще с самых первых инициатив, связанных с полярными регионами, Турция придавала большое значение образовательной и информационно-просветительской деятельности в области полярных исследований и глобального изменения климата, а также по-прежнему привержена наращиванию своих усилий в будущем.

(224) МААТО представила IP 110 *IAATO Antarctic Ambassador Expedition Program [Программа экспедиции МААТО «Антарктические послы»]*, в которой освещались образовательные и информационно-просветительские инициативы МААТО. МААТО сообщила, что ее Комитет Антарктических послов начал разработку базовой версии программы экспедиции «Антарктические послы» в 2023 г. с намерением создать готовые к использованию материалы, которые можно было бы легко интерпретировать и модифицировать в соответствии с конкретными обстоятельствами, и которые полярные сотрудники на местах смогут легко представлять своим гостям. МААТО отметила, что разработанные материалы были ограниченно распространены в начале антарктического сезона 2023/2024 гг., что позволило сотрудникам на местах протестировать материалы и предоставить свои комментарии и идеи по расширению программы в 2024-2025 гг. Эти материалы включали презентацию программы, задачу экспедиции и сертификат Антарктического посла.

(225) Индия представила IP 56 *From Poles to Public: Communicating Indian Polar Research through Science Communication and Outreach [С полюсов к общественности: обнародование индийских полярных исследований через научную коммуникацию и информационно-просветительскую деятельность]*, в котором описываются ключевые образовательные и информационно-просветительские мероприятия Индии в области полярных наук и подчеркивается приверженность Индии выполнению своих социальных обязательств и улучшению понимания общественностью полярных регионов. Индия подчеркнула, что ее деятельность включает в себя празднование Международного дня йоги на антарктических станциях Индии и его прямую трансляцию для индийских школ и широкой общественности; виртуальное взаимодействие примерно 8000 школьников с членами экспедиции на антарктических станциях для стимулирования научного интереса в области антарктических исследований среди учеников; визиты студентов и широкой общественности в лаборатории Национального центра полярных и океанических исследований, а также организацию выставок, научных бесед и кампаний в социальных сетях в честь Дня Антарктики. Индия также подчеркнула, что строит Полярный музей в Гоа для содействия образованию и информационно-просветительской деятельности в Антарктике.

(226) Колумбия представила IP 159 *XXIV Encuentro Historiadores Antárticos Latinoamericanos y IX Foro de Educación Antártica [XXIV Совещание латиноамериканских антарктических историков и IX Антарктический образовательный форум]*, в котором сообщается, что в сентябре 2024 г. в Колумбии пройдут 24-е Совещание латиноамериканских антарктических историков и IX Антарктический образовательный форум. В документе раскрыты цели этих совещаний, в том числе оптимизация обмена историческими исследованиями; укрепление национальных антарктических исторических исследований; и поощрение антарктического образования на всех уровнях. Колумбия пригласила все Стороны принять участие в этих совещаниях.

(227) Российская Федерация представила IP 177 *Обзор деятельности в области просвещения и образования*, в котором обобщена информационно-просветительская и образовательная деятельность России в области общей информации об Антарктике, ее окружающей среде, ее роли в глобальных климатических процессах, антарктических исследованиях и Системе Договора об Антарктике. Российская Федерация отметила, что деятельность включала выставки, конференции, инициативы в социальных сетях, школьные лекции, онлайн-семинары, видеоконтент и арт-проекты для продвижения образования и просвещения об Антарктике.

(228) В рамках данного пункта Повестки дня был также подан и принят к сведению следующий документ:

- IP 154 *Romanian Antarctic Education and Outreach Activities 2023-2024 [Образовательная и информационно-просветительская деятельность Румынии в области Антарктики в 2023-2024 гг.]* (Румыния).

(229) В рамках данного пункта Повестки дня были также представлены следующие документы:

- BP 12 *Fostering Education & Outreach Initiatives [Содействие инициативам в области образования и информационно-просветительской деятельности]* (КОМНАП).

- BP 13 *Celebración del X Simposio Español de Estudios Polares [Торжества в честь 10-го Испанского симпозиума по полярным исследованиям]* (Испания).

- BP 14 *Educación Antártica, desde Punta Arenas para el mundo [Антарктическое образование: от Пунта-Аренас до всего мира]* (Чили).
- BP 19 *Divulgación y Educación en Venezuela 2023-2024 [Образовательная и информационно-просветительская деятельность Венесуэлы в 2023–2024 гг.]* (Венесуэла).
- BP 20 *Digital Technology Making Antarctic Heritage Globally Accessible [Цифровые технологии, делающие наследие Антарктики доступным во всем мире]* (Новая Зеландия).
- BP 30 *Ibero-American postgraduate course "Introduction to cetacean research in the open waters of the Southern Hemisphere" [Иберо-американский аспирантский курс «Введение в исследование китообразных в открытых водах Южного полушария»]* (Уругвай, Испания).
- BP 31 *Outreach project "Antarctica The continent of all" [Информационно-просветительский проект «Антарктика: континент для всех»]* (Уругвай).
- BP 32 *Uruguay's educational activities in 2023 [Образовательная деятельность Уругвая в 2023 г.]* (Уругвай).
- BP 33 *Education & Outreach Activities of Ukraine in 2022-2024 [Образовательная и информационно-просветительская деятельность Украины в 2022–2024 гг.]* (Украина).
- BP 43 *Электронная база данных о погибших в Антарктике* (Российская Федерация).
- BP 50 *Education & Outreach Activities of Malaysia in 2023 [Образовательная и информационно-просветительская деятельность Малайзии в 2023 гг.]* (Малайзия).

Пункт 12a: Многолетний стратегический план работы: Стратегические, правовые и институциональные приоритеты

(230) Совещание рассмотрело Многолетний стратегический план работы, принятый на XLV КСДА (Решение 5 (2023 г.) в отношении политических, правовых и институциональных приоритетов. Были рассмотрены возможные пути решения всех первоочередных задач в ближайшие годы, вопросы возможного исключения из плана отдельных приоритетных вопросов и включения в него новых приоритетов.

(231) Австралия представила WP 22 *Отчет Межсессионной контактной группы (МКГ) по обзору использования и функционирования Многолетнего стратегического плана работы (МСПР)*. Австралия напомнила, что она координировала МКГ с января по апрель 2024 г., и сообщила, что в МКГ совместно работали шесть участников. Она отметила, что участники МКГ указали, что Многолетний стратегический план работы помог им сосредоточить внимание на приоритетах КСДА, увидели ценность в его дальнейшем использовании и в целом поддержали предложения, выдвинутые Секретариатом на XLV КСДА. Исходя из комментариев, предоставленных участниками, Австралия сообщила КСДА, что Многолетний стратегический план работы остается ценным инструментом для Сторон и может быть улучшен путем пересмотра его порядка обсуждения приоритетов и разработки дальнейших указаний по содержанию самого Многолетнего стратегического плана работы. От имени МКГ Австралия рекомендовала КСДА:

1. Утвердить порядок периодического пересмотра, который будет проводиться на каждом третьем КСДА, например, более подробное обсуждение на КСДА поддерживаемое работой на полях. Поддержка этого порядка пересмотра может включать в себя руководящий документ для Председателей КСДА,

1. Заключительный отчет

процедуру, поддерживаемую Секретариатом, и/или использование отчета о совещании для более четкого определения пунктов Многолетнего стратегического плана работы.

2. Предложить правительствам принимающих стран с 2025 г., при желании, определить вопрос Многолетнего стратегического плана работы, который был бы в центре внимания в том году, когда они проводят Совещание.

3. Поддержать мониторинг и реализацию приоритетов, например, путем обращения к Председателям КСДА с просьбой резюмировать в отчете КСДА все действия по приоритетным вопросам.

4. Согласиться с принципом не более 5-10 приоритетов на пятилетний срок.

5. Установить максимальный пятилетний срок для приоритетного вопроса, соответствующий пятилетнему горизонту Многолетнего стратегического плана работы.

6. Разработать руководство для оказания помощи КСДА в подготовке приоритетов и утверждении приоритетов, ориентированных на конкретные действия и ограниченных по времени.

7. Поощрять перекрестные ссылки на приоритеты Многолетнего стратегического плана работы в документах, представленных на КСДА, включая обращение к Секретариату с просьбой обновить шаблон документа, чтобы позволить авторам ссылаться на приоритет Многолетнего стратегического плана работы.

(232) Совещание поблагодарило Австралию за ее работу и подчеркнуло ценность Многолетнего стратегического плана работы в качестве инструмента для КСДА. Многие Стороны согласились с тем, что ограничение числа приоритетов в течение пятилетнего срока является полезным условием, но отметили необходимость гибкости такого инструмента в связи с возникновением новых вопросов или ввиду долгосрочного характера вопросов.

(233) Совещание достигло консенсуса по рекомендациям 4-7.

(234) Норвегия представила WP 36 *Оценка необходимости более детального процесса скопинга как элемента процесса ВООС*, подготовленный совместно с Новой Зеландией и Великобританией. Норвегия напомнила, что в 2016 г. КООС рассмотрел процедуры оценки воздействия на окружающую среду, установленные в Протоколе по охране окружающей среды и Приложении I к нему. В своих рекомендациях КСДА в том году КООС запросил, в какой степени ему следует начать работу над потенциальным применением для Антарктики процессов «скрининга и скопинга», обычно применяемых в рамках процесса ОВОС для крупных проектов в других частях мира. Норвегия предложила КСДА обратиться к КООС с просьбой начать работу по оценке потенциального применения процесса скопинга для ОВОС уровня ВООС; рассмотреть вопрос о том, можно ли улучшить процесс ВООС, сделать его более прозрачным и эффективным; и как Стороны могут/должны быть вовлечены в качестве заинтересованных сторон в потенциальный процесс скопинга. Норвегия подчеркнула, что предложение должно применяться к масштабным видам деятельности, которые, вероятно, окажут более чем незначительное или ограниченное по времени воздействие на окружающую среду Антарктики, что потребует проведения ВООС в соответствии со ст. 3 Приложения I к Протоколу по охране окружающей среды.

(235) Совещание поблагодарило авторов за представленный WP 36.

(236) Несколько Сторон поддержали предложение запросить консультацию у КООС и отметили, что скопинг и привлечение заинтересованных сторон на раннем этапе, как

описано в WP 36, являются широко распространенной международной практикой, рассмотрение возможности принятия которой предлагается КСДА. Эти стороны предположили, что в ходе этой деятельности может быть полезно изучить и поделиться опытом использования процессов скопинга в национальном законодательстве за пределами Антарктики.

(237) Несколько Сторон выразили другие мнения, в том числе: что нынешние процедуры оценки воздействия на окружающую среду хорошо прописаны в Протоколе по охране окружающей среды и Приложении I к нему и что Стороны реализуют эти процедуры в рамках своего национального законодательства и процедур; что Совещание должно более конкретно рассмотреть этот вопрос, прежде чем обращаться к КООС за консультацией; и тот факт, что методы скопинга являются стандартными на внешних форумах, не является достаточной причиной для их принятия в рамках Системы Договора об Антарктике. Эти Стороны отметили, что процедура, уже установленная в Приложении I к Протоколу по охране окружающей среды, является достаточной, и не выступают за добавление новых этапов в процесс ВООС.

Пункт 12b: Многолетний стратегический план работы: Научная, операционная и туристическая деятельность

(238) Совещание рассмотрело Многолетний стратегический план работы, принятый на XLV КСДА (Решение 5 (2023 г.) в отношении приоритетов науки, операционной деятельности и туризма. Были рассмотрены возможные пути продвижения вперед в решении каждого приоритета в предстоящие годы, а также вопросы возможного исключения из плана отдельных приоритетов и включения в него новых приоритетов.

(239) После дальнейшего обсуждения Совещание постановило добавить Приоритет 14: Продолжить работу по ликвидации повышенных рисков, связанных с высокопатогенным птичьим гриппом в Антарктике.

(240) Совещание приняло Решение 4 (2024 г.) *Многолетний стратегический план работы Консультативного совещания по Договору об Антарктике*.

Пункт 13: Безопасность и операционная деятельность в Антарктике

(241) Сопредседатель Рабочей группы 2 Соня Рамос Гарсия (Испания) отметила, что Совещанию было представлено большое количество Информационных документов, и многие из них касались информации, которую необходимо сообщать через СЭОИ.

(242) В соответствии с предложением Сопредседателя Совещание постановило, что на будущих КСДА документы с информацией, которая должна быть распространена через СЭОИ, должны представляться Совещанию в качестве Вспомогательных документов, а не Информационных документов.

(243) Сопредседатель также напомнила Совещанию, что все представленные документы должны содержать объективное и четкое резюме для упрощения работы делегатов и Председателя. Сопредседатель направила Сторонам полезное руководство по подготовке документов, представленное Секретариатом на его веб-сайте.

Модернизация антарктических станций

(244) КОМНАП представил WP 18 *Оценка построенной инфраструктуры и потенциальных экологических последствий изменения Антарктики*. КОМНАП представил информацию по проделанной им работе, которая поможет понять и будет способствовать оценке построенной инфраструктуры в изменяющейся Антарктике и потенциальных экологических последствий воздействия на эту

1. Заключительный отчет

инфраструктуру новых условий. Он отметил, что Национальные антарктические программы рассматривали как изменение Антарктики может повлиять на построенную ими инфраструктуру в целях обеспечения постоянной поддержки исследований, поддержания мер безопасности и выполнения своих экологических обязательств, связанных с их антарктической деятельностью. КОМНАП отметил, что через национальные антарктические программы он работает над углублением понимания того, как местные и региональные изменения в районах их деятельности могут оказать новое воздействие на существующую инфраструктуру в Антарктике. КОМНАП рекомендовал Сторонам поддерживать свои Национальные антарктические программы для их участия и продолжения представления их технического и практического опыта в оценке инфраструктур с учетом изменяющихся условий Антарктики на Ежегодных общих собрания и в течение всего года. В заключение КОМНАП сообщил, что предоставит дополнительную информацию и рекомендации по этому вопросу на будущем КСДА.

(245) Совещание согласилось с рекомендацией КОМНАП о том, чтобы Стороны продолжали поддерживать свои национальные антарктические программы для участия в текущих обсуждениях этого вопроса. Стороны признали важность понимания и рассмотрения вопроса последствий изменения окружающей среды для существующей и новой инфраструктуры в Антарктике. Отмечая свою деятельность, связанную с модернизацией и строительством станций, Стороны подчеркнули важность обмена опытом и информацией, а также систематического изучения рисков, которым подвергаются станции.

(246) Секретариат представил SP 9 *Сводная информация о представленных КСДА документах по вопросам модернизации антарктических станций с 2016 по 2023 год* в ответ на запрос КСДА (Хельсинки, 2023 г.) с целью оценки этой темы в Многолетнем стратегическом плане работы. Он подчеркнул, что в период с 2016-2023 гг. Сторонами было представлено КСДА 22 документа по вопросам, связанным с модернизацией антарктических станций в контексте изменения климата. Секретариат отметил, что еще в 41 документе, представленном заседаниям КСДА и КООС в течение этого периода, описываются мероприятия по модернизации, но изменение климата прямо не указывается в качестве основной причины. Также в пяти документах вниманию Совещания представлена информация о планах строительства новых станций в Антарктике. Секретариат отметил, что количество документов, представленных на КСДА (поскольку этот вопрос был включен в Многолетний стратегический план работы) соответствовало отчетам КОМНАП. Секретариат отметил, что количество документов в области изменения климата составило примерно треть всех представленных документов по модернизации станций. Секретариат выразил свою готовность подготовить дополнительные материалы или прояснить любые вопросы для принятия Сторонами обоснованных решений по этому вопросу.

(247) Совещание поблагодарило Секретариат за его отменную работу и высоко оценило его всесторонний анализ. Несколько Сторон отметили, что многие станции проводят работу по модернизации, подчеркнули важность обмена актуальной информацией и отметили ценность информации такого рода для оценки приоритетных вопросов, содержащихся в Многолетнем стратегическом плане работы.

(248) Великобритания представила IP 52 *An Update on British Antarctic Survey's Antarctic Infrastructure Modernization Programme (AIMP) [Обновленная информация о Программе модернизации инфраструктуры в Антарктике (AIMP) Британской антарктической службы]*. В документе содержится обновленная информация о текущей работе Великобритании по модернизации своей инфраструктуры в Антарктике. Великобритания отметила, что строительство здания «Дискавери» (Discovery Building) и модернизация ключевой инфраструктуры станции начались в

2019 г., а завершение ожидается к 2025 г. Великобритания подчеркнула, что работы на ее взлетно-посадочной полосе завершены и теперь она полностью введена в эксплуатацию и открыта для транзита. Она поблагодарила Стороны за их гибкость и поддержку в течение прошлого сезона.

(249) Индия представила IP 57 *Maitri-II: Redevelopment of the Indian Research Station Maitri in Antarctica [Мейтри-II: модернизация индийской исследовательской антарктической станции Мейтри]*. В документе подчеркивается, что модернизация исследовательской станции Мейтри необходима в связи с износом старой индийской станции и необходимостью решения существующих проблем для расширения ее возможностей в области научных исследований и экологической устойчивости. Индия отметила, что разрабатывает подробную ВООС и сообщит о ходе работы на 47-м КСДА.

(250) США представили IP 71 *An overview of the South Pole Station Master Plan [Обзор Генерального плана станции на Южном полюсе]*, в котором сообщается о финальных этапах завершения генерального плана перепланировки своей станции на Южном полюсе. США сообщили, что их антарктическая программа рискует ежегодно терять научный потенциал по мере деградации объектов, инженерных сетей, оборудования и парка транспортных средств. Они отметили, что в обзоре будут обобщены текущие условия, ограничения и возможности станции на Южном полюсе, а также план перепланировки инфраструктуры, требующей замены. США предложили заинтересованным Сторонам запросить подробности процесса.

(251) Перу представило документ IP 135 *Proyecto de la nueva Estación Científica Antártica Machu Picchu (ECAMP) [Проект обновления антарктической научной станции Мачу-Пикчу (ECAMP)]*, в котором сообщается о планах по модернизации антарктической научной станции Мачу-Пикчу. Оно подчеркнуло, что цель состоит в том, чтобы иметь соответствующую научную станцию, которая соответствовала бы ее техническим и научным потребностям. Оно отметило, что завершило второй этап из четырех, составляющих цикл государственных инвестиций Перу. Перу сообщило, что его цель состоит в том, чтобы научная станция была адаптирована к текущим техническим и экологическим требованиям, а также укрепляла присутствие Перу в Антарктике.

(252) В рамках данного пункта Повестки дня был также представлен следующий документ:

- BP 28 *Update of Information on the Progress of the Renovation of the Henryk Arctowski Polish Antarctic Station on King George Island, South Shetland Islands [Обновление информации о ходе модернизации польской антарктической станции Арцтовский на острове Кинг-Джордж (Ватерлоо), Южные Шетландские острова]* (Польша)

Регулирование энергопотребления и энергоэффективности в антарктических операциях

(253) Великобритания представила WP 35 *Использование альтернативных видов топлива в ходе операций в Антарктике в целях сокращения выбросов углерода*. Великобритания сообщила, что Британская антарктическая служба (БАС) поставила перед собой амбициозную цель достичь чистого нулевого уровня выбросов углерода к 2040 г. и что для достижения промежуточных целей БАС изучает роль альтернативных видов топлива в рамках краткосрочного и долгосрочного плана декарбонизации. Великобритания представила опыт использования БАС гидроочищенного растительного масла (HVO) на полярном исследовательском судне и на станции в ходе строительных проектов, а также планы по использованию экологичного авиационного топлива (SAF) на самолетах (и, возможно, глобальной температуры).

транспортных средствах и на станции) в качестве краткосрочного метода сокращения выбросов углерода. Она также описала текущие испытания и изложила полученные результаты, а также преимущества и проблемы использования альтернативного топлива. Великобритания рекомендовала:

- Сторонам отметить преимущества использования альтернативных видов топлива из устойчивых источников для сокращения выбросов углерода, а также рассмотреть возможность испытания альтернативных видов топлива в своей деятельности;
- Сторонам делиться результатами своего опыта в испытании или использовании альтернативного топлива; а также
- операторам последних портов захода рассмотреть вопрос о повышении доступности и отслеживаемости альтернативных видов топлива и повышении их доступности для операций в Антарктике.

(254) Участники Совещания подчеркнули важность обмена передовым опытом в области использования альтернативных видов топлива из устойчивых источников для смягчения последствий изменения климата в Антарктике и сокращения выбросов. Многие Стороны подчеркнули ценность изучения опыта других сторон и обмена опытом по этому вопросу. Несколько Сторон отметили проблемы, связанные с использованием альтернативных видов топлива в Антарктике, в том числе более высокие затраты, выявление их источников и доступность, особенно в отправных пунктах. Несколько Сторон подчеркнули необходимость работы по декарбонизации и сокращению выбросов в Антарктике. Чили выразило готовность к совместной работе над вопросом доступности альтернативных видов топлива в отправных пунктах. Отметив свой богатый опыт в области биотоплива, Бразилия приветствовала обмен передовым опытом в области альтернативных видов топлива, предостерегая при этом от создания обязательств в отношении конкретных технологий.

(255) МААТО сообщила, что она ежегодно проводит опрос своих членов о действиях, которые они осуществляют для сокращения выбросов и что они работают над достижением этой цели. КОМНАП и МААТО отметили, что их сообщества подчеркнули необходимость решения вопросов снабжения и доступности. КОМНАП предложил БАС представить результаты своей работы на предстоящем Ежегодном общем собрании КОМНАП и предложил создать целевую группу для поиска путей повышения доступности альтернативных видов топлива. АСОК призвала Стороны продолжать активизировать усилия по внедрению возобновляемых источников энергии и обмену знаниями.

(256) Хотя большинство Сторон в целом поддержали рекомендации документа, Российская Федерация считает преждевременным делать вывод о необходимости использования альтернативных видов топлива в Антарктике, полагая, что это требует дальнейших исследований и оценки. Российская Федерация высказала предположение о недостаточности научного обоснования использования конкретных видов топлива в Антарктике. Стороны согласились с необходимостью продолжения исследований и сотрудничества для поиска устойчивых решений и сокращения выбросов в Антарктике.

(257) Чили представило IP 30 *Hybrid generation pilot project at the Chilean Antarctic Naval Base "Arturo Prat"* [Пилотный проект по гибридной генерации на чилийской антарктической морской базе «Артуро Прат»], в котором сообщается об усилиях по созданию первой чилийской антарктической базы с нулевым уровнем выбросов к 2030 г. Оно отметило, что проект является частью национальных и глобальных усилий по сокращению источников загрязнения, которые наносят ущерб окружающей среде из-за выбросов парниковых газов и последующего повышения

(258) Великобритания представила документ IP 89 *Using Artificial Intelligence (AI) to Support Decision Making in Marine Operations to Reduce Carbon Emissions [Использованию искусственного интеллекта (ИИ) для поддержки принятия решений в морских операциях в целях сокращения выбросов углерода]*, в котором сообщается о первых шагах, предпринимаемых Лабораторией ИИ в Британской антарктической службе (БАС) для лучшего понимания потенциального использования ИИ для поддержки деятельности в Антарктике. Она сообщила, что БАС разработала полностью автоматизированную систему планирования ежегодных логистических и научных маршрутов для флота исследовательских судов и что за счет анализа перечня научных запросов, включая научные исследования, которые должны быть проведены в определенных местах в определенные временные интервалы, эта расположенная на суше система будет планировать, как распределять по судам флота различные запросы, чтобы свести к минимуму общие выбросы углерода в течение полевого сезона. Великобритания отметила, что система может смотреть на три или более лет вперед, планируя, как наилучшим образом планировать задачи, чтобы максимально эффективно предоставлять научные данные в течение каждого полевого сезона.

(259) Норвегия представила IP 115 *High Greenhouse Gas Reduction Ambitions at Troll Research Station [Высокие амбиции по снижению выбросов парниковых газов на научно-исследовательской станции Тролл]*, в котором сообщается, что она инициировала процесс модернизации и обновления своей научно-исследовательской станции Тролл. Норвегия подчеркнула, что она поставила высокие цели по экологизации деятельности и нацелена на 50-процентное сокращение выбросов парниковых газов, связанных с эксплуатацией станции. Норвегия отметила, что продолжит обмен информацией о процессе модернизации и представит проект Всесторонней оценки окружающей среды в установленном порядке.

Вопросы безопасности, связанные с антарктическими операциями

(260) КОМНАП представила WP 1 *Безопасность воздушного движения в Антарктике. Важность положений Резолюции 3 (2022 г.) КСДА XLIV (2022 г.)*. Он напомнил Сторонам о важности Резолюции 3 (2022 г.), которая была принята в соответствии с рекомендациями КОМНАП по повышению безопасности полетов в Антарктике. КОМНАП напомнил Сторонам о важности установки и включения транспондеров на всех воздушных судах во время полета для повышения ситуационной осведомленности в режиме реального времени. КОМНАП также подчеркнул, что установленной частотой передачи информации о воздушном движении (TIBA) является 129,7 МГц. КОМНАП отметил, что TIBA и согласованная частота TIBA для использования в Антарктике остаются важным инструментом для обмена информацией, несмотря на технологические усовершенствования, которые позволяют автоматически сообщать о местоположениях. КОМНАП рекомендовал Сторонам убедиться в том, что их национальные и неправительственные операторы соблюдали положения Резолюции 3 (2022 г.), чтобы способствовать безопасности воздушных операций в районе действия Договора об Антарктике.

(261) Совещание приветствовало напоминания, сделанные в WP 1. Ссылаясь на Резолюцию 3 (2022 г.) и XLV КСДА-WP 44, Стороны и МААТО подтвердили свою неизменную приверженность повышению безопасности воздушных операций в Антарктике. Несколько Сторон и МААТО проинформировали Совещание о новейших руководящих принципах, принятых их национальными антарктическими программами и операторами. Совещание призвало все Стороны продолжать принимать и обеспечивать выполнение требований высоких стандартов

безопасности своими операторов воздушных судов, а также постановило продолжить рассмотрение этого вопроса на будущих совещаниях.

(262) КОМНАП представил IP 1 *Report from the COMNAP Antarctic Search and Rescue (SAR) Workshop 5 [Доклад с 5-го Семинара КОМНАП по поиску и спасанию (SAR)]*. В докладе представлены важные сообщения о поиске и спасании в Антарктике, имеющие отношение к Сторонам. КОМНАП поблагодарил всех участников за активное сотрудничество.

(263) Новая Зеландия представила IP 6 *Safety Risks at Cape Adare, North Victoria Land, Ross Sea region [Риски для безопасности на мысе Адэр, северная часть Земли Виктории, регион моря Росса]*. Она привлекла внимание Совещания к старым боеприпасам, взрывчатым веществам и сигнальным ракетам, которые могут быть захоронены рядом с исторической хижиной на мысе Адэр. В следующем летнем сезоне Новая Зеландия планирует направить на площадку специалистов для оценки риска и, при необходимости, подготовки к утилизации. Новая Зеландия заявила, что будет информировать другие Стороны о положении дел.

(264) Колумбия представила IP 157 *Identification and characterization of dangerous meteorological phenomena for air navigation in Antarctica [Идентификация и характеризация опасных метеорологических явлений для аэронавигации в Антарктике]* и IP 158 *Identificación de los factores de riesgo técnico en operaciones aéreas [Идентификация технических факторов риска при авиаперевозках]*. Колумбия сообщила о том, как колумбийские и аргентинские исследователи разработали улучшенные модели и процедуры прогнозирования погоды после проведения обследований и исследований на аэродроме Марамбио. Было отмечено, что новые инструменты будут способствовать повышению эффективности и безопасности будущих операций в этом районе.

(265) АСОК представила IP 141 *Harmonised implementation of the Polar Code and related shipping issues [Согласованная реализация Полярного кодекса и связанные с этим вопросы судоходства]*. В нем содержится обзор обсуждений и результатов прошлогодней специальной сессии по согласованной реализации Полярного кодекса, организованной Аргентиной и Финляндией. АСОК также предоставила информацию о потенциальных уроках, извлеченных из двух случаев пожара на судах в Южном океане, и сообщила о новом руководстве ИМО по снижению подводного шума с судов. АСОК подчеркнула, что по этому вопросу не было достигнуто значительного прогресса, и призвала Стороны предоставить дополнительную информацию об их опыте реализации Полярного кодекса в следующем году для оценки достигнутых результатов на 47-м КСДА в 2025 г.

(266) Совещание подтвердило свою приверженность надлежащей реализации Полярного кодекса и свое намерение продолжить обсуждение этого вопроса.

(267) АСОК представила IP 144 ред. 1 *Unregulated discharges in the Antarctic Treaty Area: gray water from ships [Нерегулируемый сброс серых вод с судов в районе Договора об Антарктике]*, в котором внимание Сторон обращается на нерегулируемый сброс серых вод с судов в районе Договора об Антарктике. АСОК отметила, что, несмотря на известную токсичность многих компонентов серых вод, их утилизация глобально не регулируется и не рассматривается Международной морской организацией (ИМО). АСОК призвала Стороны рассмотреть включения вопроса об утилизации серых вод в план работы КСДА и предложила заинтересованным сторонам обмениваться информацией о текущей практике утилизации серых вод для информирования о дальнейшей работе по этому вопросу.

(268) Стороны приветствовали инициативы по обмену передовым опытом, определениями и рекомендациями в отношении управления серыми водами на предстоящих совещаниях.

(269) В рамках данного пункта Повестки дня был также подан и принят к сведению следующий документ:

- Информационный документ IP 46 *Report on the 26th edition of the Joint Antarctic Naval Patrol – 2023/2024 [Отчет о 26-м выпуске Совместного антарктического военно-морского патруля – 2023/2024 гг.]* (Аргентина и Чили).

(270) В рамках данного пункта Повестки дня были также представлены следующие документы:

- BP 37 *Soporte Logístico Aéreo y las Operaciones Aéreas de Búsqueda y Rescate (SAR) en la Isla Rey Jorge de la Fuerza Aérea del Perú en la Campaña Científicas del Perú a la Antártida – ANTAR XXX [Воздушная логистическая поддержка и воздушные поисково-спасательные операции (ПСО) на острове Кинг-Джордж ВВС Перу в рамках перуанской научной антарктической экспедиции – ANTAR XXX]* (Перу).
- BP 47 *О несчастном случае на станции Мирный* (Российская Федерация).
- BP 48 *Search and Rescue operation involving vessel in distress "El Doblon" at Drake Passage, accomplished by Bulgarian RSV 421 [Поисково-спасательная операция аварийного судна «El Doblon» в проливе Дрейка, проведенная болгарским судном RSV 421]* (Болгария, Чили).

Вопросы биобезопасности

(271) Чили представило WP 56 *Профилактика, контроль и управление птичьим гриппом в Антарктике: Необходимость унификации критериев биобезопасности*. Чили предложило создать МКГ для анализа различных протоколов, применяемых Сторонами в Антарктике в отношении ВППГ и вопросах биобезопасности в целом. Чили предложило поручить МКГ собрать соответствующую информацию и поощрять унификацию критериев биобезопасности среди Консультативных Сторон посредством принятия Меры на предстоящем КСДА или путем реализации общих руководящих принципов в рамках национального законодательства. Чили отметило, что ее предложение основано на результатах мониторинга, проведенного в различных районах Антарктики научными группами из различных национальных антарктических программ в соответствии с руководящими принципами и процедурами, ранее разработанными КОМНАП, МААТО, СКАР и АНТКОМ.

(272) СКАР представил WP 47 ред. 1 *Обновленная информация о высокопатогенном птичьем гриппе в Антарктике*, подготовленный совместно с КОМНАП, МААТО и АНТКОМ. В нем представлена обновленная информация о текущем состоянии, известных воздействиях ВППГ в Антарктике и реакции сообщества на него. В документе сообщается, что первые подтвержденные случаи в районе Договора об Антарктике были зарегистрированы в феврале 2024 г. и что на сегодняшний день было выявлено семь мест с подтвержденными случаями заболевания и семь мест с подозрением на заболевание. Были явные признаки того, что ВППГ был завезен в Антарктику в результате естественной миграции, а не в результате прямой деятельности человека или взаимодействия с дикими животными. С подтверждением ВППГ в северной части Антарктического полуострова остается высоким риск внутрирегионального распространения, заражения нескольких видов и продолжающегося воздействия на дикую природу Антарктики.

(273) СКАР, КОМНАП и МААТО рекомендовали Сторонам:

- обеспечить строгое соблюдение руководящих принципов и процедур биобезопасности для устранения или снижения риска для человека, а также

1. Заключительный отчет

- риска распространения болезни в Антарктике в результате деятельности человека;
- поощрять постоянную бдительность и мониторинг, а также отбор проб и тестирование при наличии и допустимости соответствующих профессиональных навыков; и
- продолжать сообщать и обмениваться информацией о предполагаемых и подтвержденных случаях (в том числе в рамках проекта мониторинга ВППГ Сети охраны здоровья диких животных Антарктики СКАР (AWHN), поддерживать сотрудничество, информировать о принятии решений и улучшать научное понимание распространения и воздействия заболевания.

(274) Участники Совещания поблагодарили соавторов за рассмотрение неотложного вопроса в двух Рабочих документах. Совещание постановило создать межсессионную контактную группу (МКГ) по профилактике, контролю и управлению ВППГ в Антарктике со следующим техническим заданием:

- рассмотреть и отчитаться о национальных практиках и протоколах, связанных с профилактикой, контролем, управлением, измерением и мониторингом ВППГ в Антарктике;
- обсудить возможные рекомендации для рассмотрения на 47-м КСДА; и
- представить отчет 47-му КСДА.

(275) Совещание также пришло к согласию относительно:

- рекомендации Наблюдателям и Экспертам, которые участвуют в КСДА, внести свой вклад;
- создания Исполнительным секретарем форума КСДА для МКГ и оказания содействия ее работе; и
- назначения Чили координатором МКГ с представлением отчета о результатах работы МКГ на следующем КСДА.

(276) Многие Стороны поблагодарили КОМНАП, СКАР, МААТО и АНТКОМ за их своевременную и самоотверженную работу в предыдущие сезоны по разработке и распространению полезных руководств по обнаружению и профилактике ВППГ в Антарктике. Подчеркнув важность безотлагательных действий, Совещание одобрило рекомендации, предложенные в документе. Однако некоторые Стороны предостерегли Совещание от подготовки унифицированных протоколов по этому вопросу.

(277) Совещание также решило включить рассмотрение рисков ВППГ в качестве приоритетного вопроса в Многолетний стратегический план работы КСДА.

(278) Аргентина представила IP 39 *Avian Influenza: Situation in Argentine Antarctic Bases [Птичий грипп: Ситуация на аргентинских станциях Аргентины]*, в котором обобщены меры, принятые на аргентинских станциях для обнаружения и предотвращения распространения ВППГ. Аргентина сообщила, что анализ образцов со на станции Примавера, проведенный совместно с Испанской антарктической программой, подтвердил случаи ВППГ. То же самое наблюдалось в образцах южнополярных поморников, собранных на севере моря Уэдделла и станции Эсперанса. Аргентина отметила, что она будет продолжать координировать свою деятельность с КОМНАП, СКАР и МААТО в течение следующего сезона, и настоятельно призвала национальные антарктические программы продолжать мониторинг и принимать меры контроля и биобезопасности.

(279) Республика Корея представила документ IP 127 *Practices to prevent the high pathogenic Avian Influenza in Antarctica (HPAI) [Методы предотвращения высокопатогенного птичьего гриппа в Антарктике (ВППГ)]*. В документе

сообщается о мерах, предпринятых и реализованных Корейской антарктической программой в прошлом сезоне для предотвращения распространения ВППГ. Республика Корея выразила благодарность СКАР, КОМНАП и МААТО за предоставление обновленной информации о ВППГ в Антарктике и напомнила о совместных усилиях, предпринятых национальными антарктическими программами на острове Кинг-Джордж (Ватерлоо).

(280) КОМНАП представил IP 4 *Actions in response to heightened risk of highly pathogenic Avian influenza (HPAI) in Antarctica [Реагирование на повышенный риск высокопатогенного птичьего гриппа (ВППГ) в Антарктике]*. В нем представлен ряд действий, предпринятых КОМНАП и членами КОМНАП для содействия изучению ВППГ в Антарктике, защиты человеческой жизни и совершенствования протоколов биобезопасности для обеспечения того, чтобы непосредственная деятельность человека не способствовала естественному распространению болезни. КОМНАП отметил, что работа объединенной экспертной группы КОМНАП/СКАР по биологии человека и медицине внесла значительный вклад в разработку руководства КОМНАП по этому вопросу. В дополнение к разработке протоколов, относящихся к их антарктическим операциям, КОМНАП подчеркнула, что национальные антарктические программы активно играют ведущую роль и способствуют наблюдению, мониторингу, отбору образцов и тестированию. КОМНАП отметил, что национальные антарктические программы сообщили об отборе около 1000 образцов в Антарктике в течение антарктического сезона 2023/2024 гг. Обучение, подготовка и повышенная бдительность в отношении признаков ВППГ в дикой природе вблизи районов операций будут продолжаться в течение сезона 2024/2025 гг., а руководство КОМНАП будет обновляться по мере развития ситуации.

(281) Испания представила IP 42 *Measures taken to guarantee the safety of activities carried out during the Spanish Antarctic campaign in the face of the threat of highly pathogenic avian influenza [Меры, предпринятые для обеспечения безопасности деятельности, проводимой во время Испанской антарктической экспедиции, в контексте угрозы высокопатогенного птичьего гриппа]*. В нем обобщены протоколы, которым следовала Испанская национальная антарктическая программа в предыдущем сезоне, чтобы попытаться минимизировать риски и обеспечить безопасность исследователей, работающих с фауной, восприимчивой к заражению вирусом ВППГ, а также предотвратить передачу этой болезни среди колоний. Испания отметила свою диагностическую лабораторию, которая в сотрудничестве с Аргентинской антарктической программой, подтвердила первый случай ВППГ в Антарктике путем молекулярного анализа и секвенирования *in situ*.

(282) Чили представило IP 28 *Monitoring and detection of Highly Pathogenic Avian Influenza (HPAI) in the South Shetland Islands and Antarctic Peninsula [Мониторинг и обнаружение высокопатогенного птичьего гриппа (ВППГ) на Южных Шетландских островах и Антарктическом полуострове]*. В нем представлена деятельность по мониторингу, осуществляемая Чили на Южных Шетландских островах и на Антарктическом полуострове в целях обнаружения ВППГ. Чили присоединилось к другим Сторонам, чтобы признать необходимость проведения дополнительных исследований для генетической характеристики вируса и лучшего понимания роли поморников в его распространении в Антарктике.

(283) МААТО представила IP 105 *IAATO operator response to high pathogenicity Avian influenza [Реагирование операторов МААТО на высокопатогенный птичий грипп]*, в котором приведена обновленная информацию о предпринятых МААТО мерах в ответ на развивающуюся ситуацию с ВППГ в Антарктике. В нем содержатся подробные сведения об усовершенствованных процедурах биобезопасности, изложены новые и усовершенствованные материалы и инструменты, которые

1. Заключительный отчет

МААТО предоставила своим членам для оказания помощи в разработке стандартных оперативных процедур для конкретных операторов в целях содействия обучению посетителей и сотрудников на местах. В документе отмечается тесное сотрудничество МААТО, СКАР и КОМНАП в области ВППГ в 2022/2023 г. и его продолжение в сезоне 2023/2024 г., а также сотрудничество между ее операторами и национальными антарктическими программами. МААТО также отметила, что ее комплексные процедуры отчетности позволили операторам на местах сообщать о подозреваемых случаях заболевания и временно закрывать объекты на время проверки после оценки СКАР. Она также резюмировала запланированные ей действия на предстоящий сезон, в том числе продолжение совершенствования протоколов и инструментов; проведение совместных собраний и вебинаров; поддержка значимых научных исследований, где это уместно; и продолжение обмена протоколами МААТО по ВППГ с национальными компетентными органами до начала сезона.

(284) Португалия представила документ IP 12 *Impacts of the COVID-19 pandemic on Antarctic researchers [Воздействие пандемии COVID-19 на антарктических ученых]*, подготовленный совместно с Бельгией, Нидерландами, Новой Зеландией, Республикой Корея, Чили и СКАР. В документе представлены результаты опроса более 400 антарктических ученых после пандемии. Полученные данные свидетельствуют о том, что пандемия затронула женщин сильнее, чем мужчин, в частности, в области психического здоровья и что молодые исследователи заметили, как их исследования пострадали от пандемии. Авторы призвали Стороны устранить это структурное неравенство, усугубленное пандемией.

(285) В рамках данного пункта Повестки дня были также поданы и приняты в текущем виде следующие документы:

- IP 41 *Australia's Preparedness and Response for Avian Influenza [Готовность и реагирование Австралии на птичий грипп]* (Австралия).
- IP 139 *Actions taken by the Peruvian Antarctic Programme to tackle Highly Pathogenic Avian Influenza (HPAI) in the surroundings of the ECAMP – Antarctic Peninsula [Действия, предпринятые антарктической программой Перу, для борьбы с высокопатогенным птичьим гриппом (ВППГ) в окрестностях ECAMP – Антарктический полуостров]* (Перу).

Управление опасными природными явлениями

(286) Аргентина представила IP 117 *Consolidation of the Argentine-Spanish Permanent Instrumental Volcano Monitoring Network on Deception Island volcano [Объединение аргентинско-испанской постоянной сети инструментального мониторинга вулканов на вулкане острова Десепшн]*, подготовленный совместно с Испанией. В нем сообщалось о сотрудничестве в разработке технологий и протоколов, позволяющих осуществлять совместный мониторинг вулканической активности на острове Десепшен в режиме реального времени. Авторы предложили Совещанию признать ценность этих исследований при оценке рисков, связанных с вулканической деятельностью в регионе.

(287) Совещание приветствовало сотрудничество между Аргентиной и Испанией. Комитет признал важность разработки механизма мониторинга в режиме реального времени, который также потенциально может улучшить управление близлежащим Особо управляемым районом Антарктики (ОУРА) № 4.

(288) В рамках данного пункта Повестки дня был подан и принят в текущем виде следующий документ:

- IP 65 *Study of the geochemistry of fluids of the volcanic-hydrothermal system of Deception Island [Изучение геохимии флюидов вулкано-гидротермальной системы острова Десепшен]* (Аргентина).

Управление национальными антарктическими программами: результаты и ресурсы

(289) Чили представило IP 27 *Air Capacities on King George Island Landing strip maintenance at the "Teniente Rodolfo Marsh M." Airfield [Авиационная инфраструктура острова Кинг-Джордж: Техническое обслуживанию посадочной полосы острова аэродрома «Teniente Rodolfo Marsh M.»]* и IP 29 *Air Capacities on King George Island "Búfalo" Aircraft Hangar Maintenance [Авиационная инфраструктура острова Кинг-Джордж: Техническое обслуживание авиационного ангара «Búfalo»]*, в которых освещены текущие работы по модернизации аэродрома на острове Кинг-Джордж (Ватерлоо). Чили отметило, что работа не помешает исследованиям, проводимым на станции.

(290) США представили IP 43 *The Use of Wheeled Vehicles for Science Support on the East Antarctica Plateau [Использование колесного транспорта для поддержки исследований в восточной части Антарктического плато]*. В документе сообщается о положительных первоначальных результатах использования транспортных средств Arctic Truck для поддержки исследовательской деятельности на Антарктическом плато.

(291) Великобритания представила IP 66 *Report on Low Earth Orbit communication systems trials [Отчет об испытаниях систем связи на базе спутников на низкой околоземной орбите]*. В документе отмечены многообещающие результаты Великобритании в экспериментировании с проведением частного высокоскоростного интернет-соединения на своих антарктических станциях с использованием коммерческих спутниковых группировок, работающих на низкой околоземной орбите.

(292) Великобритания представила IP 68 *Operations and Scientific use of Remotely Piloted Aircraft Systems (RPAS) in Antarctica: a review [Использование дистанционно пилотируемых авиационных систем (ДПАС) в Антарктике в научных и операционных целях: обзор]*. В документе вниманию Сторон представлена краткая информация об опыте Великобритании и извлеченных ей уроках в области использования дистанционно пилотируемых авиационных систем (ДПАС). В нем сообщается о недавних испытаниях более крупных и эффективных ДПАС, которые используются за пределами прямой видимости, что может привести к появлению новых исследовательских возможностей, а также экономии топлива и выбросов в целом.

(293) Испания представила IP 51 *Optimizing Antarctic National Programs Assets on the Antarctic Peninsula [Оптимизация активов антарктических национальных программ на Антарктическом полуострове]*, подготовленный совместно с Республикой Корея, Польшей, Турцией и КОМНАП. Авторы сообщили о своем опыте организации совместной целевой группы под эгидой КОМНАП, что привело к укреплению потенциала и взаимной экономии благодаря скоординированному обмену логистическими активами в рамках бартерной (балльной) системы. Соавторы совместно поблагодарили друг друга за сотрудничество и выразили Сторонам свою готовность к дальнейшему сотрудничеству для превращения этого опыта в схему сотрудничества, которая могла бы выступать в качестве системы, потенциально подлежащей адаптации к более широкому сообществу национальных антарктических программ.

(294) Болгария представила IP 164 *The discovery of the remains of the Neptune 2-p-103 aircraft of the Argentinian navy by members of the 32nd Bulgarian Antarctic expedition [Обнаружение останков самолета ВМС Аргентины Neptune 2-p-103 с участниками 32-й Болгарской антарктической экспедиции]*, подготовленный совместно с

1. Заключительный отчет

Аргентиной и Чили. Болгария сообщила об обнаружении останков аргентинского самолета Neptune 2-P-103, который пропал в 1976 г. Болгария подытожила историю крушения и отметила, что на месте была проведена памятная церемония.

(295) Аргентина выразила благодарность за уважительное отношение Болгарии к останкам.

(296) Чили представило IP 5 *Theoretical and practical training for the crews of the Chilean Bases covered by the Antarctic Defence Operators [Теоретическая и практическая подготовка экипажей чилийских станций, обслуживаемых антарктическими операторами национальной обороны]*. В документе вниманию Совещания представлена новая междисциплинарная программа подготовки, предлагаемая чилийскому персоналу до его развертывания на станциях в Антарктике.

(297) В рамках данного пункта Повестки дня были также поданы и приняты в текущем виде следующие документы:

- IP 69 *The Antarctic Infrastructure Recapitalization (AIR) Program: 2024-2028 Aviation Safety Initiatives [Программа рекапитализации антарктической инфраструктуры (AIR): Инициативы по авиационной безопасности за 2024-2028 гг.]* (США)

- IP 72 *Overview of the McMurdo Offload Infrastructure Project [Обзор проекта разгрузки инфраструктуры Мак-Мердо]* (США)

- IP 93 *Palmer Station pier replacement: environmental monitoring update [Замена пирса станции Палмер: обновления по мониторингу окружающей среды]* (США)

(298) В рамках данного пункта Повестки дня были также представлены следующие документы:

- BP 9 *42nd Brazilian Antarctic Operation (OPERANTAR XLII) – 2023/2024 [42-я антарктическая операция Бразилии (OPERANTAR XLII) – 2023/2024 гг.]* (Бразилия).

- BP 10 *Incorporación de unidades antárticas a la Armada de Chile [Включение антарктических подразделений в состав ВМС Чили]* (Чили).

- BP 23 *The Eighth Turkish Antarctic Expedition (TAE-VIII) [Восьмая Турецкая антарктическая экспедиция (TAE-VIII)]* (Турция).

- BP 34 *Resumen de la Campaña Antártica de Verano 2023-2024 del Programa Nacional Antártico de Uruguay [Краткое изложение летней антарктической кампании 2022–2023 гг. Национальной антарктической программы Уругвая]* (Уругвай).

- BP 36 *Trigésima Expedición Científica del Perú a la Antártida - ANTAR XXX [Тридцатая Перуанская научная экспедиция в Антарктику – ANTAR XXX]* (Перу).

- BP 38 *Operaciones del B.A.P. "Carrasco" [Операционная деятельность судна B.A.P. «Carrasco»]* (Перу).

- BP 39 *Ejecución de la XXVII Expedición Antártica Ecuatoriana (2022-2023) [Проведение XXVII Эквадорской антарктической экспедиции (2022–2023 гг.)]* (Эквадор).

- BP 41 *10° Expedición Antártica de Colombia [10-я Колумбийская антарктическая экспедиция]* (Колумбия).

- BP 44 *О ходе работ по сборке нового здания на станции Восток в сезоне 2023/2024 гг.* (Российская Федерация).

- BP 52 *Sistema de Posicionamiento Dinámico del B.A.P. "Carrasco"* [Система динамического позиционирования «Carrasco»] (Перу).
- BP 53 *Plan de eliminación de residuos orgánicos e inorgánicos en el B.A.P. Carrasco* [План утилизации органических и неорганических отходов судна B.A.P. «Carrasco»] (Перу);
- BP 54 *Operación del equipo Bell-412 en las Expediciones Antárticas de Colombia* [Работа экипажа Bell-412 в ходе Колумбийских антарктических экспедиций] (Колумбия)
- BP 55 *ARC "Simón Bolívar", Colombian Marine Scientific Research Vessel, contributes to scientific knowledge and international cooperation in Antarctica* [Вклад колумбийского морского научно-исследовательского судна ARC «Simón Bolívar» в научные исследования и международное сотрудничество в Антарктике] (Колумбия).

Пункт 14: Инспекции в рамках Договора об Антарктике и Протокола по охране окружающей среды

(299) Австралия представила IP 40 *Australian Antarctic Treaty and Environmental Protocol inspections: December 2023* [Инспекции, проведенные Австралией в рамках Договора об Антарктике и Протокола по охране окружающей среды: декабрь 2023 г.], в котором представлен краткий отчет инспекций, проведенных Австралией в декабре 2023 г. на станции Дюмон Д'Юрвиль (Франция), станции (лагере) Робер-Гийяр (Франция и Италия) и судне L'Astrolabe (Франция). Австралия проинформировала Совещание о том, что инспекция была частью взаимных инспекций между Австралией и Францией. Каждая Сторона оказывала оперативную поддержку наблюдателям другой Стороны, однако инспекции проводились независимо и отчеты об инспекциях также готовились независимо. Австралия сообщила, что ее наблюдатели получили полный доступ ко всей территории посещенных объектов и отметили твердую приверженность антарктическим исследованиям и охране окружающей среды. Инспекционная группа отметила полное соблюдение Договора об Антарктике и высокий уровень соблюдения Протокола по охране окружающей среды. В отчете об инспекции были представлены рекомендации инспекционной группы для Франции и Италии. Австралия поблагодарила Францию за тесное сотрудничество в рамках успешной инициативы, а также за теплое гостеприимство и поддержку, оказанную инспекционной группе.

(300) Франция представила IP 86 *French inspection pursuant to Article VII of the Antarctic Treaty and Article 14 of the Protocol on Environmental Protection: February 2024* [Инспекция Франции, проведенная в соответствии со ст. VII Договора об Антарктике и ст. 14 Протокола по охране окружающей среды: февраль 2024 г.], в котором содержится краткая информация о взаимной проверке, проведенной французскими наблюдателями в феврале 2024 г на австралийских станции Кейси, покинутой станции Уилкс и аэродроме Уилкинс. Франция отметила, что инспекция является частью беспрецедентного сотрудничества с Австралией и подчеркнула, что проверка проводилась независимо. Франция сообщила, что инспекционная группа имела полный доступ ко всей инфраструктуре и объектам, представляющим интерес. Она заявила, что инфраструктура и деятельность на объектах полностью соответствовали положениям Договора об Антарктике и Протокола по охране окружающей среды. Она определила ряд предостережений и возможных аспектов для потенциального улучшения, которые были доведены до сведения Австралии для рассмотрения.

(301) Австралия и Франция поблагодарили друг друга за рекомендации и успешное сотрудничество и содействие в ходе инспекций. Франция подчеркнула, что

1. Заключительный отчет

взаимные инспекции предоставляют ценную возможность для обмена опытом и передовыми методами в целях улучшения управления деятельностью в Антарктике. Франция рассказала о своих планах по модернизации станции Дюмон Д'Юрвиль на ближайшие годы. Австралия проинформировала Совещание о своей текущей работе по разработке надежной стратегии уборки для австралийских станций и участков в Антарктике, включая заброшенную станцию Уилкс, о чем сообщается в IP 54, представленном на совещании КООС в 2022 г. Австралия также подчеркнула свою приверженность изучению возможностей увеличения использования возобновляемых источников энергии и сотрудничеству с другими национальными антарктическими программами в области эксплуатации и модернизации антарктической инфраструктуры.

(302) Совещание поблагодарило Австралию и Францию за их отчеты об инспекциях и приветствовало выводы о высоком уровне соответствия на всех проинспектированных объектах. Оно с интересом отметило беспрецедентную, успешную организацию этих двух взаимных инспекций. Отметив, что инспекционная деятельность не нуждается в предварительном согласовании, Стороны подтвердили важность обеспечения полной свободы доступа для всех должным образом назначенных наблюдателей, как это первоначально предусматривалось в Договоре об Антарктике и Протоколе по охране окружающей среды.

Пункт 15: Вопросы науки, будущих проблемных аспектов научной деятельности, научного сотрудничества и содействия

Возможности научного международного сотрудничества

(303) КОМНАП представил WP 61 *Международное сотрудничество*, в котором предлагается, чтобы Совещание рассмотрело пути расширения того, как КОМНАП предоставляет консультации, чтобы лучше продемонстрировать глубину и широту международного сотрудничества в Антарктике в области научной поддержки, операций и логистики. КОМНАП выразила готовность регулярно представлять КСДА интересные и информативные доклады в области международного сотрудничества, если это позволит график КСДА. Было высказано предположение, что демонстрация этих мероприятий приведет к пониманию того, где пробелы в управлении или обмене информацией могут быть устранены или уменьшены, а также может помочь Сторонам в принятии решений. КОМНАП отметил, что он также готов продолжать предоставлять эту информацию в обычном порядке, то есть путем продолжения представления документов на КСДА.

(304) Совещание приветствовало готовность КОМНАП предоставлять дальнейшие рекомендации КСДА. Стороны подчеркнули важность КОМНАП для всех операций в Антарктике, и многие Стороны поддержали проведение лекции или презентации КОМНАП на КСДА. После обсуждения деталей предложения Стороны предложили КОМНАП подготовить более подробный проект с указанием конкретного содержания, периодичности, формата и места презентации в Повестке дня КСДА.

(305) Российская Федерация подчеркнула важность обмена данными о сотрудничестве национальных антарктических программ для регулярной оценки реализации принципа международного сотрудничества. Российская Федерация указала на системный и институциональный характер этого вопроса и, следовательно, на необходимость участия Рабочей группы 1. Она отметила необходимость активного участия в обсуждении всех Сторон, а не только КОМНАП.

(306) КОМНАП поблагодарил Совещание за обсуждение и согласился подготовить более подробный проект по своему предложению к следующему КСДА после дальнейших консультаций со своими членами.

(307) Германия представила IP 91 *Update 2024: International Science & Infrastructure for Synchronous Observation (Antarctica InSync)* [*Обновление 2024 г.: международная наука и инфраструктура для синхронных наблюдений (Antarctica InSync)*], подготовленная совместно с Австралией, Бразилией, Великобританией, Индией, Италией, Новой Зеландией, Норвегией, Республикой Корея, США, Францией, Швейцарией и Швецией. Авторы отчитались о текущем прогрессе в исследовательской программе Antarctica InSync, целью которой является объединение крупномасштабного международного сотрудничества в нескольких важных областях антарктических исследований. Основные вопросы включали создание нового руководящего комитета, одобрение региональной программы Десятилетия океанов Организацией Объединенных Наций по вопросам образования, науки и культуры, а также участие в совместном планировании предстоящего 5-го Международного полярного года 2032-2033 гг. Соавторы предложили всем Сторонам и их исследовательским учреждениям присоединиться к сотрудничеству.

(308) Германия представила IP 97 *POLARIN - Polar Research Infrastructure Network* [*POLARIN – Сеть полярной исследовательской инфраструктуры*], подготовленный совместно с Болгарией, Испанией, Италией, Норвегией, Польшей, Португалией, Финляндией, Францией и Швецией. Она объявила о новой крупномасштабной международной программе полярных исследований, финансируемой Европейским союзом, которая направлена на решение ряда научных проблем Арктики и Антарктики. Германия заявила, что сеть предлагает полностью финансируемый доступ к более чем 60 полярным исследовательским станциям, в том числе к 11 станциям в Антарктике, судам и ледоколам, работающим на обоих полюсах, обсерваториям (на суше и на море), инфраструктуре данных, а также хранилищам льда и осадочных отложений. Сторонники подчеркнули, что эти возможности открыты для заявок от исследователей и проектов из всех стран.

(309) Индия представила IP 55 *Geological Exploration of Amery Ice Shelf (GeoEAIS)-Looking at rocks beneath the ice* [*Геологические исследования шельфового ледника Эймери (GeoEAIS) – изучение пород под льдами*], в котором представлена информация о программе геологических обсерваторий, предназначенной для изучения геологии подледного ложа восточно-антарктического ледникового щита. Индия приветствовала участие всех заинтересованных Сторон в предстоящей научной деятельности.

(310) США представили IP 70 *The Value of Low Power Geospace Instrumentation in Antarctica* [*Ценность маломощного геокосмического оборудования в Антарктике*] и IP 73 *IceCube Neutrino Observatory and International Collaboration* [*Нейтринная обсерватория IceCube и международное сотрудничество*], в которых представлены некоторые из последних прорывных результатов исследований в Антарктике. Основные достижения этого года включали наблюдение за стационарными нейтрино на Южном полюсе и измерения околоземной космической погоды с использованием наземных магнитометров. В обоих документах подчеркивается важность международного сотрудничества.

(311) Перу представило IP 147 *Grupo de Trabajo Regional sobre el Krill* [*Региональная рабочая группа по вопросам криля*]. В документе Сторонам сообщается о создании региональной рабочей группы по вопросам криля для изучения динамики популяции и связей с изменением климата в региональном масштабе среди Администраторов Латиноамериканских антарктических программ (RAPAL). Перу предложило Сторонам, заинтересованным в изучении криля, а также в анализе исторических данных о криле на Антарктическом полуострове, присоединиться к этой инициативе.

(312) СКАР представил IP 121 *Update on the Southern Ocean contribution to the United Nations Decade of Ocean Science for Sustainable Development* [Обновленная информация о вкладе Южного океана в Десятилетие наук об океане в интересах устойчивого развития Организации Объединенных Наций]. В документе сообщается, что в июне 2023 г. в рамках Десятилетия океана ООН был утвержден Центр сотрудничества в рамках Десятилетия для региона Южного океана (DCC-SOR), координируемый СКАР с Целевой группой по Южному океану в качестве ее консультативного органа. Цель DCC-SOR состоит в том, чтобы связать науку о Южном океане с глобальной наукой об океане, укрепляя научное сотрудничество между Антарктическим регионом и другими регионами во всем мире и поддерживая цели ст. III Договора об Антарктике.

(313) СКАР представил IP 122 *Plans for a fifth International Polar Year 2032/33* [Планы на пятый Международный полярный год 2032/2033], подготовленный совместно с ВМО. В нем представлена обновленная информация о первоначальных планах на 5-й Международный полярный год (МПГ), который состоится в 2032-2033 гг., спустя 25 лет после предыдущего МПГ в 2007-2008 гг. Сторонники подчеркнули, что первоначальное планирование велось СКАР и Международным арктическим научным комитетом (IASC) в тесном сотрудничестве с партнерами, включающими представителей коренных народов Арктики. Основное внимание в предстоящем году будет уделяться расширению взаимодействия с заинтересованными сторонами. В отсутствие финансируемого Секретариата МПГ Секретариаты СКАР и IASC временно исполняли обязанности Секретариата МПГ. Авторы предложили предоставить дополнительную информацию любым заинтересованным Сторонам, Наблюдателям или Экспертам.

(314) ВМО представила IP 123 *Recommendations on the contribution of the World Meteorological Organization (WMO) on the coordination of meteorological programmes in Antarctica, as operated by WMO Members, and in support of evolving global needs* [Сведения о вкладе Всемирной метеорологической организации (ВМО) в координацию метеорологических программ в Антарктике, осуществляемых Членами ВМО, и в поддержку меняющихся глобальных потребностей], подготовленный совместно с Индией, Новой Зеландией и Норвегией. В документе обобщены рекомендации ВМО, сделанные Группой экспертов ВМО по полярным и высокогорным наблюдениям, исследованиям и услугам. ВМО предложила Совещанию принять к сведению результаты этих консультаций и заявила, что планирует представить конкретные рекомендации Сторонам для рассмотрения в ходе 47-го КСДА.

(315) Новая Зеландия напомнила о важности того, чтобы Система Договора об Антарктике перенимала опыт ВМО, руководствовалась им, а также делилась своим опытом с ВМО. Новая Зеландия отдельно отметила замечания Группы экспертов о глобальном значении улучшенных и устойчивых данных из Антарктики для поддержки глобальных климатических моделей и поблагодарила Стороны за важную совместную научную работу, которая вносит вклад в эту работу.

(316) Совещание поблагодарило ВМО за ее приверженность предоставлению актуальной информации о климате и криосфере КСДА и заявило, что с нетерпением ожидает обсуждения ее рекомендаций на 47-м КСДА.

(317) Бразилия представила IP 20 *Ten-Year Plan for Antarctic Science in Brazil 2023-2032* [Десятилетний план антарктической научной деятельности Бразилии на 2023-2032 гг.], сообщив о научных рекомендациях для бразильских исследований в Антарктике в течение следующего десятилетия в рамках своего Десятилетнего плана антарктической научной деятельности Бразилии на 2023-2032 гг. Бразилия

отметила, что в плане содержится справочная информация относительно научного сотрудничества и координации с другими Сторонами Договора об Антарктике. Она подчеркнула, что стратегический документ определяет направления исследований в рамках семи тематических исследовательских программ, включая биоразнообразие, изменение климата, геодинамику, геокосмические исследования и пр. Бразилия предложила Сторонам определить любые возможности для укрепления сотрудничества в своем десятилетнем плане.

(318) Австралия представила IP 76 *Update on the Australian Antarctic Strategy and 20 Year Action Plan and major initiatives [Обновление Антарктической стратегии и 20-летнего Плана действий Австралии]*, в котором освещаются новые меры и инициативы в контексте Антарктики на следующие 20 лет. Австралия сообщила о ходе реализации крупных инициатив, связанных с Антарктической стратегией Австралии и 20-летним Планом действий, обновленном в 2022 г. и первоначально выпущенном в 2016 г., включая: современный ледокол RSV *Nuyina*; способность Австралии поддерживать бурение ледяного керна возрастом миллион лет; и исследования криля. Австралия отметила, что обновленная Стратегия и План действий определили несколько мероприятий по дальнейшему расширению возможностей для антарктической науки, и выразила готовность обсудить эти инициативы с заинтересованными Сторонами.

(319) Турция представила IP 98 *Turkish Polar Science Strategy 2023-2035 [Стратегию полярных исследований Турции на 2023-2035 гг.]*, в котором обобщен новый документ о Стратегии полярных исследований Турции, охватывающей период 2023-2035 гг. В документе также представлена информация о миссии и видении, приоритетных научных темах, основных ценностях и стратегических целях, определенных в рамках стратегии. Турция пришла к выводу, что эта стратегия стала дорожной картой для всех национальных заинтересованных сторон в области антарктической науки. Турция стремится укрепить существующие связи между исследователями и лицами, принимающими решения, и получить дифференцирующую конкурентную силу в научной области.

(320) Португалия представила IP 167 *Marine Spatial Planning for a sustainable and climate resilient Antarctic Ocean [Морское пространственное планирование для устойчивого и климатически устойчивого Антарктического океана]*, подготовленный совместно с Италией, Канадой, Францией и МСОП. В документе представлена информация о том, каким образом устойчивое «климатически оптимизированное» морское пространственное планирование может стать ценным инструментом для Сторон, способствующим разработке политики и принятию решений в водах Договора об Антарктике путем анализа и определения пространственного и временного распределения человеческой деятельности в Южном океане. Соавторы призвали Стороны к климатически грамотному планированию и внедрению ключевых компонентов для повышения устойчивости ключевых экосистем Антарктики.

(321) МСОП подчеркнул, что устойчивое «климатически оптимизированное» морское пространственное планирование является отличным инструментом для лучшего управления ресурсами Антарктики, обеспечения того, чтобы соответствующие мероприятия проводились в нужных местах, и определения того, каких видов деятельности следует избегать. Он отметил, что эффективное морское пространственное планирование возможно только благодаря подлинным международным коллективным усилиям. МСОП призвал Стороны к сотрудничеству по этой теме и внедрению предлагаемого инструмента.

(322) СКАР представил IP 163 *Observing systems in Antarctica [Системы наблюдений в Антарктике]*, в котором содержится обзор и примеры текущих усилий по

1. Заключительный отчет

долгосрочному наблюдению для информирования о дальнейшей работе по оценке пробелов и созданию устойчивых и скоординированных систем наблюдений. СКАР отметил, что долгосрочный мониторинг физических и живых компонентов среды необходим для понимания экологических изменений, происходящих в Антарктике, и получения данных, необходимых в качестве основы для анализа и моделирования. СКАР повторно заявил о необходимости международного согласия, координации и сотрудничества для определения необходимых приоритетных наблюдений, а также для скоординированного на международном уровне управления данными и их передачи. СКАР пришел к выводу, что это необходимо для обеспечения устойчивых и скоординированных систем наблюдения и предоставления данных.

(323) СКАР также сослался на IP 168 *Status of Observational Coverage and Gaps in the Southern Ocean [Состояние охвата наблюдений и пробелы в Южном океане]*, в котором представлены предварительные карты охвата наблюдений Южного океана, разработанные Системой наблюдения за Южным океаном (SOOS), и предложил всем заинтересованным сторонам предоставить комментарии по этим картам, чтобы убедиться, что они охватывают все усилия по наблюдению и потребности сообщества. СКАР подчеркнул, что крупномасштабное международное сотрудничество предоставит возможности для дальнейшего эффективного развития систем наблюдения в Антарктике.

(324) Новая Зеландия поблагодарила СКАР за IP 163, отметив, что он напрямую отвечает на запрос КСДА после достижения договоренности о важности долгосрочного мониторинга для содействия лучшему пониманию последствий изменения климата.

(325) Беларусь представила IP 2 *Первые данные о содержании микропластика в почвах и озерных водах Восточной Антарктиды*. Беларусь заявила, что хотя в Антарктике было проведено много исследований в области микропластика, большая часть исследований была проведена в Западной Антарктиде, преимущественно в морских районах. Отметив, что в Восточной Антарктиде и ее наземных районах было проведено минимальное количество исследований в области микропластика, Беларусь подчеркнула, что, по ее мнению, ее доклад о микропластике в пресных водах холмов Тала (Восточная Антарктида), который был опубликован в авторитетных журналах, имеет важное значение. Беларусь сообщила, что зафиксированные уровни содержания микропластика были высокими, что, возможно, было результатом высокой концентрации микропластика, и отметила, что она продолжит свои исследования. Беларусь подчеркнула важность дальнейшего изучения и сотрудничества в области исследований растущей проблемы загрязнения Антарктики микропластиком.

(326) Перу представило IP 148 *Contaminación por plásticos en Antártida, revisión del estado actual del conocimiento [Пластиковое загрязнение Антарктики: обзор современной научной информации]*, в котором представлен обзор литературы по загрязнению пластиком в Антарктике для выявления существующих пробелов. Перу отметило отсутствие единых стандартов в области отбора и анализа образцов, особенно в отношении микропластика. Перу рекомендовало в рамках будущей работы по микропластику внедрить меры контроля качества для отбора, транспортировки и мониторинга твердых отходов, образующихся на станциях. Перу отметило, что решающее значение имеет знание того, насколько загрязнение связано с исследовательскими станциями или деятельностью человека.

(327) Аргентина представила IP 15 *Information on the implementation of the Nutec Plastics Initiative in the Argentine Antarctic Programme [Информация о реализации инициативы Nutec Plastics в рамках Аргентинской антарктической программы]*, в котором сообщается о проекте по изучению загрязнения окружающей среды Антарктики микропластиком, который разрабатывается на станции Карлини и на

борту ледокола *ARA Almirante Irízar* в сотрудничестве с Международным агентством по атомной энергии (МАГАТЭ). Аргентина подчеркнула необходимость стандартизации процедур мониторинга микропластика в Антарктике и представила методику и знания, полученные в рамках инициативы Nutec Plastics, Сторонам, желающим принять аналогичные инициативы.

(328) АСОК представила IP 140 *Microplastic pollution in Antarctica: a complex challenge [Загрязнение Антарктики микропластиком: комплексная проблема]*, в котором на основании положений Резолюции 5 (2019 г.), представлены рекомендации КСДА предпринять дальнейшие действия для решения проблемы загрязнения пластиком в районе действия Договора об Антарктике, включая рассмотрение вопроса о разработке плана действий; рассмотрение вопроса о пересмотре положений, касающихся управления загрязнением пластиком в Протоколе по охране окружающей среды; поощрение сотрудничества в целях сокращения использования пластика в Антарктике и поддержку глобальных инициатив по решению этой проблемы. АСОК сообщила, что микропластик может попадать в организм живых организмов, таких как антарктический криль, и при попадании в организм он может оказывать токсичное воздействие на ключевые виды, что потенциально влияет на целые морские экосистемы, в том числе за счет биоаккумуляции и биомагнификации. АСОК сообщила, что местные операции, такие как туристическая деятельность, деятельность исследовательских станций, рыболовных и исследовательских судов, являются наиболее значительными источниками загрязнения Антарктики микропластиком, и указала на существующие практики по сокращению загрязнения пластиком в Антарктике.

(329) Нидерланды отметили, что представили проект резолюции на тему микропластика для рассмотрения КООС, и призвали Стороны работать над искоренением пластикового загрязнения в Антарктике.

(330) В рамках данного пункта Повестки дня были также поданы и приняты в текущем виде следующие документы:

- IP 3 *Первая оценка совокупного воздействия научных станций на атмосферный воздух антарктического оазиса* (Беларусь).

- IP 7 *Поддержка Канадой полярной науки и исследований* (Канада).

- IP 8 *120 years of Argentine scientific research in Antarctica [120 годовщина научных исследований Аргентины в Антарктике]* (Аргентина).

- IP 11 *Portugal and the Antarctic Treaty: review since 2010 [Португалия и Договор об Антарктике: обзор с 2010 г.]* (Португалия).

- IP 18 *Public Calls for PROANTAR Research Projects 2022/2023 [Государственный конкурс на научные проекты PROANTAR 2022/2023 гг.]* (Бразилия).

- IP 19 *Scientific production of the Brazilian Antarctic Program (PROANTAR) [Научная продукция Бразильской антарктической программы (PROANTAR)]* (Бразилия).

- IP 35 *Report by WMO on the implementation of the International Year of Glaciers' Preservation 2025 and the World Glaciers Day [Доклад ВМО о проведении Международного года сохранения ледников 2025 г. и Всемирного дня ледников]* (ВМО).

- IP 58 *Preliminary studies on microplastics from the Indian sector of the Southern Ocean [Предварительные исследования микропластика из индийского сектора Южного океана]* (Индия).

1. Заключительный отчет

- IP 59 *Contribution towards Study of Psychrophilic organisms in Antarctic by India [Вклад Индии в изучение психофильных организмов в Антарктике]* (Индия).

- IP 60 *Teleconnections between Antarctica, the Southern Ocean and the Indian Summer Monsoon Rainfall [Дальние корреляционные связи между Антарктикой, Южным океаном и индийскими летними муссонными дождями]* (Индия).

- IP 62 *Unravelling the Mysteries of Antarctic Lakes: International Collaboration on Scientific Exploration (India - Japan - Belgium) [Раскрытие тайн антарктических озер: международное сотрудничество в области научных исследований (Индия - Япония - Бельгия)]* (Индия, Япония, Бельгия).

- IP 83 *Australian Antarctic Science Program Highlights 2023-24 [Основные достижения Австралийской антарктической научной программы за 2023–2024 гг.]* (Австралия).

- IP 113 *Fimbulisen Ice-shelf Observatory – contributing to sea-level change research [Обсерватория на шельфовом леднике Фимбулисен – вклад в исследования изменения уровня моря]* (Норвегия, Великобритания).

- IP 128 *Report on 20 Years of Asian Forum for Polar Sciences (AFoPS) [Отчет за 20 лет Азиатского форума полярных наук (AFoPS)]* (Китай, Индия, Япония, Республика Корея, Малайзия)

- IP 129 *Scientific and Science-related Cooperation with the Antarctic Community [Научное и связанное с наукой сотрудничество с антарктическим сообществом]* (Республика Корея).

- IP 130 *The international cooperation and support of Ukraine's National Antarctic Program [Международное сотрудничество и поддержка Украинской национальной антарктической программы]* (Украина).

- IP 132 *Research Vessel Noosfera: three years of operational experience [Исследовательское судно Ноосфера: опыт трех лет эксплуатации]* (Украина, Польша).

- IP 153 *Programa Técnico Científico de la XXVII Expedición Antártica Ecuadoratoriana y la cooperación para fines de investigación [Научно-техническая программа XXVII Эквадорской антарктической экспедиции и научное сотрудничество]* (Эквадор).

- IP 156 *Determination of the Contribution of Atmospheric Pressure to Sea Level Variations in Antarctica in Austral Summer [Определение вклада атмосферного давления в колебания уровня моря в Антарктике в летний период в Южном полушарии]* (Колумбия).

- IP 157 *Identification and characterization of dangerous meteorological phenomena for air navigation in Antarctica [Идентификация и характеризация опасных метеорологических явлений для аэронавигации в Антарктике]* (Колумбия).

- IP 161 *Colombian Antarctic Science. Highlights of the last 10 years of activities in Antarctica [Колумбийская антарктическая наука. Основные достижения за последние 10 лет деятельности в Антарктике]* (Колумбия).

- IP 175 *Progress of glaciological research activities at the Dome Fuji Observation Camp II [Прогресс в гляциологических исследованиях в наблюдательном лагере «Дом-Фудзи II»]* (Япония).

- IP 178 *Indian-Norwegian Scientific Co-operation in Antarctica [Индийско-норвежское научное сотрудничество в Антарктике]* (Норвегия, Индия).

- IP 180 *An update on the regional RINGS survey in Dronning Maud Land and Enderby Land [Обновление по регионального обследования RINGS на Земле Королевы Мод и Земле Эндерби]* (Норвегия, Китай, Германия).

(331) В рамках данного пункта Повестки дня были также представлены следующие документы:

- BP 3 *20th COMNAP Symposium: "Antarctic Innovations and Collaborations" [20-й симпозиум КОМНАП «Инновации и сотрудничество в Антарктике»]* (КОМНАП).
- BP 4 *Resultado de la operación en la Estación Polar Científica Conjunta "Glaciar Unión" 2023 [Результаты деятельности совместной научной полярной станции Юнион-Глетчер за 2023 г.]* (Чили).
- BP 7 *Memorandums of Understanding and cooperation protocols between Portugal and other Parties of the Antarctic Treaty: a review [Меморандумы о взаимопонимании и протоколы о сотрудничестве между Португалией и другими Сторонами Договора об Антарктике: обзор]* (Португалия).
- BP 8 *Portugal in Antarctica History [Роль Португалии в истории Антарктики]* (Португалия).
- BP 11 *Romania Strengthening Global Partnerships: Extends Collaboration Agreements with South Korea and Oriental Republic of Uruguay [Укрепление глобальных партнерств Румынии: продление соглашения о сотрудничестве с Южной Кореей и Восточной Республикой Уругвай]* (Румыния).
- BP 15 *Distribución de microplásticos en sitios de playa de Península Fildes (Isla Rey Jorge/25 de Mayo) y Glaciar Nelson (Isla Nelson): predварительные результаты [Распространение микропластика на пляжах полуострова Файлдс (Кинг-Джордж/25 мая) и на леднике Нельсон (остров Нельсон): предварительные результаты]* (Венесуэла).
- BP 16 *Correlación fisicoquímica espacio-temporal del agua de deshielo a lo largo de las costas de las islas Nelson y Rey Jorge/25 de Mayo, Antártida [Пространственно-временная физико-химическая корреляция талых вод вдоль побережий островов Нельсон и Кинг-Джордж/25 мая, Антарктика]* (Венесуэла).
- BP 17 *Quimiotaxonomía basada en pigmentos de microalgas bentónicas en la isla Greenwich, Antártida. Aislamiento y cultivo de los principales taxones de algas [Пигментная хемотаксономия донных микроводорослей на острове Гринвич, Антарктика. Изоляция и культивирование основных таксонов водорослей]* (Венесуэла).
- BP 18 *Variación de la reflectancia espectral solar con la distributionución de impurezas ópticas y el área específica de la nieve en sitios de interés en Península Fildes, Isla Rey Jorge/25 de Mayo [Изменение спектрального отражения солнечного излучения в зависимости от распределения оптических примесей и удельной площади снега в конкретных местах на полуострове Файлдс, остров Кинг-Джордж/25 мая]* (Венесуэла).
- BP 22 *Scientific Contributions of Türkiye to Antarctic Research (2023/2024 Update) [Научный вклад Турции в антарктические исследования (обновление 2023/2024 гг.)]* (Турция).
- BP 24 *Turkish Polar Science Workshop (2023/2024 Update) [Турецкий семинар по полярным наукам (обновление 2023/2024 гг.)]* (Турция).
- BP 25 *Czechia-Türkiye Scientific and Logistical Collaboration in Antarctica [Чешско-турецкое научное и логистическое сотрудничество в Антарктике]* (Чехия, Турция).
- BP 26 *Ecuador-Türkiye Scientific Collaboration [Эквадоро-турецкое научное сотрудничество]* (Эквадор, Турция).

1. Заключительный отчет

- BP 27 *Spain-Türkiye Scientific & Logistic Cooperation* [Испано-турецкое научное сотрудничество в Антарктике] (Испания, Турция).

- Информационный документ BP 29 *Malaysia's activities and achievements in Antarctic research and diplomacy* [Деятельность и достижения Малайзии в антарктических исследованиях и дипломатической деятельности] (Малайзия).

- BP 40 *Investigación de la Dinámica de la Tierra Sólida y Atmosférica en la región Antártica a partir de observaciones geodésicas* [Исследование динамики твердых тел и атмосферы Земли в Антарктике по данным геодезических наблюдений] (Колумбия).

- BP 45 *Российские научные исследования в Антарктике в 2022–2023 годах* (Российская Федерация).

- BP 49 *«40 años de la primera misión oficial antártica uruguaya»* [40-я годовщина первой официальной Уругвайской антарктической экспедиции] (Уругвай).

- BP 55 *ARC "Simón Bolívar", Colombian Marine Scientific Research Vessel, contributes to scientific knowledge and international cooperation in Antarctica* [Вклад колумбийского морского научно-исследовательского судна ARC «Simón Bolívar» в научные исследования и международное сотрудничество в Антарктике] (Колумбия).

- BP 56 *Türkiye-Switzerland Scientific Collaboration on Mapping and Absolute Dating of Stepped Coastal Terraces at Horseshoe Island, Marguerite Bay, West Antarctic Peninsula* [Научное сотрудничество Турции и Швейцарии по картированию и абсолютному датированию ступенчатых прибрежных террас острова Хорсшу, залив Маргерит, западная часть Антарктического полуострова] (Турция, Швейцария).

- BP 57 *Japan's Antarctic Research Highlights 2023 – 24* [Основные достижения Японии в исследовании Антарктики в 2023–2024 г.] (Япония).

- BP 58 *Proposal of cooperation of Romania with Uruguay in Antarctica* [Предложение о сотрудничестве Румынии и Уругвая в Антарктике] (Румыния).

Проблемы разнообразия в антарктической науке

(332) КОМНАП представил WP 7 *Проект Рабочей группы КОМНАП по поддержке вопросов равенства, разнообразия и инклюзивности и предотвращению притеснений в Антарктике*. КОМНАП сообщил, что проект нацелен на поддержку улучшения понимания людьми равенства, разнообразия и инклюзивности (EDI), а также продолжение включения принципов EDI в организационную структуру КОМНАП. Проект был создан для оказания помощи КОМНАП как организации и национальным участникам антарктических программ в понимании проблем EDI и улучшении практик, особенно для предотвращения притеснений в Антарктике. КОМНАП отметил, что в рамках проекта будет создан центр, который будет включать Сообщество практики, выступающее в качестве форума; Библиотеку материалов КОМНАП, которую могут использовать программы; и онлайн-серию выступлений приглашенных докладчиков, в которой люди с опытом в области EDI и предотвращения притеснений будут делиться своими знаниями с сообществом КОМНАП. КОМНАП призвал все Стороны призвать их национальные антарктические программы к участию, а также поддержать их в обмене опытом и передовыми практиками в контексте этого проекта.

(333) Российская Федерация напомнила о документе, представленном Консультативной Стороной на последнем КСДА, и напомнила о том, что общее понимание «инклюзивности и разнообразия» не было достигнуто. Российская Федерация

поддержала диверсификацию областей исследований, увеличение разнообразия задействованных в научной работе операторов и впоследствии представляющих данные на антарктических форумах.

(334) Совещание поблагодарило КОМНАП за представление WP 7.

(335) Многие Стороны признали вклад КОМНАП в содействие созданию безопасных и справедливых условий труда в Антарктике. Несколько Сторон и Наблюдателей поделились своим опытом продвижения и внедрения EDI в своих национальных программах. Несколько Сторон подчеркнули необходимость обеспечения того, чтобы Антарктика была регионом, свободным от притеснений и дискриминации. Многие Стороны выразили решительную поддержку КОМНАП и содержащимся в документе рекомендациям.

(336) Что касается предложения КОМНАП, изложенного в документе, Российская Федерация рекомендовала избегать ссылки на проект КОМНАП, а вместо этого подробно остановиться на возможном вкладе КСДА, в том числе посредством призыва к Сторонам поддерживать национальные антарктические программы в обмене опытом и практиками, направленными на обеспечение равенства между участниками всех национальных антарктических экспедиций, тем самым диверсифицируя антарктическую науку и инклюзивность научных проектов в Антарктике.

(337) Великобритания сослалась на IP 67 *'Safety together culture' using a holistic approach to expeditioner's safety and wellbeing* [«Культура общей безопасности» с использованием холистического подхода к безопасности и благополучию участников экспедиции], в котором содержится информация о том, как Британская антарктическая служба разработала новую кампанию по обеспечению безопасности для объединения в систему физического, психического и социального благополучия лиц, задействованных в Антарктике. Великобритания подчеркнула свою решительную поддержку действий КОМНАП, представленных в WP 7.

(338) Австралия отметила IP 75 *Diversity and inclusion in the Australian Antarctic program* [Разнообразие и инклюзивность в Австралийской антарктической программе], отметив, что она стремится обеспечить разнообразие и инклюзивность в своей антарктической программе.

(339) СКАР представил IP 124 *The SCAR Equality, Diversity and Inclusion Action Group* [Инициативная группа СКАР по вопросам равенства, разнообразия и инклюзивности], в котором изложена информация об Инициативной группе СКАР по вопросам равенства, разнообразия и инклюзивности (EDI) и о ее недавней деятельности, которая включала разработку Кодекса поведения по вопросам EDI, обзор существующих внешних ресурсов в области разнообразия и инклюзивности, а также работу с другими организациями для обмена опытом и передовыми практиками. СКАР отметил, что Инициативная группа, созданная в 2021 г., в настоящее время насчитывает более 150 членов и что ее деятельность включала вебинар для Постоянного комитета по гендерному равенству в науке (SCGES) Международного научного совета; доклад о результатах демографического обследования сообщества СКАР; и ряд мероприятий, посвященных обсуждению EDI, на предстоящей Открытой научной конференции СКАР 2024 г.

(340) Чили представила IP 26 *Gender, diversity and inclusion policy of the Chilean Antarctic Institute* [Гендерная политика, разнообразие и инклюзивность Чилийского антарктического института], в котором дан обзор действий, предпринятых Чилийским антарктическим институтом (INACH) в отношении гендерного равенства, разнообразия и инклюзивности. В документе отмечается рост числа женщин, занимающихся антарктической научной и операционной деятельностью,

1. Заключительный отчет

а также создание протокола для отчетности, расследования и наказания за притеснения, сексуальные домогательства на рабочем месте и сексистское или дискриминационное поведение. В нем также подчеркивается, что около 55% сотрудников INACH прошли обучение по вопросам гендерного равенства. Чили также подчеркнуло, что оно разработало документ с его политикой гендерного равенства, разнообразия и инклюзивности для устранения препятствий на пути к продвижению женщин в Антарктике, что дало положительные результаты.

(341) Перу представило IP 136 *Avances en materia de género en las Expediciones Científicas del Perú a la Antártida (ANTAR) [Достижения перуанских научных экспедиций в Антарктику (ANTAR) в области гендерного равенства]*. Перу сообщило, что оно продвигает гендерное равенство в своих научных экспедициях в Антарктику и расширило участие женщин на различных должностях, включая общую операционную деятельность. Оно отдельно отметило министерскую резолюцию, в которой будут установлены правила поведения в отношении вопросов равенства, уважения и добросовестности.

(342) Уругвай представил IP 183 *Protocolo de prevención y tratamiento de Acoso Laboral y Sexual del Programa Nacional Antártico Uruguayo, aplicable a las Bases, Estaciones y Expediciones en el Área del Tratado Antártico [Протокол Уругвайской национальной антарктической программы о предотвращении и устранении последствий сексуальных домогательств и притеснений на рабочем месте, применимый к базам, станциям и экспедициям в районе действия Договора об Антарктике]*. Он проинформировал Совещание о протоколе, который он разработал для предотвращения сексуальных домогательств в своих национальных антарктических программах. Уругвай отметил сложность реализации соответствующего национального законодательства на своих антарктических станциях и защиты жертв преступлений на сексуальной почве и гендерных домогательств на рабочем месте. Уругвай сосредоточил внимание на внедрении превентивных мер и учебных программ за рамками развертывания сотрудников своих антарктических программ. Он проинформировал Совещание о своих конкретных механизмах отчетности, включая наличие независимого комиссара, медицинского персонала и правоведов для решения вопросов, связанных с притеснениями. Этот вопрос был направлен в министерство для разработки плана действий.

(343) Совещание поблагодарило Стороны, Наблюдателей и Экспертов, которые представили документы по этой теме, и отметило необходимость продолжения обсуждения вопросов EDI в антарктических научных исследованиях.

(344) В рамках данного пункта Повестки дня был подан и принят в текущем виде следующий документ:

- IP 53 *Gender Equity Practices in Indian Antarctic Program [Практика гендерного равенства в индийской антарктической программе]* (Индия).

Пункт 16: Последствия изменения климата для режима управления в районе Договора об Антарктике

(345) Китай представил WP 16 *Содействие распространению передового опыта использования возобновляемых источников энергии в Антарктике*, в котором изложены преимущества сокращения использования ископаемых видов топлива в Антарктике и представлена информация о национальном опыте в отношении объектов с нулевым уровнем выбросов. Китай напомнил, что КСДА принял Резолюцию 2 (2023 г.) *Хельсинкская декларация об изменении климата и Антарктике*, в которой признаются цели и принципы РКИК ООН и текущая работа по борьбе с изменением климата, а также отметил одобрение концепции Зеленой

экспедиции в Резолюции 4 (2017 г.). Китай отметил, что использование возобновляемых источников энергии в Антарктике имеет большие потенциальные преимущества для смягчения последствий изменения климата за счет сокращения выбросов, а также снижения экологического риска инцидентов и аварий, связанных с транспортировкой топлива, разливами и пожарами. Китай подчеркнул, что с развитием «зеленой» науки и технологий расширение использования систем возобновляемых источников энергии для поддержания работы антарктических исследовательских станций в целях достижения чистого нулевого выброса становится все более осуществимым и доступным в течение лета, но далее отметил, что обеспечение возобновляемой энергией в зимнее время по-прежнему является сложной задачей. Китай сообщил, что в его летнем лагере Тайшань был достигнут чистый нулевой уровень выбросов в течение антарктического лета 2018/2019 гг. и что он внедрил как высокоэнергоэффективное оборудование для снижения использования энергии, так и систему возобновляемых источников энергии, а также сообщил, что он следовал руководящим принципам КОМНАП по передовой практике использования энергии, утвержденным КООС. Воодушевленный этими позитивными результатами, Китай проинформировал Совещание о том, что он создал группу для изучения, разработки и поддержания систем использования возобновляемых источников энергии в целях внесения дальнейшего вклада в решение проблемы воздействия изменения климата на деятельность в Антарктике.

(346) Китай рекомендовал Совещанию призвать Стороны:

- сотрудничать в разработке руководства, в котором излагаются передовые практические методы эксплуатации систем возобновляемых источников энергии, используемых в антарктических операциях, с учетом опыта и знаний КОМНАП;
- увеличить использование возобновляемых источников энергии в антарктических операциях с целью сокращения выбросов парниковых газов в результате деятельности человека в Антарктике; и
- продвигать инновации, применение и долю новых объектов и технологий «зеленой» энергетики, подходящих для уникальной окружающей среды Антарктики.

(347) Совещание поблагодарило Китай за представление его ценного опыта и признало успешное внедрение системы использования возобновляемых источников энергии в Тайшане. Совещание отметило, что это хороший пример осуществимости и сокращения выбросов и достижения углеродной нейтральности в Антарктике. Совещание подчеркнуло важность и своевременность продвижения «зеленой» энергии, технологий и объектов в Антарктике, а также повышения энергоэффективности и подчеркнуло ценность обмена информацией и передовым опытом между Сторонами.

(348) Отметив ключевую роль КОМНАП в обмене передовым опытом по национальным антарктическим программам, несколько Сторон предложили обратиться к КОМНАП с просьбой разработать руководство по передовым методам для дальнейшего сокращения углеродного следа и изучения путей приближения к достижению углеродной нейтральности.

(349) Российская Федерация поблагодарила Китай за комплексный подход, основанный на научных и практических аспектах деятельности. Она заявила, что обмен мнениями между более широким кругом Сторон по этой теме был бы полезным, и рекомендовала активизировать устойчивую деятельность антарктических станций с учетом конкретных потребностей и различий для сезонных и зимовочных станций.

(350) Норвегия сослалась на IP 115, в котором сообщается о процессе модернизации и обновления своей научно-исследовательской станции Тролл. Этот проект направлен

1. Заключительный отчет

на 50-процентное сокращение выбросов, связанных с работой станции. Бельгия упомянула о новаторской роли своей антарктической исследовательской станции Принцесса-Элизабет, которая использует ветровую и солнечную энергию, что привело к повышению автономности и снижению воздействия на окружающую среду. Великобритания отметила, что обладает значительным опытом в этой области и может предложить помощь в надлежащей оценке последствий внедрения новых технологий для местной дикой природы. Бразилия отметила, что ее новое полярное судно будет энергоэффективным в рамках общих усилий по сокращению выбросов и продвижению к энергоэффективности. Австралия напомнила, что она проинспектировала китайскую станцию в 2019 г. и была крайне удовлетворена результатами, достигнутыми в отношении использования возобновляемых источников энергии.

(351) Поддерживая усилия по сокращению выбросов углерода, Российская Федерация тем не менее напомнила Сторонам, что это является лишь одной из нескольких стратегических целей антарктического сообщества и что КСДА должно быть сосредоточено на продвижении во всех областях. Российская Федерация приветствовала вклад КОМНАП, но отметила, что необходимы дальнейшие исследования для оценки того, как конкретные источники энергии влияют на окружающую среду и что необходима оценка эффективности каждой альтернативы в различных сценариях, а также что следует поощрять инновации.

(352) КОМНАП отметил, что КООС призвал его сотрудничать со Сторонами в рамках их национальных антарктических программ для изучения передового опыта в области безопасного использования возобновляемых источников энергии в Антарктике. КОМНАП сообщил, что будет продолжать поддерживать работу национальных антарктических программ в этой области, прежде всего через Экспертную группу КОМНАП по развитию критически важных технологий. КОМНАП также предложил Полярному научно-исследовательскому институту Китая представить свою работу на станции Тайшань на предстоящем Ежегодном общем собрании КОМНАП. КОМНАП подтвердил, что он готов повторно предоставить рекомендации своего совещания о сборе и предоставлении Сторонами информации о возобновляемых источниках энергии.

(353) Китай приветствовал предложение КОМНАП относительно подготовки выступления к Ежегодному общему собранию и призвал все Стороны продолжать обмениваться информацией и работать вместе над этим важным вопросом.

(354) Участники Совещания поддержали рекомендации, предложенные Китаем в WP 16, и выразили надежду на получение дальнейших рекомендаций от КОМНАП в отношении информации о передовых методах использования возобновляемых источников энергии. Совещание подчеркнуло необходимость продолжать коллективно добиваться прогресса в достижении целей, поставленных в Резолюции 2 (2023 г.) *Хельсинкская декларация об изменении климата и Антарктике*.

(355) СКАР представил WP 49 *Проект СКАР AntClimNow «Климатические показатели Антарктики»*, подготовленный совместно с ВМО. Группа СКАР AntClimNow сотрудничала с партнерами, включая проект Всемирной программы исследований климата (ВПИК) «Климат и криосфера» (CliC), для определения ряда Климатических показателей Антарктики с целью обеспечения доступной визуализации широких аспектов климатической системы Антарктики. На новой веб-странице представлены ключевые климатические переменные, относящиеся к Антарктике и Южному океану, что заполняет пробел в предоставлении доступной информации такого рода. СКАР и ВМО призвали КСДА: рассмотреть актуальность климатических показателей Антарктики для информирования своих дискуссий об

изменении климата; предоставить комментарии по конкретным показателям для их последующего рассмотрения в целях дальнейшей разработки и включения в качестве Климатических показателей Антарктики; и рассмотреть вопрос о том, могут ли и как могут климатические показатели Антарктики регулярно представляться, чтобы обеспечить контекст для дискуссий как КООС, так и КСДА.

(356) Совещание поблагодарило СКАР и ВМО за их усилия по информированию Сторон о последних данных в контексте быстро меняющегося климата. Совещание отметило ценность наличия четких визуальных показателей для выявления текущих изменений, связанных с климатом в Антарктике, отметив, что это является важным вкладом в более широкую систему мониторинга. Несколько Сторон подчеркнули необходимость представления научной информации в четкой и упрощенной форме, чтобы сделать ее доступной и понятной для лиц, не являющихся учеными. Стороны призвали СКАР и ВМО рассмотреть возможность подготовки данных, чтобы сделать их более доступными для лиц, не являющихся учеными. Некоторые Стороны предложили включить дополнительные показатели, связанные с океаническими данными, морским льдом (включая площадь и толщину) и дальними корреляционными связями, а также показатели, отражающие взаимосвязь между климатом и биоразнообразием. Несколько Сторон поддержали включение показателей в Портал окружающей среды Антарктики, поддержку которого осуществляет СКАР, подчеркнув ценность Портала для представления рецензируемых обзоров научных данных для политиков.

(357) Был поднят ряд дополнительных вопросов, в том числе возможность взаимодействия СКАР и ВМО с Antarctica InSync для содействия дальнейшей разработке климатических показателей Антарктики; актуальность рассмотрения обновления Доклада ИКАОС от СКАР; возможность включения показателей в качестве приложения к этим обновлениям; тот факт, что показатели зависят от методов интерпретации и от конкретного района, где они были получены, поскольку изменения в Антарктике являются изменчивыми, а не однородными; и важность учета рекомендаций КООС по этому вопросу.

(358) Великобритания отметила, что Международный трибунал по морскому праву (МТМП) напомнил Сторонам Конвенции Организации Объединенных Наций по морскому праву об их обязательствах по предотвращению, контролю и сокращению загрязнения моря в результате антропогенных выбросов парниковых газов, и призвала Стороны Договора об Антарктике подумать о том, достаточно ли они делают как индивидуально, так и коллективно для устранения последствий изменения климата в Антарктике. Великобритания предложила обратиться к СКАР с запросом представить обновленную информацию об изменении климата на первом Пленарном заседании КСДА, чтобы обеспечить основу для рассмотрения этого вопроса как на КСДА, так и на КООС.

(359) Совещание решило продолжить рассмотрение этого вопроса в рамках пункта 20 Повестки дня.

(360) СКАР поблагодарил Стороны за их положительные отзывы и отметил, что он должным образом рассмотрит комментарии о том, как сделать информацию доступной и удобной для пользователей. Он также приветствовал предложения по дополнительным показателям и их потенциальному включению в Портал окружающей среды Антарктики. СКАР отметил свою готовность сотрудничать с Antarctica InSync и с нетерпением ждет дальнейших обновлений.

(361) Совещание поддержало рекомендации, призвало СКАР и ВМО продолжить работу над этим вопросом и подчеркнуло необходимость предоставления данных и информации простым и доступным образом. Совещание также поддержало рекомендацию рассмотреть вопрос о включении климатических показателей Антарктики в Портал окружающей среды Антарктики.

1. Заключительный отчет

(362) КОМНАП представил IP 184 *Understanding Future Sea level Change Around Antarctica [Понимание будущего изменения уровня моря вокруг Антарктиды]*, подготовленный совместно со СКАР и ВМО. КОМНАП обновил основную информацию, представленную на XLV КСДА. В документе повторно представлены рекомендации КОМНАП, СКАР и ВМО для КСДА о важности устранения пробелов в знаниях в поддержку разработки надежных управленческих и директивных решений в будущем. В нем также приведена рекомендация Сторонам поддерживать их национальные антарктические программы для проведения определенных исследований и оперативной деятельности, чтобы противостоять последствиям повышения уровня моря в Антарктике. Авторы конкретно рекомендовали Сторонам расширить инфраструктуру наблюдений; содействовать исследованиям для улучшения прогнозов потери массы льда в Антарктике и ее региональной изменчивости; осуществлять локальный мониторинг уровня моря и высоту береговой линии вблизи выявленных прибрежных угроз; выявлять риски и незамедлительно адаптироваться к воздействиям, которые в настоящее время неизбежны; и принять динамичный подход к принятию решений, который может обновляться и изменяться по мере получения новой информации.

(363) АСОК представила IP 143 *Southern Ocean acidification [Закисление Южного океана]*, в котором изложены причины и негативные последствия увеличения темпов закисления Южного океана. АСОК подчеркнула серьезные последствия для закисления вод для Южного океана при сценариях со средним или высоким уровнем выбросов, если не будут приняты немедленные меры по сокращению глобальных выбросов до уровня сценариев с очень низким уровнем выбросов в соответствии с целевым показателем в 1,5°C. АСОК рекомендовала Сторонам в соответствии с Резолюцией 8 (2021 г.) принять меры в рамках РКИК ООН для незамедлительного и быстрого сокращения глобальных выбросов CO_2 и, следовательно, снижения угрозы закисления вод Южного океана.

(364) ВМО представила IP 116 *Understanding the rapid changes in the ice parts of our planet and the related global impacts - A knowledge base compiled at a high-level event in Oslo, Norway [Понимание быстрых изменений в покрытых льдами частях нашей планеты и связанных с ними глобальных воздействий – База знаний, составленная на мероприятии высокого уровня в Осло, Норвегия]*, подготовленный совместно с Норвегией. В документе представлены ключевые сообщения с мероприятия, в котором приняли участие эксперты по криосфере, политики и лица, принимающие решения, в целях повышения осведомленности о текущих изменениях в криосфере и их значительных долгосрочных последствиях. ВМО подчеркнула важность сотрудничества между Сторонами, СКАР и ВМО для решения проблем, связанных с изменениями в Антарктике, которые воздействуют на сообщества во всем мире, особенно уязвимые районы и малые острова.

(365) Норвегия выразила благодарность ВМО за передачу этих знаний Сторонам через Совещание и призвала Стороны использовать экспертные данные ВМО для определения действий в ответ на вызовы изменения климата в Антарктике. Норвегия подчеркнула важность управления и охраны, т. е. адаптации к текущим и прогнозируемым изменениям климата и состояния морского льда. Норвегия далее подчеркнула важность совместных инициатив в рамках КСДА для распространения знаний и повышения осведомленности о последствиях и рисках, особенно в отношении глобальных последствий.

(366) СКАР представил IP 166 *Antarctic Climate Change and the Environment [Изменение климата Антарктики и окружающая среда]*, в котором представлена информация о последних исследованиях и наблюдениях в области изменения климата, которые

имеют отношение к обсуждениям и приоритетам КООС и КСДА и дополняют регулярные Доклады ИКАОС от СКАР. Основные результаты исследований и наблюдений в т. ч. включали: рекордно высокие значения глобальных температур океана в 2022 и 2023 гг.; снижение площади морского льда в Антарктике ниже 2 миллионов км^2 в 2024 г. третий год подряд; предположение о том, что потепление Антарктики происходит почти в два раза быстрее, чем в остальных частях мира и что это потепление может быть связано с деятельностью человека.

(367) СКАР представил IP 169 *Southern Ocean Observing System (SOOS) Symposium 2023 [Симпозиум 2023 года по Системе наблюдения за Южным океаном (SOOS)]*, в котором вниманию Сторон представлена информация о первом Симпозиуме SOOS и подчеркивается важность Южного океана в функционировании системы Земли. В отчете Симпозиума SOOS напоминается о критических изменениях в Южном океане – от рекордно низких показателей морского льда до катастрофического упадка размножения императорских пингвинов, и подчеркивается настоятельная необходимость в устойчивых и скоординированных наблюдениях за Южным океаном. СКАР сообщил, что после Симпозиума SOOS было опубликовано заявление сообщества, которое привлекло внимание международных средств массовой информации и подчеркнуло важность исследований Южного океана.

(368) Чили представило IP 25 *Advances in the climate change sensor network on the Antarctic Peninsula [Достижения в области сети датчиков изменения климата на Антарктическом полуострове]*, в котором сообщается о ходе создания Сети многопараметрических станций в Антарктике. Чили пояснило, что сеть представляет собой интегрированную систему мониторинга окружающей среды, которая позволяет изучать изменения окружающей среды в разных временных масштабах. Сеть была нацелена на установку станций в 21 месте и, соответственно, предоставление остальному миру актуальных данных из Антарктики в режиме реального времени. Поскольку Антарктика обладает наибольшим потенциалом для исследований и регистрации экологических параметров для изучения глобального изменения климата, Чили подчеркнуло ценность сети и возможность будущего международного сотрудничества в этой области.

(369) Индия представила IP 54 *Antarctic Sea Ice Dynamics in a Changing Climate: Insights from Long-Term Observations [Динамика морского льда Антарктики в меняющемся климате: выводы долгосрочных наблюдений]*. В документе сообщается о наблюдаемых изменениях морского льда Антарктики и причинах этих изменения. Индия отметила, что площадь морского льда значительно уменьшается, при этом отмечаются различия регионального и локального масштаба. Она подчеркнула важность продолжения исследований и совместных усилий в глобальном масштабе для понимания и решения сложной динамики антарктического морского льда. Индия отметила, что нынешняя динамика морского льда представляет собой решающий поворотный момент в понимании полярных регионов Земли и последствий изменения климата. Индия подчеркнула важность продолжения исследований и совместных усилий в глобальном масштабе для понимания и решения сложной динамики антарктического морского льда и ее будущим.

(370) Совещание выразило благодарность Сторонам, Наблюдателям и Экспертам за представление их документов.

(371) В рамках данного пункта Повестки дня был также представлен следующий документ:

- BP 6 *Fifteen years (2008/09 – 2022/23) of New Zealand carbon emission measurements and reduction initiatives [Пятнадцать лет (2008/2009– 2022/2023 гг.) инициатив Новой Зеландии по измерению и сокращению выбросов углерода]* (Новая Зеландия).

Пункт 17: Туризм и неправительственная деятельность в районе Договора об Антарктике, включая рассмотрение вопросов компетентных органов

Политика и управление

(372) Великобритания представила WP 15 *Вложенные разрешения*. В нем освещена усиливающаяся тенденция в Антарктике, при которой научные и неправительственные экспедиции полагаются на логистическую поддержку туристических операторов, что создает проблемы для национальных компетентных органов в оценке общего воздействия деятельности на окружающую среду при принятии решений о выдаче разрешений. Великобритания обратила внимание Сторон на ситуации, связанные с выдачей двух или более отдельных разрешений на совместное посещение на одном судне, отправляющемся в Антарктику. Она напомнила, что ст. 8(4) Протокола предусматривает, что «в случаях, когда деятельность планируется совместно более чем одной Стороной, участвующие Стороны назначают одну из них координатором претворения в жизнь процедур оценки воздействия на окружающую среду». Она предположила, что это требование не всегда выполняется. Великобритания также подчеркнула, что разрешения, полученные от различных национальных компетентных органов, могут иметь разные требования, что может затруднить управление экспедициями с вложенными разрешениями. Кроме того, она отметила, что СЭОИ не позволяет Сторонам точно сообщать о деятельности, которая происходит в отдельно санкционированной экспедиции, что может привести к внесению неточной информации в СЭОИ. Великобритания рекомендовала Сторонам:

- продолжить обсуждение этого вопроса на Дискуссионном форуме компетентных органов в качестве одного из пяти приоритетных вопросов, чтобы определить, как наилучшим образом обеспечить оценку всей деятельности в рамках крупных экспедиций на предмет воздействия на окружающую среду в контексте ст. 8(4) Протокола по охране окружающей среды; и

- попросить Секретариат Договора об Антарктике внести изменения в СЭОИ, чтобы Стороны могли лучше понимать, какие другие Стороны выдают разрешения на деятельность, осуществляемую на их уполномоченных судах или операциях, и позволить этим Сторонам регистрировать деятельность в СЭОИ как часть единой общей экспедиции.

(373) Испания представила WP 33 *Научная деятельность на борту туристических судов*, в котором сообщается о значительном увеличении деятельности ее научного сообщества в деятельности на борту туристических судов в течение лета в Южном полушарии 2023/2024 гг. Испания отметила, что эта деятельность была очень специфической и оставалась практически незамеченной, поскольку проводилась на борту туристических судов в рамках научных проектов, осуществлявшихся другими Сторонами. Испания рекомендовала Сторонам углубить свои знания и укрепить управление научной деятельностью на борту туристических судов и активизировать обмен подробной информацией об этой деятельности, в том числе через СЭОИ.

(374) Совещание поблагодарило Великобританию и Испанию и отметило, что документы охватывают схожие вопросы. Стороны напомнили о предыдущих предложениях, информации и обсуждениях по смежным вопросам, а также отметили, что эти вопросы имеют важное значение в контексте разработки системы регулирования туризма. Совещание отметило важность обеспечения того, чтобы требования ОВОС применялись ко всем видам деятельности, а также понимания кумулятивного воздействия отдельных видов деятельности, проводимых на одном судне или в рамках одной экспедиции. Стороны определили ряд вопросов, возникающих при осуществлении и представлении отчетности по этим видам деятельности, и

изложили подходы, используемые их национальными компетентными органами, отметив, что они различаются в соответствии с национальными договоренностями. Были высказаны различные мнения о подходах к рассмотрению и разрешению вложенных видов деятельности совместно или по отдельности. Некоторые Стороны отметили важность обеспечения того, чтобы соответствующий организатор осуществлял юридический контроль и нес ответственность за каждое мероприятие путем применения требований о санкционировании и разрешении к ответственному лицу. Участники Совещания подтвердили важность сотрудничества и коммуникации между национальными компетентными органами при рассмотрении этих видов деятельности.

(375) Некоторые Стороны отметили, что в отношении этих видов деятельности могут существовать различные толкования ст. 8(4) Протокола по окружающей среде.

(376) В ответ на WP 15 Совещание призвало к дальнейшему обсуждению этих вопросов на созванном Дискуссионном форуме компетентных органов, признав неформальный характер этого форума и отметив, что КСДА является подходящим местом для любых официальных обсуждений.

(377) Многие стороны поддержали рекомендации, содержащиеся в WP 15.

(378) Российская Федерация отметила свое несогласие с толкованием экспедиций с большим количеством участников и ст. 8(4) Протокола, представленным в документе, и призвала Стороны в приоритетном порядке выработать общее понимание этого положения. Она также отметила, что вопросы толкования выходят за рамки полномочий Дискуссионного форума компетентных органов и СЭОИ. Российская Федерация подчеркнула, что использование одного судна различными операторами и для целей различных видов деятельности само по себе не является основанием для единого разрешения и не должно рассматриваться как причина, позволяющая Стороне регистрировать деятельность в СЭОИ.

(379) Совещание поддержало рекомендацию WP 33 Сторонам углубить свои знания и укрепить управление научной деятельностью на борту туристических судов и обмениваться соответствующей информацией в официальном и подробном порядке.

(380) Совещание отметило обязательство КСДА работать над комплексным обзором требований к обмену информацией и СЭОИ, а также согласилось с тем, что вопросы, касающиеся требований к обмену информацией и СЭОИ, могут быть рассмотрены в контексте этой работы. Заинтересованные стороны договорились обсудить, какие конкретные изменения в СЭОИ могут потребоваться, и рассмотреть возможность внесения любых предложений по изменениям на КСДА.

(381) США представили WP 52 *Повышение эффективности Правил поведения для посетителей участков*, подготовленный совместно с МААТО. США напомнили, что КСДА недавно предприняло меры по совершенствованию Правил поведения для посетителей конкретных участков Антарктики, в том числе пересмотрело свой Вопросник с целью его обновления в Резолюции 4 (2021 г.). Тем не менее большинство существующих Правил еще не были обновлены согласно Вопроснику. Соавторы рекомендовали Совещанию призвать Стороны пересмотреть существующие Правил поведения для посетителей участков с использованием Вопросника и создать МКГ для обсуждения возможных дальнейших улучшений в отношении согласованности, полноты и полезности информации, содержащейся в Правилах поведения для посетителей участков.

(382) Совещание поблагодарило США и МААТО за представленный WP 52. Стороны отметили важность Правил поведения для посетителей участков и приветствовали работу КООС в этом отношении. Совещание отметило важность как обновления

1. аключительный отчет

существующих Правил в соответствии с гибким характером инструмента, так и принятия новых Правил для дополнительных участков, в обоих случаях с использованием Вопросника, принятого Резолюцией 4 (2021 г.). Совещание также призвало МААТО проконсультировать Стороны и КСДА относительно участков, где будут необходимы обновления. Совещание отметило, что КООС также рассмотрел этот вопрос и сообщил КСДА о том, что в рамках КООС будут проведены неофициальные межсессионные обсуждения с целью дальнейшей разработки предложений, содержащихся в WP 52.

(383) Сопредседатель Рабочей группы 2 д-р Фил Трейси в качестве координатора дискуссионного форума представил документ IP 74 Competent authorities discussion forum on tourism regulatory activities: report by the convener [Дискуссионный форум компетентных органов по вопросам регулирования туризма: отчет координатора], представленный Австралией. Координатор сообщил, что в IP 74 подведены итоги работы, проведенной на постоянном веб-форуме компетентных органов с 2019 г., отметив, что форум представляет собой неформальную площадку для обсуждения и сотрудничества между представителями компетентных органов открытую для участия всех компетентных органов, не играющую никакой роли в разработке политики или принятии решений, которые являются функциями КСДА. Широкое и активное участие в форуме предоставило ценные возможности для выявления и обсуждения ключевых вопросов, с которыми сталкиваются национальные компетентные органы. Было отмечено, что в ходе обсуждений было разработано заявление об объеме и цели работы, определены вопросы, представляющие интерес, согласованы приоритетные вопросы для обсуждения и возможности для расширения сотрудничества. Координатор отметил, что в IP 74 представлена подробная информация о неформальном онлайн-семинаре для обсуждения одного из приоритетных вопросов по теме научной деятельности, связанной с туризмом, организованном Германией в межсессионный период, в котором приняли участие многие представители компетентных органов. Документ содержит предложения координатора по дальнейшей работе на форуме.

(384) Совещание поблагодарило Сопредседателя за IP 74 и признало ценность таких обсуждений для национальных компетентных органов Сторон. Было высказано поощрение участию в форуме, прямому общению между национальными компетентными органами и дальнейшим неформальным онлайн-семинарам.

(385) Российская Федерация отметила, что IP 74 не соответствовал требованиям Правил процедуры относительно перевода на четыре официальных языка перед обсуждением документа на Совещании. Сопредседатель отметил, что Информационные документы не были переведены на четыре официальных языка и что этот и другие информационные документы не содержат существенных предложений, требующих принятия решений от Совещания. Великобритания отметила, что на Совещании сложилась устоявшаяся практика обсуждения Информационных документов по важным темам, в том числе в случаях, когда авторы не смогли представить Рабочие документы.

(386) СКАР представил IP 172 ред. 1 *Antarctic tourism diversification: current state and issues previously discussed by the ATCM [Диверсификация туризма в Антарктике: текущее состояние и вопросы, ранее обсуждавшиеся на КСДА]*, в котором изложена рецензируемая публикация, определяющая семь аспектов диверсификации антарктического туризма. В исследовании также собрана информация по более чем 75 вопросам, ранее обсуждавшимся на КСДА в отношении диверсификации туризма. СКАР подчеркнул, что эта информация имеет отношение к дискуссиям по туризму, особенно в свете Решения 6 (2023 г.) и разработки системы регулирования туризма. В документе представлена актуальная информация, относящаяся к политике, о диверсификации туризма, которая может быть использована при принятии решений на КСДА.

Заключительный отчет КСДА 46

(387) Совещание поблагодарило СКАР за его вклад и предоставленную информацию. Несколько Сторон отметили, что исследование способствовало их пониманию общей картины текущей деятельности в Антарктике и что полученные результаты помогут им лучше осуществлять мониторинг и оценку туризма в Антарктике. Была выражена обеспокоенность относительно диверсификации, и несколько Сторон отметили, что анализ, представленный СКАР, имеет важное значение для работы над системой регулирования туристической и другой неправительственной деятельности в Антарктике. МААТО отметила возможность дальнейшего обновления Таблицы 1 в IP 172 ред. 1 с учетом операционных процедур МААТО по таким аспектам, как наблюдение за дикой природой, содержащихся в Руководстве МААТО по полевым операциям, подробно описанном в IP 106.

(388) АСОК представила IP 150 *Tourism and the growth of air-cruising in the Antarctic Peninsula [Туризм и рост количества авиакруизов на Антарктическом полуострове]*, в котором вниманию Совещания представлен рост количества авиакруизов, сосредоточенных на острове Кинг-Джордж (Ватерлоо), а также отмечено, что это усилило антропогенное давление на окружающие сухопутные и морские районы. АСОК сообщила, что исследования показали, как рост количества авиакруизов влияет на характер использования и динамику острова Кинг-Джордж (Ватерлоо) и что в документе поднимаются вопросы об экологических последствиях этого роста. АСОК рекомендовала при разработке системы регулирования туризма учитывать целесообразность авиакруизов и связанные с ними экологические, логистические, нормативные последствия, а также последствия для безопасности.

(389) Несколько Сторон согласились с рекомендацией уделять особое внимание туристическим авиакруизам. МСОП отметил, что разделяет выраженные опасения и рекомендации, и призвал к проведению дальнейших исследований. МААТО отметила, что авиакруизная деятельность ее членов была надлежащим образом санкционирована после представления ОВОС соответствующим национальным компетентным органам. МААТО отметила, что некоторые данные, представленные в документе, не отражают ее собственного понимания, и призвала ссылаться на самые последние данные и статистику МААТО по авиакруизам, приведенные в Приложении 1 к IP 102 ред. 1.

(390) МСОП представил IP 173 *Scientific research supporting the development of a comprehensive and consistent framework for Antarctic tourism management [Научные исследования в поддержку разработки всеобъемлющей единообразной системы регулирования туризма в Антарктике]*, подготовленный совместно со СКАР. В документе представлены несколько относящихся к данному вопросу научных публикаций, обнаруженных членами Инициативной группы СКАР по вопросам туризма. Собранные публикации были организованы по пяти общим темам: рост, диверсификация, мониторинг, соблюдение и правоприменение и общее управление. Авторы вновь заявили о своей приверженности предоставлению экспертных консультаций и предложили КСДА принять к сведению значительный объем научных исследований для информирования своих действий и решений.

(391) Совещание поблагодарило СКАР, МСОП и АСОК за их документы, отметив их актуальность для работы Совещания по регулированию и управлению туристической и неправительственной деятельностью в Антарктике.

Информация, деятельность и тенденции

(392) Аргентина представила IP 47 *Report on Antarctic tourist flows and cruise ships operating in Ushuaia during the 2023/2024 Austral summer season [Отчет о потоках туристов и круизных судов в Антарктике, осуществлявших плавание из порта*

1. Заключительный отчет

Ушуая, в летнем сезоне 2023/2024 гг. в Южном полушарии], предоставив информацию о движении пассажиров и судов, посетивших Антарктику в течение сезона 2023–2024 г. из порта Ушуая. Аргентина представила соответствующие статистические данные, в том числе о количестве поездок, судов, пассажиров и национальностей. Информация показала рост числа судов, рейсов и пассажиров по сравнению с предыдущим сезоном. Аргентина отметила, что исследование предлагает альтернативный и дополнительный источник для оценки туризма в антарктическом регионе.

(393) МААТО поблагодарила Аргентину за информацию и приветствовала сотрудничество с Аргентиной и другими Сторонами с отправными пунктами.

(394) Новая Зеландия представила IP 82 *On-board Observation of Tourist Vessels during the 2023/2024 Season [Наблюдение за туристическими судами с бортов в сезоне 2023/2024 гг.]*, подготовленный совместно с США и Францией. Наблюдение за четырьмя туристическими рейсами проводилось в течение антарктического сезона 2023–2024 г. в рамках Системы, принятой Резолюцией 9 (2021 г.) Новая Зеландия отметила, что наблюдатели сообщили о высоком стандарте соблюдения норм, и высоко оценила преимущества наблюдения на борту судов. Авторы поощряют дальнейшее использование наблюдателей для поддержки стратегического подхода к управлению антарктическим туризмом, чтобы гарантировать, что он осуществляется безопасным и экологически ответственным образом. Новая Зеландия отметила свою готовность поделиться своим опытом с заинтересованными органами, поскольку Новая Зеландия осуществляет свою программу наблюдателей с 1996 г.

(395) Франция поблагодарила Новую Зеландию за сотрудничество, которое позволило реализовать Резолюцию 9 (2021 г.). Франция в сотрудничестве с МААТО также провела бортовые наблюдения, которые будут представлены в информационном документе на следующем КСДА. Франция заявила, что готова и далее делиться своим опытом с другими органами власти и призвала к реализации Резолюции 9 (2021 г.). МААТО поблагодарила авторов документа и подробно рассказала о своем собственном опыте участия в программе наблюдателей.

(396) Великобритания представила IP 84 ред. 1 *Data Collection and Reporting on Yachting Activity in Antarctica in 2023-24 [Сбор данных и информирование о деятельности яхт в Антарктике в 2023/2024 г.]*, подготовленный совместно с Аргентиной, Испанией, США, Чили и МААТО. В документе представлена собранная соавторами документа сводная информация о яхтах, замеченных в Антарктике или намеревающихся посетить Антарктику в сезон 2023/2024 г. Совещание отметило небольшое, но постоянное количество несанкционированных посещений яхт, о которых сообщалось в этом и предыдущих документах, и призвало обратить внимание на этот вопрос.

(397) МААТО представила IP 102 ред. 1 *IAATO Overview of Antarctic Tourism: The 2023-24 Season, and Preliminary Estimates for 2024-25 [Обзор МААТО по антарктическому туризму: сезон 2023/2024 г. и предварительный прогноз на 2024/2025 г.]*, в котором представлены статистические данные, составленные на основе Отчетов о посещении КСДА за сезон 2023/2024 гг. по лицам, путешествовавшим с компаниями-операторами МААТО. Общее количество посетителей в сезон 2023/2024 гг. составило 122 027 человек. Согласно прогнозу на 2024/2025 г., количество пассажиров останется на том же уровне: примерно 78 910 пассажиров с высадкой на берег и 28 360 пассажиров, путешествующих только на круизных судах без высадки.

(398) Совещание поблагодарило МААТО за IP 102 ред. 1 и поддержало усилия МААТО по предоставлению проверенных данных о текущем и прогнозируемом количестве

(399) ИААТО представила IP 107 *A Catalogue of IAATO Operator Activities [Каталог видов деятельности операторов ИААТО]*. ИААТО предоставила информацию о спектре деятельности, проводимой ее операторами-членами, и подтвердила, что вся осуществляемая деятельность должным образом разрешена или санкционирована национальными компетентными органами. В документ включен каталог видов деятельности, проводимых ее операторами, отражающий базу данных ИААТО по континентальной и морской деятельности с кратким описанием каждого вида. ИААТО расширила свои категории отчетности, чтобы предоставить более четкую информацию, и отметила, что изменения и обновления ежегодно сообщаются КСДА, чтобы помочь Сторонам обновить свою собственную базу данных.

(400) ИААТО представила IP 108 *IAATO Site Management Methods [Методы управления участками, разработанные ИААТО]*, в котором описана работа ИААТО по управлению деятельностью операторов и участками, а также текущая разработка инструментов и вспомогательных документов. ИААТО описала 18 новых Правил ИААТО для участков, как наземных, так и морских, и отметила, что будет приветствовать возможность работать со Сторонами, если будет высказана заинтересованность в их принятии в качестве Правил поведения КСДА для посетителей участков. ИААТО предоставила информацию о своем инструменте по планированию движения судов, используемом для координации посещений мест высадки, и о своем новом инструменте по планированию движения судов, используемом для перепланирования высадок в режиме реального времени. Она также предоставила информацию о своей Программе бережного управления участками, которая опирается на опыт полевого персонала и знания местных экспертов для сбора информации об участках. ИААТО подчеркнула, что она по-прежнему привержена представлению КООС и КСДА информации о Правилах поведения для посетителей участков и деятельности операторов ИААТО.

(401) Великобритания поблагодарила ИААТО за ее доклады и отметила, что приоритет должен быть отдан обновлению и разработке КСДА новых Правил поведения для посетителей участков, используемых несколькими субъектами, а не только операторами ИААТО.

(402) ИААТО представила IP 109 *IAATO Observer & Compliance Program [Программа Наблюдателей и соответствия ИААТО]*. ИААТО предоставила конкретную информацию о своем механизме Проверки на соответствие и урегулирования споров. Эта программа, действующая с 2013 г., опирается на данные отчетов, поданных через веб-сайт ИААТО, операторов и программу наблюдателей. Пункты были рассмотрены и определены как проблемы первого уровня (незначительные или непреднамеренные) или второго уровня (серьезные, повторяющиеся или преднамеренные). Возникновение проблем второго уровня может привести к выговору, испытательному сроку или выдворению. ИААТО сообщала о санкциях соответствующим национальным компетентным органам. ИААТО поблагодарила участников Договора за проведение открытых обсуждений со своими операторами, когда возникли вопросы в отношении программ ИААТО по наблюдению и соблюдению.

(403) Испания поблагодарила ИААТО за ее презентацию и приверженность обеспечению прозрачности при оценке того, соблюдают ли ее операторы положения Договора об Антарктике и Протокола по охране окружающей среды.

1. Заключительный отчет

(404) В рамках данного пункта Повестки дня были также поданы и приняты как есть следующие документы:

- IP 80 *Tourism monitoring in Antarctica – status and preliminary findings on developing a concept for the analysis of the impacts of tourism on the assets to be protected in the Antarctic [Мониторинг туризма в Антарктике – статус и предварительные выводы относительно разработки концепции анализа воздействия туризма на охраняемые ценности в Антарктике]* (Германия).

- IP 103 *IAATO Deep Field and Air Overview of Antarctic Tourism: 2023-24 Season and Preliminary Estimates for 2024-25 Season [Краткий обзор МААТО по антарктическому туризму в глубине континента и авиатуризму: сезон 2023/2024 гг. и предварительный прогноз на сезон 2024/2025 гг.]* (МААТО).

- IP 104 *A Five-Year Overview and 2023–24 Season Report on IAATO Operator Use of Antarctic Peninsula Landing Sites and ATCM Visitor Site Guidelines [Пятилетний обзор и сезонный отчет за 2023/2024 гг. об использовании Операторами МААТО мест высадки на Антарктический полуостров и Правил поведения КСДА для посетителей участков]* (МААТО).

- IP 106 *IAATO Field Operations Manual (FOM) [Руководство МААТО по полевым операциям (FOM)]* (МААТО).

Пункт 18: Разработка Системы регулирования туризма

(405) Координатор Рабочей группы 3, профессор д-р Рене Лефебер (Нидерланды), напомнил, что полномочия на дискуссии по разработке системы регулирования туризма и прочей неправительственной деятельности был согласован в Решении 6 (2023 г.) *Специальный процесс разработки всеобъемлющей единообразной системы для антарктического туризма и прочей неправительственной деятельности*.

(406) Великобритания представила WP 3 *Всеобъемлющая единообразная Система регулирования антарктического туризма и другой неправительственной деятельности – Предложения по структуре Системы*, а также WP 4 *Всеобъемлющая и единая Рамочная программа регулирования туризма и иной неправительственной деятельности в районе действия Договора об Антарктике – Предложения по дополнительным элементам для включения Система регулирования туризма*, подготовленные совместно с Германией, Индией, Нидерландами, Финляндией и Францией. Великобритания представила пример того, какой вид может иметь такая система регулирования туризма (WP 3). Великобритания также изложила ряд вариантов положений и предложений по дополнительным элементам, которые могут быть включены в структуру документа системы (WP 4). Отметив широкий и всеобъемлющий масштаб задачи, авторы предложили свой вклад в качестве базы для открытой дискуссии. Великобритания предположила, что во время своей работы Совещание может, во-первых, попытаться определить основные вопросы существа, которые необходимо будет решить для разработки целостной системы, и, во-вторых, согласовать соответствующую процедуру для обсуждений и действий, необходимых для рассмотрения и решения этих вопросов. Подводя итоги тем, обсуждавшихся на недавних семинарах и КСДА, авторы предположили, что у Сторон уже есть широкий выбор необходимых компонентов и что их приоритетом должен быть выбор элементов, необходимых Сторонам для разработки системы, которую все они могли бы принять.

(407) Австралия представила WP 24 *Вопросы для рассмотрения при разработке всеобъемлющей и единообразной системы для антарктического туризма и прочей неправительственной деятельности*, в которой предложен ряд вопросов, заслуживающих рассмотрения Сторонами при разработке системы туризма. Учитывая наблюдаемый и вероятный будущий рост антарктического туризма,

Австралия подчеркнула своевременность этого процесса и свою решительную поддержку разработки структуры. Австралия подчеркнула важность обращения внимания на управление объектами и рассмотрение различных режимов работы в индустрии туризма, различных условий в разных регионах Антарктики и различий между коммерческим туризмом и частной неправительственной деятельностью. Австралия также отметила, что система должна будет содержать положения относительно управления и ограничения роста, которые могут включать общие ограничения, а также пространственные, временные, региональные ограничения или ограничения по видам деятельности. Австралия поддержала дальнейшую работу рабочей группы КСДА и отметила, что межсессионная работа также, вероятно, будет необходима.

(408) США представили WP 58 *Предложение о начале разработки системы регулирования туризма и другой неправительственной деятельности в Антарктике*, в котором представлен проект Резолюции, за счет которой Стороны могли бы сформулировать концепции и соображения, которые должны быть учтены для разработки эффективной системе регулирования туризма. США предложили, чтобы такая Резолюция содержала план разработки системы, обеспечивающей руководство в отношении собранной информации и рассмотренных вопросов. Они предложили, чтобы после принятия Резолюции Консультативные Стороны начали рассмотрение вопроса о том, какую структуру должна иметь эффективная система регулирования туризма. США приветствовали все обсуждения, касающиеся Резолюции. Они предложили Совещанию использовать методический подход, сначала определив ключевые проблемы, которые необходимо решить, а затем стремится разработать подход, который наилучшим образом позволил бы ему их решить.

(409) Аргентина представила WP 60 *Соображения по работе РГЗ КСДА*, в котором поднят ряд вопросов, соображений и предложений для Специальной рабочей группы КСДА по разработке системы регулирования туризма. Эти вопросы включали техническое задание Рабочей группы, темы, которые она будет обсуждать и по которым она будет принимать решения, а также ее механизмы и график. Темы, затронутые Аргентиной, включали обязанность заботиться и защищать окружающую среду Антарктики, безопасность человеческой жизни и операций, а также решение вопроса о сохраняющемся приоритете научной деятельности над туристической и другой неправительственной деятельностью в Антарктике. Она также подчеркнула необходимость управления воздействием туризма на окружающую среду в Антарктике и решения проблемы кумулятивного воздействия деятельности в Антарктике. Было высказано предположение, что Совещание, возможно, пожелает рассмотреть вопрос о признании зон особого научного интереса для управления неблагоприятным воздействием туризма на научные приоритеты. Аргентина также отметила, что Совещанию в итоге необходимо будет достичь соглашения о типе нормативных инструментов, которые она хотела бы принять в рамках системы, и достичь согласия относительно соответствующих механизмов и графика для целенаправленного продолжения своей работы на будущих КСДА.

(410) Российская Федерация представила WP 63 *Ключевые элементы всеобъемлющей единообразной системы для антарктического туризма*. Российская Федерация отметила, что туристическая деятельность не противоречит принципам и целям Договора об Антарктике (хотя приоритетной является научная деятельность) и остается допустимой согласно положениям Протокола по охране окружающей среды. Она отметила, что существует необходимость в целостном и стратегическом подходе к эффективному управлению туризмом в долгосрочной перспективе. Напомнив о важности Решения 6 (2023 г.), Российская Федерация допустила, что единый процесс мог бы поспособствовать поэтапной разработке как обязательных, так и рекомендательных стандартов. Российская Федерация рекомендовала

1. Заключительный отчет

следующие ключевые элементы: 1) руководящая роль КСДА в осуществлении контроля над туризмом и управлении им; 2) важность сбора данных и отчетности; 3) обеспечение эффективной охраны окружающей среды Антарктики и невмешательства в деятельность национальных антарктических программ; 4) превентивный подход к регулированию как экстремального, так и приключенческого туризма или другой обширной наземной деятельности; и 5) обеспечение ответственности туроператоров за несоблюдение требований Системы Договора об Антарктике и обмен информацией о национальном законодательстве Сторон по вопросам ответственности туроператоров и туристов. Она также рекомендовала унифицировать подходы Сторон.

(411) Новая Зеландия представила IP 77 *Tourism and other Non-Governmental Activities in the Antarctic Treaty Area: Information to support the development of the framework [Туризм и другая неправительственная деятельность в районе Договора об Антарктике: информация в поддержку разработки системы]*. Новая Зеландия выразила свою поддержку обязательной и амбициозной системы, соответствующей статусу Антарктики как природного заповедника и высокому уровню амбиций, который является отличительной чертой Системы Договора об Антарктике. В документе представлены принципы в поддержку разработки системы, включая то, что Стороны должны опираться на существующие обязательства, принципы и руководящие указания, в том числе:

- ограничение отрицательного воздействия на окружающую среду и предварительная оценка кумулятивного воздействия и воздействия на ценности (Протокол по охране окружающей среды);
- избегать или смягчать неклиматические нагрузки на наземную и морскую среду Антарктики: (Резолюция 8 (2021 г.);
- недопущение создания постоянных объектов для туризма и деятельности НПО в Антарктике: (Резолюция 5 (2022 г.);
- Система работы добровольных наблюдателей на борту туристических судов в районе действия Договора об Антарктике : (Резолюция 9 (2021 г.);
- согласованные рекомендации Исследования туризма КООС (XXXV КСДА – WP 22 и XXXV КСДА – IP 33), включая создание централизованной базы данных туристической деятельности, разработку соответствующего способа оценки чувствительности районов и оценку чувствительности районов к внедрению неместных видов; а также
- управление деятельностью человека в контексте биогеографических регионов Антарктики (Резолюция 3 (2017 г.).

(412) МААТО представила IP 111 *IAATO Considerations During the Development of a Tourism Framework [Соображения МААТО по разработке системы регулирования туризма]*. МААТО приветствовала работу КСДА в рамках Решения 6 (2023 г.) и отметила свои особые возможности и ограничения, связанные с ее ролью в качестве торговой ассоциации. Чтобы внести свой вклад в работу КСДА, МААТО выделила проблемы и потенциальные действия Сторон, в том числе согласование своих национальных процессов выдачи разрешений и санкционирования во избежание хождения по инстанциям и путаницы среди операторов; максимально оперативная ратификация новых документов, связанных с туризмом, и избежание длительной имплементации; и то, как Стороны могут поддержать свои компетентные органы в определении не соблюдающих требования операторов и повышении соблюдения за счет подотчетности. МААТО напомнила о своем многолетнем практическом опыте управления антарктическим туризмом и предложила возможности для развития, которые включали расширение участия Сторон в своей системе добровольных

наблюдателей на борту (Резолюция 9 (2021 г.); развитие существующего сотрудничества для дальнейшего укрепления имеющейся структуры, предоставленной МААТО и выявление возможностей использования экспертных знаний полевого персонала МААТО для оказания помощи в понимании потребностей и изменений, связанных с конкретными районами в Антарктике. МААТО также обратила внимание Совещания на информацию, содержащуюся в ранее представленных ей Информационных документах.

(413) АСОК представила IP 149 *ASOC perspectives on the development of a comprehensive and consistent framework for Antarctic tourism and non-governmental activities [Перспективы АСОК по разработке всеобъемлющей единообразной системы регулирования туристической и другой неправительственной деятельности в Антарктике]*, выразив некоторые первоначальные соображения по отдельным аспектам соответствующих Рабочих документов, представленных Сторонами на 46-м КСДА. АСОК указала, что эти соображения не являются исчерпывающими и не освещают все важные вопросы. АСОК рекомендовала разработать систему, основанную на превентивном подходе, которая уделяла бы приоритетное внимание охране окружающей среды; создавала бы модель, которая была бы эффективной в разных пространственных масштабах и для разных видов туризма и предусматривала бы надежную программу мониторинга туризма и его воздействия на окружающую среду.

(414) АСОК представила IP 152 *Developing a systematic approach to addressing the footprint of tourism [Разработка систематического подхода к рассмотрению воздействия туризма]*, в котором подчеркивается, что территория, подверженная растущему воздействию туризма на Антарктическом полуострове значительно превышает площадь всех ООРА. Чтобы справиться с этим растущим воздействием, АСОК рекомендовала КСДА, среди прочего, провести систематический процесс планирования природоохранной деятельности и довести цели по охране до 30% наземных, прибрежных и морских районов к 2030 г.

(415) МСОП представил IP 173 *Scientific research supporting the development of a comprehensive and consistent framework for Antarctic tourism management [Научные исследования в поддержку разработки всеобъемлющей единообразной системы регулирования туризма в Антарктике]*, подготовленный совместно со СКАР, в котором представлена сводка соответствующих научных публикаций в области туризма в Антарктике, предложенных членами Инициативной группы СКАР по вопросам туризма, некоторые из которых также являются членами Всемирной комиссии МСОП по охраняемым районам. МСОП подчеркнул, что туризм в Антарктике следует поддерживать только в том случае, если он не оказывает более чем незначительное или ограниченное по времени воздействие на окружающую среду. МСОП призвал Стороны обсудить эту информацию, учитывая необходимость охраны Антарктики.

(416) Совещание приветствовало документы, представленные по этому пункту Повестки дня, и признало их ценность для подготовки и проведения дискуссий по разработке системы регулирования туризма и другой неправительственной деятельности в Антарктике. Совещание отметило значительную согласованность и схожесть между вопросами, рассматриваемыми в документах. Совещание повторно заявило о своей решительной поддержке разработки всеобъемлющей единообразной системы регулирования туристической и другой неправительственной деятельности в Антарктике. Совещание также отметило рост и диверсификацию туристической деятельности.

(417) Что касается характера системы, Совещание сочло, что ее форма должна соответствовать функционалу, а функционал не должен ограничиваться лишь

экологическими аспектами. Совещание также отметило, что системы могут включать прочие вопросы, связанные с туризмом и другой неправительственной деятельностью. Совещание признало ведущую роль КСДА в создании системы и подчеркнуло важность избежания дублирования работы с КООС. Совещание отметило, что система должна быть надежной, амбициозной, всеобъемлющей, гибкой, динамичной и беспристрастной вне зависимости от того, будет ли она юридически обязывающей по своему характеру.

(418) При рассмотрении вопроса о разработке системы несколько Сторон указали на необходимость сосредоточить внимание на следующих ключевых приоритетных вопросах: туризм и его воздействие на окружающую среду, взаимосвязь между туризмом и наукой, а также туризм и безопасность человека. Несколько Сторон выразили свои высокие ожидания в отношении разработки системы и признали важность достижения общего видения антарктического туризма.

(419) Несколько Сторон предположили, что при рассмотрении вопроса о разработке системы первым аспектом, который следует учитывать, является охрана окружающей среды Антарктики, а также воздействие туризма на эту окружающую среду и его последствия. Несколько Сторон отметили приоритетность обеспечения того, чтобы туризм в Антарктике оказывал не более чем незначительное или временное воздействие, а также сохранения ее окружающей среды для будущих поколений. Несколько Сторон подчеркнули необходимость разработки системы на основании превентивного подхода для обеспечения того, чтобы туризм осуществлялся устойчивым, безопасным и надежным образом. Несколько Сторон отметили важность понимания и решения проблемы кумулятивного воздействия туризма и всей прочей деятельности на окружающую среду Антарктики.

(420) Некоторые Стороны отметили, что текущая дискуссия по туризму и неправительственной деятельности является системным вопросом, касающимся сути Договора об Антарктике. Некоторые из этих Сторон отметили, что из-за наличия многочисленных негосударственных сторон важно, чтобы Система Договора об Антарктике была надежной и способной фиксировать такие текущие изменения, одновременно закрепляя механизмы, которые были созданы для реализации целей ст. 2 при подписании Договора. Признавая, что значительная часть дискуссий по туризму и неправительственным вопросам связана с Протоколом, эти Стороны отметили, что рассматриваемые вопросы выходят за рамки Протокола и что дискуссии в отношении системы по праву относятся к сфере деятельности КСДА.

(421) При рассмотрении применимости системы несколько Сторон подчеркнули, что система должны регулировать всю деятельность, связанную с антарктическим туризмом, включая процедуры выдачи разрешений, отчетность, мониторинг и потенциальные новые виды деятельности. Некоторые Стороны предложили механизмы урегулирования потенциальных споров между операторами и национальными антарктическими программами. Несколько Сторон предложили необходимость учета аспектов безопасности человека; консервативный подход к разрешению туризма при одновременном ограничении его роста; необходимость конкретного инструмент для решения проблемы приключенческого туризма и экстремального туризма; необходимость надлежащего определения научной деятельности и обеспечения эффективной процедуры выдачи разрешений с четкими критериями и информацией, чтобы избежать вложенных разрешений и независимой деятельности и введение механизма пошлин.

(422) Несколько Сторон отметили важные положения, уже действующие в рамках Системы Договора об Антарктике, которые применяются к туризму, и что было бы полезно определить, какие элементы были надлежащим образом рассмотрены и какие дополнительные аспекты требуют рассмотрения.

(423) Многие Стороны отметили приверженность МААТО безопасному и экологически ответственному туризму и ее усилия по реагированию на рост отрасли, а также потенциальную образовательную ценность туризма.

(424) В результате обсуждения, состоявшегося в ходе совещания, Совещание постановило принять Решение 5 (2024 г.) *Разработка Системы регулирования туристической и другой неправительственной деятельности в Антарктике*.

(425) Для продолжения работы над системой Совещание выразило желание созвать шесть сессий Специальной Рабочей группы на 47-м КСДА, насколько это практически возможно ввиду продолжительности и структуры совещания, не проводя по мере возможности более двух сессий одновременно с другими рабочими группами КСДА или КООС.

(426) Совещание также решило создать МКГ по разработке всеобъемлющей единообразной Системы регулирования туристической и другой неправительственной деятельности в Антарктике на межсессионный период 2024–2025 г. с целью продвижения обсуждений, предусмотренных Решением.

(427) Совещание также пришло к согласию относительно:

- рекомендации Наблюдателям и Экспертам, которые участвуют в КСДА, внести свой вклад;
- создания Исполнительным секретарем Форума КСДА для МКГ и оказания содействия работе МКГ; и
- назначения проф. Рене Лефебера (Нидерланды) координатором МКГ с представлением отчета о результатах работы МКГ на следующем КСДА.

(428) Нидерланды предложили финансировать и организовать семинар непосредственно перед и во время 47-го КСДА в месте проведения 47-го КСДА или в непосредственной близости от него. Совещание приветствовало это предложение и сочло, что оно может помочь в продвижении обсуждений, но отметило, что организация такого семинара должна быть скоординирована с организацией любого другого семинара.

(429) Совещание постановило отразить в Многолетнем стратегическом плане работы конкретные компоненты сессионной и межсессионной работы до 47-го КСДА.

(430) В рамках данного пункта Повестки дня были также поданы и приняты в текущем виде следующие документы:

a. IP 106 *IAATO Field Operations Manual (FOM) [Руководство МААТО по полевым операциям (FOM)]* (МААТО).

b. P 107 *A Catalogue of IAATO Operator Activities [Каталог видов деятельности операторов МААТО]* (МААТО).

c. IP 109 *IAATO Observer & Compliance Program [Программа Наблюдателей и соответствия МААТО]* (МААТО).

d. IP 172 ред. 1 *Antarctic tourism diversification: current state and issues previously discussed by the ATCM [Диверсификация туризма в Антарктике: текущее состояние и вопросы, ранее обсуждавшиеся на КСДА]* (СКАР).

Пункт 19: Подготовка 47-го Совещания

a. Дата и место

(431) Совещание приветствовало любезное предложение правительства Италии принять 47-е КСДА и 27-й КООС в Милане не ранее мая 2025 года.

1. Заключительный отчет

(432) В целях обеспечения возможности планирования на будущее Совещание приняло к сведению следующий предполагаемый план-график предстоящих КСДА:
- 2026 г. – Япония
- 2027 г. – Республика Корея

(433) В рамках данного пункта Повестки дня был представлен следующий документ:
- IP 90 *Preparation of the 47th Meeting – 2025 [Подготовка к 47-му Совещанию в 2025 г.]* (Италия).

b. Приглашение международных и неправительственных организаций

(434) В соответствии с установившейся практикой Совещание согласилось, что направить своих экспертов на 47-е КСДА будет предложено следующим организациям, имеющим научные или технические интересы в Антарктике: Секретариат АКАП, АСОК, МГЭИК, МААТО, Международная организация гражданской авиации (ИКАО), МГО, ИМО, МОК, Международный фонд для компенсации ущерба от загрязнения нефтью, Международный союз охраны природы (МСОП), ЮНЕП, РКИК ООН, ВМО и Всемирная туристская организация (ВТО).

c. Подготовка Повестки дня 47-го КСДА

(435) Совещание одобрило предварительную Повестку дня 47-го КСДА (см. Приложение 1).

d. Организация 47-го КСДА

(436) В соответствии с Правилом 11 Правил процедуры Совещание решило предложить участвовать в 47-м КСДА тем же рабочим группам, которые принимали участие в этом совещании. В соответствии с Правилами процедуры Председатели этих групп должны быть назначены до закрытия Совещания, а при отсутствии кандидатур Председатели будут назначены в начале следующего КСДА. В ходе совещания не было выдвинуто кандидатур на должности Председателей РГ 1 и РГ 2. Ожидается, что Стороны назначат Председателей этих групп в межсессионный период. Совещание постановило назначить проф. Рене Лефебера из Нидерландов Председателем РГ 3 на 2025 г.

(437) На Совещании была выражена благодарность покидающим свой пост Председателям Рабочих групп за их ценный вклад в течение последних четырех лет, а именно г-ну Теодору Киллу из США, г-же Соне Рамос Гарсия из Испании и д-ру Филлипу Трейси из Австралии.

(438) Совещание также постановило предложить СКАР представить на первом пленарном заседании отчет с обновленной информацией о состоянии последствий изменения климата в Антарктике в рамках своего ежегодного доклада, представляемого в рамках пункта 4 Повестки дня.

e. Лекция СКАР

(439) Принимая во внимание серию полезных лекций, прочитанных СКАР на ряде предыдущих КСДА, на Совещании принято решение пригласить СКАР прочитать еще одну лекцию по научным вопросам, относящимся к 47-му КСДА.

Пункт 20: Прочие вопросы

(440) Канада поблагодарила Председателя и принимающую страну за успешное проведение Совещания, а также Консультативные Стороны за решительную

поддержку, полученную ей в связи с ее запросом о предоставлении статуса Консультативной Стороны. Канада отметила важность получения четких указаний о любых дальнейших улучшениях, необходимых в отношении ее заявки, и выразила надежду на то, что она сможет в межсессионный период прояснить остающиеся вопросы и недопонимание деятельности и законодательства Канады в отношении Антарктики. Она вновь заявила о своей решительной поддержке и постоянном участии в Системе Договора об Антарктике.

Пункт 21: Принятие Заключительного отчета

(441) Совещание приняло Заключительный отчет 46-го Консультативного совещания по Договору об Антарктике. Председатель Совещания посол Панкадж Саран выступил с заключительным словом.

Пункт 22: Закрытие Совещания

(442) Совещание было закрыто в четверг, 30 мая в 18:55.

2. Отчет 26 КООС

Отчет Двадцать шестого заседания Комитета по охране окружающей среды (26-й КООС)

Кочин, Индия, 20 – 24 мая 2024 г.

(1) В соответствии с положениями ст. 11 Протокола по охране окружающей среды к Договору об Антарктике в Кочине, Индия, с 20 по 24 мая 2024 г. состоялось заседание 38 из 42 Представителей Сторон, подписавших Протокол (Австралии, Аргентины, Беларуси, Бельгии, Болгарии, Бразилии, Великобритании, Венесуэлы, Германии, Индии, Испании, Италии, Канады, Китая, Колумбии, Малайзии, Нидерландов, Новой Зеландии, Норвегии, Перу, Польши, Португалии, Республики Корея, Российской Федерации, Румынии, США, Турции, Украины, Уругвая, Финляндии, Франции, Чешской Республики, Чили, Швейцарии, Швеции, Эквадора, ЮАР и Японии), с целью предоставления консультаций и выработки рекомендаций для Сторон в отношении реализации Протокола.

(2) В соответствии с Правилом 4 Правил процедуры КООС в работе заседания в статусе Наблюдателей приняли участие представители:

- Научного комитета по антарктическим исследованиям (СКАР), Научного комитета Конвенции о сохранении морских живых ресурсов Антарктики (НК-АНТКОМ), Совета управляющих национальных антарктических программ (КОМНАП), а также
- научных, экологических и технических организаций: Коалиции по Антарктике и Южному океану (АСОК), Международной ассоциации антарктических туристических операторов (МААТО), Международного союза охраны природы (МСОП) и Всемирной метеорологической организации (ВМО).

Пункт 1. Открытие заседания

(3) Первый Заместитель Председателя КООС д-р Ануп Кумар Тивари (Anoop Kumar Tiwari) (Индия) открыл заседание в понедельник 20 мая 2024 года и выразил признательность Индии за организацию и проведение заседания.

(4) Первый Заместитель Председателя напомнил о Циркуляре КООС 1/2024 и Циркуляре КСДА 4/2024, в которых Членам было сообщено об отставке Председателя КООС Патрисии Ортусар (Patricia Ortúzar) (Аргентина). Первый Заместитель Председателя пояснил, что в соответствии с Правилом 17 Правил процедуры КООС Комитет будет проходить под председательством первого и второго Заместителя Председателя. Первый Заместитель Председателя приветствовал поддержку второго Заместителя председателя д-ра Хайке Хераты (Heike Herata) (Германия) в отношении этого механизма, а также подчеркнул, что Комитету необходимо будет избрать нового Председателя КООС, который приступит к исполнению своих обязанностей по завершении заседания.

(5) Комитет поблагодарил Заместителей Председателя за их подготовку и за руководство заседанием в непредвиденных обстоятельствах.

Пункт 2. Принятие Повестки дня

(6) Комитет принял представленную ниже Повестку дня и утвердил распределение 43 Рабочих документов (WP), 85 Информационных документов (IP), 5 Документов Секретариата (SP) и 10 Вспомогательных документов (BP) по пунктам Повестки дня.

1. Открытие заседания
2. Принятие Повестки дня

3. Стратегическое обсуждение дальнейшей работы КООС

4. Работа КООС

5. Сотрудничество с другими организациями

6. Восстановительные мероприятия и ликвидация экологического ущерба

7. Последствия изменения климата для окружающей среды:

   a. Стратегический подход

   b. Реализация и пересмотр Рабочей программы ответных мер в отношении изменения климата

8. Оценка воздействия на окружающую среду (ОВОС):

   a. Проекты Всесторонней оценки окружающей среды

   b. Другие вопросы ОВОС

9. Охрана районов и Планы управления:

   a. Планы управления

   b. Исторические места и памятники

   c. Правила поведения для посетителей участков

   d. Пространственная охрана морской среды и меры пространственного управления

   e. Прочие вопросы, связанные с Приложением V

10. Сохранение антарктической флоры и фауны:

    a. Карантин и неместные виды

    b. Особо охраняемые виды

    c. Прочие вопросы, связанные с Приложением II

11. Мониторинг окружающей среды и отчетность

12. Отчеты об инспекциях

13. Общие вопросы

14. Выборы должностных лиц

15. Подготовка следующего заседания

16. Принятие отчета

17. Закрытие заседания

Пункт 3. Стратегическое обсуждение дальнейшей работы КООС

Пятилетний план работы КООС

(7) Норвегия представила WP 37 *Итоги и предложения МКГ по стратегическим приоритетам КООС и 5-летнему плану работы*. Норвегия отчиталась о результатах работы Межсессионной контактной группы (МКГ), созванной на XXV заседании КООС для разработки проекта пересмотренного Пятилетнего плана работы для его последующего рассмотрения на 26-м КООС и подготовки рекомендаций по практическим мерам, которыми КООС мог бы пользоваться при инициировании, реализации и мониторинге хода выполнения действий в рамках плана работы, а также последующего представления отчета на 26-м КООС. Норвегия представила на рассмотрение пересмотренный Пятилетний план работы, заявив, что план был основан на перечне предложенных приоритетных тем. Норвегия отметила, что для каждого приоритета план включает описание его контекста, взаимосвязей, целей, приоритетных действий и регулярных действий.

2. Отчет КООС 26

Норвегия подчеркнула, что участие в работе МКГ было широким и в нем приняло участие значительное число Членов и Наблюдателей. Норвегия рекомендовала КООС:

- рассмотреть, скорректировать по мере необходимости и принять пересмотренный Пятилетний план работы и использовать его для определения рамок своей будущей работы;
- запросить Секретариат обеспечить постоянный доступ к наиболее актуальной версии Пятилетнего плана работы на веб-сайте КООС;
- рассмотреть вопрос об использовании значков в Пятилетнем плане работы и согласовать процесс их включения по мере необходимости;
- рассмотреть и согласовать формат сводной матрицы, которая будет приложена в качестве титульного листа к Пятилетнему плану работы; и
- согласовать список условий для принятия приоритетных мер и запросить Секретариат сделать этот список доступным в виде «Набора инструментов» на веб-сайте КООС.

(8) Комитет поблагодарил Норвегию за координацию и руководство межсессионной работой. Комитет выразил широкую поддержку в отношении процесса работы МКГ и его результатов, а также отметил, что обсуждения в МКГ были очень продуктивными и проходили в позитивном ключе. Члены отметили, что пересмотренный Пятилетний план работы был четким и хорошо структурированным и мог бы стать ценным инструментом организации работы КООС в будущем, улучшения понимания Членов и информирования широкой общественности о его продвижении.

(9) Отвечая на вопрос о том, как часто следует обновлять Пятилетний план, многие Члены подчеркнули, что Пятилетний план работы является гибким и динамичным документом. Члены отметили, что Пятилетний план работы должен регулярно обновляться по мере возникновения новых вопросов в свете быстро меняющихся условий окружающей среды.

(10) В ходе обсуждения было отмечено, что Пятилетний план работы является юридически необязывающим документом, которым Члены руководствуются в своей работе. Была подчеркнута важность отслеживания того, выполняются ли действия по всем приоритетам. В целях содействия более широкому участию, Членам было рекомендовано взять на себя руководство в продвижении работы по вопросам Пятилетнего плана работы, относительно которых у них есть опыт и потенциал.

(11) Члены поддержали включение значков в План, а также приложение сводной матрицы, отмечающей ход выполнения, и размещение набора инструментов на веб-сайте. Члены также подчеркнули важность участия для использования инструментов в наборе инструментов и подчеркнули необходимость привлечения новых Членов. Некоторые Члены отметили, что добавлять следует только те значки, которые повышают ясность, и предложили продолжить работу над значками, прежде чем добавлять их в Пятилетний план работы.

(12) Комитет постановил принять прилагаемый Пятилетний план работы и использовать его для определения рамок своей работы в предстоящие годы. Совещание также пришло к согласию в отношении:

- Пятилетний план работы по-прежнему будет пересматриваться и обновляться с учетом согласованных результатов обсуждений на КООС и стратегически пересматриваться на регулярной основе; и
- Секретариат должен обеспечить постоянный доступ к наиболее актуальной версии Пятилетнего плана работы на веб-сайте КООС.

(13) Комитет постановил продолжить неофициальную работу по разработке значков и запросить Секретариат оказать помощь в их разработке на основе значков, представленных в приложении к SP 13, с целью подачи предложения на 27-м КООС.

(14) Комитет утвердил формат сводной матрицы, которая будет приложена в качестве титульного листа к Пятилетнему плану работы. Секретариату было поручено обновить сводную матрицу, чтобы она отражала содержание согласованного Пятилетнего плана работы.

(15) Комитет постановил, что перечень условий для принятия приоритетных действий представляет собой полезный инструментарий, на который КООС и его Члены могут ссылаться при инициировании и продвижении действий, и запросил Секретариат разместить этот перечень на веб-сайте КООС.

Пункт 4. Работа КООС

(16) Председатель представил IP 145 *Committee for Environmental Protection (CEP): summary of activities during the 2023/24 intersessional period [Комитет по охране окружающей среды (КООС): резюме деятельности за межсессионный период 2023/2024 гг.]*. Председатель подытожил работу, проведенную в этот период, отметив прогресс по многим определенным в ходе XXV заседания КООС действиям, по которым ожидались результаты ко времени проведения 26-го КООС.

Пункт 5. Сотрудничество с другими Организациями

(17) НК-АНТКОМ представил IP 33 *Report by the SC-CAMLR Observer to CEP [Отчет наблюдателя НК-АНТКОМ перед КООС]*, в котором содержится отчет о деятельности, проведенной в 2023/2024 гг., связанной с шестью вопросами, представляющими общий интерес, включая результаты 42-го совещания НК-АНТКОМ, проведенного в октябре 2023 г., и внеочередной встречи Комиссии по управлению морскими охраняемыми районами, проведенной в Сантьяго, Чили, в июне 2023 г. НК-АНТКОМ сообщил, что Научный комитет обсудил, а Комиссия одобрила предложение об объединении Планов управления Особо охраняемых районов Антарктики (ООРА) № 152 и № 153. НК-АНТКОМ отметил предстоящий Симпозиум по гармонизации, который состоится в Республике Корея 16-20 июля 2024 г. для обсуждения того, как пространственное управление на Антарктическом полуострове может способствовать дальнейшему развитию промысла криля, мониторинга экосистем, мониторинга изменения климата и пространственной защиты. НК-АНТКОМ также объяснил, как ее Программа мониторинга морского мусора использовала три источника данных: отчеты национальных антарктических программ и МААТО; отчеты наблюдателей на борту рыболовных судов в районе действия Конвенции; и утерянные рыболовные снасти, о которых сообщалось с судов ярусного лова в районе действия Конвенции. НК-АНТКОМ отметил, что будет приветствовать усилия по координации, проверке, стандартизации и интеграции данных, собранных в рамках программ, для обеспечения всеобъемлющего представления о морском мусоре в районе Антарктики.

(18) КОМНАП представил IP 16 *Ежегодный отчет Совета управляющих национальных антарктических программ (КОМНАП) за 2023/2024 гг.* КОМНАП отчитался о дискуссиях в рамках своего 35-ого Ежегодного общего собрания в июне 2023 г., в том числе по таким вопросам: повышенный риск высокопатогенного птичьего гриппа (ВППГ) в Антарктике; экологические аспекты деятельности станций, включая проекты по модернизации; последствия изменений в Антарктике для управления, включая риски для построенной инфраструктуры; и повышение эффективности, декарбонизация и компенсация выбросов углерода в результате антарктической деятельности. КОМНАП подчеркнул, что инициатива КОМНАП Antarctic Forest по поддержке национальных антарктических программ для компенсации их выбросов получила общую поддержку со стороны Членов КОМНАП. Что касается ВППГ, КОМНАП отметил, что национальные антарктические программы будут продолжать играть ведущую роль в наблюдении, сборе образцов, тестировании, представлении отчетности, обмене информацией и усилении мер биозащиты. КОМНАП также отметил материалы 20-го симпозиума КОМНАП (BP 3) и свою постоянную поддержку молодых специалистов посредством стипендий КОМНАП Antarctic Awards.

(19) СКАР представил IP 10 *Ежегодный доклад Научного комитета по антарктическим исследованиям за 2024 г. 46-му Консультативному совещанию по Договору об Антарктике.* СКАР сообщил о недавних мероприятиях, имеющих отношение к работе КООС, включая его три ведущие научно-исследовательские программы по краткосрочному прогнозированию климата (AntClimNOW), сохранению (Ant-ICON) и количественной оценке вклада Антарктики в глобальное повышение уровня моря (INSTANT – INStabilities & Thresholds in ANTarctica). СКАР отдельно отметил Сеть охраны здоровья диких животных Антарктики, которая помогла заинтересованным сторонам подготовиться к вероятному появлению высокопатогенного птичьего гриппа (ВППГ) в Антарктике, а также новую Программу мониторинга и оценки Антарктики (AnMAP). СКАР также заявил, что он продолжает участвовать в работе органов Организации Объединенных Наций, включая Рамочную конвенцию ООН об изменении климата (РКИК ООН) и что он получил аккредитацию от Программы ООН по окружающей среде (ЮНЕП), которую он будет использовать для налаживания связи с международными организациями, работающими в области окружающей среды. Другие важные мероприятия включали первоначальное планирование пятого Международного полярного года (МПГ) и следующую Открытую научную конференцию СКАР, которая состоится в Пуконе, Чили, в августе 2024 г.

(20) МААТО представила IP 101 *Доклад Международной ассоциации антарктических туристических операторов за 2023–2024 гг.* МААТО отметила вопросы, представляющие особый интерес для работы КООС. МААТО отметила свое сотрудничество со СКАР и КОМНАП для решения потенциальных проблем, связанных с ожидаемым появлением ВППГ в районе Антарктики, включая пересмотр своих руководящих принципов, протоколов, а также подчеркнула деятельность, предпринятую в течение сезона, и поддержку научной экспедиции. МААТО обратила внимание на работу, проделанную в отношении ее 5-летней стратегии *Embracing Our Role as Stewards of Antarctica (Принятие роли проводников по Антарктике)*, и отметила, что на ее 24-ом Ежегодном общем собрании были утверждены 17 новых Правил поведения МААТО для посетителей участков, которые впервые включали морские территории. МААТО повторно заявила о своей неизменной поддержке научной работы в Антарктике, включая Antarctic Site Inventory – Oceanites и Penguin Watch, а также сообщила, что многие из ее операторов продолжали оказывать материально-техническую поддержку

(21) АСОК представила IP 142 *Отчет АСОК для КСДА*. АСОК отчиталась о своей деятельности, имеющей отношение к сохранению Антарктики и КООС за последний год. Эта деятельность включала участие в совещаниях других организаций, таких как Международная морская организация (ИМО) и РКИК ООН; поддержку науки по важным темам, таким как статус популяций императорских пингвинов и китообразных; участие в качестве заинтересованной стороны в исследовательских программах; и вклад в межсессионную работу КООС.

(22) ВМО представила IP 9 rev. 1 *Годовой отчет Всемирной метеорологической организации (ВМО)*, в котором представлена ее недавняя деятельность в области антарктических наблюдений и инфраструктуры, а также научная деятельность, которая осуществлялась в рамках совместно спонсируемых Всемирной программы исследований климата (WCRP) и Всемирной программы исследований погоды. ВМО подчеркнула свою координацию основного проекта WCRP Основной проект «Климат и криосфера» (Climate and Cryosphere Core Project), проекта «Антарктического эксперимента скоординированного регионального масштабирования» (Antarctic Coordinated Regional Downscaling Experiment) и проекта Всемирной программы исследований погоды «Анализ полярных связей и прогнозирование услуг» (Polar Coupled Analysis and Prediction for Services Project). ВМО подтвердила свою приверженность работе в партнерстве с КСДА.

(23) ВМО представила IP 35 *Report by WMO on the implementation of the International Year of Glaciers' Preservation 2025 and the World Glaciers Day [Доклад ВМО о проведении Международного года сохранения ледников 2025 г. и Всемирного дня ледников]*, в котором представлена информация о планировании Международного года сохранения ледников (IYGP 2025) и Всемирного дня ледников. ВМО призвала Членов активно участвовать в различных инициативах в рамках подготовки к этим двум мероприятиям в 2025 г.

(24) ВМО представила IP 123 *Recommendations on the contribution of the World Meteorological Organization (WMO) on the coordination of meteorological programmes in Antarctica, as operated by WMO Members, and in support of evolving global needs [Сведения о вкладе Всемирной метеорологической организации (ВМО) в координацию метеорологических программ в Антарктике, осуществляемых Членами ВМО, и в поддержку меняющихся глобальных потребностей]*, подготовленный совместно с Индией, Новой Зеландией и Норвегией. ВМО сообщила о рекомендациях относительно роли ВМО в координации метеорологических программ в Антарктике, сделанных Группой экспертов по полярным наблюдениям, исследованиям и услугам (PHORS) Исполнительного совета ВМО. ВМО отметила, что Членам следует принять к сведению потенциал для участия и внесения вклада в действия, вытекающий из рекомендаций Группы. Рекомендации включали следующее:

- организация консультаций с Членами ВМО, представляющими Стороны, для сбора данных наблюдений и обмена ими с учетом окружающей среды Антарктики;

- изучение взаимовыгодного вклада ВМО в достижение своих оперативных и научных целей в Антарктике и упрощение доступа к надежной научной информации для стран, пострадавших от последствий изменений в Антарктике;

- создание основы для скоординированного взаимодействия между национальными метеорологическими службами Членов ВМО, отвечающими за деятельность в Антарктике, и другими агентствами, действующими через КСДА, включая СКАР, КОМНАП и неофициальную Рабочую группу по метеорологии и климату Антарктики (WAMC); и

- принимая к сведению Резолюцию 2 (2014), в которой Членам предлагается инициировать дорожную карту для стратегии ВМО по климатическому и метеорологическому обслуживанию Антарктики.

(25) Комитет поблагодарил Наблюдателей за их вклад и работу и приветствовал прогресс, достигнутый в ряде областей, представляющих постоянный интерес для КООС. Комитет приветствовал меры, принятые ВМО для укрепления сотрудничества с КООС и работы по созданию климатических и криосферных служб для Антарктики.

Назначение представителей КООС для участия в мероприятиях других организаций

(26) Комитет назначил:

- Кейшу Пуаро (Ceisha Poirot) (Новая Зеландия) представлять КООС на 36-м Ежегодном общем собрании КОМНАП, которое состоится в г. Буэнос-Айрес, Аргентина, 14–16 августа 2024 г.;

- д-ра Яна Ропер-Кудерта (Yan Ropert-Coudert) (Франция) представлять КООС на 38-м Совещании делегатов СКАР, которое состоится в г. Пунта-Аренас, Чили, 26–28 августа 2024 г.;

- д-ра Эндрю Титмуса (Andrew Titmus) (США) представлять КООС на 43-м заседании НК-АНТКОМ, которое состоится в г. Хобарт, Австралия, 14–18 октября 2024 г.

Пункт 6. Восстановительные мероприятия и ликвидация экологического ущерба

(27) Комитет принял к сведению Информационный документ, представленный в рамках данного пункта Повестки дня:

- IP 31 *Development of actions to detect, survey and remedy environmental liabilities due to hydrocarbons in Argentine Antarctic Bases [Разработка мер по обнаружению, изучению и устранению экологических последствий, связанных с углеводородами, на аргентинских антарктических станциях]* (Аргентина).

(28) Комитет принял к сведению указанный ниже Вспомогательный документ, представленный в рамках данного пункта Повестки дня:

- BP 46 *Подготовка к работам по очистке района станции Молодежная* (Российская Федерация).

(29) В отношении BP 46, Председатель отметил, что Российская Федерация включила станцию Молодежная в перечень деятельности, осуществленной ранее, в СЭОИ, и подчеркнул, что ведение перечня деятельности, осуществленной ранее, требуется в соответствии со ст. 8(3) Приложения III к Протоколу по охране окружающей среды. Председатель предложил Членам, которые не сообщили в СЭОИ о местах своей деятельности, осуществленной ранее (например, о поездках, полевых складах, полевых базах и разбившихся самолетах), сделать это до того, как информация будет потеряна.

Пункт 7. Последствия изменения климата для окружающей среды

7a) Стратегический подход

(30) Китай представил WP 16 *Содействие распространению передового опыта использования возобновляемых источников энергии в Антарктике*, в которой отмечается, что использование возобновляемых источников энергии в Антарктике имеет большие потенциальные преимущества для смягчения последствий изменения климата за счет сокращения выбросов, а также снижения экологического риска инцидентов и аварий, связанных с транспортировкой топлива, разливами и пожарами. Китай напомнил, что в последние годы Стороны подтвердили свою приверженность решению проблемы изменения климата и охраны окружающей среды Антарктики с помощью всех доступных методов, включая сокращение углеродного следа. Китай отметил, что технический прогресс повысил осуществимость создания станций с нулевым уровнем выбросов в Антарктике, и сообщил, что в летнем лагере Тайшань в сезоне 2018/2019 гг. он достиг чистого нулевого уровня выбросов. Китай сообщил, что недавние испытания аналогичных возобновляемых технологий на станции Циньлин в регионе моря Росса дали положительные результаты и что была создана команда для изучения систем возобновляемых источников энергии в Антарктике. Китай рекомендовал КСДА и КООС призвать Стороны сотрудничать с КОМНАП в целях разработки руководства, в котором излагались бы передовые методы использования систем возобновляемых источников энергии в Антарктике, увеличение масштаба использования возобновляемых источников энергии в деятельности в Антарктике для сокращения антропогенных выбросов парниковых газов и содействия внедрению новых экологически чистых энергетических технологий, подходящих для окружающей среды Антарктики.

(31) Комитет поддержал рекомендации, содержащиеся в документе. Члены отметили, что они уже реализовывают Резолюцию 2 (2023 г.) *Хельсинкская декларация об изменении климата и Антарктике*, а также Резолюцию 4 (2017 г.) *Зеленая антарктическая экспедиция*. Совещание также призвало разработать руководство по передовым методам и сослалось на существующие документы, которые могут иметь отношение к его разработке, включая документ КОМНАП «Передовые методы управлению энергопотреблением» (2007 г.). Члены согласились с важностью использования технологий возобновляемых источников энергии для декарбонизации операций в Антарктике и признали ценность обмена информацией об опыте. Члены подчеркнули важную роль, которую КОМНАП играл и будет продолжать играть в этой области. Некоторые Члены сообщили, что их национальные антарктические программы ранее достигли или работали над созданием станций с чистым нулевым уровнем выбросов, таких как бельгийская станция Принцесса-Элизабет.

(32) Некоторые Члены подчеркнули, что выбор подхода к технологиям возобновляемых источников энергии в значительной степени зависит от характеристик участка. Члены также подчеркнули, что в дополнение к внедрению возобновляемых источников энергии при сокращении выбросов парниковых газов также необходимо учитывать энергоэффективность.

(33) КОМНАП сообщил, что он работал со своими членами над повышением энергоэффективности и обменом передовым опытом через Экспертную группу по совершенствованию критически важных технологий Экспертную группу по охране окружающей среды. КОМНАП согласился сотрудничать с Членами для поддержки их работы над этой темой и отметил, что вопрос энергоэффективности будет обсуждаться на Ежегодном общем собрании КОМНАП в августе в г. Буэнос-Айрес, Аргентина.

2. Отчет КООС 26

(34) Комитет призвал Членов увеличить масштабы использования возобновляемых источников энергии в деятельности в Антарктике и содействовать инновациям, применению и совместному использованию новых объектов и технологий зеленой энергетики, подходящих для уникальной антарктической среды.

Рекомендации КООС для КСДА относительно обмена передовым опытом в области использования возобновляемых источников энергии в Антарктике

(35) Комитет постановил сообщить КСДА о своей поддержке разработки руководства по передовым методам использования возобновляемых источников энергии в Антарктике, об увеличении масштаба использования возобновляемых источников энергии в операциях в Антарктике и содействии инновационному применению новых экологически чистых энергетических объектов и технологий, подходящих для уникальной антарктической среды, а также решил поручить КОМНАП обсудить вопрос энергоэффективности на своем совещании в августе 2024 г. и представить результаты на рассмотрение КСДА и КООС.

(36) Норвегия представила WP 38 *Обновление CCRWP с учетом новых действий, связанных с изменением морского льда*, подготовленный совместно с Великобританией. Напомнив о совместной климатической сессии КООС/КСДА на XLV КСДА, Норвегия напомнила Членам о просьбе Совещания к КООС предоставить при поддержке СКАР рекомендации о том, каким образом можно предотвратить или смягчить непреднамеренное или непредвиденное негативное воздействие на уязвимые виды или места обитания, затронутые локальными или региональными потерями морского льда. Норвегия отметила, что XLV КСДА предложило СКАР провести оценку первого уровня пространственных и временных характеристик уязвимостей, связанных с изменением протяженности морского льда в районе Антарктического полуострова, и запросила КООС рассмотреть потенциальные последствия для управления в регионе Антарктического полуострова. Норвегия отметила, что минимальная площадь морского льда в 2024 г. соответствует данным 2022 г. и является вторым рекордно низким показателем в спутниковых данных. Она также отметила, что минимальная площадь морского льда за последние три года была самой низкой за 46 лет наблюдений, и впервые за три года минимальная протяженность морского льда достигла менее двух миллионов квадратных километров. Норвегия подчеркнула, что Рабочая программа ответных мер в отношении изменения климата (CCRWP) обеспечивает механизм определения и пересмотра целей и конкретных действий со стороны КООС в поддержку усилий в рамках Системы Договора об Антарктике, направленных на подготовку ответных мер и формирование устойчивости окружающей среды к отрицательному воздействию изменений климата, а также на формулировку связанных с этим задач по режиму руководства и управления в Антарктике. Отмечая, что КСДА обратился к КООС с запросом проводить регулярный обзор CCRWP при том понимании, что Комитет обсудит и рассмотрит дополнительные вопросы воздействия изменения климата для включения в CCRWP, Норвегия и Великобритания рекомендовали КООС:

- согласовать обновление CCRWP, включив действия, связанные с морским льдом, запрошенные XLV КСДА;

- обсудить и определить потенциальные конкретные задачи, которые необходимо выполнить для реагирования на это действие, включая рассмотрение задач, предложенных в этом документе;

- поставить перед Вспомогательной группой по ответным мерам в отношении изменения климата (SGCCR) задачу рассмотреть и предложить дальнейшие работы по предлагаемым задачам, и при этом предоставить обзор текущей работы, которая может иметь отношение к информированию об этом действии; и

- поставить перед SGCCR задачу в сотрудничестве со СКАР подготовить ежегодное обновление последних изменений морского льда для КООС в целях поддержки его работы по углублению понимания и реагированию на последствия изменения морского льда для управления деятельностью человека.

(37) Комитет поблагодарил Норвегию и Великобританию за их документ и выразил обеспокоенность по поводу быстрой и значительной потери морского льда и ее последствий, а также кумулятивного воздействия на антарктические виды и их среду обитания. Многие Члены подчеркнули, что последствия потери морского льда являются примером уязвимости биоразнообразия и экосистем Антарктики к изменению климата и что Комитет должен применять предупредительный подход для защиты любых уязвимых видов или экосистем, где это уместно. Признавая важную роль СКАР в предоставлении независимых и объективных научных рекомендаций и информации, Комитет подчеркнул важность своевременного реагирования на запросы КСДА.

(38) Таким образом, Комитет согласился обновить CCRWP, включив новое предложенное действие, связанное с морским льдом «с. Оценить пространственные и временные характеристики уязвимостей, связанных с изменением протяженности морского льда в районе Антарктического полуострова, и на основании этого рассмотреть потенциальные последствия для управления в этом регионе, учитывая высокий и растущий уровень человеческой деятельности в регионе» в рамках связанного с климатом вопроса №7 (в столбце 1 CCRWP), и поручил SGCCR рассмотреть и предложить дальнейшие действия. Комитет поручил SGCCR в сотрудничестве со СКАР рассмотреть варианты подготовки ежегодного обновления последних изменений морского льда.

(39) Китай подчеркнул важность принятия научно обоснованных решений, отметив необходимость оценки динамики распределения, популяции и изменения среды обитания ключевых видов птиц и растительности в контексте изменения климата, а также выразил обеспокоенность по поводу ожидаемых управленческих мер по запрету или ограничению доступа к морским или наземным районам на этом этапе.

(40) СКАР подтвердил, что изменение морского льда вызывает серьезную озабоченность и является ключевым фактором уязвимости видов. СКАР сослался на Портал окружающей среды Антарктики, который содержит несколько информационных сводок по морскому льду Антарктики, и отметил, что его Группа экспертов по процессам морского льда и климату Антарктики (ASPeCt) работает над изучением зоны морского льда. Проект СКАР AntClimNow «Климатические показатели Антарктики» (WP 49) также может предоставить релевантную информацию, а СКАР отметил, что он готов поддержать SGCCR в предоставлении регулярных обновлений по изменению морского льда.

Рекомендации КООС для КСДА относительно добавления в CCRWP новых действий, касающихся изменения морского льда

(41) Комитет постановил сообщить КСДА, что он обновил CCRWP, включив новое действие, связанное с морским льдом «с. Оценить пространственные и временные характеристики уязвимостей, связанных с изменением протяженности морского льда в районе Антарктического полуострова, и на основании этого рассмотреть

потенциальные последствия для управления в этом регионе, учитывая высокий и растущий уровень человеческой деятельности в регионе» в рамках связанного с климатом вопроса №7 (в столбце 1 CCRWP) в соответствии с запросом XLV КСДА; также Комитет поручил SGCCR:

- рассмотреть и предложить дальнейшие работы по предлагаемым задачам, и при этом предоставить обзор текущей работы, которая может иметь отношение к информированию об этом действии; и

- в сотрудничестве со СКАР рассмотреть варианты подготовки ежегодного обновления последних изменений морского льда для КООС в целях поддержки его работы по углублению понимания и реагированию на последствия изменения морского льда для управления деятельностью человека.

(42) СКАР представил WP 49 *Проект СКАР AntClimNow «Климатические показатели Антарктики»*, подготовленный совместно с ВМО. Программа научных исследований SCAR AntClimNow совместно с партнерами, включая проект «Климат и криосфера» (CliC) Всемирной программы исследований климата (WCRP), определила ряд Климатических показателей Антарктики (ACI) с целью обеспечения доступной визуализации широких аспектов климатической системы Антарктики. СКАР заявил, что климатические показатели Антарктики помогут пользователям отслеживать текущие изменения в Антарктике с помощью визуализаций, которые можно использовать для коммуникации и продвижения сотрудничества и дальнейших исследований. СКАР отметил, что перечень показателей может быть расширен, чтобы сосредоточиться на конкретных аспектах климатических систем, за счет обсуждения с учеными и другими заинтересованными сторонами для определения дальнейших релевантных переменных. Авторы рекомендовали КООС:

- рассмотреть актуальность климатических показателей Антарктики для информирования своих дискуссий об изменении климата;

- предоставить комментарии по конкретным показателям, которые могут быть рассмотрены для их последующего рассмотрения в целях дальнейшей разработки и включения в качестве Климатических показателей Антарктики; и

- рассмотреть вопрос о том, могут ли и как могут климатические показатели Антарктики регулярно представляться, чтобы обеспечить контекст для дискуссий КООС.

(43) Комитет поблагодарил СКАР и ВМО за их документ и поблагодарил научно-исследовательскую программу AntClimNow за ее отличную работу. Комитет выразил активную поддержку рекомендациям в WP 49, подчеркнув ценность Климатических индикаторов Антарктики для выявления и мониторинга последствий изменения климата и информирования Комитета при обсуждении и принятии решений по этой теме.

(44) Члены представили предложения для рассмотрения при дальнейшей разработке климатических показателей Антарктики:

- включать изменение морского льда и потерю шельфовых ледников в качестве потенциальных индикаторов для дальнейшей разработки;

- включать показатели о роли берегового припая и полыней на стыке атмосферного, океанического и сухопутного льда в прибрежных зонах;

- включать показатели, демонстрирующие взаимосвязанный характер антарктического климата и утраты биоразнообразия; а также
- представлять эти показатели с помощью визуализаций, которые были бы доступны и понятны для различных пользователей, включая лиц, не являющихся учеными.

(45) Комитет постановил предложить СКАР ежегодно предоставлять обновленную информацию о Климатических индикаторах Антарктики и предположил, что для представления такой информации может быть полезен Портал окружающей среды. Также была отмечена актуальность ежегодных обновлений отчета «Изменение климата Антарктики и окружающая среда» (ИКАОС).

(46) СКАР поблагодарил Комитет за его комментарии. СКАР отметил, что направит комментарии в Научно-исследовательскую программу AntClimNow, и с нетерпением ожидает дальнейших обновлений КООС.

(47) СКАР представил IP 166 *Antarctic Climate Change and the Environment update [Изменение климата Антарктики и окружающая среда: обновление]*, в котором представлена информация о последних исследованиях и наблюдениях в области изменения климата, имеющих отношение к обсуждениям и приоритетам КООС. Эта информация дополняет доклады ИКАОС СКАР, первоначально опубликованные в 2009 г., впоследствии обновляемые посредством ежегодных представлений в КООС/КСДА, а также недавно в Десятилетнем обзоре ИКАОС. СКАР отметил, что он работает над выполнением некоторых конкретных рекомендаций, вытекающих из семинара НК-АНТКОМ 2023 г. по вопросам изменения климата, а также что эта работа может также иметь отношение к предстоящему совместному семинару КООС / НК-АНТКОМ по вопросам изменения климата и мониторинга.

(48) СКАР представил IP 184 *Understanding Future Sea level Change Around Antarctica [Понимание будущего изменения уровня моря вокруг Антарктиды]*, подготовленный совместно с КОМНАП и ВМО, в котором представлена обновленная информация о понимании будущего изменения уровня моря вокруг Антарктиды. Ссылаясь на XLV КСДА - IP 95, соавторы повторно озвучили свою рекомендацию о том, что Стороны должны поддерживать свои национальные антарктические программы для расширения охвата наблюдений, содействия исследованиям и мониторингу, а также принятия динамичных подходов к принятию решений, которые могли бы обеспечить устойчивость в ответ на неизбежные воздействия. СКАР отметил, что он представит Комитету дальнейшую обновленную информацию на 27-м КООС.

(49) Комитет принял к сведению указанные ниже Информационные документы, представленные в рамках данного пункта Повестки дня:

- IP 116 *Understanding the rapid changes in the ice parts of our planet and the related global impacts - A knowledge base compiled at a high-level event in Oslo, Norway [Понимание быстрых изменений в покрытых льдами частях нашей планеты и связанных с ними глобальных воздействий – База знаний, составленная на мероприятии высокого уровня в Осло, Норвегия]* (Норвегия, ВМО);
- IP 169 *Southern Ocean Observing System (SOOS) Symposium 2023 [Симпозиум 2023 года по Системе наблюдения за Южным океаном (SOOS)]* (СКАР).

(50) Комитет принял к сведению указанный ниже Вспомогательный документ, представленный в рамках данного пункта Повестки дня:

- BP 6 *Fifteen years (2008/09 – 2022/23) of New Zealand carbon emission measurements and reduction initiatives [Пятнадцать лет (2008/2009–*

2. Отчет КООС 26

2022/2023 гг.) инициатив Новой Зеландии по измерению и сокращению выбросов углерода] (Новая Зеландия).

7b) Реализация и пересмотр Рабочей программы ответных мер в отношении изменения климата

(51) Координатор SGCCR д-р Хайке Херата (Германия) представила WP 6 *Отчет Вспомогательной группы по ответным мерам в отношении изменения климата (SGCCR) за 2023 – 2024 гг.*, в котором представлена проделанная в межсессионный период работа SGCCR и ее результаты. Координатор отметила, что SGCCR определила приоритетность деятельности, изложенной в Рабочей программе ответных мер в отношении изменения климата (CCRWP), и вынесла рекомендации по ключевым направлениям, включая: оценку состояния климатически уязвимых видов Антарктики; разработку руководства по созданию и управлению охраняемыми районами; обновление Руководства по неместным видам (NNS); и дальнейшую деконтаминацию участков деятельности, осуществленной ранее. Кроме того, координатор отметил, что были предприняты усилия по оценке рисков изменения климата для инфраструктуры, при этом КОМНАП указал на текущую работу по теме уязвимости инфраструктуры.

(52) Комитет поблагодарил д-ра Херату и всех членов SGCCR за их работу в межсессионный период и одобрил рекомендации SGCCR. Он отметил, что SGCCR стабильно продвигается по нескольким приоритетным вопросам и должна сохранить свою динамику для обеспечения полной реализации CCRWP.

(53) Многие Члены подчеркнули важность рекомендации SGCCR, касающейся выявления известных климатически уязвимых видов. Некоторые Члены предположили, что XLV КСДА – IP 45 может стать хорошей отправной точкой и что вовлечение СКАР в процесс принесет пользу. Некоторые Члены подчеркнули важность включения не только традиционно известных, но и менее заметных видов и микробиологических сообществ.

(54) Несколько Членов также подчеркнули важность деконтаминации участков деятельности, осуществленной ранее, и оценки рисков изменения климата для инфраструктуры, поощряя тесное сотрудничество с КОМНАП для предотвращения потенциальных угроз, связанных с изменением окружающей среды. Аргентина сослалась на IP 31, касающийся ее работы по обнаружению, исследованию и устранению экологических последствий, связанных с углеводородами, на аргентинских антарктических станциях.

(55) Признавая необходимость укрепления координации по реагированию на изменение климата с другими организациями, Члены также призвали к активному участию в предстоящем совместном семинаре КООС / НК-АНТКОМ.

(56) СКАР выразил готовность сотрудничать с SGCCR для предоставления информации, касающейся оценки состояния видов, уязвимых к изменению климата, и выявления видов или групп видов, требующих рассмотрения, а также продолжить работу по выполнению рекомендаций, вытекающих из семинара НК-АНТКОМ 2023 года по изменению климата, и принять активное участие в предстоящем совместном семинаре КООС/НК-АНТКОМ.

Рекомендации КООС для КСДА по реализации Рабочей программы ответных мер в отношении изменения климата (CCRWP)

(57) Комитет постановил уведомить КСДА о продолжении работы по реализации CCRWP (2016 г.). После обсуждения шести приоритетных действий, одобренных

XXV заседанием КООС, КООС постановил сообщить КСДА, что он вынес следующие рекомендации:

(1) поддержка работы по оценке состояния климатически уязвимых антарктических видов (Действие 6c): КООС постановил начать работу по выявлению известных уязвимых к изменению климата видов в качестве основы для определения приоритетности усилий по выполнению оценок уязвимых к изменению климата видов;

(2) разработка руководства по вопросам изменения климата в документах по созданию охраняемых территорий и управлению ими (Действие 2e): отметив, что члены ВГПУ приступили к пересмотру существующих инструментов охраны и управления территориями, КООС рекомендовал на данный момент не предпринимать никаких дальнейших действий;

(3) своевременное обновление Руководства по неместным видам в соответствии с текущими тенденциями (Действие 1a): отметив, что никаких срочных изменений не требуется, КООС рекомендовал на данный момент не предпринимать никаких дальнейших действий;

(4) усиление координации мер реагирования на изменения климата в морской сфере с НК-АНТКОМ (Действие 3e): признавая, что предпринимаются усилия для проведения совместного семинара КООС и НК-АНТКОМ, запланированного на 2025 год, КООС призвал Членов активно участвовать в подготовительной работе к этому семинару;

(5) деконтаминация прошлых участков деятельности в районе Антарктики (Действие 5f); и

(6) оценка риска изменения климата для существующей и проектируемой инфраструктуры Антарктики и связанных с этим экологических последствий, а также учет влияния климатических изменений в соответствии с руководящими принципами ОВОС, например обеспечение надлежащей устойчивости предлагаемых долгосрочных объектов к изменениям климата (Действия 5a и 5d): КООС предложил Членам активно прилагать усилия по деконтаминации прошлых участков деятельности и в связи с рисками изменения климата для инфраструктуры. Комитет также отметил текущую работу КОМНАП по этому вопросу и предложил согласовать будущие обсуждения с рекомендациями КОМНАП на заседаниях КООС в 2024 и 2025 гг.

(58) Комитет также принял к сведению и обсудил следующие Действия, которые были реализованы или касаются текущих исследований, которые регулярно предоставляются Комитету:

- действие 5a: национальные операторы должны оценить риски изменения климата (например, вечной мерзлоты) для их инфраструктуры и последствия для окружающей среды (WP 18 и IP 30);

- действие 5b: оценка риска климатических изменений для ИМП / ООРА, содержащих объекты наследия (IP 88 и IP 120);

- действие 6c: поддержка работы по оценке состояния климатически уязвимых антарктических видов (WP 34 и WP 48);

- действие 7: более четкое понимание потенциального расширения присутствия человека в Антарктике в результате изменений, связанных с изменением климата, например, изменение в распределении морского льда; разрушение шельфовых ледников; расширение площади, свободной ото льда (WP 37).

(59) Франция представила WP 14 *Подготовка следующего совместного семинара КООС/НК-АНТКОМ по изменению климата и его мониторингу*, в котором представлена обновленная информация об организации следующего совместного семинара КООС / НК-АНТКОМ по вопросам изменения климата и мониторингу, включая предлагаемое техническое задание и другие рекомендации для упрощения организации совместного семинара. Отметив, что Мод Жолли (Maude Jolly) (Франция) не смогла продолжить работу в качестве сокоординатора, Франция предложила назначить новыми сокоординаторами д-ра Хайке Херату (Германия) и д-ра Рейчел Кавану (Rachel Cavanagh) (Великобритания). Также было предложено слегка изменить состав Руководящего комитета так, чтобы он включал в себя сокоординаторов семинара, Председателя и Заместителей Председателя КООС и НК-АНТКОМ, экспертов, Секретариата Договора об Антарктике и АНТКОМ. Франция также отметила рекомендацию НК-АНТКОМ о проведении семинара на протяжении 2–3 дней в 2025 г., в идеале совместно с 27-м КООС.

(60) Комитет поблагодарил Францию за документ и поддержал рекомендации. Он выразил признательность г-же Мод Жолли за ее ценную работу по планированию семинара в течение последних двух лет и приветствовал д-ра Хайке Херату и д-ра Рейчел Кавану в качестве сокоординаторов.

(61) Комитет постановил принять измененное Техническое задание для семинара в WP 14, отметив, что результаты семинара по вопросам изменения климата НК-АНТКОМ 2023 г. станут ценным справочным материалом для предстоящего совместного семинара: «Опираясь на совместные семинары 2009 и 2016 гг. и семинар по изменению климата НК-АНТКОМ 2023 г.:

- изучить, как двигаться дальше по вопросам, представляющим взаимный интерес в морской сфере в контексте изменения климата (включая 5 совместных приоритетных областей, определенных на совместном семинаре 2009 г.);
- определить общие исследовательские, мониторинговые и информационные потребности;
- изучить необходимость усовершенствования существующих программ мониторинга для оценки воздействия изменения климата; и
- предложить улучшения для укрепления сотрудничества и координации между КООС и НК-АНТКОМ».

(62) Италия отметила, что в качестве принимающей стороны 47-го КСДА- 27-го КООС из-за продолжающегося тендерного процесса КСДА она еще не смогла взять на себя обязательство по организации совместного семинара КООС / АНТКОМ до завершения тендера. Италия исключила возможность организации семинара до 27-го КООС и предложила рассмотреть возможность включения семинара в график регулярной повестки дня КСДА / КООС, возможно, с использованием помещения КООС, после завершения соответствующих сессий.

(63) Члены Комитета поддержали проведение 2-3-дневного семинара совместно с 27-м КООС при условии, что Италия сможет удовлетворить эту просьбу. Многие Члены подчеркнули ценность проведения очного семинара, чтобы предоставить наилучшую возможность для продуктивных дискуссий по рассматриваемым комплексным вопросам, в то время как некоторые Члены высказались за то, чтобы также разрешить виртуальное участие. Другие Члены предпочли, чтобы семинар был проведен без промедления, отметив, что последний совместный семинар КООС / НК-АНТКОМ был проведен в 2016 г. и что была достигнута договоренность о проведении такого семинара каждые пять лет.

(64) Франция назначила д-ра Марка Элеаума (Marc Eléaume), представителя Научного комитета АНТКОМ от Франции, в состав Руководящего комитета в качестве эксперта.

(65) Комитет отметил, что окончательные даты, место и формат будут рассмотрены Руководящим комитетом и подтверждены в надлежащее время Циркуляром Председателя КООС. Комитет определил потребность в поддержке со стороны Секретариата Договора об Антарктике в проведении семинара.

(66) Отметив, что XLI КСДА постановило рассматривать запросы на бюджет на индивидуальной основе, Комитет постановил запросить КСДА выделить средства на проведение совместного семинара КООС / НК-АНТКОМ. Комитет отметил, что он будет приветствовать добровольные взносы Членов, Неконсультативных Сторон и Наблюдателей.

Рекомендации КООС для КСДА относительно следующего совместного семинара КООС / НК-АНТКОМ по вопросам изменения климата и мониторинга

(67) Комитет постановил сообщить КСДА, что он согласен с рекомендациями WP 14 относительно совместного семинара КООС и НК-АНТКОМ по вопросам изменения климата и мониторинга, в том числе:

- принятие Технического задания в редакции НК-АНТКОМ;

- назначение новых сокоординаторов КООС (д-ра Рейчел Кавану из Великобритании и д-ра Хайке Херату из Германии);

- принятие пересмотренного состава Руководящего комитета семинара и назначение экспертов для участия в нем; и

- предоставление практических рекомендаций по организации семинара в отношении места, дат, формата, результатов, посещения и поддержки.

(68) Комитет запросил КСДА выделить средства на совместный семинар КООС / НК-АНТКОМ.

(69) КОМНАП представил WP 18 *Оценка построенной инфраструктуры и потенциальных экологических последствий изменения Антарктики*. КОМНАП сообщил, что оценка построенной инфраструктуры в изменяющейся Антарктике является важной и постоянной работой для национальных антарктических программ. КОМНАП признал, что охват этого вопроса не ограничивается темой окружающей среды. Было отмечено, что повышение эффективности операций и безопасная декарбонизация при внедрении инновационных технологий приведут к изменениям в существующей инфраструктуре и в некоторых случаях к установке новых инфраструктур.

(70) Комитет одобрил рекомендацию в WP 18 о том, чтобы Члены поддерживали свои национальные антарктические программы путем участия и дальнейшего предоставления своего технического и практического опыта для тематических обсуждений на Ежегодных общих собраниях КОМНАП и в течение всего года.

(71) Комитет принял к сведению указанные ниже Информационные документы, представленные в рамках данного пункта Повестки дня:

- IP 30 *Hybrid generation pilot project at the Chilean Antarctic Naval Base "Arturo Prat"* [*Пилотный проект по гибридной генерации на чилийской антарктической морской базе «Артуро Прат»*] (Чили);

- IP 88 *Assessing the risk of climate change impacts on Antarctic heritage values: an update on progress [Оценка риска воздействия изменения климата на ценности наследия Антарктики: обновленная информация о ходе работы]* (Великобритания, Австралия);

- IP 120 *Vulnerability of polar heritage remains in context of climate change - experiences and research from Norway [Уязвимость полярного исторического наследия в контексте изменения климата – опыт и исследования Норвегии]* (Норвегия).

(72) Комитет принял к сведению указанный ниже Вспомогательный документ, представленный в рамках данного пункта Повестки дня:

- BP 58 *Proposal of cooperation of Romania with Uruguay in Antarctica [Предложение о сотрудничестве Румынии и Уругвая в Антарктике]* (Румыния).

Пункт 8. Оценка воздействия на окружающую среду (ОВОС):

8a) Проекты Всесторонней оценки окружающей среды

(73) В рамках данного пункта Повестки дня не было представлено документов.

8b) Другие вопросы ОВОС

(74) Секретариат представил SP 10 *Обзор того, как комментарии и ответы были отражены в окончательных ВООС (2003-2023)*, в котором представлен анализ того, как комментарии к проектам ВООС были отражены в окончательных ВООС с 2003 по 2023 г. Этот анализ был проведен в ответ на запрос XXV заседания КООС. Обзор показал, что комментарии к проектам ВООС передавались по различным каналам и что авторы ВООС реагировали на комментарии различными способами, иногда реагируя на них по отдельности, а иногда группируя аналогичные комментарии и предоставляя по одному ответу на группу. В ходе обзора Секретариат разработал новый инструмент для привязки страницы базы данных ОВОС, показывающий каждую ВООС с другими документами, такими как отчет МКГ, которая рассмотрела ВООС, а также первоначальный ответ на эти замечания, предоставленный автором ВООС Комитету.

(75) Комитет поблагодарил Секретариат за этот документ и отметил, что рассмотрение ответов на проекты ВООС, как того требует Приложение I к Протоколу по охране окружающей среды, является трудоемким, но ценным. Он также выразил признательность за новый инструмент, разработанный Секретариатом, и просил Секретариат включить эту функцию для будущих ВООС и привязать документы, уже существующие в базе данных ОВОС.

(76) Что касается вывода Секретариата о том, что авторы по-разному и с различной степенью конкретизации реагировали на замечания по проектам ВООС, Члены выразили мнение, что недостаточно просто указать, что комментарии были приняты во внимание для соответствия ст. 3(6) Приложения I. Было отмечено, что различия в ответах могут возникнуть в результате различного толкования формулировки ст. 3(6), что окончательная ВООС «должна включать или обобщать» комментарии, полученные по проекту ВООС.

(77) Несколько Членов поделились своим недавним опытом в качестве авторов ВООС, объяснив, как они реагировали на комментарии из нескольких источников и представляли их публично. Они отметили, что при ответе на все комментарии целесообразно группировать аналогичные комментарии, сделанные несколькими Членами. Комитет подчеркнул важность обеспечения прозрачности ответных мер

(78) Новая Зеландия представила WP 20 *Совершенствование Порядка рассмотрения ВООС*, подготовленный совместно с Великобританией, Норвегией и США. Она напомнила, что процесс ОВОС был изложен в Приложении I к Протоколу по охране окружающей среды, поддерживается Руководством по ОВОС Антарктики в Резолюции 1 (2016 г.), а также отметила, что дискуссии о постоянном повышении эффективности системы ОВОС продолжаются. Новая Зеландия предложила потенциальные улучшения Порядка рассмотрения ВООС, используя примеры из недавних строительных проектов, и отметила, что национальные компетентные органы не имеют общего подхода к обработке изменений в процессе ВООС после ее утверждения. Новая Зеландия заявила, что это может стать проблемой, учитывая большое количество многолетних ВООС, связанных со строительством, с которыми сталкивается КООС. Авторы рекомендовали КООС:

- рассмотреть и обсудить вопрос о том, может ли промежуточный процесс быть полезным для поддержки рассмотрения ВООС в дополнение к требованиям, изложенным в Приложении I к Протоколу. Это может включать рассмотрение экспертной группой КООС по ОВОС или промежуточное сокращенного процесса для поддержки должного уровня рассмотрения ВООС при изменении объема деятельности;

- обсудить, есть ли какие-либо примеры процессов или действий, которые могут вызвать обновление ВООС, включая переписывание ВООС, обновление ВООС, распределение после ВООС по уровням ПООС или другие изменения; а также

- подчеркнуть необходимость отчетности о деятельности на уровне ВООС после завершения работ, как указано в Резолюции 2 (1997 г.), и рассмотреть вопрос о целесообразности разработки шаблона и процедуры отчетности и определения необходимости дальнейших улучшений.

(79) Комитет поблагодарил Новую Зеландию, Норвегию и Великобританию за документ и подчеркнул, что процесс ОВОС является фундаментальной частью природоохранных положений Протокола по охране окружающей среды. Он признал важность постоянного пересмотра и обновления процесса ОВОС для обеспечения того, чтобы он оставался эффективным и современным инструментом. Он также признал необходимость дальнейших наставлений по применению Приложения I, в том числе в случаях, в которых может потребоваться разработка новой или пересмотр существующей ОВОС, и применению процессов ОВОС в ситуациях, когда какая-либо деятельность изменилась.

(80) АСОК отметила, что в WP 20 подчеркивается недостаток в процессе ОВОС, который не был очевиден при разработке Приложения I и касается изменений в первоначальном предложении, а также поддержала предложения по обеспечению того, чтобы процесс ОВОС осуществлялся в соответствии с любыми изменениями в предлагаемой деятельности.

(81) Комитет приветствовал усилия по совершенствованию процесса ОВОС. Члены предостерегли от принятия универсального подхода и отметили, что Экспертная группа КООС по ОВОС может обременить небольшое количество Членов. Члены выразили готовность продолжить обсуждение вопросов, поднятых в WP 20, в рамках неофициальных межсессионных обсуждений. Комитет приветствовал предложение Новой Зеландии и Великобритании о совместном руководстве этими дискуссиями.

Рекомендации КООС для КСДА по усовершенствованию Порядка рассмотрения ВООС

(82) Комитет постановил сообщить КСДА о своем намерении обсудить усовершенствования Порядка рассмотрения ВООС посредством неофициальных межсессионных обсуждений, а также то, что Комитет приветствовал предложение Новой Зеландии и Великобритании совместно руководить этими неофициальными межсессионными обсуждениями.

(83) Комитет также отметил, что КСДА следует рассмотреть рабочий документ по теме скрининга и скоупинга в процессе ВООС, и постановил сообщить КСДА о своей готовности рассмотреть любые возникающие запросы.

(84) Секретариат представил SP 11 *Резюме обсуждений КООС по оценке кумулятивного воздействия (2013–2023 гг.)*, в котором представлено резюме обсуждений КООС по оценке кумулятивного воздействия за последнее десятилетие, подготовленное в ответ на запрос XXV заседания КООС. Он также составил таблицу со ссылками на все документы, на которые есть ссылки в основной части документа и которые находятся в открытом доступе на веб-сайте Секретариата. Секретариат предположил, что Члены, возможно, также пожелают рассмотреть сводный доклад и карту мест деятельности, осуществленной ранее, которые Секретариат создал на основе данных, представленных Сторонами через СЭОИ в разделе «Перечень деятельности, осуществленной ранее».

(85) Великобритания представила WP 10 *Кумулятивное воздействие в Антарктике*, напомнив, что КООС рассматривал вопрос о кумулятивном воздействии в предыдущие годы. Учитывая, что эта тема требует большего внимания, Великобритания проинформировала КООС о том, что она поручила эксперту д-ру Нилу Гилберту (Neil Gilbert) детально изучить вопрос кумулятивного воздействия и что отчет по этой теме приложен к WP 10. В отчете описаны правовые требования к оценке кумулятивного воздействия в ОВОС Антарктики и приведен краткий обзор обсуждений по этой теме на совещаниях КООС на сегодняшний день. Отчет ссылается на определение, приведенное в *Руководстве по оценке воздействия на окружающую среду Антарктики* (Резолюция 1 (2016 г.) и в других правовых механизмах ОВОС во всем мире, при этом отмечено единообразие определений. В отчете представлена концептуальная модель кумулятивных воздействий, в которой говорится, что они могут возникать из-за различных аспектов, возникающих в рамках деятельности, и других элементов, возникающих в результате многочисленных прошлых, настоящих или обоснованно прогнозируемых видов деятельности. Великобритания рекомендовала КООС рассмотреть:

- сопоставление оценки передовых методов и подходов, используемых для оценки кумулятивного воздействия за пределами Антарктики, а также оценить, как такие подходы могут быть применены в антарктическом контексте;

- разработку расширенных руководств по проведению оценок кумулятивного воздействия, которые могут быть отдельными или включены в *Руководство по оценке воздействия на окружающую среду в Антарктике*, разработанное КООС;

- повторное подтверждение важности проведения высококачественной оценки воздействия на окружающую среду, а также необходимости продолжать разработку процессов оценки воздействия на окружающую среду Антарктики в соответствии с передовыми практиками; и

- обращение к научному сообществу за рекомендациями по разработке пороговых значений для выбора экологических ценностей в Антарктике.

(86) Великобритания далее рекомендовала Сторонам рассмотреть:

- проведение ОВОС или оценки кумулятивного воздействия, которые не зависят от какой-либо конкретной деятельности, а сосредоточены на ключевых ценностях в более широком временном и пространственном масштабе;
- обмен любым опытом проведения стратегической экологической оценки или совместных оценок воздействия на окружающую среду с целью информирования о потенциальной разработке новых или совершенствовании существующих руководящих принципов;
- проведение совместных оценок кумулятивного воздействия среди нескольких операторов, заинтересованных в работе в конкретных регионах Антарктики; и
- проведение оценки, направленной на понимание кумулятивного воздействия нескольких видов деятельности на ключевые ценности Антарктики.

(87) Комитет поблагодарил Секретариат за SP 11, в котором представлен ценный доклад в поддержку его обсуждения кумулятивного воздействия. Он также поблагодарил Великобританию за WP 10 и сопроводительный отчет, который послужит основой для текущей работы КООС по поддержке изучения и эффективной оценки кумулятивных воздействий. Комитет отметил, что это сложная и трудная тема, которую КООС обсуждает в течение многих лет.

(88) Многие Члены отметили необходимость разработки расширенных руководящих принципов оценки кумулятивного воздействия, особенно с учетом возрастающей нагрузки на окружающую среду Антарктики в связи с растущими масштабами и разнообразием видов деятельности.

(89) Комитет одобрил рекомендацию обобщить оценку передовых методов и подходов, используемых для оценки кумулятивного воздействия, подчеркнув ценность учета опыта как в Антарктике, так и за ее пределами. Многие Члены отметили, что эффективная оценка кумулятивного воздействия может быть достигнута только при сотрудничестве, например за счет обмена данными, разработки общих баз данных, составления перечней прошлой и настоящей деятельности и регионального сотрудничества. Некоторые Члены отметили необходимость оценки кумулятивного воздействия в рамках, предусмотренных Протоколом и Приложением I.

(90) Признавая достоинства дальнейших обсуждений того, как методологически подходить к более масштабным вопросам, связанным с оценкой кумулятивного воздействия, некоторые Члены также напомнили, что Комитет имеет в своем распоряжении ряд существующих инструментов, таких как ООРА, ОУРА, Правила поведения для посетителей участков и Особо охраняемые виды. Члены отметили, что правильное использование таких инструментов также является хорошим подходом для ограничения кумулятивного воздействия.

(91) Некоторые Члены предположили, что было бы полезно провести региональную оценку кумулятивного воздействия в разных временных масштабах для практического и конкретного продвижения этой темы. Было предложено несколько мест для такой оценки, включая ООРА № 126 «Полуостров Байерс» (остров Ливингстон (Смоленск) или такие районы, как остров Кинг-Джордж (Ватерлоо) или залив Мак-Мердо, где несколько операторов провели несколько мероприятий.

(92) Беларусь отметила, что, поскольку было бы неразумно ожидать, что в короткие сроки будет разработана универсальная методика оценки кумулятивного воздействия, было бы целесообразно в первую очередь сосредоточиться на таких важных видах деятельности, как воздействие туризм и воздействие на воздух.

(93) Беларусь сослалась на свой IP 3 *Первая оценка совокупного воздействия научных станций на атмосферный воздух антарктического оазиса*, в котором были отмечены исследования по оценке кумулятивного воздействия на воздух, проведенные различными операторами. В исследовании оценивались выбросы и концентрации загрязняющих веществ в атмосферном воздухе от дизель-генераторов всех научно-исследовательских станций, расположенных на холмах Ларсеманн, Восточная Антарктида. Беларусь считает, что это исследование будет полезно для КООС для создания методов измерения кумулятивного воздействия.

(94) МААТО заявила, что поддерживает обмен информацией между компетентными органами, чтобы помочь в регулировании кумулятивных воздействий, и призвала своих операторов поддерживать тесный контакт со своими компетентными органами до, после и в течение сезона, чтобы помочь всем заинтересованным сторонам в обмене информацией. МААТО отметила, что открыта для обсуждения того, как она может предоставить информацию для поддержки совершенствования оценок кумулятивного воздействия или процесса ОВОС в целом.

(95) АСОК отметила содержащуюся в документе рекомендацию о том, чтобы Стороны проводили ОВОС, ориентированную на ключевые ценности, на которые влияют несколько отдельных видов деятельности. Она отметила, что это может быть применено к Антарктическому полуострову, где уровни деятельности сравнительно выше, а также может способствовать обсуждению системы регулирования туризма. ASOC поддержала идею, изложенную в WP 10, о проведении ретроспективного и перспективного исследования в определенном месте для лучшего понимания кумулятивного воздействия.

(96) После дальнейшего обсуждения этой темы Комитет постановил необходимость продолжать продвигать руководство по кумулятивной оценке и отражать это путем включения задач в свой Пятилетний план работы.

Рекомендации КООС для КСДА относительно кумулятивного воздействия в Антарктике

(97) Комитет постановил сообщить КСДА, что он постановил продолжить обсуждения по продвижению руководства по оценке кумулятивного воздействия и включил задачи, связанные с этим, в свой Пятилетний план работы.

(98) Перу представило IP 135 *Proyecto de la nueva Estación Científica Antártica Machu Picchu (ECAMP) [Проект обновления антарктической научной станции Мачу-Пикчу (ECAMP)]*, в котором сообщается о планах Перу по модернизации инфраструктуры антарктической научной станции Мачу-Пикчу (ECAMP). Перу отметило, что оно стремится обеспечить соответствие своей научной платформы современным техническим и экологическим требованиям и продвигается в направлении подготовки оценки воздействия на окружающую среду в соответствии с требованиями Протокола по охране окружающей среды к Договору об Антарктике.

(99) Колумбия представила IP 160 *Actualización del procedimiento para el desarrollo de Evaluaciones de Impacto Ambiental en Antártica [Обновление порядка разработки оценки воздействия на окружающую среду Антарктики]* и сообщила о приверженности Колумбии совершенствованию и обновлению своих процедур

оценки воздействия на окружающую среду. Колумбия отметила, что ее процедуры были обновлены на основе обсуждений в КООС и в соответствии с руководящими указаниями, предоставленными природоохранными учреждениями Колумбии.

(100) Великобритания представила WP 15 *Вложенные разрешения*, который предусматривает выдачу двух или более отдельных разрешений на совместное посещение на одном судне, отправляющемся в Антарктику. Ссылаясь на ст. 13.4 Протокола по охране окружающей среды, Великобритания сочла, что этот вопрос влияет на реализацию целей Протокола. Она отметила растущую тенденцию в Антарктике, согласно которой неправительственные экспедиции полагаются на логистическую поддержку туристических операторов. Великобритания заявила, что, хотя это может предоставить исследователям возможность вести деятельность в Антарктике, это также создает проблемы для национальных компетентных органов при оценке общего воздействия этой деятельности на окружающую среду и выдаче разрешений. Великобритания отметила, что вложенные разрешения могут возникать, например, когда кинематографисты путешествуют вместе с учеными и туристами на одном судне с разрешениями разных национальных компетентных органов. Великобритания напомнила о ст. 8.4 Протокола, согласно которой в тех случаях, когда деятельность планируется совместно более чем одной Стороной, одна Сторона должна координировать процедуры оценки воздействия на окружающую среду. Было отмечено, что на практике часто несколько ОВОС, иногда от разных национальных компетентных органов, представляются путем вложенного разрешения, а требование ст. 8.4 не обязательно соблюдается. Великобритания далее отметила, что регистрация данных в Системе электронного обмена информацией (СЭОИ) также может оказаться сложной задачей, если на одном судне имеется несколько экспедиций, если каждое отдельное разрешение должно регистрироваться отдельно, несмотря на нахождение на одном и том же судне. Подобные ситуации могут приводить к тому, что регистрируется неточное количество экспедиций, путешествующих в Антарктику. Для решения проблемы «вложенных разрешений» Великобритания рекомендует:

- Сторонам продолжить обсуждение этого вопроса на Дискуссионном форуме компетентных органов в качестве одного из пяти приоритетных вопросов, чтобы определить, как наилучшим образом обеспечить оценку всей деятельности в рамках крупных экспедиций на предмет воздействия на окружающую среду в контексте ст. 8.4 Протокола по охране окружающей среды; и

- Секретариату Договора об Антарктике изменить СЭОИ, чтобы позволить Сторонам, запрашивающим отдельное разрешение, запрашивать разрешение на деятельность, осуществляемую на их уполномоченных судах/операциях, определять, какие прочие Стороны разрешают эту деятельность, и позволить этим Сторонам регистрировать деятельность в СЭОИ в рамках единой общей экспедиции.

(101) Комитет приветствовал WP 15 и подчеркнул, что по мере усложнения и повышения взаимосвязанности деятельности в Антарктике возрастает необходимость в эффективной координации между национальными компетентными органами и постоянном обмене информацией. Комитет отметил важность обеспечения надлежащей оценки и санкционирования всех видов деятельности и призвал продолжить обсуждение темы вложенных разрешений на Форуме национальных компетентных органов. Комитет также поблагодарил Германию за организацию неофициального виртуального семинара в прошедший межсессионный период, который позволил провести плодотворный обмен мнениями между национальными компетентными органами. Некоторые Члены

отметили актуальность вопроса о вложенных разрешениях для обсуждений в рамках Рабочей группы 3 КСДА и предложили КООС отметить это в своих рекомендациях КСДА.

(102) Отмечая различия в национальных законодательствах, многие Члены подчеркнули, что они не могут выдавать единое разрешение на различные виды деятельности (например, туризм и научную деятельность) на одном судне из-за различных требований к различным видам деятельности. Некоторые Члены указали на свой опыт в подходах к вложенным разрешениям, в том числе в IP 61 и IP 62 с XLIV КСДА (2022 г.). Некоторые Члены заявили, что в некоторых случаях было бы нецелесообразно выдавать единое разрешение, в том числе для обеспечения того, чтобы операторы сохраняли эффективный контроль и юридическую ответственность за свою деятельность.

(103) Некоторые Члены заявили, что они по-разному интерпретируют требования ОВОС для совместно планируемой деятельности в соответствии со ст. 8.4 Протокола по охране окружающей среды, включая вопросы о видах деятельности, которые попадают под положения и что более широкое разрешение деятельности в соответствии с Протоколом по охране окружающей среды не попадает под положения ст. 8.4.

(104) В ответ на вопрос о второй рекомендации в WP 15 Великобритания отметила, что она будет работать с Секретариатом и другими заинтересованными Членами в течение межсессионного периода для определения того, какие конкретные изменения потребуются для СЭОИ. Секретариат заявил, что будет готов обсудить технические аспекты внесения изменений в СЭОИ с заинтересованными Членами. Некоторые Члены отметили, что для КСДА может быть актуально рассмотреть этот вопрос в свете предлагаемого пересмотр СЭОИ, предложенного КСДА в WP 54.

Рекомендации КООС для КСДА относительно вложенных разрешений

(105) Комитет постановил сообщить КСДА, что он утвердил следующее:

- Вопрос о вложенных разрешениях следует продолжать обсуждать на Дискуссионном форуме компетентных органов в качестве одного из пяти приоритетных вопросов, чтобы определить, как наилучшим образом обеспечить надлежащую оценку воздействия на окружающую среду всей деятельности в экспедициях с большим количеством участников; и

- СЭОИ следует обновить, чтобы можно было идентифицировать отдельные разрешения на деятельность, проводимую в рамках единой общей экспедиции.

(106) Комитет принял к сведению указанный ниже Документ Секретариата, представленный в рамках данного пункта Повестки дня:

- SP 7 *Ежегодный перечень Первоначальных оценок окружающей среды (ПООС) и Всесторонних оценок окружающей среды (ВООС), подготовленных в период с 1 апреля 2023 г. по 31 марта 2024 г.* (СДА).

(107) Комитет принял к сведению указанные ниже Информационные документы, представленные в рамках данного пункта Повестки дня:

- IP 118 *Initial Environmental Evaluation for the Exploration of Subglacial Lake Qilin (Snow Eagle) in Antarctica* [Первоначальная оценка окружающей среды для исследования подледного озера Цилинь (снежный орел) в Антарктиде] (Китай);

- IP 133 *Report on the Presentation of the Final Comprehensive Environmental Evaluation for the Renovation of Petrel Base, Dundee Island, Antarctica [Отчет о презентации окончательной Всесторонней оценки окружающей среды реконструкции станции Петрель, остров Данди, Антарктика]* (Аргентина);

- IP 138 *Pautas para la Evaluación Ambiental Preliminar del Perú en la Antártida (EVAPA) [Руководство Перу по первоначальной оценке окружающей среды в Антарктике]* (Перу);

- IP 176 *Waste Treatment at the Syowa Station Waste Landfill [Утилизация отходов на полигоне отходов станции Сёва]* (Япония).

Пункт 9. Охрана районов и планы управления

9а) Планы управления

i) Проекты планов управления, рассмотренные Вспомогательной группой по планам управления.

(108) Координатор Вспомогательной группы по планам управления (ВГПУ) Ануп Кумар Тивари (Индия) от имени ВГПУ представил WP 43 *Отчет Вспомогательной группы по Планам управления о деятельности в межсессионный период 2023-2024 гг.* Координатор ВГПУ поблагодарил д-ра Полли Пенхейл (Polly Penhale) (США) за модерирование предварительного рассмотрения планов управления, которые не были представлены на рассмотрение ВГПУ, и Юэна Макайвора (Ewan McIvor) (Австралия) за координацию рассмотрения нового Плана управления для архипелага островов Дейнджер, и профессора Антонио Кесаду (Antonio Quesada) (Испания) за координацию рассмотрения нового Плана управления для перевала Фарьер, остров Хорсшу, залив Маргерит. Координатор ВГПУ также поблагодарил всех активных участников ВГПУ за их работу и напомнил Комитету, что все Члены могут присоединиться к ВГПУ.

(109) В соответствии с Техническими заданиями № 1–3 координатор отметил, что ВГПУ рассмотрела проекты планов управления для двух новых Особо охраняемых районов Антарктики (ООРА), переданных XXV КООС на межсессионное рассмотрение.

(110) Что касается пересмотренного Плана управления для нового ООРА на архипелаге островов Дейнджер (северо-восточная часть Антарктического полуострова), совместно предложенного Германией и США, ВГПУ сообщила Комитету, что обновленный проект Плана управления хорошо составлен, имеет высокое качество и отвечает требованиям соответствующих руководств КООС. Далее было отмечено, что авторы внимательно изучили рекомендации ВГПУ и учли большинство предложений ВГПУ. Соответственно, ВГПУ рекомендовала Комитету одобрить данный План управления ООРА.

(111) Аргентина проинформировала Комитет о том, что с момента разработки Плана управления ООРА станция Петрель была преобразована из летней в круглогодичную. Авторы согласились внести поправки в текст Плана управления, чтобы отразить это изменение.

(112) Что касается пересмотренного Плана управления нового ООРА на перевале Фарьер, остров Хорсшу, залив Маргерит, совместно предложенного Бельгией, Великобританией и Турцией, ВГПУ сообщила Комитету, что обновленный План управления хорошо составлен, имеет высокое качество и отвечает требованиям соответствующих руководств КООС, а также надлежащим образом учитывает

поднятые ключевые вопросы, заданные авторам. Соответственно, ВГПУ рекомендовала Комитету одобрить данный План управления ООРА.

(113) Соавторы планов новых ООРА выразили благодарность координатору ВГПУ и Членам, участвовавшим в ВПГУ. Они подчеркнули ценные комментарии и эффективную координацию между Членами при разработке и пересмотре проектов планов управления.

(114) Комитет приветствовал эти проекты и поблагодарил ВГПУ за тщательный анализ и полезные предложения по улучшению планов управления в межсессионный период. Комитет одобрил рекомендацию ВГПУ и постановил направить пересмотренные Планы управления на КСДА для утверждения.

(115) ВГПУ обратил внимание на пересмотренный План управления «Западная Часть Пролива Брансфилд и Восточная Часть Залива Далльманн» (США), который был пересмотрен ВГПУ в 2023 г. В соответствии с Решением 9 (2005 г.) его проект был направлен на утверждение АНТКОМ-41 (2022 г.). План управления был утвержден на АНТКОМ-42 (2023 г.), и, таким образом, Комитет постановил направить План управления на КСДА для утверждения посредством принятия Меры.

(116) Координатор ВГПУ отметил представленный Чили IP 22 *Предлагаемые меры по обновлению Плана управления ООРА № 150 «Остров Ардли» залив Максуэлл, остров Кинг-Джордж (Ватерлоо)*, подготовленный совместно с Аргентиной, Китаем, Республикой Корея, Российской Федерацией и Уругваем, а также IP 23 *Предлагаемые меры по обновлению Плана управления ООРА № 125 «Полуостров Файлдс», остров Кинг-Джордж (25 мая)* о предлагаемых мерах по обновлению Планов управления ООРА № 150 и ООРА № 125. Координатор ВГПУ сообщил Комитету, что Чили все еще рассматривает Планы управления для трех ООРА в межсессионный период:

- ООРА № 125: «Полуостров Файлдс» (остров Кинг-Джордж (Ватерлоо)/25 Мая) (Чили);
- ООРА № 146 «Южная Бухта» (Остров Доумер, Архипелаг Палмер) (Чили);
- ООРА № 150 «Остров Ардли» (залив Максуэлл, остров Кинг-Джордж (Ватерлоо)/25 Мая) (Чили).

ii) Пересмотренные проекты Планов управления, не рассмотренные Вспомогательной группой по Планам управления.

(117) США представили IP 146 rev. 1 *Report of the 2024 Pre-CEP meeting review of ASPA and ASMA Management Plans [Отчет о предварительном рассмотрении Планов управления ООРА и ОУРА до заседания КООС 2024 г.]*. В документе отмечается, что 19 новых или пересмотренных планов управления ООРА были доступны для предоставления комментариев до 26-го КООС и что в этом году не было представлено никаких новых или пересмотренных планов управления ОУРА. США отметили качество планов управления. США заявили, что семь Членов (Австралия, Великобритания, Германия, Италия, Китай, США и Франция) предоставили комментарии к всем новым или пересмотренным планам управления. Они отметили, что три плана управления были рассмотрены ВГПУ, а затем пересмотрены и что один из этих планов был одобрен АНТКОМ на его заседании 2023 г. США сообщили, что в текст пятнадцати планов управления были внесены незначительные изменения, и был представлен один новый план управления.

(118) Комитет поблагодарил координатора предварительного рассмотрения д-ра Полли Пенхейл (США) за отменную работу, проделанную в межсессионный период, и четкий отчет о статусе проектов Планов управления.

(119) Комитет также поблагодарил авторов за их усилия по представлению высококачественных проектов планов управления.

(120) В отношении ООРА № 128 (WP 2 rev. 1), ООРА № 141 (WP 5), ООРА № 175 (WP 12 rev. 1), ООРА № 154 (WP 23), ООРА № 116 (WP 25), ООРА № 135 (WP 26), ООРА № 136 (WP 27), ООРА № 160 (WP 28), ООРА № 171 (WP 30), ООРА № 161 (WP 32), ООРА 142 (WP № 39), ООРА № 173 (WP 53), ООРА № 151 (WP 64) Комитет отметил, что в ходе предварительного рассмотрения были обнаружены незначительные недочеты в двух из этих пересмотренных Планов управления (ООРА № 128 и ООРА № 175), которые уже были исправлены авторами. Комитет утвердил эти Планы.

(121) Что касается ООРА № 137 (WP 51), США предложили обновить положения о воздушном доступе с применением вертолетов в Плане управления, чтобы поддерживать текущую практическую научную работу, обеспечивая при этом постоянную охрану генетически изолированной колонии тюленей Уэдделла в ООРА. Отметив незначительный пересмотр текста и карты в ответ на запросы, США пересмотрели План управления, включив в него ссылку на «зону ограниченного воздушного доступа». С учетом этого незначительного пересмотра Комитет утвердил План.

(122) Что касается ООРА № 139 (WP 19), США предложили расширить границы ООРА № 139, включив в него прилегающую морскую территорию в связи со значительными изменениями окружающей среды. США сообщили о значительном отступлении льда в этом районе, в том числе о потере ледяного моста, что привело к значительным изменениям в популяциях морских птиц в ООРА. Это отступление льда было отмечено в рамках долгосрочного мониторинга, проводимого США в этом районе на протяжении многих десятилетий. США заявили, что в этом районе наблюдается увеличение антропогенного воздействия, включая доступ на вертолетах и туристические круизы на маломерных судах типа Zodiac, а также отметили проблемы рационального использования окружающей среды, поскольку морские птицы используют как наземную, так и морскую среду. В связи с предлагаемым увеличением размера ООРА США подчеркнули, что предлагаемый ООРА № 139 все еще невелик при площади 3,9 км^2 и имеет глубину воды около 50 м.

(123) Многие Члены приветствовали предложение изменить границу ООРА № 139, включив в него прилегающие морские территории и кромки льдов. Некоторые Члены также высоко оценили полученный опыт и проведенные научные исследования.

(124) Китай отметил, что первоначальная цель ООРА № 139 заключалась в охране наземных ценностей. Китай выразил обеспокоенность по поводу уровня научных данных, связанных с предложением в отношении предлагаемой морской среды, которая будет включена в ООРА, и предложил рассмотреть альтернативные меры по управлению антропогенным воздействием на окружающую морскую среду с учетом дистанции проявления настороженности птиц от деятельности человека и моря (XXIV заседание КООС – IP 122).

(125) В ответ на эти комментарии США подчеркнули неразрывную связь между наземной и морской средой для морских птиц и своими 30-летними данными о популяциях морских птиц в ООРА № 139. США упомянули ООРА № 178, который был аналогичен в том, что он также содержал морской район для защиты пролетающих морских птиц.

(126) Китай и Российская Федерация предложили направить предложение в АНТКОМ для рассмотрения в связи с включением морского района. В ответ многие Члены

сослались на Решение 9 (2005 г.) и подчеркнули свое намерение избежать задержки прогресса из-за поручения АНТКОМ провести обзор территорий, представляющих маловероятный интерес для рыболовства, таких как предлагаемые границы для ООРА № 139.

(127) Отметив Решение 9 (2005 г.), Председатель НК-АНТКОМ заявил, что в настоящее время в предлагаемых границах ООРА № 139 не ведется промысловая деятельность, и предложил продолжить обсуждение вопроса о разъяснении процесса между КООС и АНТКОМ.

(128) АСОК напомнила, что в ст. 3.1 Приложения V к Протоколу по охране окружающей среды говорится, что «любой район, включая любой морской район, может быть определен как Антарктический особо охраняемый район», и настоятельно призвала Членов продолжать выполнять это требование.

(129) МААТО, заявив о своей поддержке этого предложения, сообщила, что она ограничивает деятельность операторов в районе ООРА № 139 только одобренными посещениями станции Палмер и будет внедрять новое ограничение с географической привязкой, чтобы операторы могли при необходимости избегать Район.

(130) Хотя большинство Членов поддержали пересмотренный План управления ООРА № 139, Китай заявил, что не может одобрить пересмотренный План управления на 26-м КООС.

(131) Некоторые Члены выразили разочарование в связи с тем, что КООС не смог достичь соглашения по ООРА № 139, и подчеркнули, что ООРА № 139 охватывает важную территорию, которая была тщательно исследована и нуждается в совершенствовании охраны в связи с отступлением ледников и экологическими изменениями.

(132) В ответ на вопрос США Секретариат отметил, что он может работать в межсессионный период над добавлением поля «Сторона, осуществляющая пересмотр Плана управления» в Базу данных ООРА в дополнение к существующему полю «Первоначально предложившая Сторона», как это уже было сделано с Историческими местами и памятниками. Стороны, которые уже были указаны в качестве первоначальных инициаторов, по умолчанию будут указаны как «Первоначально предложившая Сторона» и как «Сторона, осуществляющая пересмотр Плана управления».

(133) Комитет поручил Секретариату добавить предлагаемое поле в Базу данных ООРА и отметил, что Члены будут добавлены в поле «Сторона, осуществляющая пересмотр Плана управления» соответствующих ООРА и ОУРА, включая ООРА № 128 (Польша и США) и ОУРА № 5 (США и Норвегия).

iii) Новые проекты Планов управления для охраняемых и управляемых районов

(134) Комитет рассмотрел проекты Планов управления двух новых предлагаемых ООРА:

- WP 8 *Отчет о неофициальной координационной группе (НКГ) по разработке проекта Плана управления ООРА Горы Грубера (Отто-фон-Грубер-Гебирге) (Земля Королевы Мод, Восточная Антарктида)* (Германия США);

- WP 55 *План управления Особо охраняемым районом Антарктики № XX «Западная часть пролива Брансфилд и восточная часть залива Далльманн»* (США).

(135) В отношении WP 8 Комитет отметил, что проект Плана управления был рассмотрен в ходе предварительного рассмотрения Планов управления (IP 146), в результате которого было рекомендовано передать проект Плана управления в ВГПУ для дальнейшего рассмотрения.

(136) Комитет поблагодарил Германию и США за их работу над предлагаемым новым ООРА и проектом Плана управления, а также поблагодарил участников неофициальной МКГ за сотрудничество с авторами проекта Плана управления.

(137) Индия отметила, что ее ученые активно исследуют и картографируют район вокруг гор Грубера с 1985 г., включая мониторинг динамики льдов ледника Анучина, и попросила включить в План управления информацию о вкладе национальной антарктической программы Индии в исследования в этой области.

(138) Авторы поддержали внесение изменений в проект Плана управления, чтобы включить эту информацию, и призвали Индию принять участие в ВГПУ.

(139) Выражая общую поддержку этому предложению, Китай выразил мнение о том, что размер предлагаемого ООРА слишком велик. Китай отметил, что поддерживает защиту северных частей предлагаемого ООРА, включая озера и среду обитания снежных буревестников, но, по его мнению, для других частей отсутствуют достаточные научные данные для обоснования защиты ООРА. Китай согласился с тем, что проект Плана управления может быть направлен в ВГПУ для рассмотрения, где будут проведены обсуждения относительно размера ООРА.

(140) После дальнейшего обсуждения Комитет постановил направить План управления предлагаемым новым ООРА на рассмотрение ВГПУ в предстоящий межсессионный период.

(141) В отношении WP 55 Комитет отметил, что проект Плана управления был рассмотрен КООС и направлен в АНТКОМ для утверждения. После утверждения АНТКОМ на его заседании 2023 г., КООС рекомендовал одобрить План управления ООРА № 182 «Западная часть пролива Брансфилд и восточная часть залива Далльманн» без дальнейшего обсуждения. Комитет одобрил это предложение.

Рекомендации КООС для КСДА относительно проектов Планов управления ООРА и ОУРА

(142) Комитет постановил направить следующие новые и пересмотренные Планы управления КСДА для утверждения посредством принятия Меры:

- ООРА № 116 «Долина Нью-Колледж и Пляж Коли» (мыс Бэрд, полуостров Росса);
- ООРА № 128 «Западный Берег Залива Адмиралти» (остров Кинг-Джордж (Ватерлоо), Южные Шетландские острова);
- ООРА № 135 «Северо-Восточная Часть Полуострова Бейли» (берег Бадда, Земля Уилкса);
- ООРА № 136 «Полуостров Кларк» (берег Бадда, Земля Уилкса, Восточная Антарктика);
- ООРА № 137 «Северо-Западная Часть Возвышенности Уайт» (залив Мак-Мердо);
- ООРА № 141 «Долина Юкидори» (Лангховде, залив Лютцов-Хольм);
- ООРА № 142 «Свартамарен»;
- ООРА № 151 «Лайонз-Рамп» (остров Кинг-Джордж (Ватерлоо), Южные Шетландские острова);
- ООРА № 154 «Залив Ботани» (мыс Джеолоджи, Земля Виктории);
- ООРА № 160 «Острова Фрейжер» (острова Уиндмилл, Земля Уилкса, Восточная Антарктика);

2. Отчет КООС 26

- ООРА № 161 «Залив Терра-Нова» (море Росса);
- ООРА № 171 «Мыс Наребски» (полуостров Бартон, остров Кинг-Джордж (Ватерлоо);
- ООРА № 173 «Мыс Вашингтон и Бухта Сильверфиш» (залив Терра-Нова, море Росса);
- ООРА № 175 «Высокогорные Геотермальные Участки Региона Моря Росса»;
- ООРА № 180 «Архипелаг Островов Дейнджер» (северо-восточная часть Антарктического полуострова);
- ООРА № 181 «Перевал Фарьер» (остров Хорсшу, залив Маргерит);
- ООРА № 182 «Западная Часть Пролива Брансфилд и Восточная Часть Бухты Далльманн»

(143) Комитет постановил сообщить КСДА о том, что большинство Членов поддержали направить пересмотренный План управления ООРА № 139, «Мыс Биско» (остров Анверс, архипелаг Палмер) на утверждение КСДА, но консенсус не был достигнут. Мнения, выраженные в ходе обсуждения, представлены в параграфах 122–131.

(144) Комитет постановил рекомендовать участникам КСДА принять решение о направлении следующего проекта Планов управления ООРА в ВГПУ для рассмотрения:

- Предложение нового ООРА в горах Грубера (Земля Королевы Мод, Восточная Антарктида).

iv) Документы, касающиеся предварительной оценки предлагаемых новых охраняемых районов

(145) Комитет рассмотрел два Рабочих документа, касающихся предварительной оценки предлагаемых новых охраняемых районов в соответствии с *Руководством по проведению предварительной оценки необходимости определения ООРА и ОУРА*:

- WP 13 *Предварительная оценка предлагаемого Особо охраняемого района Антарктики на острове Сигни, Южные Оркнейские острова* (Великобритания, Италия, Нидерланды);
- WP 31 *Пересмотренная предварительная оценка предлагаемого Особо охраняемого района Антарктики с несколькими участками в районе залива Коллинс и Земли Грэйама (полуостров Киев)* (Украина).

(146) В отношении WP 13 Комитет поблагодарил авторов за их работу по подготовке предварительной оценки. Комитет согласился с оценкой авторов того, что ценности предлагаемого ООРА заслуживают особой охраны, и одобрил разработку Плана управления этим районом. Он также призвал заинтересованных Членов неформально сотрудничать с авторами в межсессионный период при разработке Плана управления ООРА.

(147) В отношении WP 31 Комитет поблагодарил Украину за ее работу по подготовке предварительной оценки, отметив, что это пересмотренное предложение, основанное на проекте, представленном Украиной XXV заседанию КООС (XXV заседание КООС - WP 58), и комментариях, представленных Членами на этом совещании.

(148) Китай выразил обеспокоенность по поводу большого количества несвязанных участков, включенных в ООРА, и уровня подтверждающих научных данных,

отметив, что в этом случае охраняемые участки следует рассматривать по-отдельности при наличии лучшего научного обоснования.

(149) В ответ на обеспокоенность Китая Члены отметили, что количество объектов в предлагаемом ООРА сократилось по сравнению с предыдущим предложением с 30 до пяти, участки находятся в непосредственной близости друг от друга и что в шаблоне предварительной оценки Украина представила подробную информацию о ценностях каждого участка и привела обоснование их охраны. Члены также отметили, что существует множество существующих ООРА в составе нескольких участков, включая недавно созданные ООРА, такие как ООРА № 179.

(150) После дальнейшего обсуждения Комитет призвал автора продолжать работу в сотрудничестве с заинтересованными Членами и принять во внимание проблемы и вопросы, поднятые в ходе заседания. Украина согласилась провести неофициальные обсуждения в межсессионный период и предоставить отчет 27-му КООС.

v) Прочие вопросы, касающиеся Планов управления охраняемыми/управляемыми районами

(151) Великобритания представила IP 63 *Initial informal discussions concerning a potential new Antarctic Specially Managed Area (ASMA) in the vicinity of Marguerite Bay, Antarctic Peninsula [Первоначальные неофициальные обсуждения, касающиеся потенциального нового Особо управляемого района Антарктики (ОУРА) в окрестностях залива Маргерит, Антарктический полуострове]*. Она сообщила подробности первоначальных неофициальных межсессионных обсуждений о полезности предложения о назначении района в окрестностях залива Маргерит в качестве нового Особо управляемого района Антарктики (ОУРА). Отметив наблюдаемый растущий уровень туризма, деятельность национальных антарктических программ в регионе и множество ООРА, КОТ и ИМП в этом районе, Великобритания предложила провести дальнейшие обсуждения для рассмотрения вопроса о том, может ли быть уместной предварительная оценка для нового ОУРА.

(152) Комитет поблагодарил Великобританию за этот ценный Информационный документ. Испания выразила поддержку более эффективному управлению районом и подчеркнула важность решения проблемы роста деятельности.

(153) Комитет принял к сведению указанные ниже Информационные документы, представленные в рамках данного пункта Повестки дня:

- IP 36 *Initiation of review of Management Plans for Antarctic Specially Protected Area No. 143 and Antarctic Specially Protected Area No. 162 [Инициирование пересмотра Планов управления Особо охраняемым районом Антарктики № 143 и Особо охраняемым районом Антарктики № 162]* (Австралия);

- IP 181 *Initiation of review of Management Plan for Antarctic Specially Protected Area (ASPA) No. 169 Amanda Bay, Ingrid Christensen Coast, Princess Elizabeth Land, East Antarctica [Инициирование пересмотра Плана управления Особо охраняемым районом Антарктики (ООРА) № 169 «Залив Аманда» (Берег Ингрид Кристенсен, Земля Принцессы Елизаветы, Восточная Антарктида)]* (Австралия, Китай);

- IP 182 *Do we need management groups for ASPAs and handling cumulative impacts? [Нужны ли нам Группы управления для ОУРА и регулирования кумулятивных воздействий?]* (Уругвай).

9b) Исторические места и памятники

(154) Великобритания представила WP 9 *Крушение «Эндьюранс» – обновленная информация для ИМП № 93 и Предварительной оценки предлагаемого Особо охраняемого района Антарктики в море Уэдделла*, подготовленный совместно с

Новой Зеландией, США, Чили и ЮАР. В документе представлена обновленная информация о подготовке Плана управления по сохранению для ИМП № 93 «Крушение "Эндьюранс"» после его обнаружения 5 марта 2022 г. Великобритания сообщила, что недавнее исследование показало, что «Эндьюранс» находится в стабильном состоянии и что обломки от затонувшего судна разбросаны дальше, чем первоначально предполагалось. Великобритания заявила, что затонувший корабль служит искусственным рифом, на котором обитают многочисленные морские организмы, в том числе некоторые из тех, которые АНТКОМ считает представителями Уязвимых морских экосистем (УМЭ), и поэтому представляет научный интерес. Великобритания выразила желание рассмотреть вопрос о назначении ООРА для дополнительной охраны объекта в связи с его выдающейся научной ценностью, уникальным историческим значением и уязвимостью к рискам, связанным с деятельностью человека и изменением климата. Она также подчеркнула, что, хотя для охраны ИМП в морской среде не было определено ни одного ООРА, данный случай исключительный, и назначение ООРА поможет реализовать научный потенциал. Авторы рекомендовали Комитету:

- принять План управления по сохранению ИМП № 93;
- рекомендовать КСДА принять Меру по обновлению информационного поля «Описание» ИМП № 93, чтобы расширить область, охватывающую ИМП № 93, до радиуса 1500 метров; и
- рассмотреть предварительную оценку предлагаемого ООРА на месте крушения «Эндьюранс» и согласиться с тем, что ценности, находящиеся на территории предлагаемого ООРА, заслуживают особой охраны, утвердить разработку Плана управления районом и предложить заинтересованным Членам неформально сотрудничать с авторами в межсессионный период для разработки Плана управления с целью его возможного представления на 27-м КООС.

(155) Многие Члены поддержали рекомендации принять План управления по сохранению ИМП № 93; обновить описание информационного поля ИМП № 93 с целью расширения зоны, окружающей ИМП № 93, до радиуса 1500 метров; и одобрить разработку Плана управления районом для последующего определения ООРА.
Норвегия, поддержав предложение об определении ИМП № 93 в качестве ООРА, отметила, что обломки «Эндьюранс» представляют собой уникальный объект с исключительной исторической ценностью, и такое назначение не следует интерпретировать как создание прецедента.

(156) МААТО сообщила, что глубина затонувшего судна, превышающая 3000 м, в настоящее время недоступна для любых подводных аппаратов на судах операторов МААТО и что условия окружающей среды делают регулярное посещение объекта маловероятным. МААТО поддержала постоянную охрану «Эндьюранс» за счет определения ООРА.

(157) Отвечая на вопросы о размере района, Великобритания отметила, что проконсультировалась с экспертами и получила рекомендацию установить лимит в 1500 м для наилучшего охвата всех обломков на участке, которые разбросаны гораздо дальше, чем считалось ранее.

(158) В ответ на вопрос об углеродном датировании древесины «Эндьюранс» Великобритания отметила, что с «Эндьюранс» не было взято ни одной пробы.

(159) Китай и Аргентина не сочли необходимым определение участка в качестве ООРА, отметив, что объект уже имеет охранный статус ИМП. Китай также заявил, что

океан обеспечивает достаточную защиту «Эндьюранс» из-за его расположения на морском дне.

(160) В ответ Великобритания подчеркнула высокий интерес научного сообщества к этому объекту. Она заявила, что назначение ООРА позволит осмотрительно управлять исследованиями района посредством выдачи разрешений и что Планы управления по сохранению ИМП сами по себе не являются обязывающими для Членов. Она также подчеркнула, что точное местоположение «Эндьюранс» было обнаружено недавно, в 2022 г. и что естественный океан больше не является достаточной защитой.

(161) Комитет принял к сведению План управления по сохранению ИМП № 93 и постановил рекомендовать КСДА принять Меру по обновлению информационного поля «Описание» ИМП № 93, чтобы расширить область, охватывающую ИМП № 93, до радиуса 1500 м. Хотя некоторые Члены не одобрили разработку Плана управления районом для последующего определения ООРА, многие Члены поддержали ее.

(162) Великобритания представила WP 11 rev. 1 *База Y, остров Хорсшу, залив Маргерит – обновленная информация для ИМП № 63*, в котором представлено предложение обновить описание ИМП № 63 согласно новым данным обследования 2023 г. о местоположении хижины-убежища на близлежащем острове Блейклок. Великобритания сообщила, что в сезоне 2022–2023 гг. британский траст-фонд «Антарктическое наследие» обследовал остров Блейклок, чтобы провести инспекцию хижины-убежища и провести аварийный ремонт. Во время этого визита были получены координаты местоположения с помощью портативного GPS, и они отличались от ранее задокументированных координат. Великобритания проинформировала Совещание, что последующий анализ спутниковых данных Британской антарктической службы в марте 2024 г. позволил получить точный набор координат хижины-убежища. Она заявила, что хотя убежище является вспомогательным сооружением в пределах ИМП № 63, оно расположено на другом острове примерно в 20 милях к северу от основного участка на острове Хорсшу. Чтобы гарантировать, что опубликованная информация о ИМП является точной и актуальной, Великобритания рекомендовала КООС одобрить обновление информационного поля «Описание» ИМП № 63.

(163) После комментария Аргентины Великобритания обновила информационные поля «Природные особенности окружающей среды» и «Культурный контекст и местная специфика», включив в них информацию, отсутствующую в предложении.

(164) Комитет выразил признательность Великобритании за представленную обновленную информацию о местонахождении убежища и постановил внести изменения в информационные поля «Описание» и «Природные особенности окружающей среды, культурный контекст и местная специфика» ИМП № 63.

(165) Новая Зеландия представила WP 21 *Предлагаемое обновление ИМП № 75*, в котором предлагается, чтобы обозначение ИМП № 75 «Хижина А», Скотт-Бейс, было обновлено для включения двух оставшихся вспомогательных сооружений – геомагнитных хижин «G» и «H». Хижины «G» и «H» остались от Трансантарктической экспедиции Содружества 1957 г. в рамках Международного геофизического года и остаются конструктивно неизменными на своих первоначальных участках 1957 г. к северо-западу от «Хижины А». Их физическое положение неразрывно связано с продолжительной записью научных наблюдений за магнетизмом Земли, которое без перерывов проводилось в период с 1957 по 2023 год.

(166) Комитет постановил обновить определение ИМП № 75.

2. Отчет КООС 26

(167) Норвегия представила WP 41 *Предложение по внесению изменений в координаты, описание и охранный статус ИМП № 24 «Пирамида Амундсена»*. В летнем антарктическом сезоне 2017-2018 гг. частная лыжная экспедиция на Южный полюс обнаружила, что координаты пирамиды Амундсена отличаются от тех, которые указаны в описании ИМП № 24. Ее члены также обнаружили, что мемориальная доска, которая была размещена на пирамиде в память об экспедиции Амундсена, была размещена на неправильной пирамиде, но в правильном месте в соответствии с Перечнем ИМП. Норвегия рекомендовала изменить координаты и описание ИМП № 24 и внести небольшие коррективы в описание природоохранного статуса.

(168) Комитет постановил изменить координаты и описание ИМП № 24 и внести небольшие изменения в описание природоохранного статуса.

(169) Российская Федерация представила WP 44 *Предложение по определению нового Исторического места и памятника «Памятная табличка о первом посещении района озера Унтерзе»*. В документе предлагается определение ИМП для латунной таблички с именами пяти участников 14-й Советской антарктической экспедиции. Российская Федерация отметила, что озеро Унтерзе было обнаружено немецкой воздушной экспедицией в 1939 г. В 1969 г. озеро Унтерзе впервые посетили участники геолого-геофизического отряда 14-й Советской антарктической экспедиции (14-я САЭ), которым были проведены физико-географические исследования, включающие гляциологические, геоморфологические и гидрологические наблюдения, промеры глубины и отбор проб воды, сбор материалов о моренных и донных отложениях. Российская Федерация представила описание латунной таблички с выгравированными именами участников экспедиции. Ссылаясь на Резолюцию 3 (2009 г.) и подчеркивая растущий научный интерес к району озера Унтерзе и частые посещения, Российская Федерация рекомендовала КООС одобрить определение «Памятной таблички о первом посещении района озера Унтерзе» в качестве нового ИМП.

(170) Комитет поблагодарил Российскую Федерацию за ее предложение и подчеркнул ценность исследования для антарктической науки, особенно в отношении озера Унтерзе. Он одобрил определение «Памятной таблички о первом посещении района озера Унтерзе» в качестве нового ИМП.

Рекомендации КООС для КСДА по внесению изменений и дополнений в Список исторических мест и памятников

(171) Комитет постановил направить КСДА для утверждения посредством принятия Меры четыре предложения о внесении изменений в Перечень исторических мест и памятников и одно предложение о добавлении в Перечень:

- ИМП № 24 «Пирамида Амундсена»;
- ИМП № 63 «База Y», остров Хорсшу;
- ИМП № 75 «Дом Хиллари TAE/IGY «А», Скотт-Бейс, полуостров Росса»;
- ИМП № 93 «Крушение "Эндьюранс"»;
- ИМП № 96 «Памятная табличка о первом посещении района озера Унтерзе».

(172) Комитет также постановил обновить списки в Базе данных об охраняемых районах Антарктики следующим образом:

- Природоохранный статус ИМП № 75 заменить на: «После масштабных работ по консервации, проведенных новозеландским траст-фондом «Наследие Антарктики» в 2016–2017 гг., хижина А сохранила прочность во время жестких погодных условий, и коллекция артефактов была сохранена. Ежегодный мониторинг и обслуживание обеспечивают постоянную стабильность этого здания. Консервационные работы еще не проводились в Хижинах G и H. Здания являются конструктивно прочными и исправными, демонстрируя износ, ожидаемый для зданий возрастом около 65 лет. Новозеландский траст-фонд «Наследие Антарктики» намерен провести работы по удалению асбеста и консервации в зданиях в ближайшие годы».

- Добавить к фотографиям ИМП № 75 фотографии Хижины G и H, прикрепленные к WP 21 (рис. 1–4).
- Природоохранный статус ИМП № 24 заменить на: «Пирамида осталась нетронутой. Внутри пирамиды находится хорошо сохранившийся бак с парафином. Жестяная коробка, содержащая две записки, которая была первоначально помещена в пирамиду Амундсеном, уже давно удалена. У основания пирамиды установлена мемориальная доска, посвященная экспедиции Амундсена».
- Фотографии приложены к WP 41 (рис. 2–4).
- Средства и методы управления ИМП № 93 заменить на: «План управления по сохранению объектов наследия обновляется».

(173) Комитет принял к сведению указанные ниже Информационные документы, представленные в рамках данного пункта Повестки дня:

- IP 37 *Report on the work carried out at the "Swedish hut" on Snow Hill Island (HSM Nr. 38)* [*Отчет о работе, проведенной в «Шведской хижине» на острове Сноу-Хилл (ИМП № 38)*] (Аргентина);
- IP 38 *State of conservation of the Casa Moneta Museum (HSM N°42)* [*Состояние сохранности музея «Каса-Монета» (ИМП № 42)*] (Аргентина);
- IP 112 *Overview of Norwegian historic remains in Antarctica – and their priority* [*Обзор норвежских исторических останков в Антарктике и их приоритет*] (Норвегия);
- IP 164 *The discovery of the remains of the Neptune 2-p-103 aircraft of the Argentinian navy by members of the 32nd Bulgarian Antarctic expedition* [*Обнаружение останков самолета ВМС Аргентины Neptune 2-p-103 участниками 32-й антарктической экспедиции Болгарии*] (Аргентина, Болгария, Чили).

(174) Комитет принял к сведению указанный ниже Вспомогательный документ, представленный в рамках данного пункта Повестки дня:

- BP 20 *Digital Technology Making Antarctic Heritage Globally Accessible* [*Цифровые технологии, делающие наследие Антарктики доступным во всем мире*] (Новая Зеландия).

9с) Правила поведения для посетителей участков

(175) США представили WP 52 *Повышение эффективности Правил поведения для посетителей участков*, подготовленный совместно с МААТО. В нем отмечается, как КООС и КСДА приняли меры по повышению эффективности Правил поведения для посетителей участков в Антарктике, включая последнее обновление Вопросника к Правилам поведения для посетителей участков посредством Резолюции 4 (2021 г.), принятой на XLII КСДА. До нее в Резолюции 3 (2019 г.), принятой на XLII КСДА, признавалась потребность в единообразном подходе к Правилам поведения для посетителей для новых и пересмотренных участков и был определен, в качестве вспомогательного средства для обеспечения единообразного подхода, Вопросник к Правилам поведения для посетителей участков. Выполнив анализ существующих Правил поведения для

2. Отчет КООС 26

посетителей участков, США сообщили, что из 44 Правил поведения для посетителей участков 40 (в общей сложности 91% существующих Правил поведения для посетителей участков) не обновлялись с учетом руководств 2019 или 2021 г. Кроме того, 29 (или 66%) существующих Правил поведения для посетителей участков были созданы или обновлены более 10 лет назад. США подчеркнули, что пересмотры действующих Правил поведения для посетителей участков предоставят информацию, необходимую для потенциального улучшения защиты участков и/или эффективной оценки воздействия на окружающую среду на этих участках для посетителей, и обеспечат единообразный формат всех Правил поведения для посетителей участков. США далее подчеркнули, что информация, содержащаяся в Правилах поведения для посетителей участков, может быть улучшена за счет предоставления дополнительной контекстуальной информации об участке и присутствующей на нем флоре и фауне. США рекомендовали Членам: призвать Членов-авторов пересмотреть существующие Правила поведения для посетителей участков, используя Вопросник, принятый Резолюцией 4 (2021 г.), и продолжить в рамках неофициальных межсессионных обсуждений рассмотрение изменений к Правилам поведения для посетителей участков, которые улучшат согласованность, полноту и полезность информации, содержащейся в Правилах поведения.

(176) Комитет поблагодарил США за их предложения и подчеркнул необходимость и своевременность пересмотра существующих Правил поведения для посетителей участков. Комитет выразил разочарование в связи с тем, что многие Правила поведения для посетителей участков не были обновлены в согласованные сроки.

(177) Некоторые Члены предупредили, что необходимо соблюдать баланс между пересмотром существующих Правил поведения для посетителей участков и созданием новых Правил, учитывая увеличение числа посещений Антарктики. Некоторые Члены также предложили, чтобы участки с высокой посещаемостью были приоритетными. Некоторые Члены отметили необходимость оценки потенциальных препятствий для обновления Правил поведения для посетителей участков, которые не были обновлены, прежде чем предлагать изменения для Вопросника к Правилам.

(178) Комитет постановил одобрить неофициальные обсуждения для дальнейшей разработки предложений в рамках WP 52.

Рекомендации КООС для КСДА относительно Правил поведения для посетителей участков

(179) Комитет постановил рекомендовать КСДА призвать Стороны-авторы пересмотреть существующие Правила поведения для посетителей участков, используя Вопросник, принятый Резолюцией 4 (2021 г.).

(180) Аргентина представила WP 57 *Предлагаемое руководство для посетителей колонии императорских пингвинов на острове Серро-Невадо*, в котором представлены предлагаемые Правила поведения для посетителей колонии императорских пингвинов на острове Серро-Невадо (Сноу-Хилл). Аргентина отметила, что в предлагаемых Правилах поведения для посетителей участков также установлен кодекс поведения, в котором определены возможные последствия от воздействия посетителей и перечислены требования к высадке. Отметив, что императорский пингвин не был определен в качестве Особо охраняемого вида, Аргентина заявила о необходимости использования других инструментов управления для защиты колонии императорских пингвинов и

избежания дополнительных стрессовых факторов. Аргентина сообщила, что она уже получила ценные замечания по своему проекту Правил и надеется продолжить доработку проекта в рамках неофициальных обсуждений в межсессионный период.

(181) Комитет поблагодарил Аргентину за ее документ и многолетнюю работу по разработке руководящих положений по управлению колонией императорских пингвинов и участком для посетителей на острове Серро-Невадо (Сноу-Хилл). Он отметил важность разработки Правил поведения для посетителей участков для этой области, а некоторые Члены выразили готовность продолжить работу с Аргентиной над их разработкой.

(182) Нидерланды сообщили Комитету, что ранее они разрешали посещение колонии императорских пингвинов на острове Серро-Невадо (Сноу-Хилл) на вертолетах, но прекратят разрешать все полеты на вертолетах в рекреационных целях в соответствии с Резолюцией 4 (2023 г.) с сезона 2025–2026 гг. Ссылаясь на Резолюцию 4 (2023 г.), Нидерланды указали, что считают использование вертолетов для перевозки туристов на такие объекты, как остров Серро-Невадо (Сноу-Хилл), и обратно подпадающим под действие этой Резолюции, и выразили надежду на то, что правила для вертолетов, включенные в предлагаемые Правила поведения для посетителей участков острова Серро-Невадо, будут временными и что посещения вертолетов в конечном итоге будут запрещены.

(183) Комитет приветствовал предложение Аргентины провести неофициальное обсуждение предлагаемых Правил с целью представления пересмотренного проекта на 27-м КООС.

(184) Комитет принял к сведению указанные ниже Информационные документы, представленные в рамках данного пункта Повестки дня:

- IP 104 *A Five-Year Overview and 2023–24 Season Report on IAATO Operator Use of Antarctic Peninsula Landing Sites and ATCM Visitor Site Guidelines [Пятилетний обзор и сезонный отчет за 2023–2024 гг. об использовании Операторами МААТО мест высадки на Антарктический полуостров и Правил поведения КСДА для посетителей участков]* (МААТО);

- IP 108 *IAATO Site Management Methods [Методы управления участками, разработанные МААТО]* (МААТО).

9d) Пространственная охрана морской среды и меры пространственного управления.

(185) В рамках данного пункта Повестки дня не было представлено документов.

9e) Прочие вопросы, связанные с Приложением V

(186) Д-р Кевин Хьюз (Kevin Hughes) (Великобритания) представил вторую WP 43 *Отчет Вспомогательной группы по Планам управления о деятельности в межсессионный период 2023-2024 гг.* Перед ВГПУ в рамках ТЗ 6 поставлена задача рассмотреть и при необходимости пересмотреть существующие инструменты управления для защиты и последующего управления окружающей средой и местами обитания, подверженными риску вследствие изменения климата, а также рассмотреть, насколько эффективно и каким образом в них учитываются вопросы изменения климата. ВГПУ обсудила эту задачу в ходе двух раундов обсуждений и пришла к выводу, что, возможно, было бы целесообразно в первом раунде отдать приоритет (пересмотренному) Руководству по подготовке планов управления Особо охраняемыми районами Антарктики (Резолюция 2 (2011 г.). ВГПУ планировала начать эту работу в последующий межсессионный период и отчитаться о ходе работ перед 26-м КООС. Д-р Хьюз отметил, что Члены

из Норвегии и Великобритании руководили рассмотрением и последующим пересмотром (пересмотренного) Руководства по подготовке планов управления Особо охраняемыми районами Антарктики (Резолюция 2 (2011 г.). Хотя основная цель пересмотра заключалась в том, чтобы выяснить, насколько эффективно в Руководстве учитываются вопросы изменения климата, были также предприняты усилия по обновлению других элементов Руководства со времени его последнего пересмотра в 2011 г. Д-р Хьюз представил проект пересмотренного Руководства на рассмотрение ВГПУ в феврале 2024 г., и предложенные в результате пересмотра поправки были включены в проект пересмотренного Руководства.

(187) После дальнейшего обсуждения и консультаций Комитет одобрил рекомендации ВГПУ.

Рекомендации КООС для КСДА по пересмотренному Руководству по подготовке Планов управления Особо охраняемыми районами Антарктики

(188) В целях поддержки Сторон в принятии во внимание вопросов изменения климата с использованием существующих инструментов управления, Комитет согласился рекомендовать КСДА следующее:

- направить на утверждение проект Резолюции о пересмотренном Руководстве по подготовке Планов управления Особо охраняемыми районами Антарктики;

- запросить Секретариат обеспечить доступ к Приложению 2 к Руководству с внесенными в него поправками.

(189) ВГПУ также предложила план работы на межсессионный период 2024–2025 гг.

(190) Комитет поблагодарил ВГПУ за рекомендации и постановил принять предложенный план работы ВГПУ на 2024–2025 гг.:

Техническое задание	Предлагаемые задачи
ТЗ 1–3	Рассмотрение проектов планов управления, переданных КООС на межсессионное рассмотрение, и предоставление рекомендаций сторонникам (включая четыре незавершенных плана из предыдущего межсессионного периода).
	Предоставление Рабочего документа на 27-м КООС по ТЗ 1–3 ВГПУ.
ТЗ 4–6	Проведение работы с соответствующими Сторонами в целях ускорения хода работ по пересмотру планов управления с истекшими сроками обязательного пятилетнего пересмотра.
	Предварительное рассмотрение всех новых и пересмотренных планов управления и представление сводки рекомендаций КООС во время обсуждения пересмотренных планов управления.
	Пересмотр и обновление плана работы ВГПУ (дополнительная задача ВГПУ с учетом отчета SGCCR): Продолжить работы по действию 2(e) CCRWP, предписывающему «рассмотреть и, при необходимости, пересмотреть существующие инструменты управления для защиты и последующего управления окружающей средой и местами обитания, подверженными риску вследствие изменения климата», обсудить вопрос о том,

	эффективно ли и каким образом в них учитываются проблемы изменения климата, и предоставить отчет о ходе выполнения 27-го КООС. Пересмотреть ТЗ и отчитаться перед 27-м КООС.

(191) США представили WP 50 *Сводные требования к посещению Особо охраняемых районов Антарктики (ООРА)*, подготовленный совместно с Австралией и Новой Зеландией. США отметили, что многие посетители считают, что уровень детализации и сложность планов управления затрудняют понимание их требований. Авторы предложили предоставлять посетителям, имеющим разрешение, «Сводные требования участков» в качестве практического пособия для улучшения понимания и поддержки реализации подробных мер в плане управления участком. США подчеркнули, что Сводные требования участков будут полностью соответствовать, дополнять, а не каким-либо образом заменять полный план управления. Они также отметили, что сводные требования не будут обязательными и могут быть полезными только для небольшого числа участков, которые посещаются часто. Авторы рекомендовали Комитету:

- отметить важность обеспечения того, чтобы посетители ООРА были осведомлены о требованиях Плана управления;
- рассмотреть прилагаемый проект шаблона «Сводных требований к посещению ООРА» для утверждения в качестве рекомендации для КСДА;
- постановить, что «Сводные требования к посещению ООРА» в случае их наличия должны включаться в качестве приложения к соответствующим планам управления ООРА; и
- рассмотреть возможность пересмотра Руководства по подготовке Планов управления особо охраняемыми районами Антарктики (Резолюция 2 (2011 г.) с учетом добавления возможности подготовки «Сводных требований к посещению ООРА» в качестве вспомогательного инструмента для работающих в ООРА.

(192) Комитет поблагодарил авторов за эту полезную и практичную идею, которая поможет посетителям, получившим разрешение на доступ, лучше понять и соблюдать требования и ограничения, применимые к ним при входе в охраняемые районы.

(193) Некоторые Члены предложили улучшить сводные требования, в том числе перевести их на языки, на которых говорят те, кто чаще всего посещает участок, и включить в них пиктограммы для уточнения конкретных требований и ограничений. Было также отмечено, что сводные требования к посещению могут быть полезны для планов управления ОУРА, в т. ч. для указания местоположений ООРА в пределах ОУРА.

(194) Несколько Членов подчеркнули важность обеспечения того, чтобы разработка Сводных требований к посещению ООРА оставалась необязательной, отметив, что они не представляют особой ценности для редко посещаемых ООРА.

(195) Великобритания отметила, что если посетитель нарушил ограничение, не упомянутое в Сводных требованиях к посещению, может быть трудно принять меры против него, если он также не был проинструктирован прочитать соответствующий план управления. Некоторые Члены подчеркнули, что сводные требования станут частью плана управления и что посетители все равно должны будут формально соблюдать все требования плана управления. Они отметили, что эта проблема может быть решена путем обеспечения того, чтобы ВГПУ и КООС рассмотрели все Сводные требования к посещению ООРА, чтобы убедиться, что

в них указаны все запрещенные виды деятельности, перечисленные в соответствующем плане управления.

(196) После дальнейшего обсуждения Комитет постановил добавить предложение в заголовок Сводных требований к посещению ООРА в разделе «Важно». Это предложение должно гласить, что в случае противоречия между Сводными требованиями и Планом управления ООРА последний является приоритетным документом и положения Сводных требований не освобождают Стороны от их обязательств в соответствии со ст. 7 Приложения V к Протоколу по охране окружающей среды или от необходимости соблюдения посетителями требований Плана управления.

(197) С учетом этих поправок Комитет согласился с рекомендациями WP 50.

Рекомендации КООС для КСДА по Сводным требованиям к посещению ООРА

(198) Комитет рекомендовал КСДА согласиться одобрить разработку Сводных требований к посещению ООРА, когда это уместно и полезно, для обеспечения того, чтобы попадающие в ООРА лица были осведомлены о требованиях Плана управления. Комитет постановил, что Сводные требования к посещению ООРА будут включены в качестве приложения к соответствующим Планам управления ООРА.

(199) Комитет отметил, что рассмотрит вопрос о пересмотре Руководства по подготовке Планов управления Особо охраняемыми районами Антарктики (Резолюция 2 (2011 г.) в целях включения в него опции подготовки Сводных требований к посещению ООРА.

(200) АСОК представила IP 151 *Spatial protection supports scientific research [Пространственная охрана поддерживает научные исследования]*. Ссылаясь на свой анализ всех предварительных оценок ООРА, представленных в КООС в период 2017–2024 гг., АСОК отметила, что научные исследования являются частью обоснования и приоритетов для всех предлагаемых ООРА. АСОК пришла к выводу, что пространственная охрана способствует охране ценностей окружающей среды и научных исследований. АСОК также отметила, что охраняемые районы в Антарктике вносят свой вклад в достижение глобальных целей охраны, таких как выполнение минимум на 30% задачи по защите морской и наземной среды, поставленной в Куньминско-Монреальской глобальной рамочной программе в области биоразнообразия 2022 г., которая была поддержана большинством Сторон.

(201) АСОК представила IP 152 *Developing a systematic approach to addressing the footprint of tourism [Разработка систематического подхода к рассмотрению воздействия туризма]*, в котором отмечено, что согласно оценкам территория, подверженная воздействию туризма на Антарктическом полуострове, больше, чем площадь, охраняемая во всех ООРА. АСОК рекомендовала:

- управление туризмом с помощью дополнительных методов, включая систематическое планирование природоохранной деятельности, чтобы определить, какие районы нуждаются в дополнительной охране, а какие и так пригодны для посещения;

- установление целей по сохранению, таких как охрана не менее 30% наземных, прибрежных и морских районов к 2030 г.; а также

- создание более крупных региональных ОУРА, ориентированных на управление туризмом.

(202) Комитет принял к сведению указанные ниже Информационные документы, представленные в рамках данного пункта Повестки дня:

- IP 117 *Consolidation of the Argentine-Spanish Permanent Instrumental Volcano Monitoring Network on Deception Island volcano [Объединение аргентинско-испанской постоянной сети инструментального мониторинга вулканов на вулкане острова Десепшен]* (Аргентина, Испания);

- IP 179 *Report of the management group for Antarctic Specially Managed Area (ASMA) No. 4 Deception Island for the period 2023/24 [Отчет группы управления Особо управляемого района Антарктики (ОУРА) № 4 «Остров Десепшен» за период 2023/2024 гг.]* (Аргентина, Великобритания, Испания, Норвегия, США, Чили, АСОК, МААТО).

Пункт 10. Сохранение антарктической флоры и фауны

10a) Карантин и неместные виды

(203) СКАР представил WP 47 rev. 1 *Обновленная информация о высокопатогенном птичьем гриппе в Антарктике*, подготовленный совместно с КОМНАП, МААТО и АНТКОМ. В нем представлена обновленная информация о текущем состоянии, известных последствиях от ВППГ в Антарктике и реакции сообщества на него. СКАР отметил, что первый подтвержденный случай ВППГ в районе действия Договора об Антарктике был зарегистрирован в феврале 2024 г., и в настоящее время подтвержденные случаи зарегистрированы в общей сложности на семи участках, а предполагаемые случаи – еще на семи участках. Поморники, по-видимому, являются наиболее пострадавшим видом, а у доминиканских чаек, пингвинов папуа, пингвинов Адели и антарктических морских котиков также наблюдаются признаки гриппа. СКАР отметил ограниченность информации о механизмах распространения вируса. Были явные признаки того, что вирус попал в Антарктику в результате естественной миграции, а не в результате прямой деятельности человека или взаимодействия с дикими животными. СКАР подчеркнул, что его Сеть охраны здоровья диких животных Антарктики (AWHN) создала централизованную базу данных для сбора подробной информации о предполагаемых и подтвержденных вспышках в Субантарктике и Антарктике на основе отчетов, представленных сообществом (IP 165 *SCAR response to risk of High Pathogenicity Avian Influenza in Antarctica [Реагирование СКАР на риск высокопатогенного птичьего гриппа в Антарктике]*). СКАР подчеркнул, что постоянный мониторинг и отчетность о предполагаемых и подтвержденных случаях имеют решающее значение для дальнейшего изучения воздействия ВППГ на дикую природу Антарктики. СКАР предупредил, что существует высокая вероятность того, что в течение зимы ВППГ будет присутствовать в районах, где были зарегистрированы подтвержденные случаи, и риск высокой смертности останется прежним в сезоне гнездования животных 2024–2025 гг. Для устранения существующих рисков ВППГ в Антарктике СКАР, КОМНАП и МААТО предоставили рекомендации для рассмотрения Комитетом.

(204) Комитет высоко оценил сотрудничество соавторов и поблагодарил их за координацию в области мониторинга и отчетности. Многие Члены выразили признательность за базу данных Антарктической сети охраны здоровья диких животных (AWHN) СКАР. Комитет выразил глубокую обеспокоенность в связи с рисками ВППГ для дикой природы Антарктики и здоровья человека, а также подтвердил важность продолжения усилий по мониторингу и предотвращению распространения. Многие Члены поделились информацией о мерах

2. Отчет КООС 26

биобезопасности в отношении ВППГ, реализованных их национальными антарктическими программами, включающих предложения СКАР и КОМНАП. Некоторые Члены предложили еще более упорядочить обмен информацией о предполагаемых случаях ВППГ, особенно для Комитета и национальных компетентных органов.

(205) Отметив реализацию мер биобезопасности с использованием Практического руководства AHWN по ВППГ и руководства КОМНАП, Республика Корея сослалась на IP 126 *Joint Efforts in the Rapid Detection of Avian Influenza Virus in Antarctic Wildlife on King George Island, South Shetland Islands [Совместные усилия по быстрому обнаружению вируса птичьего гриппа в дикой природе Антарктики на острове Кинг-Джордж, Южные Шетландские острова]*, подготовленный совместно с Уругваем и Чили, а также на IP 127 *Practices of the Korean Program to Prevent Highly Pathogenic Avian Influenza in Antarctica [Методы корейской программы по предотвращению высокопатогенного птичьего гриппа в Антарктике]*.

(206) В отношении мониторинга вблизи исследовательских станций некоторые Члены сообщили, что они обнаружили предполагаемые положительные случаи ВППГ, в то время как другие Члены сообщили, что они не обнаружили положительных случаев, но оставались бдительными. Некоторые Члены отметили, что мониторинг сопряжен со многими логистическими проблемами на местах, но по-прежнему имеет первостепенное значение. Заглядывая в будущее, Члены подчеркнули полезность принятия предупредительного подхода, поддержания надежных мер биобезопасности для национальных антарктических программ и туроператоров, а также сохранения открытых линий связи между Членами.

(207) Нидерланды призвали к применению согласованного подхода к мониторингу ВППГ и предложили недавно разработанный протокол мониторинга в качестве вклада в такую гармонизацию. Нидерланды далее предложили две рекомендации в дополнение к тем, которые уже были предложены в WP 47 rev. 1, отметив, что хотя распространение вируса в результате деятельности человека, вероятно, не будет самым существенным путем, возникновение ВППГ требует применения предупредительного подхода:

- призвать правительства и неправительственные организации воздерживаться от несущественных посещений (разрешая только важнейшие научные исследования, в том числе по ВППГ) изолированных популяций птиц и млекопитающих в ближайшие годы в ожидании дальнейшей доработки протоколов биобезопасности; а также

- после подтверждения случаев ВППГ на конкретном участке закрывать этот участок на оставшуюся часть сезона для несущественных посещений (разрешая только важнейшие научные исследования), чтобы предотвратить распространение из-за деятельности человека.

(208) Многие Члены поддержали дополнительные рекомендации, выдвинутые Нидерландами, но некоторые Члены не смогли поддержать эти рекомендации, пока не получат возможность рассмотреть вопрос о том, основаны ли они на наилучших имеющихся научных данных.

(209) МААТО сообщила, что ее совместные усилия по решению проблемы ВППГ и процедурам отчетности начались до сезона 2022–2023 гг. и были активизированы в сезоне 2023–2024 гг. Особое внимание было уделено разработке протокола коммуникации и Протокола оценки ВППГ в дикой природе в сотрудничестве со СКАР и КОМНАП. Протоколы МААТО включали оценку перед высадкой и 48-часовое закрытие участков, когда это считалось необходимым, в то время как

Заключительный отчет КСДА 46

СКАР проводил дальнейшую оценку. МААТО отметила, что в этом сезоне три участка были закрыты в результате применения Протокола из-за подозрений на ВППГ.

(210) НК-АНТКОМ заявил, что он проконсультировался с экспертами с целью разработки мер реагирования на ВППГ для наблюдателей и экипажей рыболовных судов и что он продолжит сотрудничество с СКАР, КОМНАП, МААТО и национальными антарктическими программами для управления рисками, связанными с ВППГ.

(211) АСОК призвала к продолжению сотрудничества и координации в области ВППГ и подчеркнула необходимость применения крайне предупредительного подхода для того, чтобы деятельность человека не ухудшала ситуацию. АСОК рекомендовала Сторонам Договора об Антарктике быть готовыми к принятию немедленных мер предосторожности, включая рекомендации о том, когда приостанавливать научные исследования и туристическую деятельность.

(212) Комитет поддержал рекомендации WP 47 rev. 1. Члены также отметили актуальность WP 56 *Профилактика, контроль и управление птичьим гриппом в Антарктике: Необходимость унификации критериев биобезопасности* (Чили), представленного на КСДА по этой теме, и сочли, что в дальнейшем Сторонам будет целесообразно учесть ряд поднятых вопросов при рассмотрении этого документа.

Рекомендации КООС для КСДА по ВППГ в Антарктике

(213) Комитет сообщил КСДА, что он согласен со следующими рекомендациями:

- обеспечить строгое соблюдение руководящих принципов и процедур биобезопасности в отношении ВППГ для устранения или снижения риска для человека, а также риска распространения болезни в Антарктике в результате деятельности человека;
- поощрять постоянную бдительность и мониторинг, а также отбор проб и тестирование, когда необходимая деятельность возможна и разрешена; и
- продолжать сообщать и обмениваться информацией о предполагаемых и подтвержденных случаях (в том числе в рамках проекта мониторинга ВППГ Сети охраны здоровья диких животных Антарктики СКАР (AWHN), поддерживать сотрудничество, информировать о принятии решений и улучшать научное понимание распространения и воздействия болезни.

(214) МААТО представила IP 105 *IAATO Operator Response to High Pathogenicity Avian Influenza [Реагирование операторов МААТО на высокопатогенный птичий грипп]*. Она подчеркнула, что ее процедуры биобезопасности всегда были в центре деятельности ее операторов-членов и что уже существуют надежные процедуры для защиты Антарктики от интродукции или распространения патогенов и неместных видов. МААТО сообщила о своих расширенных процедурах на сезон 2023–2024 г. и отметила инструменты, которые они предоставили членам для оказания помощи в выявлении и контроле ВППГ. МААТО сообщила, что она также подготовила объяснения для своих гостей, чтобы помочь объяснить, почему действуют строгие протоколы по ВППГ. Отметив другие документы Сторон о необходимости дальнейших исследований в области ВППГ и о том, как это может повлиять на окружающую среду Антарктики, МААТО отметила, что экспедиция HPAI Australis финансировалась МААТО, проектом Европейского Союза Horizon Europe Kappa-Flu и Испанским национальным исследовательским советом

2. Отчет КООС 26

(CSIC). МААТО отметила, что группа исследовала наличие и влияние инфекций ВППГ в районе полуострова Тринити и северной части моря Уэдделла. МААТО сообщила, что планирует принять меры в предстоящем сезоне, включая совершенствование протоколов и инструментов, проведение информационных собраний и вебинаров, а также поддержку значимых научных исследований, где это уместно.

(215) КОМНАП представил IP 4 *Actions in response to heightened risk of highly pathogenic Avian influenza (HPAI) in Antarctica [Реагирование на повышенный риск высокопатогенного птичьего гриппа (ВППГ) в Антарктике]*. КОМНАП заявил, что готовность к ВППГ и его понимание достигаются в значительной степени совместными и общими усилиями. КОМНАП подчеркнул, что протоколы были разработаны и внедрены таким образом, чтобы деятельность человека не способствовала распространению ВППГ и что национальные антарктические программы, особенно на Антарктическом полуострове, имеют протоколы биобезопасности, основанные на рекомендациях КОМНАП, а обучение их сотрудников перед отправкой и на местах включает информацию о ВППГ. КОМНАП сообщил, что на сегодняшний день в рамках национальных антарктических программ было собрано более 1000 проб, связанных с ВППГ. КОМНАП продолжит обсуждение ВППГ на своем предстоящем совещании в августе 2024 г.

(216) Республика Корея представила IP 125 *Eradicating Non-Native Fly, Trichocera maculipennis, at the King Sejong Station: Outcomes and Insights [Искоренение неместной мухи Trichocera maculipennis со станции Кинг-Седжон: результаты и уроки]*, в котором сообщается об успешном искоренении Trichocera maculipennis со станции Кинг-Седжон.

(217) Польша представила IP 99 *Monitoring of the presence of a non-native fly, Trichocera maculipennis, in ASPA No. 128 [Мониторинг и искоренение неместной мухи Trichocera maculipennis в ООРА № 128]* и IP 100 *Monitoring and eradication of a non-native grass, Poa annua, from the Western Shore of Admiralty Bay, King George Island, South Shetland Islands - 2023/2024 update [Мониторинг и искоренение неместной травы Poa annua с западного берега залива Адмиралти, о-в Кинг-Джордж, Южные Шетландские о-ва – обновление 2023/2024 гг.]*. Польша заявила, что с декабря 2023 г. по март 2024 г. было проведено 35 мероприятий по искоренению, в результате которых было уничтожено 4 149 трав. Она также сообщила, что мониторинг мухи начался летом 2023 г и что в ООРА № 128 наблюдалось около 1000 особей, в то время как еще пять наблюдались в инфраструктуре станции. Польша отметила, что искоренить эти два вида трудно, но усилия продолжаются. Она также подчеркнула ценность Мини-руководства по антарктическим инвазивным видам Британской антарктической службы (BAS) и призвала Членов прочитать его.

(218) Комитет поблагодарил Польшу за текущие усилия по мониторингу и искоренению неместных видов и призвал Польшу продолжить эту важную работу и представить отчет Комитету.

(219) Комитет принял к сведению указанные ниже Информационные документы, представленные в рамках данного пункта Повестки дня:

- IP 21 *New findings on the presence of non-native insects on the South Shetland Islands [Новые данные о присутствии неместных насекомых на Южных Шетландских островах]* (Чили);

- IP 28 *Monitoring and detection of Highly Pathogenic Avian Influenza (HPAI) in the South Shetland Islands and Antarctic Peninsula [Мониторинг и обнаружение высокопатогенного птичьего гриппа (ВППГ) на Южных Шетландских островах и Антарктическом полуострове]* (Чили);

Заключительный отчет КСДА 46

- IP 39 *Avian Influenza: Situation in Argentine Antarctic Bases [Птичий грипп: Ситуация на аргентинских станциях]* (Аргентина);

- IP 41 *Australia's Preparedness and Response for Avian Influenza [Готовность и реагирование Австралии на птичий грипп]* (Австралия);

- IP 139 *Actions taken by the Peruvian Antarctic Programme to tackle Highly Pathogenic Avian Influenza (HPAI) in the surroundings of the ECAMP- Antarctic Peninsula [Действия, предпринятые антарктической программой Перу, для борьбы с высокопатогенным птичьим гриппом (ВППГ) в окрестностях ЕСАМР – Антарктический полуостров]* (Перу);

- IP 165 *SCAR response to risk of High Pathogenicity Avian Influenza in Antarctica [Реагирование СКАР на риск высокопатогенного птичьего гриппа в Антарктике]* (СКАР).

10b) Особо охраняемые виды

(220) СКАР представил WP 48 *Обновленная информация о статусе императорских пингвинов в изменчивой и меняющейся среде*, а котором представлены результаты недавно опубликованной 10-летней циркумполярной оценки (2009–2018 гг.) колоний императорских пингвинов на основе спутниковых изображений, полевых валидационных исследований и байесовского моделирования, для оценки численности и тенденции изменений популяции взрослых императорских пингвинов во всем их ареале. СКАР отметил, что документ содержит контекст предыдущей оценки СКАР, согласно которой императорские пингвины могут быть уязвимы к текущим и прогнозируемым воздействиям изменения климата (КСДА XLIII–WP 37). Он сообщил, что недавнее исследование показало вероятный упадок на 9,6% за период исследования, и отметил, что вероятность снижения численности популяции была выше в регионах, где имелись тенденции к сокращению берегового припая. Факторы этого изменения еще не были полностью изучены, поэтому СКАР подчеркнул важность дальнейших международных совместных исследований. Далее он сослался на новую информационную сводку об императорских пингвинах, которая была опубликована на Портале окружающей среды Антарктики. СКАР отметил, что предыдущие решения КООС подчеркнули важность продолжения представления информации об оценках и мониторинге популяции этого вида.

(221) Комитет поблагодарил СКАР за WP 48 и его исследование императорских пингвинов.

(222) Многие Члены отметили, что в документе представлены данные исследований, которые подтверждают более ранние рекомендации СКАР по присвоению статуса Особо охраняемого вида. Члены подчеркнули, что исследователи наблюдали снижение численности императорских пингвинов и что зависимость этого вида от уменьшения площади морского льда как места гнездования означает, что сокращение популяции, вероятно, продолжится.

(223) Китай предположил, что в WP 48 поднимаются вопросы, связанные с предложением, содержащимся в WP 34. Китай подчеркнул значительную неопределенность в этой оценке и отметил вывод WP 48 о том, что причины сокращения численности пингвинов еще не полностью изучены и необходимо проведение более обширных исследований и мониторинга. Китай также отметил, что оценка в WP 48 показала слабую корреляцию (коэффициент ранговой корреляции Спирмена r^2 = -0,52) между региональными трендами берегового припая и численностью популяции. Китай также отметил, что численность

2. Отчет КООС 26

императорских пингвинов в 2009 г. была скорректирована в WP 48, и предположил, что эта корректировка объясняет наблюдаемое снижение на 9,6%.

(224) Китай поддержал предложения WP 48 по укреплению сотрудничества между национальными антарктическими программами в области исследований с целью улучшения понимания факторов, которые могут быть движущей силой наблюдаемого изменения численности популяции. Китай напомнил о своих рекомендациях по разработке плана целевых исследований и мониторинга для императорских пингвинов (XLIV КСДА – WP 35) и о предыдущем выводе СКАР о том, что может быть целесообразно создать схемы мониторинга для тех видов, которые оцениваются как близкие к уязвимому положению (XXVIII КСДА – WP 34).

(225) СКАР пояснил, что хотя оценка в WP 48 показала ограниченную корреляцию между трендами индекса численности популяции и региональными трендами берегового припая, это корреляция была тем не менее статистически значимой. Кроме того, оценочный период этого исследования (2009–2018 гг.) не включал недавний период очень низкой площади морского льда. СКАР добавил, что недавние исследования показали, что раннее вскрытие морского льда повлияло на успешность гнездования императорских пингвинов.

(226) СКАР также подтвердил, что недавно опубликованный анализ обновил предыдущую оценку численности популяции на 2009 г., отметив, что новый индекс численности был более консервативным. Наблюдаемое снижение популяции на 9,6% не было связано с обновлением оценки популяции и фактически было бы больше без корректировки.

(227) СКАР отметил комплексность факторов изменения популяций императорских пингвинов, но повторил, что сокращение популяции является очевидным. Он далее отметил, что неопределенность является неотъемлемой чертой развития научного понимания и что Комитет имеет долгую историю применения предупредительного подхода к охране окружающей среды Антарктики. СКАР отметил, что будущие исследования, необходимые для изучения причин наблюдаемого сокращения популяции, значительно выиграют от международного сотрудничества в рамках научного сообщества, и призвал всех Членов рассмотреть возможность участия в Экспертной группе СКАР по птицам и морским млекопитающим. Наконец, СКАР отметил, что, по его мнению, проект Плана действий по особо охраняемым видам в WP 34 поможет поддержать такие исследования.

(228) МСОП напомнил Комитету, что в Красном списке МСОП статус «Близкие к уязвимому положению» не указывает на стабильную популяцию. МСОП отметил, что публикации, цитируемые в WP 34, могут изменить статус императорских пингвинов в Красном списке, когда он будет рассмотрен в следующий раз. МСОП подчеркнул, что КООС не нужно ждать и может использовать свой собственный научный опыт при принятии управленческих решений.

(229) Комитет поблагодарил СКАР за приверженность продолжению этой работы и призвал заинтересованных Членов внести свой вклад в эту важную тему. Он также поддержал рекомендацию СКАР призвать Стороны поддержать расширенное сотрудничество в рамках национальных антарктических программ для улучшения понимания видов и факторов, способствующих наблюдаемому изменению популяции.

(230) Великобритания представила WP 34 *Предложение по включению императорских пингвинов в перечень Особо охраняемых видов Антарктики*, подготовленный совместно с Австралией, Германией, Монако, Новой Зеландией, Норвегией, США

и Францией. В документе освещены недавние исследования, свидетельствующие о сокращении популяции императорских пингвинов в период 2009–2018 гг. и последующий рост частоты упадка колоний императорских пингвинов из-за вскрытия берегового припая, на котором они гнездятся. Великобритания отметила, что полное вскрытие берегового припая до оперения птенцов приведет к полной или частичной невозможности гнездования. Далее сообщалось, что площадь и концентрация весеннего и летнего морского льда во все сезоны вокруг Антарктиды значительно сократились с 2016 г. С 2016 г. были отмечены четыре из зарегистрированных минимумов площади морского льда, а в 2022 и 2023 гг. наблюдались рекордно низкие значения площади морского льда в летний период. В отношении моделей МГЭИК, согласно которым площадь морского льда будет продолжать уменьшаться при нынешних уровнях выбросов парниковых газов, Великобритания отметила, что по прогнозам это приведет к дальнейшему резкому снижению успешности гнездования императорских пингвинов и, вероятно, к почти полному исчезновению к концу века. Великобритания пришла к выводу, что это исследование указывает на проблемы, с которыми этот вид столкнется в последующие десятилетия, и оно дает основание для включения императорского пингвина в список Особо охраняемых видов.

(231) Принимая во внимание эти выводы и более ранние рекомендации СКАР, соавторы рекомендовали:

- Комитету признать пагубное воздействие изменения климата на численность популяции императорских пингвинов и успешность гнездования;

- направить проект Плана действий по особо охраняемым видам для императорского пингвина (XLIV КСДА – WP 34) и оценку СКАР охранного статуса императорского пингвина как уязвимого к текущим и прогнозируемым последствиям изменения климата (XLIII КСДА – WP 37) на рассмотрение КСДА; и

- рекомендовать КСДА (i) классифицировать императорского пингвина как Особо охраняемый вид в соответствии с Приложением II к Протоколу посредством принятия проекта Меры в Приложении А и (ii) призвать Стороны к своевременному выполнению Плана действий по особо охраняемым видам.

(232) Комитет выразил благодарность авторам предложения за подготовленный ими WP 34. Многие Члены выразили обеспокоенность по поводу охранного статуса императорских пингвинов и подчеркнули, что исследования, представленные в WP 34 и WP 48, дополняют, а не умаляют выводы СКАР о том, что императорские пингвины уязвимы к текущим и прогнозируемым изменениям климата. Эти Члены поддержали решительные действия с использованием всех инструментов, имеющихся в распоряжении Комитета.

(233) Многие Члены настоятельно рекомендовали Комитету принять предупредительный подход и включить императорского пингвина в список Особо охраняемых видов. Они подчеркнули, что любые оставшиеся неопределенности в отношении факторов сокращения популяций императорских пингвинов не должны препятствовать действиям КСДА, поскольку неопределенность присуща научным исследованиям. Они также подчеркнули важность снижения воздействия дополнительной деятельности человека на виды, отметив, что ВППГ представляет собой новую угрозу высокого риска. Многие Члены описали исследования императорских пингвинов, проведенные их исследователями, и сообщили о снижении численности пингвинов в конкретных колониях.

2. Отчет КООС 26

(234) МСОП решительно поддержала включение императорских пингвинов в список Особо охраняемых видов Антарктики. МСОП отметил, что две трети Членов также являются членами МСОП и что неопределенность не является основанием для отказа в признании императорского пингвина Особо охраняемым видом. МСОП отметил, что Комитету не нужно ждать, чтобы понять, почему популяции сокращаются, чтобы защитить вид, и вместо этого он должен действовать на основе наилучших имеющихся научных данных. МСОП предложил Комитету работать над усилением охраны императорского пингвина.

(235) Многие Члены рекомендовали продвигать проект Плана действий по особо охраняемым видам и заявили, что они будут продолжать применять и продвигать проект Плана действий в своей деятельности.

(236) Российская Федерация выразила обеспокоенность относительно своей позиции по поводу научной неопределенности в отношении факторов сокращения популяции императорских пингвинов. Она также заявила, что включение императорского пингвина в список Особо охраняемых видов может привести к сокращению научных исследований этого вида, сославшись на определение Особо охраняемого вида тюленя Росса как препятствие для научных исследований.

(237) В ответ на это Великобритания отметила, что тюлень Росса был признан Особо охраняемым видом в 1966 г. в качестве меры предосторожности, поскольку информации о его природоохранном статусе не было, а более высокая степень охраны уменьшала бы вмешательство человека до тех пор, пока не будут проведены необходимые исследования. Поэтому определение вида как Особо охраняемого должно расширить возможности для исследований, необходимых для подкрепления природоохранных действий.

(238) Китай отметил соображение в WP 34, что признание императорского пингвина Особо охраняемым видом мало повлияет на изменения площади и продолжительности морского льда, зарегистрированные в последние годы, которые привели к упадку колоний императорских пингвинов, в то время как определение Особо охраняемого вида предоставит возможность управлять деятельностью человека в Антарктике, чтобы свести к минимуму дополнительные воздействия на виды. Китай также отметил вывод в проекте Плана действий по Особо охраняемым видам для императорского пингвина (Приложение XLIV КСДА – WP 34) о том, что другие известные и новые наземные и морские угрозы, воздействующие на императорских пингвинов, за исключением изменения климата, считаются относительно небольшими, если не незначительными. Китай также подчеркнул, что в проекте Плана действий также обобщены почти 10 видов мер управления по охране императорского пингвина, уже существующих в Системе Договора об Антарктике. В результате Китай выразил сомнение в наличии достаточного научного и управленческого обоснования для включения императорского пингвина в список Особо охраняемых видов.

(239) Комитет не смог достичь консенсуса относительно необходимости признания императорского пингвина Особо охраняемым видом и отметил, что различные мнения Комитета должны быть доведены до сведения КСДА.

(240) Далее он постановил, что охрана императорских пингвинов должна оставаться высокоприоритетной задачей для Комитета. Многие Члены подчеркнули, что КООС следует продолжать поощрять использование проекта Плана действий для императорского пингвина в качестве руководства для поддержки действий по охране и управлению, а также по исследованиям и мониторингу. Комитет также призвал к дальнейшему межсессионному обсуждению этого вопроса, чтобы решить любые нерешенные вопросы до заседания в следующем году, а также подчеркнул важность всестороннего участия в этих обсуждениях.

Рекомендации КООС для КСДА по предлагаемому включению императорских пингвинов в список Особо охраняемых видов Антарктики

(241) Комитет постановил уведомить КСДА о том, что большинство Членов решительно поддержали рекомендацию о включении императорского пингвина в список Особо охраняемых видов, но консенсуса достигнуто не было. Мнения, выраженные в ходе обсуждения, представлены в параграфах 230-240.

10c) Прочие вопросы, связанные с Приложением II

(242) Испания представила IP 42 *Measures taken to guarantee the safety of activities carried out during the Spanish Antarctic campaign in the face of the threat of highly pathogenic avian influenza [Меры, предпринятые для обеспечения безопасности деятельности, проводимой во время антарктической экспедиции Испании, в контексте угрозы высокопатогенного птичьего гриппа]*. В документе подчеркивается риск ВППГ для людей и сообщается, что в настоящее время на испанской антарктической станции Габриэль де Кастилья на острове Десепшен имеется лаборатория молекулярной диагностики *in situ* для раннего выявления вируса. Испания также сообщила, что в настоящее время она разработала свою «Процедуру высадки в районах присутствия животных и там, где возможно заражение птичьим гриппом», предназначенную для научного и технического персонала на борту судов.

(243) Испания представила IP 131 *terrANTALife: increasing the availability of terrestrial and freshwater biodiversity data checklists to inform CEP decision-making [terrANTALife: повышение доступности контрольных перечней данных о наземном и пресноводном биоразнообразии для принятия решений КООС]*, подготовленный совместно со СКАР и Австралией. Она заявила, что это тщательно подобранный контрольный список данных о биоразнообразии, включающий широкий каталог известных эукариотических и прокариотических форм жизни в антарктических наземных экосистемах. Испания сообщила, что это крупнейшая на сегодняшний день база данных о неморском биоразнообразии Антарктики, и поддержала Приоритет 2 «Знания о биоразнообразии» Пятилетнего плана работы КООС.

(244) Бельгия поблагодарила Испанию, СКАР и Австралию, а также членов ANT-ICON за их работу и подчеркнула, что база данных содержит информацию о часто игнорируемых микроорганизмах. Она также выразила признательность за то, что база данных с самого начала была разработана для поддержки как науки, так и управления.

(245) Комитет принял к сведению указанный ниже Информационный документ, представленный в рамках данного пункта Повестки дня:

- IP 64 *Considerations for conducting and reporting on remotely piloted aircraft system (RPAS) surveys of penguin colonies [Соображения по проведению обследований колоний пингвинов с использованием дистанционно пилотируемых авиационных систем (ДПАС) и последующей отчетности]* (Великобритания, США).

Пункт 11. Мониторинг окружающей среды и отчетность

(246) Уругвай представил WP 45 *Доклад Межсессионной контактной группы (МКГ) по международной системе мониторинга окружающей среды*, в котором напоминается, что на XXV заседании КООС Комитет постановил создать МКГ с целью разработки предложения по общей системе мониторинга воздействия на

окружающую среду. В документе отмечено, что Стороны признали необходимость мониторинга, выявления и оценки антропогенного воздействия на окружающую среду в районе действия Договора об Антарктике с начала 1970-х годов. Уругвай сообщил, что с тех пор экологический мониторинг был включен в повестку дня большинства КСДА. Однако он заявил, что согласованный подход к мониторингу все еще отсутствует. Уругвай напомнил Членам, что Комитет определил мониторинг и доклады о состоянии окружающей среды как вопрос с Приоритетом 2 в своем Пятилетнем плане работы. Уругвай заявил, что после первого раунда консультаций несколько Членов выразили обеспокоенность по поводу возможности достижения ожидаемого прогресса всего за один год. После второго раунда обсуждений многие Члены по-прежнему подчеркивали важность достижения общего понимания цели и масштаба системы мониторинга, а также необходимость учета при разработке системы Практического руководства по разработке и организации программ мониторинга окружающей среды в Антарктике (2005 г.), разработанного СКАР и КОМНАП.

(247) В качестве координатора МКГ Уругвай рекомендовал КООС:

- продлить работу МКГ на два года;

- поручить МКГ подготовить доклад для 27-го КОСС, содержащий утвержденные определения того, что такое международная система мониторинга окружающей среды в контексте Протокола, ее задач и ее масштаба;

- согласовать конкретные параметры структуры системы;

- одобрить проведение очного семинара до 48-го КСДА (2026 г.), на котором следует установить четкие цели международной системы мониторинга окружающей среды, определить критерии для ее структуры и согласовать план ее реализации;

- поручить КОМНАП подготовить перечень программ мониторинга окружающей среды, осуществляемых национальными антарктическими программами, и представить его 27-м КООС; и

- поручить СКАР подготовить отчет для его представления на 27-м КООС с кратким изложением текущих континентальных или региональных схем мониторинга в Антарктике и Южном океане, проводимых другими релевантными органами, такими как НК-АНТКОМ и АКАП, которые разработали и внедрили комплексные подходы к мониторингу ключевых параметров, имеющих природоохранное значение для Антарктики.

(248) Комитет поблагодарил Уругвай за его доклад и выразил признательность Уругваю за его руководство в МКГ в разработке предложения по общей системе мониторинга окружающей среды. Он подчеркнул важность и комплексность мониторинга окружающей среды, который требует дальнейшей совместной работы. Комитет подчеркнул, что мониторинг окружающей среды является обязательством в соответствии со ст. 12 Протокола по охране окружающей среды и важным инструментом его работы. В дальнейшем Члены отметили, что крайне важно достичь общего понимания целей, задач и масштаба системы мониторинга окружающей среды. Многие Члены отметили целесообразность получения рекомендаций и информации от СКАР и КОМНАП, а также подчеркнули необходимость определения масштаба задачи и учета бремени, которое такая система возложит на эти организации. Члены отметили ряд других элементов, которые важно рассмотреть, включая: необходимость международного сотрудничества; обмен информацией и данными; уделение внимания проблеме кумулятивного воздействия; использование предыдущей работы по мониторингу

(249) СКАР заявил, что он вряд ли сможет представить полный отчет на 27-м КООС, но продолжит предоставлять КООС информацию, включая продолжение работы по системам наблюдения за Антарктикой, описанной в IP 163.

(250) КОМНАП сообщил, что не сможет представить отчет на 27-м КООС, но отметил, что рассмотрит вопрос о его включении в свой план работы и при необходимости попросил Членов разъяснить, что должен включать такой отчет.

(251) Члены предложили отложить рассмотрение будущих шагов, таких как возможное проведение очного семинара, до тех пор, пока МКГ не определит цели, задачи и масштаб системы мониторинга.

(252) Комитет постановил продлить работу МКГ еще на год и отметил, что она должна сосредоточиться на отчете, в котором будут изложены цели, задачи и масштаб системы.

Рекомендация КООС для КСДА по международной системе мониторинга окружающей среды

(253) Комитет постановил уведомить КСДА о продлении работы МКГ по разработке международной системы мониторинга окружающей среды еще на один год со следующим Техническим заданием:

- подготовка отчета для 27-го КООС, подготовка согласованных определений: (1) что такое международная система мониторинга окружающей среды в контексте Протокола, (2) ее задачи (т. е. краткое объяснение ее целей) и (3) ее масштаб (т. е. краткое описание того, что должно подлежать мониторингу в рамках системы) с учетом соответствующих положений Протокола по охране окружающей среды, содержащихся в КООС 26 - WP 45;

- обзор существующих инициатив по наблюдению и мониторингу в континентальном масштабе с целью подготовки первоначального набора параметров и показателей, которые могут быть включены в систему;

- МКГ будет работать в межсессионный период и доложит о результатах 27-го КООС. Наблюдатели были приглашены к участию в работе МКГ.

(254) Комитет приветствовал предложение Уругвая и Нидерландов выступить в качестве координаторов МКГ.

(255) СКАР представил WP 46 *Пример онлайн-приложения СКАР для подачи информации для представления докладов о состоянии окружающей среды Антарктики (ДСОСА),* в котором описываются результаты работы Программы научных исследований СКАР Ant-ICON по разработке примера онлайн-приложения для предоставления информации для Докладов о состоянии окружающей среды Антарктики (ДСОСА). Он напомнил, что КООС определил отчетность о состоянии окружающей среды в качестве приоритета. СКАР отметил, что если КООС сочтет это полезным, он может рассмотреть вопрос о предоставлении дополнительных наборов экологических данных, имеющих отношение к ДСОСА, используя один и тот же подход к собранным на одном ресурсе онлайн-приложениям по разным темами. Он также предположил, что Портал окружающей среды Антарктики СКАР является платформой для предоставления директивным органам информации, относящейся к политике, и в будущем он может оказаться эффективным и обновляемым механизмом

2. Отчет КООС 26

предоставления информации, относящейся к ДСОСА. СКАР представил видео, демонстрирующее, как использовать пример онлайн-приложения для получения данных о неместных видах и их визуализации.

(256) СКАР рекомендовал КООС рассмотреть пример онлайн-приложения, разработанного СКАР, в качестве механизма предоставления КООС информации, относящейся к ДСОСА. СКАР запросил мнения Членов: о целесообразности этого онлайн-инструмента; какие еще темы следует рассмотреть для поддержки Комитета при предоставлении им рекомендаций КСДА о состоянии окружающей среды Антарктики; и может ли и как может информация, относящаяся к ДСОСА, регулярно представляться, чтобы обеспечить контекст для обсуждений КООС.

(257) Комитет поблагодарил СКАР за этот полезный инструмент и за его постоянный вклад в КООС, который регулировал разработку концепций и принятие решений.

(258) Члены предложили добавить дополнительные слои данных о местах научных исследований, случаях ВППГ, местах расположения исследовательских станций, деятельности человека, источниках загрязнения и других темах, связанных с приоритетами, определенными в CCRWP и Пятилетнем плане работы. Многие Члены также подтвердили, что Портал СКАР по окружающей среде Антарктики является полезной платформой для представления информации, имеющей отношение к ДСОСА. Несколько Членов предложили КООС рассматривать ежегодный отчет с релевантной информацией из ДСОСА, например, как представленный в WP 49 по теме показателей изменения климата. Некоторые Члены подчеркнули необходимость в актуальных данных и поинтересовались, можно ли регулярно обновлять приложение, чтобы оно отражало самые последние научные данные.

(259) В ответ СКАР приветствовал предложения и признал важность регулярного обновления данных и согласился изучить варианты достижения этой цели. СКАР призвал Членов делиться любой информацией, имеющей отношение к онлайн-приложению.

(260) Комитет постановил, что онлайн-приложение СКАР для информирования о Докладах о состоянии окружающей среды Антарктики (WP 46) было сочтено полезным инструментом и что оно, вероятно, улучшит доступность данных. СКАР призвал Членов обмениваться информацией и данными для повышения эффективности приложения.

(261) Португалия представила IP 13 *Changes in Antarctic microalgae may impact seals, penguins, whales and other higher predators [Изменения в составе сообществ микроводорослей в Антарктике могут повлиять на тюленей, пингвинов, китов и других высших хищников]*, подготовленный совместно с Бразилией, Великобританией и Францией. В документе сообщается о научных доказательствах того, что численность видовых групп микроводорослей меняется, и отмечено, что исследования, основанные на 11-летнем (2008–2018 гг.) наборе данных *in situ*, показали, что условия окружающей среды благоприятствуют определенному типу микроводорослей (криптофитов) в прибрежных районах западной части Антарктического полуострова. Португалия отметила, что это привело к увеличению их общей численности и биомассы. Португалия подчеркнула, что эти результаты могут свидетельствовать о потенциальных значительных последствиях на различных уровнях морской пищевой сети Антарктики, поскольку антарктический криль предпочитает питаться диатомовыми водорослями, и могут возникнуть последствия для хищников, питающихся антарктическим крилем. Португалия подчеркнула важность долгосрочных программ мониторинга флоры и фауны Антарктики для обоснования действий по управлению.

(262) Португалия представила IP 14 *Consistency in animal spatial tracking for monitoring Antarctic top predators [Единообразие в пространственном отслеживании высших хищников Антарктики]* подготовленный совместно с Великобританией, Канадой, Новой Зеландией, Республикой Корея, США, Францией и Японией. В документе отмечено, что данные отслеживания помогли Членам вести мониторинг популяций антарктических животных для поддержки осуществления директивных положений по сохранению. Португалия отметила, что, хотя отслеживание животных предоставляет ценные данные о распределении животных, оно может быть дорогостоящим и логистически сложным для национальных антарктических программ. Португалия отметила, что научные обоснования на базе данных отслеживания видов морских птиц (включая антарктические виды), собранные в период 2002–2020 гг., показали, что сбора данных отслеживания за один год может быть достаточно для понимания многогодовой динамики их распределения. Она также заявила, что такая научная информация может быть релевантной для поддержки программ мониторинга, включающим отслеживание антарктических видов, позволяющим, в частности, выявлять важные участки для морских птиц в районах кормления, идентифицировать морские угрозы, а также сбор таких данных станет шагом к созданию эффективной сети морских охраняемых районов.

(263) Португалия представила IP 167 *Marine Spatial Planning for a sustainable and climate resilient Antarctic Ocean [Морское пространственное планирование для устойчивого и климатически устойчивого Антарктического океана]*, подготовленный совместно с Италией, Канадой, Францией и МСОП. Португалия отметила, что преимущества разработки морского пространственного планирования признаны во всем мире и что оно является ключевым инструментом для поддержки устойчивого управления океанами. Португалия предоставила информацию о том, как морское пространственное планирование может стать ценным инструментом для Членов, способствующим разработке политики и принятию решений в водах района действия Договора об Антарктике путем анализа и определения пространственного и временного распределения человеческой деятельности в Южном океане. Португалия призвала Членов отметить актуальность «климатически оптимизированного» морского пространственного планирования для поддержки устойчивого использования океана и сохранения вод района действия Договора об Антарктике. Она также намерена использовать морское пространственное планирование в будущем для ускорения имплементации и улучшения директивных положений, связанных с Системой Договора об Антарктике.

(264) АСОК выразила поддержку IP 167, отметив, что морское пространственное планирование вместе с существующими инструментами, такими как ООРА, ОУРА и морские охраняемые районы, может привести к улучшению результатов в области охраны окружающей среды.

(265) Германия представила IP 91 *Update 2024: International Science & Infrastructure for Synchronous Observation (Antarctica InSync) [Обновление 2024 г.: международная наука и инфраструктура для синхронных наблюдений (Antarctica InSync)]*, подготовленная совместно с Австралией, Бразилией, Великобританией, Индией, Италией, Новой Зеландией, Норвегией, Республикой Корея, США, Францией, Швейцарией и Швецией. В документе сообщается о прогрессе с Antarctica InSync, впервые представленной на XLV КСДА в 2023 г., и отмечается, что в ноябре 2023 г. ЮНЕСКО одобрила Antarctica InSync в качестве региональной программы Десятилетия океана, направленной на улучшение понимания, защиты и устойчивого управления Южным океаном и Антарктикой в рамках круглогодичных и циркумполярных наблюдений. Германия сообщила, что

задачей подготовительного этапа с 2024 по 2026 гг. была попытка организовать синхронное научное наблюдение в период между 2027 и 2030 гг. в качестве перехода к совместным планам СКАР и Международного арктического научного комитета в отношении Международного полярного года 2032-2033 гг. Она также отметила, что Antarctica InSync организует циркумполярную оценку взаимосвязей между льдами, океаном, атмосферой, климатом, окружающей средой и жизнью, а также внесет вклад в работу Центра сотрудничества в рамках Десятилетия ООН по региону Южного океана. Германия подчеркнула, что КСДА и КООС являются ключевыми центрами для консультаций по определению потребностей в политике и исследованиях и что в документе представлена обновленная информация об этапах планирования и возможностях присоединиться к усилиям.

(266) СКАР представил IP 119 *Antarctic Environments Portal [Портал окружающей среды Антарктики]*, в котором содержится обновленная информация о публикациях, управлении и функционировании Портала окружающей среды Антарктики в поддержку вопросов, представляющих приоритетный интерес для КООС. СКАР подчеркнул, что Портал окружающей среды Антарктики по-прежнему является важным инструментом СКАР для предоставления беспристрастной и актуальной информации, основанной на наилучших имеющихся научных данных, для поддержки информированного участия и обсуждения вопросов, имеющих отношение к работе КООС, а также что он был признан в качестве важного вклада в оказание стратегической научной поддержки в рамках Стратегического плана СКАР (2023-2028 гг.). СКАР призвал КООС продолжать поддерживать Портал окружающей среды Антарктики и предложил Членам рассмотреть механизмы поддержки постоянного предоставления независимой и объективной информации в Систему Договора об Антарктике.

(267) АСОК представила IP 140 *Microplastic pollution in Antarctica: a complex challenge [Загрязнение Антарктики микропластиком: комплексная проблема]*. В документе отмечено, что Протокол по охране окружающей среды к Договору об Антарктике содержит относительно ограниченные положения, касающиеся предотвращения загрязнения микропластиком, и представлены ссылки на Резолюцию 5 (2019 г.) *Снижение уровня пластикового загрязнения Антарктики и Южного океана* с указанием, что она представляет собой ценную разработку и что ее можно расширить для решения растущей экологической проблемы загрязнения микропластиком в Антарктике. АСОК подчеркнула, что загрязнение микропластиком представляет серьезную возникающую угрозу для экосистем Антарктики и Южного океана, особенно из-за плохо изученных путей попадания в организм, биоаккумуляции и биомагнификации. Она отметила, что необходима дополнительная информация для понимания реального воздействия загрязнения Антарктики микропластиком и его источников, и предположила, что могут потребоваться меры предосторожности. АСОК рекомендовала КСДА предпринять дальнейшие действия для решения проблемы загрязнения микропластиком в районе действия Договора об Антарктике, в т. ч.: рассмотрение вопроса о разработке плана действий в ответ на загрязнение микропластиком; рассмотрение вопроса о пересмотре положений Протокола по охране окружающей среды, касающихся регулирования загрязнения микропластиком; поощрение сотрудничества в целях сокращения использования микропластика в Антарктике; и поддержку глобальных инициатив по решению проблемы загрязнения микропластиком.

(268) СКАР представил IP 163 *Observing systems in Antarctica [Системы наблюдений в Антарктике]*, в котором содержится обзор и примеры текущих усилий по долгосрочному наблюдению для информирования о дальнейшей работе по оценке пробелов и созданию устойчивых и скоординированных систем наблюдений. СКАР подчеркнул, что долгосрочный мониторинг физических и живых компонентов

среды с должным уровнем поддержки необходим для понимания экологических изменений, происходящих в Антарктике и что сбор результатов долгосрочных наблюдений имеет решающее значение для обнаружения и понимания изменений и получения данных, необходимых для анализа и моделирования. СКАР отметил некоторые исследования и программы, действующие как в региональном, так и в циркумполярном масштабах, а также те, которые планируются к дальнейшей разработке. Он заявил, что сейчас как никогда актуально иметь интегрированную, устойчивую и скоординированную систему наблюдений для обеспечения понимания текущих условий Южного океана и Антарктики, информирования о прогнозах будущего состояния, а также поддержки политики и директив на благо общества. СКАР также отметил, что он посвятил этот документ профессору Крейгу Кэри (Craig Cary) (1954-2024 гг.) – выдающемуся антарктическому экологу, учителю, наставнику и давнему эксперту СКАР.

(269) Норвегия поблагодарила СКАР за предоставление Комитету обзора и примеров текущих долгосрочных усилий по наблюдению, высоко оценив это как ответ на запрос совместного заседания КСДА–КООС 2023 г. по вопросам изменения климата. Отметив ценность этого обзора, Норвегия высказала мнение, что было бы полезно вести актуальный список для информирования Членов КООС о его текущей работе, в частности, в отношении мониторинга, а также для тех, кто хочет инициировать программы наблюдений. Она также отметила, что надеется на то, что информация о выявленных пробелах в наблюдениях будет представлена Комитету на будущих совещаниях.

(270) СКАР представил IP 168 *Status of Observational Coverage and Gaps in the Southern Ocean [Охват наблюдений и пробелы в области Южного океана]*, в котором представлены предварительные карты охвата наблюдений Южного океана, разработанные Системой наблюдения за Южным океаном (SOOS). СКАР и SOOS приветствовали комментарии в отношении этих карт от заинтересованных Членов и программ.

(271) СКАР представил IP 171 *Incorporation of Antarctica into the Global Monitoring Plan for Persistent Organic Pollutants through co-development of harmonized monitoring frameworks between National Antarctic Programmes and relevant national environmental agencies [Включение Антарктики в Глобальный план мониторинга стойких органических загрязнителей посредством совместной разработки согласованных систем мониторинга между национальными антарктическими программами и соответствующими национальными природоохранными агентствами]*, в котором сообщается о Программе мониторинга и оценки Антарктики (AnMAP) – совместной инициативе СКАР, Программы арктического мониторинга и оценки (АМАР), Организации Объединенных Наций по вопросам образования, науки и культуры (ЮНЕСКО) и Университета Гриффита (Австралия). Он отметил, что документ направлен на содействие получению достаточных и надежных данных наблюдений химикатов в Антарктическом регионе для консультирования по международной директивам в области химикатов. СКАР изложил Глобальный план мониторинга (ГПМ) стойких органических загрязнителей (СОЗ). Он подчеркнул важность включения Антарктики в ГПМ путем совместной разработки систем мониторинга, согласованных между Национальными антарктическими программами и соответствующими национальными природоохранными агентствами.

(272) Нидерланды отметили, что на 26-м КООС было представлено несколько важных документов по загрязнению пластмассами. В документах подчеркивается, что загрязнение пластмассами является растущей проблемой в Антарктике и что бо́льшая часть этого загрязнения происходит из источников за пределами района действия Договора об Антарктике. Нидерланды отметили важность того, чтобы Стороны

активизировали усилия по борьбе с загрязнением пластмассами в рамках своей деятельности в Антарктике, а также в рамках деятельности за пределами района действия Договора об Антарктике. Отметив, что пятая сессия Межправительственного комитета по ведению переговоров против загрязнения пластиком (МКП 5), учрежденного в соответствии с Резолюцией ЮНЕА 5/14, состоится в ноябре 2024 г., Нидерланды призвали Членов направить МКП-5 решительный сигнал, призывая его принять амбициозный международный юридически обязательный документ, чтобы положить конец загрязнению пластмассами. Нидерланды представили проект Резолюции о прекращении загрязнения пластмассами, который они рекомендовали КООС направить КСДА для принятия.

(273) Комитет поблагодарил Нидерланды за предложение, подчеркнув свою обеспокоенность по поводу растущего присутствия загрязнения пластмассами в Антарктике и его угрозы окружающей среде Антарктики. Несколько Членов поделились примерами своих исследований по обнаружению и мониторингу загрязнения пластмассами в Антарктике, усилиями своих правительств по поэтапному прекращению загрязнения пластмассами, а также своем вкладе в переговоры МКП.

(274) Большинство Членов выразили принципиальную поддержку предложению Нидерландов, отметив, что проект Резолюции был подготовлен и распространен в ходе 26-го КООС, оставляя им мало времени для его углубленного рассмотрения или консультаций со своими экспертами по пластмассам.

(275) Великобритания отметила, что, возможно, нецелесообразно стремиться к полному прекращению загрязнения пластмассами, сославшись на пример авиационных шин, которые являются источником загрязнения пластмассами и в настоящее время не имеют реальной альтернативы. Некоторые Члены, поддержав суть предложения, предположили, что рассмотрение взаимодействия Сторон с другими межправительственными процессами может выходить за рамки компетенции КООС как технического, научного и природоохранного органа и что этот аспект предложения лучше оставить на рассмотрение КСДА. Китай заявил, что у него нет ни полномочий, ни опыта для значимого участия в обсуждении проекта текста Резолюции на 26-м КООС, и предложил авторам выдвинуть официальное предложение на 27-й КООС.

(276) Нидерланды поблагодарили Членов за то, что они позволили провести эту важную дискуссию и рассмотрели их предложение в кратчайшие сроки. Нидерланды считают, что существует четкий консенсус в отношении необходимости срочных действий по борьбе с загрязнением Антарктики пластмассами. Они поблагодарили Членов за их полезные предложения, которые Нидерланды готовы принять. В ответ на обеспокоенность по поводу правовых аспектов текста резолюции Нидерланды отметили, что КСДА не впервые призывает другой международный орган провести успешные переговоры, приведя в качестве примера переговоры ИМО по Полярному кодексу. Нидерланды также подтвердили, что проект Резолюции содержит уже согласованный текст резолюций ООН, который КООС и КСДА просто подтвердят.

(277) КООС постановил сообщить КСДА, что:

- он обсудил проект Резолюции «На пути к прекращению загрязнения пластмассами», но не смог прийти к согласию за отведенное время;
- Члены постановили, что проект Резолюции должен быть доведен до сведения КСДА.

(278) Комитет принял к сведению указанные ниже Информационные документы, представленные в рамках данного пункта Повестки дня:

- IP 15 *Information on the implementation of the Nutec Plastics Initiative in the Argentine Antarctic Programme [Информация о реализации Инициативы Nutec Plastics в рамках Аргентинской антарктической программы]* (Аргентина);

- IP 24 *Environmental Bioremediation "Recovering an environmental liability of more than 8 decades" [Экологическая биоремедиация «Устранение последствий для окружающей среды на протяжении 8 десятилетий»]* (Чили);

- IP 25 *Advances in the climate change sensor network on the Antarctic Peninsula [Достижения в области сети датчиков изменения климата на Антарктическом полуострове]* (Чили);

- IP 44 *Microplastic Pollution in the Weddell Sea and Dronning Maud Land Region [Загрязнение микропластиком в регионе моря Уэдделла и Земле Королевы Мод]* (Швейцария);

- IP 58 *Preliminary studies on microplastics from the Indian sector of the Southern Ocean [Предварительные исследования микропластика из индийского сектора Южного океана]* (Индия);

- IP 78 *Harmonizing environmental research and monitoring of chemical pollution in the Antarctic and the Southern Ocean - the POLEMP Project [Гармонизация экологических исследований и мониторинга химического загрязнения в Антарктике и Южном океане – проект POLEMP]* (Австралия, Великобритания, Германия, Италия, Португалия, Республика Корея, США, Франция);

- IP 79 *Discharge of wastewater by ships in polar regions - Scope, impact & regulatory options [Сброс сточных вод судами в полярных регионах - масштаб, воздействие и варианты регулирования]* (Германия);

- IP 80 *Tourism monitoring in Antarctica – status and preliminary findings on developing a concept for the analysis of the impacts of tourism on the assets to be protected in the Antarctic [Мониторинг туризма в Антарктике – статус и предварительные выводы относительно разработки концепции анализа воздействия туризма на охраняемые ценности в Антарктике]* (Германия);

- IP 85 *Vagrant and visitor bird species in the Fildes Region, King George Island, between 1980 and 2023 [Виды залетных птиц в районе полуострова Файлдс, остров Кинг-Джордж, за 1980–2023 гг.]* (Германия);

- IP 87 *Report on the results of a population size survey on snow petrels supporting the designation of the proposed ASPA Otto-von-Gruber-Gebirge [Отчет о результатах изучения размера популяции снежных буревестников в поддержку предлагаемого ООРА «Горы Грубера»]* (Германия);

- IP 94 *Updated progress on environmental monitoring of McMurdo Station infrastructure modernization activities [Новая информация в области экологического мониторинга мероприятий по модернизации инфраструктуры станции Мак-Мердо]* (США);

- IP 148 *Contaminación por plásticos en Antártida, revisión del estado actual del conocimiento [Пластиковое загрязнение Антарктиды: обзор современной научной информации]* (Перу);

- IP 170 *Plastic and Microplastic pollution in marine and coastal areas of Fildes Peninsula: a comprehensive diagnosis for one of the main and most accessible logistic hubs for Antarctica [Загрязнение пластмассами и микропластиком в морских и прибрежных районах полуострова Файлдс: комплексная диагностика для одного из основных и наиболее доступных логистических центров Антарктиды]* (Уругвай).

(279) Комитет принял к сведению указанные ниже Вспомогательные документы, представленные в рамках данного пункта Повестки дня:

- BP 1 *Система мониторинга окружающей среды в районе размещения Белорусской антарктической станции* (Беларусь);

- BP 28 *Update of Information on the Progress of the Renovation of the Henryk Arctowski Polish Antarctic Station on King George Island, South Shetland Islands [Обновление информации о ходе модернизации польской антарктической станции Арцтовский на острове Кинг-Джордж (Ватерлоо), Южные Шетландские острова]* (Польша);

- BP 42 *Anthropogenic noise in Antarctic terrestrial environments: an update [Антропогенный шум в наземной среде Антарктики: обновление]* (Уругвай);

- BP 51 *Оценка морского мусора на полуострове Файлдс, остров Кинг-Джордж (Ватерлоо) в летние сезоны 2022–2023 гг.* (Российская Федерация).

Пункт 12. Отчеты об инспекциях

(280) Австралия представила IP 40 *Australian Antarctic Treaty and Environmental Protocol inspections: December 2023 [Инспекции, проведенные Австралией в рамках Договора об Антарктике и Протокола по охране окружающей среды: декабрь 2023 г.]*, в котором представлен краткий отчет инспекций, проведенных австралийскими наблюдателями в декабре 2023 г. на станции Дюмон Д'Юрвиль (Франция), станции Робер Гийяр (Франция и Италия) и судне *L'Astrolabe* (Франция). Отметив, что это является частью программы взаимных инспекций, Австралия подчеркнула, что, хотя Франция оказывала оперативную поддержку австралийской инспекционной группе, инспекции и составление отчета об инспекции проводились независимо. Австралия сообщила, что инспекционной группе был предоставлен полный доступ ко всей территории посещенных объектов и судна. Австралия отметила, что во время всех обсуждений и взаимодействий с персоналом она наблюдала твердую приверженность исследованию Антарктики и охране окружающей среды. Инспекционная группа отметила, что объекты и судно эксплуатируются в полном соответствии с Договором об Антарктике, и подчеркнула высокий уровень соблюдения Протокола по охране окружающей среды. Австралия отметила, что отчет об инспекции, приложенный к IP 40, содержит рекомендации инспекционной группы для рассмотрения Францией и Италией.

(281) Франция поблагодарила Австралию за сотрудничество во время взаимных инспекций и за ее ценный отчет. Она подчеркнула, что взаимные инспекции предоставляют ценную возможность для обмена опытом и передовыми методами в целях улучшения управления деятельностью в Антарктике. В ответ на некоторые ключевые замечания инспекционной группы Франция отметила, что она: работает над модернизацией своих существующих объектов, особенно в отношении управления сточными водами, объектов по генерации энергии, а также инфраструктурой управления и транспортировки отходов; разрабатывает меры, направленные на предотвращение рисков распространения патогенов, а также стратегию биобезопасности; и планирует реконструкцию станции Дюмон-Д'Юрвиль к 2050 г. с целью достижения углеродной нейтральности,

использования возобновляемых источников энергии и ограничения воздействия станции на окружающую среду.

(282) Франция представила IP 86 *French inspection pursuant to Article VII of the Antarctic Treaty and Article 14 of the Protocol on Environmental Protection: February 2024* [*Инспекция Франции, проведенная в соответствии со ст. VII Договора об Антарктике и ст. 14 Протокола по охране окружающей среды: февраль 2024 г.*], в котором содержится краткая информация о проверке, проведенной французскими наблюдателями в феврале 2024 г на австралийских станции Кейси, покинутой станции Уилкс и аэродроме Уилкинс. Франция отметила, что инспекция является частью беспрецедентного сотрудничества с Австралией и подчеркнула, что проверка проводилась независимо. Франция сообщила, что инспекционная группа получила полный доступ ко всей инфраструктуре и объектам, представляющим интерес, и обнаружила, что инфраструктура и деятельность соответствуют положениям Договора об Антарктике и Протокола по охране окружающей среды. Она определила ряд предостережений и возможных аспектов для потенциального улучшения, которые были включены в отчете об инспекции для рассмотрения Австралией.

(283) Австралия поблагодарила Францию за отчет об инспекции, отметив, что она приветствовала инспекцию и возможность оказать оперативную поддержку инспекционной группе Франции. Австралия также прокомментировала некоторые рекомендации инспекционной группы. В отношении бывшей станции Уилкс Австралия отметила свою текущую научную программу «Чистая Антарктика», которая направлена на разработку действенной стратегии очистки для австралийских станций и объектов (изложена в XLIV КСДА – IP 54), а также отметила, что она будет продолжать отчитываться перед КООС об этой инициативе. В отношении гидропонного объекта на станции Кейси Австралия отметила, что ранее она поделилась своим опытом эксплуатации гидропонных объектов с КООС и разработала вместе с Францией *Руководство по минимизации риска занесения неместных видов и болезней, связанного с использованием гидропонных объектов в Антарктике*, которое было одобрено КООС и включено в Руководство по неместным видам Антарктики. В отношении утилизации старых отходов Австралия отметила, что она предприняла специальный проект по документированию и количественному определению неиспользованных материалов и постепенно возвращает такие материалы в Австралию, насколько это позволяют ресурсы и возможности. В отношении поощрения принятия дополнительных превентивных мер для предотвращения разливов нефти, Австралия отметила, что в дополнение к Стандартным оперативным процедурам и Руководствам по эксплуатации, действующим на ее антарктических станциях, в генеральном плане станции Кейси учтены возможности для улучшения механизмов транспортировки и хранения топлива и обращения с ним.

(284) Комитет поблагодарил и поздравил Австралию и Францию с их взаимными инспекциями, отметив значительные усилия и тот факт, что эти инспекции проводились на станциях, которые редко инспектировались. Отметив важность инспекций для укрепления доверия и прозрачности в Системе Договора об Антарктике, Комитет приветствовал выводы, представленные в отчетах об инспекциях, о том, что обе Стороны осуществляют свою деятельность в Антарктике в соответствии с Договором об Антарктике и Протоколом по охране окружающей среды. Члены приветствовали усилия Австралии и Франции по принятию мер для выполнения рекомендаций инспекционных групп и выразили надежду на получение дальнейших обновлений от Австралии и Франции в будущем.

Пункт 13. Общие вопросы

(285) Индия представила IP 57 *Maitri-II: Redevelopment of the Indian Research Station Maitri in Antarctica [Мейтри-II: модернизация индийской исследовательской антарктической станции Мейтри]*. В документе сообщается, что модернизация исследовательской станции Мейтри необходима в связи с износом первоначальной станции, построенной в 1988 г. Индия напомнила, что несколько Сторон проводили инспекции на станции в течение многих лет и что она учла их рекомендации. Индия сообщила, что Национальный центр полярных и океанических исследований – автономный институт при Министерстве наук о Земле правительства Индии – работает над подготовкой подробной Всесторонней оценки окружающей среды (ВООС) в соответствии с пересмотренным Руководством по оценке воздействия на окружающую среду Антарктики (2016 г.) для представления на будущем КСДА.

(286) Испания поблагодарила Индию за ее план по модернизации своей станции и исправлению воздействия на окружающую среду, но выразила обеспокоенность по поводу того, что перемещение повлияет на окружающую среду, которая еще не затронута, в частности, в отношении вечной мерзлоты и гидрологии. Испания предложила помочь Индии найти решение для снижения воздействия на источник пресной воды и очистку стоков. В ответ Индия подтвердила, что она учла эти опасения и что источник воды останется прежним при небольшом перемещении из существующего района. Индия сообщила, что проведет консультации с заинтересованными Сторонами в ходе разработки проекта ВООС.

(287) Чешская Республика сообщила, что она внесла поправки в свое законодательство для имплементации Приложения VI и Приложения II с поправками к Протоколу и что оно было ратифицировано 4 апреля 2024 г.

(288) Комитет принял к сведению указанный ниже Документ Секретариата, представленный в рамках данного пункта Повестки дня:

- SP 8 *Проверка гендерно-нейтральных формулировок в документах КСДА и КООС*.

(289) В ответ на запрос Японии, Секретариат подтвердил, что работа, представленная в SP 8, не имеет никаких последствий для бюджета.

(290) Комитет принял к сведению указанные ниже Информационные документы, представленные в рамках данного пункта Повестки дня:

- IP 97 *POLARIN - Polar Research Infrastructure Network [POLARIN – Сеть полярной исследовательской инфраструктуры]* (Болгария, Германия, Испания, Италия, Норвегия, Польша, Португалия, Финляндия, Франция, Швеция);

- IP 121 *Update on the Southern Ocean contribution to the United Nations Decade of Ocean Science for Sustainable Development [Обновленная информация о вкладе Южного океана в Десятилетие наук об океане в интересах устойчивого развития Организации Объединенных Наций]* (СКАР);

- IP 122 *Plans for a fifth International Polar Year 2032/33 [Планы на пятый Международный полярный год 2032/2033]* (СКАР, ВМО);

- IP 144 rev. 1 *Unregulated discharges in the Antarctic Treaty Area: gray water from ships [Нерегулируемый сброс сточных вод с судов в районе действия Договора об Антарктике]* (АСОК).

(291) Комитет принял к сведению указанные ниже Вспомогательные документы, представленные в рамках данного пункта Повестки дня:

- BP 2 *Addressing the science knowledge and information needs of the CEP – a New Zealand perspective [Удовлетворение потребностей КООС в научных исследованиях и данных– точка зрения Новой Зеландии]* (Новая Зеландия);

- BP 5 *Optimización de la salud ambiental para las instalaciones antárticas en el Islote Isabel Riquelme [Оптимизация гигиены окружающей среды для антарктических объектов на острове Изабель Рикельме]* (Чили);

- BP 53 *Plan de eliminación de residuos orgánicos e inorgánicos en el B.A.P. Carrasco [План утилизации органических и неорганических отходов судна B.A.P. Carrasco]* (Перу).

Пункт 14. Выборы должностных лиц

(292) Комитет избрал Кейшу Пуаро из Новой Зеландии Председателем на двухлетний срок и поздравил ее с назначением на эту должность.

(293) Комитет переизбрал д-ра Хайке Херату из Германии на второй двухлетний срок на должность Заместителя Председателя и поздравил ее с назначением на эту должность. Она также была вновь назначена координатором SGCCR.

(294) Комитет тепло поблагодарил д-ра Хайке Херату из Германии и д-ра Анупа Кумара Тивари из Индии за их отличное руководство на 26-м КООС. Он также тепло поблагодарил Патрисию Ортусар из Аргентины за ее работу, отметив, что она покинула пост Председателя до заседания.

Пункт 15. Подготовка следующего заседания

(295) Комитет принял предварительную Повестку дня 27-го КООС (Приложение 3).

Пункт 16. Принятие отчета

(296) Комитет принял данный Отчет.

Пункт 17. Закрытие заседания

(297) В пятницу 24 мая 2024 г. Председатель объявил заседание закрытым.

2. Отчет КООС 26

Приложение 1

Проект: Резюме 5-летнего плана работы по обзору и отслеживанию прогресса

		Действие начато	Действие хорошо выполняется	Действие выполнено	КООС хочет, чтобы действие было выполнено
1.	**Приоритетные нагрузки на окружающую среду**				
1a.	Интродукция неместных видов и болезни дикой природы				
1a-1	Разработать механизмы и стратегию оперативного реагирования в случаях появления неместных видов и болезней дикой природы.				
1a-2	Определить регионы, подверженные высокому риску появления болезней дикой природы, и разработать программу мониторинга для таких регионов.				
1a-3	Определить меры биобезопасности для предотвращения внутриконтинентальной интродукции видов.				
1b.	Воздействие туризма и деятельности НПО, а также последствия их роста и диверсификации				
1b-1	Разработать механизм, позволяющий оперативно рассматривать и вносить правки в существующие Правила поведения для посетителей участков в тех случаях, когда для управления участком требуются немедленные действия в связи с особыми и неотложными экологическими проблемами.				
1b-2	Разработать инструменты и руководства – в дополнение к Правилам поведения для посетителей участков – для предотвращения или минимизации воздействия туризма и деятельности НПО на окружающую среду.				
1b-3	Обсудить и подготовить базу для программы мониторинга окружающей среды для оценки воздействия туризма и деятельности НПО, в которой также будет рассмотрен потенциал использования параметров чувствительности и предельной нагрузки для снижения воздействия (связано с действием 2a-1).				
1b-4	Разработать методику предварительной оценки новых, малоизвестных или вызывающих особую обеспокоенность видов деятельности (также указано как действие 2d-4).				
1b-5	Реализовать рекомендации СЭДА по морскому туризму (2010 г.) и Исследования туризма КООС (2012 г.).				
1c.	Последствия изменения климата для окружающей среды				
1c-1	Реализовать Рабочую программу ответных мер в отношении изменения климата, обновлять, анализировать и пересматривать ее на основании релевантных сведений и обсуждений.				

Заключительный отчет КСДА 46

		Действие начато	Действие хорошо выполняется	Действие выполнено	КООС хочет, чтобы действие было выполнено
1d.	Дальний перенос и локальные загрязнения				
1d-1	Разработать рамочные положения для систематического, стандартизированного и сопоставимого отбора проб и сбора данных о загрязнении Антарктики в соответствии с *Резолюцией 5 (2019 г.)*.				
1d-2	Определить целесообразные механизмы обновления информации о состоянии и тенденциях загрязнителей в Антарктике, включая базу данных для обмена и хранения информации.				
1d-3	Оценить потребность в разработке руководства / регионального плана по предотвращению загрязнения.				
2.	**Приоритеты реагирования в сфере управления**				
2a.	Содействие мониторингу и отчетность о состоянии окружающей среды				
2a-1	Рассмотреть задачи мониторинга окружающей среды, необходимые для реализации требований Протокола, и разработать первоначальный перечень параметров, которые необходимо контролировать для достижения этих целей, исходя из показателей окружающей среды и кумулятивного воздействия.				
2a-2	Выявить текущие инициативы по мониторингу и имеющиеся данные для предварительного проведения анализа и подготовки отчетов о фактических отличиях между существующими результатами мониторинга и необходимыми данными.				
2a-3	Рассмотреть необходимость и поддерживать разработку возможных механизмов упрощения доступа к данным мониторинга в сотрудничестве со СКАР, КОМНАП, АНТКОМ (СЕМП) и другими релевантными экспертными организациями.				
2a-4	Разработать систему информационной панели или другой соответствующий механизм, позволяющий в будущем периодически подводить итоги деятельности по мониторингу для разработки эффективных мер.				
2b.	Участие в пространственной охране морской среды и управлении				
2b-1	Определить потребности в пространственных мерах управления и охраны морской среды.				
2b-2	Рассмотреть взаимосвязь суши и океана, а также взаимодополняющие меры, которые могут быть предприняты Сторонами в отношении МОР, в т. ч. путем предоставления рекомендаций, связанных с Резолюцией 5 (2017 г.).				
2b-3	Рассмотреть подходы к управлению угрозами морской среде (напр.,				

2. Отчет КООС

		Действие начато	Действие хорошо выполняется	Действие выполнено	КООС хочет, чтобы действие было выполнено
	загрязнение, сброс сточных вод и т. д.).				
2b-4	Рассмотреть, как система охраняемых районов может быть использована для охраны наземной и морской среды от деятельности, не охватываемой АНТКОМ.				
2c.	Системный подход к системе охраняемых районов				
2c-1	Провести работу по выполнению действий, утвержденных Комитетом по результатам обсуждений Семинара по вопросам охраняемых районов (2019 г.), согласно Заключительному отчету XXII заседания КООС (п. 182).				
2c-2	Разработать критерии оценки целесообразности присвоения колониям птиц статуса ООРА, в том числе определить значение понятия «основные колонии размножающихся птиц», указанного в ст. 3.2(с) Приложения V к Протоколу, и выявить КОТ, соответствующие этим критериям (отчет XX заседания КООС, п. 157).				
2c-3	Оценить степень, в которой типовые местообитания видов представлены или должны быть представлены в ряде ООРА (отчет XXIV заседания КООС, п. 160).				
2c-4	Рассмотреть критерии определения приоритетности районов, требующих защиты вследствие наличия рисков.				
2c-5	Рассмотреть дальнейшие механизмы охраны уникальных геологических ценностей.				
2d.	Реализация и усовершенствование положений ОВОС Приложения I				
2d-1	Разработать руководство по оценке кумулятивного воздействия.				
2d-2	Разработать руководство по проведению исследования исходного состояния окружающей среды.				
2d-3	Реализовать рекомендации Отчета об эффективности ОВОС (XXIV заседание КООС, п. 73).				
2d-4	Разработать методику предварительной оценки новых, малоизвестных или вызывающих особую обеспокоенность видов деятельности (также указано как действие 1b-3).				
2e.	Повышение уровня понимания и охраны биоразнообразия Антарктики				
2e-1	Рассмотреть состояние и угрозы биоразнообразию Антарктики для информирования о защите биоразнообразия Антарктики и (или) управлению им.				
2e-2	КООС рассмотреть дальнейшие научные рекомендации по антропогенному воздействию на дикую природу и на основе этого рассмотреть любую необходимость в дальнейших действиях или мерах по управлению.				
2e-3	Учитывать риски возникновения болезней при разработке протоколов				

Заключительный отчет КСДА 46

		Действие начато	Действие хорошо выполняется	Действие выполнено	КООС хочет, чтобы действие было выполнено
	или инструментов в сфере биоразнообразия.				
2f.	Ликвидация экологического ущерба и восстановление окружающей среды				
2f-1	Разработать реестр участков деятельности, осуществленной ранее.				
2f-2	Разработать план действий с руководством и ранжированием приоритетов для проведения восстановительных работ, где это необходимо.				
2f-3	Разработать механизм оперативного реагирования на новые или возникающие проблемы.				
2g.	Определение исторических мест и памятников и управление ими				
2g-1	Разработать критерии для поддержания и управления ИМП, особенно в контексте изменения климата и его последствий для окружающей среды, сооружений и (или) объектов.				
2g-2	Реализовать регулярный процесс пересмотра ИМП на предмет эффективности планов управления / сохранения (если применимо) в отношении изменения климата и его последствий для уникальных ценностей и потенциальной очистки.				
2g-3	Разрабатывать дальнейшие критерии для Планов управления по сохранению исторических мест, сооружений и (или) объектов.				
3. Операционные приоритеты					
3a.	Эффективная работа КООС и стратегическое планирование				
3a-1	Активно использовать Пятилетний план работы КООС для организации заседаний КООС.				
3a-2	Рассмотреть возможности укрепления рабочих взаимоотношений между КООС и КСДА.				
3a-3	Рассмотреть возможности более широкого участия Членов в работе Комитета.				
3a-4	Осуществлять регулярный пересмотр приоритетов на основе запросов КСДА и меняющихся обстоятельств.				
3a-5	Рассмотреть и обсудить фундаментальные вопросы, касающиеся общего функционирования КООС в свете целей Протокола и задач КООС, указанных в ст. 12 Протокола.				

ПЯТИЛЕТНИЙ ПЛАН РАБОТЫ КООС

1. Приоритетные нагрузки на окружающую среду

1a. Интродукция неместных видов и болезней дикой природы

Контекст: *Биоразнообразие Антарктики и присущие ей ценности потенциально подвержены риску интродукции неместных видов (НМВ) главным образом вследствие деятельности человека. Несмотря на то, что были разработаны руководящие положения для минимизации риска непреднамеренной интродукции растений и беспозвоночных в наземные среды, меньше внимания уделялось рискам, связанным с морскими неместными видами и микроорганизмами. В связи с неуклонно растущей деятельностью человека в районе действия Договора об Антарктике и прогрессирующим изменением климата риск появления и укоренения неместных организмов, вероятно, возрастет. Кроме того, высокопатогенный птичий грипп (ВППГ) представляет собой новую угрозу для региона, которая заслуживает отдельного внимания и принятия ответных мер. Масштаб: данный вопрос имеет общеконтинентальное значение, в частности когда в рамках своей деятельности человек перемещается между различными локальными и биогеографическими регионами, такими как район Антарктического полуострова, на котором отмечается активизация человеческой деятельности и резкое изменение климата.*

Взаимосвязанные вопросы:

последствия изменения климата для окружающей среды; туризм и деятельность НПО; мониторинг и доклады о состоянии окружающей среды; знания о биоразнообразии; реализация и усовершенствование положений ОВОС Приложения I; функционирование и дальнейшее развитие системы Охраняемых районов Антарктики

Задачи: Содействие профилактическим мерам. Содействие мониторингу и надзору за НМВ и болезнями дикой природы, особенно в районах подверженных высокому риску, и обеспечение (в частности, за счет действий КООС) наличия у операторов достаточного количества инструментов для предотвращения и смягчения последствий появления НМВ и болезней дикой природы.

Приоритетные действия:

1. Разработать механизмы и стратегию оперативного реагирования в случаях появления неместных видов и болезней дикой природы.
2. Определить регионы, подверженные высокому риску появления болезней дикой природы, и разработать программу мониторинга для таких регионов.
3. Определить меры биобезопасности для предотвращения внутриконтинентальной интродукции видов.

Регулярные действия:

- Рассматривать прогресс в реализации и пересматривать содержание Руководства КООС по неместным видам (каждые 5 лет).
- Рассматривать отчеты о реализации и эффективности мер биобезопасности и Руководства по неместным видам (по мере необходимости).
- Рассматривать обновленную информацию о статусе известных и новообнаруженных неместных видов (по мере необходимости).
- Рассматривать текущие риски, вызванные высокопатогенным птичьим гриппом (ВППГ) (ежегодно).

1b. Воздействие туризма и деятельности НПО, а также последствия их роста и диверсификации

Контекст: Туризм и неправительственная деятельность в Антарктике с самого начала (1950-х гг.) непрерывно расширялась. Увеличилось как количество туристов и туроператоров, так и количество и географическое распространение посещаемых участков. Спектр проводимых мероприятий также подвергся диверсификации. Признается, что туризм может оказывать воздействие на экологические, природные, эстетические и научные ценности Антарктики, равно как и на ее дикую природу. Также могут возникнуть непредвиденные кумулятивные воздействия. Будущее развитие туризма в Антарктике и потенциальные ответные меры необходимо рассматривать в свете связанных с этим экологических последствий, а также в контексте других факторов нагрузки в регионе, таких как изменение климата. <u>Масштаб</u>: данный вопрос особенно актуален в районе Антарктического полуострова, то есть в том регионе Антарктики, где отмечается наибольшая интенсификация и рост/диверсификация деятельности человека (в т. ч. туризма) и резкое изменение климата. Также важно поддерживать осведомленность о развитии наземного туризма.

Взаимосвязанные вопросы:

интродукция неместных видов и болезней дикой природы; последствия изменения климата для окружающей среды; ликвидация экологического ущерба и восстановление окружающей среды; загрязнение; мониторинг и доклады о состоянии окружающей среды; положения об ОВОС; знания о биоразнообразии; функционирование и дальнейшее развитие системы Охраняемых районов Антарктики.

Задачи: Поддержка исследований и мониторинга в целях изучения воздействия туризма и неправительственной деятельности, с учетом также прочих воздействий на окружающую среду и деятельность. За счет действий КООС предоставить инструменты и рекомендации по предотвращению или минимизации воздействия на окружающую среду.

Приоритетные действия:

1. Разработать механизм, позволяющий оперативно рассматривать и вносить правки в существующие Правила поведения для посетителей участков в тех случаях, когда для управления участком требуются немедленные действия в связи с особыми и неотложными экологическими проблемами.
2. Разработать инструменты и руководства – в дополнение к Правилам поведения для посетителей участков – для предотвращения или минимизации воздействия туризма и деятельности НПО на окружающую среду.
3. Обсудить и подготовить базу для программы мониторинга окружающей среды для оценки воздействия туризма и деятельности НПО, в которой также будет рассмотрен потенциал использования параметров чувствительности и предельной нагрузки для снижения воздействия (связано с действием 2a-1).
4. Разработать методику предварительной оценки новых, малоизвестных или вызывающих особую обеспокоенность видов деятельности (также указано как действие 2d-4).
5. Реализовать рекомендации СЭДА по морскому туризму (2010 г.) и Исследования туризма КООС (2012 г.).

Регулярные действия:
- Регулярно пересматривать все действующие Правила поведения для посетителей участков с целью обеспечения их точности и актуальности, в том числе вносить предупредительные изменения по мере необходимости (каждые 5 лет).

- Регулярно пересматривать Общее руководство для посетителей Антарктики в сотрудничестве с КОМНАП, МААТО и другими релевантными экспертными организациями.
- Осуществлять упреждающий мониторинг туристических тенденций (в сотрудничестве с МААТО и Секретариатом) с целью определения и консультирования КСДА о необходимости дополнительных мер по управлению.

1c. Последствия изменения климата для окружающей среды

Контекст: *Данные наблюдений, моделирования и глобальных оценок указывают на значительные изменения физических и живых компонентов морских и наземных систем Антарктики. Изменения в окружающей среде Антарктики и зависящих от нее и связанных с ней экосистемах взаимосвязаны с глобальными факторами изменения климата. Хотя изменение климата имеет глобальные последствия и будет способствовать дестабилизации экосистем и потере биоразнообразия за пределами Антарктического региона, воздействие на окружающую среду самой Антарктики также вызывает серьезное беспокойство. Изменение климата может в краткосрочной перспективе принести пользу некоторым антарктическим видам, например, за счет увеличения площади свободных ото льда районов, доступных для колонизации, или за счет увеличения температуры воды, повышающей биологическую продуктивность в океане. Однако потеря среды обитания некоторых видов, угроза укоренения неместных видов и вытеснения местных видов, увеличенная подверженность воздействию повторно высвобождаемых загрязнителей вследствие таяния льда и потеря природных ценностей являются некоторыми из потенциальных негативных последствий изменения климата.* **Масштаб**: *данный вопрос имеет общеконтинентальное значение, хотя имеются существенные различия в степени изменений и связанных с ними последствиях.*

Взаимосвязанные вопросы:

интродукция неместных видов и болезней дикой природы; мониторинг и доклады о состоянии окружающей среды; знания о биоразнообразии; ликвидация экологического ущерба и восстановление окружающей среды; функционирование и дальнейшая разработка системы ООРА; усовершенствование положений ОВОС Приложения I; дальний перенос загрязнителей и локальное загрязнение.

Задачи: Поддержка усилий по мониторингу, смягчению, подготовке, адаптации и повышению устойчивости к воздействию изменения климата на окружающую среду, а также преодоление связанных с этим последствий для руководства и управления Антарктикой посредством реализации Рабочей программы ответных мер в отношении изменения климата (CCRWP).

Приоритетные действия:

1. Реализовать Рабочую программу ответных мер в отношении изменения климата, обновлять, анализировать и пересматривать ее на основании релевантных сведений и обсуждений.

Регулярные действия:

- Рассматривать отчеты Вспомогательной группы, включая обновления CCRWP (ежегодно).

1d. Дальний перенос и локальное загрязнение

Контекст: *Антарктика — один из самых чистых, наименее загрязненных регионов на Земле. Несмотря на это, все больше фактов указывают на то, что Антарктика все сильнее подвергается воздействию химических факторов экологического стресса – как за счет дальнего переноса химических загрязнителей и поллютантов, так и за счет локальных источников. Некоторые из этих химических веществ были обнаружены в окружающей среде Антарктики и могут аккумулироваться в антарктической биоте. Загрязнение микропластиком также было отмечено в Антарктике, однако наличие и влияние микропластика в пищевых цепочках до сих пор мало изучено, равно как и масштабы и воздействие глобально переносимых загрязнителей в Антарктике.* <u>Масштаб</u>: *данный вопрос имеет общеконтинентальное значение.*

Взаимосвязанные вопросы:

последствия изменения климата для окружающей среды; ликвидация экологического ущерба и восстановление окружающей среды; мониторинг и доклады о состоянии окружающей среды.

Задачи: Содействие инициативам по систематическому мониторингу и отслеживанию дальнего переноса загрязнителей и локальных загрязнений, а также поддержка Сторон в надлежащем реагировании, включая коммуникацию с релевантными местными и глобальными организациями. Кроме того, предоставление рекомендаций и инструментов для мониторинга, обмена данными и минимизации локального и глобального загрязнения (в первую очередь химикатами и пластиком), а также разработки ответных мер.

Приоритетные действия:

1. Разработать рамочные положения для систематического, стандартизированного и сопоставимого отбора проб и сбора данных о загрязнении Антарктики в соответствии с *Резолюцией 5 (2019 г.)*.
2. Определить целесообразные механизмы обновления информации о состоянии и тенденциях загрязнителей в Антарктике, включая базу данных для обмена и хранения информации.
3. Оценить потребность в разработке руководства / регионального плана по предотвращению загрязнения.

Регулярные действия:

- Проводить пересмотр Руководства по очистке в целях освещения и включения информации о локальных загрязнениях (по мере необходимости).

2. Приоритеты в сфере ответных мер

2a. Содействие мониторингу и отчетность о состоянии окружающей среды

Контекст: *Для достижения основных целей Протокола по охране окружающей среды к Договору об Антарктике (Протокол), предполагающих охрану окружающей среды Антарктики, целесообразно и необходимо разработать соответствующие меры по управлению. Они могут включать действия по изучению и представлению отчетности о том, изменяется ли (и как изменяется) окружающая среда Антарктики в континентальном, региональном и локальном масштабах, включая изучение того, как деятельность человека влияет на эти изменения. Мониторинг окружающей среды имеет основополагающее значение для оценки и изучения изменений в любом масштабе.* <u>Масштаб</u>: *данный вопрос имеет общеконтинентальное значение.*

Взаимосвязанные вопросы:

последствия изменения климата; знания о биоразнообразии; туризм и деятельность НПО; ликвидация экологического ущерба и восстановление окружающей среды; дальний перенос загрязнителей и локальное загрязнение; функционирование и дальнейшее развитие системы Охраняемых районов Антарктики.

Задачи: Поощрение и содействие скоординированным и систематическим усилиям по мониторингу в целях изучения состояния окружающей среды Антарктики и нагрузки на нее. Предоставление отчетности о состоянии и тенденциях ключевых экологических показателей в Антарктике.

Приоритетные действия:

1. Рассмотреть задачи мониторинга окружающей среды, необходимые для реализации требований Протокола, и разработать первоначальный перечень параметров, которые необходимо контролировать для достижения этих целей, исходя из показателей окружающей среды и кумулятивного воздействия.
2. Выявить текущие инициативы по мониторингу и имеющиеся данные для предварительного проведения анализа и подготовки отчетов о фактических отличиях между существующими результатами мониторинга и необходимыми данными.
3. Рассмотреть необходимость и поддерживать разработку возможных механизмов упрощения доступа к данным мониторинга в сотрудничестве со СКАР, КОМНАП, АНТКОМ (СЕМП) и другими релевантными экспертными организациями.
4. Разработать систему информационной панели или другой соответствующий механизм, позволяющий в будущем периодически подводить итоги деятельности по мониторингу для разработки эффективных мер.

2b. Участие в пространственной охране морской среды и управлении

Контекст: *Биологические и физические процессы морской и наземной среды в районе действия Договора об Антарктике тесно взаимосвязаны. Поэтому в целях удовлетворения потребностей в охране и управлении необходимо учитывать взаимосвязь между океаном и сушей. Целью Протокола является «охрана окружающей среды Антарктики и зависящих от нее и связанных с ней экосистем», что четко связывает континент и омывающий его океан. В то время как АНТКОМ несет ответственность за пространственную охрану морской среды и управление ею в соответствии с Конвенцией АНТКОМ, КСДА компетентно принимать решения в отношении пространственной охраны морской среды и управления ею в соответствии с Договором об Антарктике и Протоколом.* ***Масштаб****: данный вопрос имеет общеконтинентальное значение.*

Взаимосвязанные вопросы:

реализация систематического подхода к системе охраняемых районов; последствия изменения климата для окружающей среды; знания о биоразнообразии; мониторинг и доклады о состоянии окружающей среды; дальний перенос загрязнителей и локальное загрязнение; функционирование и дальнейшее развитие системы Охраняемых районов Антарктики; реализация и усовершенствование положений ОВОС Приложения I; неместные виды и болезни.

Задачи: Поддержка мониторинга, охраны и управления морскими экологическими ценностями, в т. ч. видами, процессами и районами, в рамках положений Протокола.

Приоритетные действия:

1. Определить потребности в пространственных мерах управления и охраны морской среды.
2. Рассмотреть взаимосвязь суши и океана, а также взаимодополняющие меры, которые могут быть предприняты Сторонами в отношении МОР, в т. ч. путем предоставления рекомендаций, связанных с Резолюцией 5 (2017 г.).
3. Рассмотреть подходы к управлению угрозами морской среде (например, загрязнение, сброс сточных вод и т. д.).
4. Рассмотреть, как система охраняемых районов может быть использована для охраны наземной и морской среды от деятельности, не охватываемой АНТКОМ.

Регулярные действия:

- Поддерживать диалог (или обмен информацией) с НК-АНТКОМ о дополнительных действиях в рамках компетенции КСДА (Резолюция 5 (2017 г.)) (постоянно).
- Проводить совместные семинары КООС / НК-АНТКОМ для достижения прогресса в области пространственной защиты и управления (приблизительно каждые 5 лет).

2c. Системный подход к системе охраняемых районов

Контекст: *Приложение V к Протоколу регламентирует определение Особо охраняемых районов Антарктики (ООРА) и Особо управляемых районов Антарктики (ОУРА). Эти районы призваны служить цели всесторонней охраны окружающей среды Антарктики. Была проделана важная работа для обоснования разработки репрезентативной серии ООРА, включая пространственный анализ для определения четких «Экологических доменов» и «Заповедных биогеографических регионов Антарктики». Стороны Договора об Антарктике постановили, что эти пространственные рамки являются полезными ориентирами для определения ООРА в эколого-географическом плане, а Комитет по охране окружающей среды (КООС) признал необходимость более системного подхода к разработке системы охраняемых районов.* <u>Масштаб</u>: *данный вопрос имеет общеконтинентальное значение.*

Взаимосвязанные вопросы:

последствия изменения климата; туризм и деятельность НПО; знания о биоразнообразии; состояние окружающей среды и пространственная охрана морской среды; реализация и усовершенствование положений ОВОС Приложения I.

Задачи: Проведение оценки эффективности ряда существующих ООРА в соответствии с положениями ст. 3.2 Приложения V и предоставление рекомендации по дальнейшей разработке ряда охраняемых районов в пределах системных эколого-географических границ, а также управляемых районов в соответствии со ст. 4 Приложения V.

Приоритетные действия:

1. Провести работу по выполнению действий, утвержденных Комитетом по результатам обсуждений Семинара по вопросам охраняемых районов (2019 г.), согласно Заключительному отчету XXII заседания КООС (п. 182).
2. Разработать критерии оценки целесообразности присвоения колониям птиц статуса ООРА, в том числе определить значение понятия «основные колонии размножающихся птиц», указанного в ст. 3.2(c) Приложения V к Протоколу, и выявить КОТ, соответствующие этим критериям (отчет XX заседания КООС, п. 157).
3. Оценить степень, в которой типовые местообитания видов представлены или должны быть представлены в ряде ООРА (отчет XXIV заседания КООС, п. 160).
4. Рассмотреть критерии определения приоритетности районов, требующих защиты вследствие наличия рисков.
5. Рассмотреть дальнейшие механизмы охраны уникальных геологических ценностей.

Регулярные действия:

- Рассматривать планы управления ООРА / ОУРА, учитывая материалы Вспомогательной группы по планам управления, и предлагаемых новых районов (ежегодно).
- Рассматривать отчеты ВГПУ (ежегодно).
- Поддерживать и обновлять руководящие материалы по Охраняемым районам (постоянно).

2d. Реализация и усовершенствование положений ОВОС Приложения I

Контекст: *Положения Протокола требуют проведения ОВОС до начала деятельности, осуществляемой в районе действия Договора об Антарктике, и применяются практически ко всей научной, логистической и неправительственной деятельности, осуществляемой в регионе. Процесс ОВОС является ключевым инструментом, позволяющим Сторонам выполнить свое обязательство по всеобъемлющей охране окружающей среды Антарктики. Фактической пользой от ОВОС является вклад, который она позволяет внести в планирование деятельности. Раннее включение концепций ОВОС в процессы и процедуры организации деятельности повышает тщательность процесса планирования и значительно повышает шанс выявления альтернативных, более экологически чистых вариантов. Повышение нагрузки на окружающую среду Антарктики (например, вследствие изменения климата и расширения деятельности человека) означает, что управленческие преимущества инструмента ОВОС будут все ценнее. Поэтому важно продолжать пересматривать и, при необходимости, повышать эффективность системы ОВОС в Антарктике.*

Взаимосвязанные вопросы:

последствия изменения климата для окружающей среды; туризм и деятельность НПО; знания о биоразнообразии; мониторинг и доклады о состоянии окружающей среды.

Задачи: Обеспечение лиц, ответственных за деятельность в районе действия Договора об Антарктике, четкими инструкциями по проведению надлежащей оценки деятельности. Оказание Сторонам поддержки в оценке, санкционировании и разрешении деятельности в рамках ОВОС посредством предоставления инструктивных материалов. Обеспечение постоянного совершенствования процесса ОВОС, где это уместно, включая контроль деятельности по ОВОС и связанные с ним усилия по мониторингу, для оценки эффективности мер по управлению и минимизации воздействия.

Приоритетные действия:

1. Разработать руководство по оценке кумулятивного воздействия.
2. Разработать руководство по проведению исследования исходного состояния окружающей среды.
3. Реализовать рекомендации Отчета об эффективности ОВОС (XXIV заседание КООС, п. 73).
4. Разработать методику предварительной оценки новых, малоизвестных или вызывающих особую обеспокоенность видов деятельности (также указано как действие 1b-3).

Регулярные действия:

- Рассматривать проекты ВООС (по мере необходимости).
- Пересматривать Руководство по ОВОС и рассматривать более масштабные директивные положения в целях предоставления КСДА рекомендаций по обновлению, согласованию или иному улучшению существующих правил и мер (каждые 5 лет).

2e. Повышение уровня понимания и охраны биоразнообразия Антарктики

Контекст: *Биоразнообразие Антарктики подвержено многочисленным угрозам. Фундаментальные знания об окружающей среде необходимы для понимания изменений, воздействий, рисков, распространения видов, их динамики и т. д. Хотя в последние годы были достигнуты значительные успехи, биологические и экологические вопросы Антарктики остаются в значительной степени неизученными. Это препятствует разработке и внедрению эффективных мер управления по защите биоразнообразия. При этом согласно Протоколу, деятельность по управлению должна быть подкреплена наилучшими имеющимися научно-техническими рекомендациями с учетом предупредительного подхода.* Масштаб: *данный вопрос имеет общеконтинентальное значение*

Взаимосвязанные вопросы:

последствия изменения климата; мониторинг и доклады о состоянии окружающей среды; функционирование и дальнейшее развитие системы Охраняемых районов Антарктики; положения об ОВОС; интродукция неместных видов и болезней дикой природы; туризм и деятельность НПО.

Задачи: Контроль состояния и тенденций в области биоразнообразия, а также угроз, которым оно подвержено, и реализация релевантных мер управления.

Приоритетные действия:

1. Рассмотреть состояние и угрозы биоразнообразию Антарктики для информирования о защите биоразнообразия Антарктики и (или) управлению ним.
2. КООС рассмотреть дальнейшие научные рекомендации по антропогенному воздействию на дикую природу и на основе этого рассмотреть любую необходимость в дальнейших действиях или мерах по управлению
3. Учитывать риски возникновения болезней при разработке протоколов или инструментов в сфере биоразнообразия.

Регулярные действия:
- Рассматривать природоохранный статус антарктических видов, подверженных рисками вследствие изменения климата (в соответствии с действием CCRWP).

2f. Ликвидация экологического ущерба и восстановление окружающей среды

Контекст: Экологический ущерб в Антарктике может возникнуть в результате химических, физических или биологических процессов, вызванных деятельностью человека в регионе. Кроме того, он может произойти в результате разовой или нерегулярной деятельности, чрезвычайных ситуаций, а также ситуаций, вследствие которых окружающая среда подвергалась воздействию или деградировала в течение более длительных периодов времени. Например, химические воздействия могут возникать в результате случаев загрязнения, таких как критические повреждения топливных резервуаров, аварии при каботажных перевозках, медленное разрушение заброшенных баз, утечка из топливных резервуаров или наличие свалок отходов. Физические воздействия могут возникать в результате регулярного пешеходного и транспортного движения, приводящего к появлению колей или повреждению растительности, а также вследствие возведения и постоянной эксплуатации антарктических станций и баз. Биологические воздействия могут возникать в результате интродукции и укоренения неместных видов (см. 1а.). В связи с экологическими и географическими условиями Антарктики меры реагирования, принимаемые в любом другом месте, могут требовать адаптации с учетом высоких стандартов охраны окружающей среды в Антарктике сравнительно с многими другими частями мира. *Масштаб:* данный вопрос имеет общеконтинентальное значение, где бы ни осуществлялась деятельность человека как в морской, так и в наземной среде ранее или в настоящее время.

Взаимосвязанные вопросы: дальний перенос и локальное загрязнение; последствия изменения климата для окружающей среды; мониторинг и доклады о состоянии окружающей среды; интродукция неместных видов и болезней дикой природы.

Задачи: Обеспечение поддержки действий по выявлению, реагированию, ликвидации ущерба и восстановлению окружающей среды Антарктики. Кроме того, оценка выполнения всех действия по ликвидации ущерба и восстановлению, которые должны были быть предприняты, а также призыв к выполнению действий там, где они все еще могут потребоваться.

Приоритетные действия:

1. Разработать реестр участков деятельности, осуществленной ранее.
2. Разработать план действий с руководством и ранжированием приоритетов для проведения восстановительных работ, где это необходимо.
3. Разработать механизм оперативного реагирования на новые или возникающие проблемы.

Регулярные действия:

- Пересматривать Руководство по очистке и включать новые инструменты (по мере необходимости). Членам вести работу по разработке новых методик или рекомендаций (каждые 5 лет).

- Обмениваться информацией об опыте проведения работ по ликвидации и восстановлению (по мере необходимости).

2g. Определение исторических мест и памятников и управление ими

Контекст: *В масштабах всемирной истории присутствие человека в Антарктике является чрезвычайно коротким. Со времени первого обнаружения континента в 1820 году следы деятельности человека все еще остаются весьма скромными. При этом исторические свидетельства присутствия человека на этой земле становятся чрезвычайно примечательными и особо значимыми. Поэтому Стороны заявили о своем полном и безусловном признании значимости исторических мест, сооружений и объектов как части культурного наследия всего человечества. Протокол по охране окружающей среды определяет перечень Исторических мест и памятников (ИМП) в качестве главного механизма охраны исторических ценностей Антарктики.*

Взаимосвязанные вопросы:

туризм и деятельность НПО; последствия изменения климата для окружающей среды; функционирование и дальнейшее развитие системы Охраняемых районов Антарктики; мониторинг и доклады о состоянии окружающей среды

Задачи: Предоставление Сторонам рекомендаций и поддержки в оценке объектов наследия и управлении им.

Приоритетные действия:

1. Разработать критерии для поддержания и управления ИМП, особенно в контексте изменения климата и его последствий для окружающей среды, сооружений и (или) объектов.
2. Реализовать регулярный процесс пересмотра ИМП на предмет эффективности планов управления / сохранения (если применимо) в отношении изменения климата и его последствий для уникальных ценностей и потенциальной очистки.
3. Разрабатывать дальнейшие критерии для Планов управления по сохранению исторических мест, сооружений и (или) объектов.

3. Приоритеты операционной деятельности

3a. Эффективная работа КООС и стратегическое планирование

Контекст: *КООС был создан в соответствии с Протоколом для консультирования КСДА по вопросам, касающимся охраны окружающей среды Антарктики. Спустя более чем 25 лет работы Комитет закрепился в качестве весьма релевантной и ценной структуры системы Договора об Антарктике. Повестка дня КООС обычно всеобъемлюща и обширна, а Комитет во многом является «рабочей лошадкой КСДА». Сосредоточенность на стратегическом планировании предусматривает деятельность КООС, ориентированную на наиболее важные экологические вопросы.*

Взаимосвязанные вопросы:

Задачи: обеспечение систематической работы КООС по предоставлению приоритетных, стратегических и эффективных рекомендаций по реализации целей Протокола для КСДА, тем самым способствуя более широкому участию Членов в работе Комитета.

Приоритетные действия:

1. Активно использовать Пятилетний план работы КООС для организации заседаний КООС.
2. Рассмотреть возможности укрепления рабочих взаимоотношений между КООС и КСДА.
3. Рассмотреть возможности более широкого участия Членов в работе Комитета.
4. Осуществлять регулярный пересмотр приоритетов на основе запросов КСДА и меняющихся обстоятельств.
5. Рассмотреть и обсудить фундаментальные вопросы, касающиеся общего функционирования КООС в свете целей Протокола и задач КООС, указанных в ст. 12 Протокола.

Регулярные действия:

- Обновлять Пятилетний план работы (ежегодно).

Приложение 2. Рабочая программа ответных мер в отношении изменения климата (CCRWP)

Концепция CCRWP: Учитывая выводы и рекомендации СЭДА по изменению климата в 2010 г., CCRWP обеспечивает механизм определения и пересмотра целей и конкретных действий со стороны КООС в поддержку усилий в рамках Системы Договора об Антарктике, направленных на подготовку ответных мер и формирование устойчивости окружающей среды к отрицательному воздействию изменений климата, а также на формулировку связанных с этим задач по режиму управления и регулирования в Антарктике.

Вопросы и проблемы, связанные с изменением климата:	Проблемы / потребности	Сфера реагирования	Действие / задача	Приоритет	Кто	IP	КООС 2025	IP	КООС 2026	IP	КООС 2027	IP	КООС 2028	IP	КООС 2029
1) Повышенная вероятность интродукции и укоренения неместных видов (НМВ)	• Рамочный механизм надзора за укоренением неместных видов в морской, наземной и пресноводной среде • Стратегия ответных мер на предполагаемую интродукцию неместных видов • Оценка соответствия существующих механизмов требованиям по предотвращению интродукции и переноса неместных видов. Анализ средств и методов управления, применяемых в других регионах	Управление	a. Продолжить разработку Руководства по неместным видам в соответствии с Резолюцией 6 (2011 г.), учитывая воздействие изменения климата, в частности: • в указанобтс методов надзора (п. 21) • в стратегии ответных мер (п. 22) • в руководстве по ОВОС, включая неместные виды (п. 18)	1.3	КООС/ Стороны	Сторонам провести подготовительную работу. Инициировать дискуссии по разработке методов надзора и стратегии ответных мер в отношении неместных видов Сторонам рассмотреть реализацию руководящих положений пересмотренного Руководства по неместным видам при планировании и проведении своей деятельности	Инициировать МСР¹ по созданию механизмов надзора за неместными видами и стратегии ответных мер, включая определение сред обитания/ биорегионов, подверженных наибольшему риску. Рассмотреть образовательные инициативы в отношении рисков, связанных с неместными видами	МСР	Получить отчет о МСР и предпринять соответствующие меры						Обеспечить достаточное рассмотрение и надлежащее включение в юбилейные руководства вопросов, касающихся последствий изменения климата, для неместных видов со сточными водами Обеспечить достаточное рассмотрение и надлежащее включение в пересмотренное Руководство по неместным видам вопросов, касающихся последствий изменений климата

¹ МСР = Межсессионная работа (может быть МКГ, семинар, заинтересованные Стороны и т. д.).

Вопросы и проблемы, связанные с изменением климата:	Пробелы / потребности	Сфера реагирования	Действие / задача	Приоритет	Кто	IP	КООС 2025	IP	КООС 2026	IP	КООС 2027	IP	КООС 2028	IP	КООС 2029
			b. Пересмотреть Руководство ИМО по контролю за биообрастанием корпусов судов на предмет их соответствия применительно к Южному океану и судам, перемещающимся из одного региона в другой	2.6	Заинтересованные Стороны, Эксперты и Наблюдатели				Обеспечить достаточное рассмотрение и надлежащее включение вопросов, касающихся последствий изменения климата, в дискуссии по биообрастанию в соответствии с 5-летним планом работы						
• Более четкое понимание факторов риска, связанных с перемещением местных наземных видов. • Оценка и картографирование антарктических сред обитания, подверженных риску инвазии • Оценка риска интродукции неместных морских видов • Методики искоренения и контроля		Управление / Исследования	c. Провести оценку риска: определить местные виды, подверженные риску перемещения, и пути переноса внутри континента, включая составление региональных карт / описаний сред обитания, подверженных риску инвазии	1.2	КООС, Заинтересованные Стороны, Эксперты и Наблюдатели	МСР	Получить отчет о МСР и предпринять соответствующие меры								
			d. Провести оценку риска: определить морские среды обитания, подверженные риску инвазии, и пути интродукции	1.8	КООС, Заинтересованные Стороны, Эксперты и Наблюдатели					Сторонам провести предварительную подготовку перед обсуждением оценки	Инициировать МСР по оценке риска интродукции морских неместных видов	МСР	Получить отчет о МСР и предпринять соответствующие меры	МСР	

Вопросы и проблемы, связанные с изменением климата	Проблемы / потребности	Сфера реагирования	Действие / задача	Приоритет	Кто	IP	КООС 2025	IP	КООС 2026	IP	КООС 2027	IP	КООС 2028	IP	КООС 2029
			e. Продолжать выполнение действий, указанных в разделе «Ответные меры» Руководства по неместным видам (п. 22-23)	1.6	НАП, СКАР				Обеспечить достаточное рассмотрение и надлежащее включение в стратегию ответных мер вопросов, касающихся последствий изменения климата	и риско в интродукци и морск их немес тных видов					
	Программа непрерывного надзора для определения состояния неместных видов в свете изменения климата	Мониторинг	f. Осуществлять морской и наземный мониторинг в соответствии с установленным рамочным механизмом надзора (п. а) после его разработки	1.9	НАМ, СКАР	Сторонам определить существующие научно-исследовательские проекты, имеющие отношение к надзору, и предоставить информацию на заседании КООС в 2025 году	Рассмотреть информацию, предоставленную Сторонами (см. п. 1а выше)				Участникам сообщать о предпринятых мерах по реализации надзора и ответных мер		Участникам сообщать о предприятых мерах по реализации и надзора и ответных мер		
2) Изменение наземной (в том числе водной) абиотической и биотической среды в связи с изменением климата	• Понимание того, как наземная и пресноводная биота будет реагировать на климатические изменения, и влияние этих изменения • Понимание того, как изменится наземная абиотическая	Исследования	a. Поддержать и провести исследования с целью изучения текущих и будущих изменений и информирования для разработки ответных мер	1.9	НАМ, СКАР	СКАР сопоставить текущие основные научно-исследовательские инициативы, имеющие отношение к изменениям в наземных и пресноводных экосистемах	Постоянно Предоставлять отчеты об обновлениях, в т. ч. через Портал		Постоянно Предоставлять отчеты об обновлениях, в т. ч. через Портал		Постоянно Предоставлять отчеты об обновлениях, в т. ч. через Портал		Постоянно Предоставлять отчеты об обновлениях, в т. ч. через Портал		

Вопросы и проблемы, связанные с изменением климата:	Проблемы / влияние потребности	Сфера реагирования	Действие / задача	Приоритет	Кто	IP	КООС 2025	IP	КООС 2026	IP	КООС 2027	IP	КООС 2028	IP	КООС 2029
	среда, и влияние этих изменений		b. Поддерживать и осуществлять долгосрочный мониторинг изменений, в том числе совместными усилиями (например, ANTOS)	1.8	НАП, СКАР	СКАР разработать рекомендации для КООС касательно актуальности изысканий и результатов исследований ANTOS для интересов управления КООС	Рассмотреть вопросы, касающиеся доступа к данным для КООС		Принять во внимание очевидные проблемы в сети мониторинга и придать импульс инициативе там, где существуют пробелы						
			c. Продолжать разработку биогеографических инструментов (АЗД и ЗБРА) для формирования основы информационного обеспечения охраны и управления антарктическими районами в региональном и континентальном масштабе в свете изменения климата, включая определение потребности выделения эталонных участков для будущих исследований и определение зон, устойчивых к изменению климата	2.1	По инициативе заинтересованных Сторон и КООС		Сторонам предоставить отчеты об обновленных исследовательской, управленческой работе, связанной с применением биогеографических инструментов		Спланировать проведение совместного семинара СКАР и КООС по биогеографии и Антарктики, в том числе с целью определения практических применений биогеографических инструментов для целей управления и будущих исследовательских потребностей	Совместный семинар СКАР и КООС по биогеографии Антарктики	Рассмотреть отчет совместного семинара СКАР и КООС по биогеографии Антарктики				
			d. Определить и приоритизировать биогеографические регионы Антарктики, наиболее уязвимые к изменению климата	1.6	По инициативе заинтересованных Сторон и КООС		Сторонам предоставить обновленные материалы по проведенным или планируемым исследованиям с целью								

Вопросы и проблемы, связанные с изменением климата	Проблемы / потребности	Сфера реагирования	Действие / задача	Приоритет	Кто	IP	КООС 2025	IP	КООС 2026	IP	КООС 2027	IP	КООС 2028	IP	КООС 2029
Вопросы и проблемы, связанные с изменением климата:															
		Управление	e. Рассмотреть и при необходимости пересмотреть существующие инструменты управления, чтобы понять, позволяют ли они применять передовые практические меры по адаптации в регионах, подверженных риску в связи с изменением климата	1.9	КООС		определения биогеографических регионов, уязвимых к изменению климата								
			f. Комплексно пересмотреть существующую сеть охраняемых районов и порядок определения таких районов, чтобы в них учитывалось воздействие изменения климата и рассматривались возможные ответные меры	1.8	КООС	Работа ВПТУ по ОУРА. Инициировать работу по разработке руководящих принципов и критериев упразднения охраняемых районов вследствие, например, изменения климата	Рассмотреть надлежащим образом учесть последствия изменения климата в ходе работы ВПТУ над руководящими принципами и ОУРА (см. План работы ВПТУ)		Запланировать межсессионный семинар по пересмотру системы охраняемых районов	Семинар	Рассмотреть результаты Семинара по охраняемым районам		Сторонам предоставить информацию об опыте учета факторов изменения климата в процессе ОВОС		

Вопросы и проблемы, связанные с изменением климата:	Пробелы / потребности	Сфера реагирования	Действие / задача	Приоритет	Кто	IP	КООС 2025	IP	КООС 2026	IP	КООС 2027	IP	КООС 2028	IP	КООС 2029
			g. Инициировать действия с целью защиты репрезентативных районов каждого биогеографического региона и районов, которые могут обеспечить убежище для видов и экосистем, подверженных риску	2.3	КООС				Представить на КСДА отчет о состоянии сети Охраняемых районов Антарктики						
3) Изменение морской прибрежной абиотической и биотической среды (без учета закисления океана(ЗО)[2]	• Понимание и способность прогнозировать изменения прибрежной морской среды и воздействия таких изменений • Более глубокое понимание того, какие данные потребуются для оценки климатических изменений в морской среде	Исследования	a. Поощрять исследовательскую деятельность, проводимую национальными программами и СКАР, и добиваться от СКАР обновления знаний о воздействии климата на морскую биоту	2.0	НАМ, СКАР	СКАР сопоставить текущие научно-исследовательские инициативы, имеющие отношение к изменениям в морских экосистемах	Постоянно Представлять отчеты об обновлениях, в т. ч. через Портал		Постоянно Представлять отчеты об обновлениях, в т. ч. через Портал		Постоянно Предоставлять отчеты об обновлениях, в т. ч. через Портал		Постоянно Предоставлять отчеты об обновлениях, в т. ч. через Портал		
			b. Поддерживать и осуществлять совместный долгосрочный мониторинг изменений (напр., посредством SOOS и ANTOS) и готовить регулярные отчеты о состоянии знаний на основе данных таких программ	2.0	НАМ, СКАР	СКАР сопоставить обзор существующих научно-исследовательских программ (например, SOOS и ANTOS) в части того, как они могут получить в интересах управления КООС Председателю КООС писать Организационным комитетам соответствующих их	Постоянно Предоставлять отчеты об обновлениях, в т. ч. через Портал		Постоянно Предоставлять отчеты об обновлениях, в т. ч. через Портал		Постоянно Предоставлять отчеты об обновлениях, в т. ч. через Портал		Постоянно Предоставлять отчеты об обновлениях, в т. ч. через Портал		

[2] Отмечая важность рассмотрения АНТКОМ вопросов изменения климата в Южном океане

Вопросы и проблемы, связанные с изменением климата:	Проблемы / потребности	Сфера реагирования	Действие / задача	Приоритет	Кто	IP	КООС 2025	IP	КООС 2026	IP	КООС 2027	IP	КООС 2028	IP	КООС 2029
		Управление	c. Рассмотреть и при необходимости пересмотреть существующие инструменты управления, чтобы понять, позволяют ли они применять передовые практические меры по адаптации в отличающийся выпил или географических регионов, подверженных риску в связи с изменением климата в Южном океане	2,0	КООС	международных исследовательских программ (например, ICED) и запрашивать регулярные отчеты об обновлениях									
			d. Продолжать работу совместно с АНТКОМ по созданию процедуры определения эталонных участков для будущих исследований	2,5	КООС, СКАР, НК-АНТКОМ										
			e. Поддерживать регулярный диалог (или обмен информацией) с НК-АНТКОМ по изменению климата в Южном океане, в частности о предпринимаемых мерах	1,5	КООС, АНТКОМ										Провести семинар, как указано в 5-летнем Плане работы КООС

Вопросы и проблемы, связанные с изменением климата:	Проблемы / потребности	Сфера реагирования	Действие / задача	Приоритет	Кто	IP	КООС 2025	IP	КООС 2026	IP	КООС 2027	IP	КООС 2028	IP	КООС 2029
4) Изменение экосистем в результате закисления океана	• Понимание воздействия закисления океана (ЗО) на морскую биоту и экосистемы	Исследования	a. По мере необходимости поощрять дальнейшие исследования и оценку влияния ЗО на основании докладов СКАР	1.9	НАП, СКАР		Постоянно Предоставлять отчеты об обновлениях, в т. ч. через Портал		Постоянно Предоставлять отчеты об обновлениях, в т. ч. через Портал		Постоянно Предоставлять отчеты об обновлениях, в т. ч. через Портал		Постоянно Предоставлять отчеты об обновлениях, в т. ч. через Портал		
		Управление	b. Рассмотреть предстоящий доклад СКАР по вопросам закисления океана и разработать соответствующие мероприятия (с учетом того, что наилучшим инициатором реализации отдельных действий может быть КСДА)	1.6	КООС, АНТК ОМ³										
			c. Рассмотреть и при необходимости пересмотреть существующие инструменты управления, чтобы понять, позволяют ли они применять передовые практические меры по адаптации в отношении видов или географических регионов, подверженных риску в связи с закислением океана	2.4	КООС, АНТК ОМ³										

³ В том числе в контексте предлагаемого совместного семинара (п. 3e)

Вопросы и проблемы, связанные с изменением климата	Пробелы / потребности	Сфера реагирования	Действие / задача	Приоритет	Кто	IP	КООС 2025	IP	КООС 2026	IP	КООС 2027	IP	КООС 2028	IP	КООС 2029
5) Влияние изменения климата на антропогенную (преобразованную человеком) среду, которое приводит к воздействию на природные ценности и ценные объекты наследия	• Понимание того, как изменится абиотическая наземная среда, как это может повлиять на экологические ценности или ценные объекты окружающей среды	Исследования	a. Национальные операторы оценят риски изменения климата (например, вечной мерзлоты) для инфраструктуры и последствия для окружающей среды	3.0	НАП, КОМНАП				Призвать КОМНАП оценить риск изменения климата для инфраструктуры НАП				Получить отчет КОМНАП о межсессионной работе и предпринять соответствующие меры		
	• Понимание влияния изменения климата на загрязненные участки и последствий для видов/ экосистем		b. Оценить риск климатических изменений для ИМП/ООРА, содержащих объекты наследия	2.9	Инициаторы и заинтересованные Стороны								Инициировать оценку рисков для ИМП		
			c. Определить и конкретизировать потребности в изучении, исследованиях и сообщить о них исследовательскому сообществу	3.3	КООС										
	• Понимание подверженности и воздействия загрязняющих веществ на виды/экосистемы и, и понимание того, как виды/экосистемы отреагируют на воздействие загрязняющих веществ	Управление	d. Обновить Руководство по ОВОС в части необходимости учета воздействия климатических изменений, например, путем использования предлагаемых устойчивых средств долгосрочного мониторинга, не оказывающих отрицательного воздействия на виды или среды обитания, подверженных риску	1.9	КООС										
	• Понимание того, какие меры по сохранению/ восстановлению могут быть приняты для нейтрализации этих воздействий		e. Провести дальнейшую разработку Руководства по очистке	2.0	КООС		Обеспечить пересмотры Руководства								

Вопросы и проблемы, связанные с изменением климата:	Пробелы / потребности	Сфера реагирования	Действие / задача	Приоритет	Кто	IP	КООС 2025	IP	КООС 2026	IP	КООС 2027	IP	КООС 2028	IP	КООС 2029
			(Резолюция 2 (2013 г.)				ва по очистке (упомянуть ые в 5-летнем плане работы) с учетом последств ий изменения климата								
			f. Призвать национальные программы выполнить оценку того, какие из старых участков очищенных или не восстановленных являются наиболее уязвимыми к изменениям климата, чтобы приоритизировать их деятельность	2.3	НАП		Члены представят КООС отчеты о том, какие из старых участков (все еще не очищенны х или не восстанов ленных) являются наиболее уязвимыми к изменения м климата, и планы по очистке или восстанов лению этих участков		Постоянно		Постоянно		Постоянно		
6) Морские и наземные виды, подверженные риску в связи с изменением климата	• Понимание состояния, тенденций, уязвимости и распространения популяций ключевых антарктических видов • Более глубокое понимание воздействия климата на виды, подверженные риску, в том числе понимание критических	Исследования	a. Призвать национальные программы, СКАР и НК-АНТКОМ проводить исследования, например, в рамках таких программ как AntEco и AntERA, а также Программы АНТКОМ по мониторингу экосистем (СЕМП)	1.6	НАП, СКАР, НК-АНТКО М	СКАР сопоставит ь обзор того, как существующие научно-исследовательс кие программы (например, AntEco и AntERA) могут послужить в интересах управления КООС										

Вопросы и проблемы, связанные с изменением климата:	Проблемы / потребности	Сфера реагирования	Действие / задача	Приоритет	Кто	IP	КООС 2025	IP	КООС 2026	IP	КООС 2027	IP	КООС 2028	IP	КООС 2029
	пороговых значений, превышение которых может привести к необратимым последствиям • Рамочный механизм мониторинга с целью обеспечения выявления воздействия на ключевые виды • Понимание взаимосвязи между видами и воздействием изменения климата в значимых местах/ регионах	Управление	b. Рассмотреть, могут ли критерии МСОП Красного списка применяться на региональной основе для Антарктики в контексте изменения климата и каким образом.[4]	2.4	СКАР		Содействовать программе работы со СКАР, НК-АНТКОМ, АКАП и МСОП, чтобы: 1) инициировать программу регулярного предоставления отчетов об обновлениях состояния ип антарктических видов		Содействовать программе работы со СКАР, НК-АНТКОМ, АКАП и МСОП, чтобы: 1) продолжить оценку антарктических видов, в отношении которых она еще не проводилась; 2) разработать метод применения критериев Красного списка на региональной и локальном и Антарктике						
			c. Начать непрерывную программу оценки состояния антарктических видов, уделяя особое внимание тем видам, в отношении которых еще не проводилась оценка согласно Красному списку МСОП	1.7	КООС, СКАР, АКАП		См. 6 а выше						Предоставить КСДА отчет об обновлении и данных о состоянии, тенденциях и уязвимости антарктических видов		
			d. Рассмотреть и при необходимости пересмотреть существующие инструменты управления, чтобы понять,	1.8	КООС рассмотрение АНТКОМ		См. 6 в выше								

[4] Следует отметить, что критерии МСОП охватывают множество аспектов помимо изменения климата и не обязательно определяют воздействия, обусловленные исключительно климатическими изменениями. Преимущества использования критериев МСОП в нашей ответной реакции на изменение климата будут оценены перед использованием.

Вопросы и проблемы, связанные с изменением климата:	Проблемы / потребности	Сфера реагирования	Действие / задача	Приоритет	Кто	IP	КООС 2025	IP	КООС 2026	IP	КООС 2027	IP	КООС 2028	IP	КООС 2029
			позволяют ли они применять переводовые практические меры по адаптации в отношении видов, подверженных риску в связи с изменением климата												
			е. При необходимости разработать меры по управлению, направленные на сохранение или улучшение охранного статуса видов, подверженных риску в связи с изменением климата, например, посредством Планов действий в отношении ООВ	2.0	КООС, СКАР рассмотрение АНТКОМ		Постоянно		Постоянно		Постоянно				
7) Морские, наземные и пресноводные среды обитания, подверженные риску в связи с изменением климата	• Понимание состояния, тенденций, уязвимости и распространения я сред обитания • Более глубокое понимание воздействия изменения климата на среды обитания, например на площадь и продолжительность морского льда, снежный покров, влажность почвы, микроклимат, изменение потоков талой воды, и последствий для озерных систем	Исследования	а. Способствовать проведению научных исследований в рамках национальных программ, СКАР и НК-АНТКОМ	2.4	НАП, СКАР, НК-АНТКОМ ОМ		Постоянно Предоставлять отчеты об обновлениях, в т. ч. через Портал		Постоянно Предоставлять отчеты об обновлениях, в т. ч. через Портал		Постоянно Предоставлять отчеты об обновлениях, в т. ч. через Портал		Постоянно Предоставлять отчеты об обновлениях, в т. ч. через Портал		
		Управление	b. Рассмотреть и при необходимости пересмотреть существующие инструменты управления, чтобы понять, позволяют ли они применять переводовые практические меры по адаптации в отношении сред обитания, подверженных	2.3	КООС рассмотрение АНТКОМ ОМ										

Вопросы и проблемы, связанные с изменением климата	Проблемы / потребности	Сфера реагирования	Действие / задача	Приоритет	Кто	IP	КООС 2025	IP	КООС 2026	IP	КООС 2027	IP	КООС 2028	IP	КООС 2029
Вопросы и проблемы, связанные с изменением климата:	• Более глубокое понимание потенциального расширения присутствия человека в Антарктике в результате изменений, связанных с изменением климата (например, изменение в распределении морского льда, разрушение шельфовых ледников и расширение площади, свободной ото льда		риску в связи с изменением климата c. Оценить пространственные и временные характеристики уязвимостей, связанных с изменением площади морского льда в районе Антарктического полуострова, и на основании этого рассмотреть потенциальные последствия для управления в этом регионе, учитывая высокий и растущий уровень человеческой деятельности												

Приложение 3

Предварительная повестка дня 27-го КООС (2025 г.)

1) Открытие заседания
2) Принятие Повестки дня
3) Стратегическое обсуждение дальнейшей работы КООС
4) Работа КООС
5) Сотрудничество с другими организациями
6) Устранение ущерба и восстановление окружающей среды
7) Последствия изменения климата для окружающей среды:
    a. Стратегический подход
    b. Реализация и пересмотр Рабочей программы ответных мер в отношении изменения климата
8) Оценка воздействия на окружающую среду (ОВОС):
    a. Проекты документов по Всесторонней оценке окружающей среды
    b. Прочие вопросы ОВОС
9) Охрана районов и планы управления:
    a. Планы управления
    b. Исторические места и памятники
    c. Правила поведения для посетителей участков
    d. Пространственная охрана морской среды и меры пространственного управления.
    e. Прочие вопросы, связанные с Приложением V
10) Сохранение антарктической флоры и фауны:
    a. Карантин и неместные виды
    b. Особо охраняемые виды
    c. Прочие вопросы, связанные с Приложением II
11) Мониторинг окружающей среды и отчетность
12) Отчеты об инспекциях
13) Общие вопросы
14) Выборы должностных лиц
15) Подготовка следующего заседания
16) Принятие отчета
17) Закрытие заседания

3. Приложения

Приложение 1

Предварительная Повестка дня 47-го КСДА, Рабочие группы и распределение пунктов Повестки дня

Пленарное заседание

1) Открытие Совещания
2) Выборы должностных лиц и формирование Рабочих групп
3) Принятие Повестки дня, распределение пунктов по Рабочим группам и рассмотрение Многолетнего стратегического плана работы
4) Работа Системы Договора об Антарктике: отчеты и доклады Сторон, Наблюдателей и Экспертов
5) Отчет Комитета по охране окружающей среды
6) Работа Системы Договора об Антарктике:

   a. Заявка Канады на получение статуса Консультативной стороны

   b. Заявка Беларуси на получение статуса Консультативной стороны

Рабочая группа 1: стратегические, правовые и институциональные вопросы

6) Работа Системы Договора об Антарктике:

   c. Общие вопросы

7) Работа Системы Договора об Антарктике: вопросы, касающиеся Секретатиата
8) Материальная ответственность
9) Биопроспектинг в Антарктике
10) Обмен информацией
11) Вопросы образования
12) Многолетний стратегический план работы:

   a. Стратегические, правовые и институциональные приоритеты

Рабочая группа 2: научная, операционная и туристическая деятельность

12) Многолетний стратегический план работы:

   b. Научная, операционная и туристическая деятельность

13) Безопасность и деятельность в Антарктике
14) Инспекции в рамках Договора об Антарктике и Протокола по охране окружающей среды
15) Вопросы науки, будущих проблемных аспектов научной деятельности, научного сотрудничества и содействия
16) Последствия изменения климата для режима управления в районе Договора об Антарктике
17) Туризм и неправительственная деятельность в районе Договора об Антарктике, включая рассмотрение вопросов компетентных органов

Специальная рабочая группа 3: разработка Системы регулирования туризма

18) Разработка Системы регулирования туризма

Пленарное заседание

19) Подготовка 48-го Совещания
20) Прочие вопросы
21) Принятие Заключительного отчета
22) Закрытие Совещания

Приложение 2

46-е КОНСУЛЬТАТИВНОЕ СОВЕЩАНИЕ ПО ДОГОВОРУ ОБ АНТАРКТИКЕ
20–30 мая 2024 г. | КОЧИН (ИНДИЯ)

КОММЮНИКЕ ПРИНИМАЮЩЕЙ СТРАНЫ
30 мая 2024 г.

Индия принимала 46-е Консультативное совещание по Договору об Антарктике (46-е КСДА) и 26-е заседание Комитета по охране окружающей среды (26-й КООС) с 20 по 30 мая 2024 г. в Кочине, штат Керала. Встречи, организованные Министерством наук о Земле через Национальный центр полярных и океанических исследований (NCPOR), проходили как в очном, так и виртуальном формате. Всего на 46-м КСДА было зарегистрировано 404 делегата, 328 из которых приняли участие лично, а остальные 76 – виртуально.

Посол Панкадж Саран (Pankaj Saran) председательствовал на КСДА, а д-р Ануп (Тивари Anoop Tiwari) и д-р Хейке Херата (Heike Herata) председательствовали на заседании КООС. Сопредседателями Рабочей группы 2 были г-н Фил Трейси (Phil Tracey) и г-жа Соня Рамос (Sonia Ramos), а председателем Рабочей группы 1 был г-н Тед Килл (Ted Kill). Д-р Виджай Кумар (Vijay Kumar) выступил в качестве Главы Секретариата принимающей страны, а д-р Рахул Мохан (Rahul Mohan) – в качестве Заместителя Главы.

Мероприятие было официально открыто г-ном Киреном Риджиджу (Kiren Rijiju) – главой Министерства наук о Земле, и к нему присоединились г-н Паван Капур (Pawan Kapoor) – секретарь Министерства иностранных дел Индии (страны Запада), и д-р Шайлеш Найак (Shailesh Nayak) – экс-секретарь Министерства наук о Земле. Они подчеркнули приверженность Индии принципам Договора об Антарктике, проведению научных исследований, изучению изменения климата и международному сотрудничеству. Г-н Кирен Риджиджу выразил гордость Индии за проведение 46-го КСДА и вклад страны в глобальный диалог по вопросам мира, науки и охраны окружающей среды в Антарктике для сохранения наиболее уникальной первозданной дикой природы на планете. Г-н Паван Капур заявил о необходимости углубления научных знаний для поиска решений проблем изменения климата и глобального потепления в контексте полярных экосистем, а также о готовности Индии к сотрудничеству по вопросам Антарктики. Д-р Шайлеш Найак обсудил три основные проблемы изменения климата, связанные с Антарктидой: таяние полярных льдов и повышение уровня моря, региональное потепление и закисление океана.

Лекция СКАР в рамках Пленарной сессии, прочитанная доктором Шибой Ченоли, пролила свет на корреляционные связи между тропическими регионами и Антарктическим регионом.

Ключевые обсуждения на КСДА включали функционирование Системы Договора об Антарктике, материальную ответственность, биологическую разведку, обмен информацией, вопросы образования, многолетний стратегический план работы, безопасность, инспекции, научные вопросы, вызовы для науки в будущем, научное сотрудничество, последствия изменения климата и управление туризмом. Были достигнуты договоренности по ряду важных вопросов.

Стороны подчеркнули важность образовательной и информационно-просветительской деятельности как важного элемента сотрудничества, закрепленного в Договоре об Антарктике и Протоколе по охране окружающей среды.

Ценным результатом стало принятие решения о разработке амбициозной, всеобъемлющей, гибкой и динамичной системы регулирования туризма и неправительственной деятельности в Антарктике. Стороны также обсудили запросы о предоставлении консультативного статуса от Канады и Беларуси, однако консенсуса достигнуто не было.

На заседании КООС, состоявшемся 20–24 мая, был рассмотрен ряд вопросов и внесен вклад в реализацию Протокола по охране окружающей среды в Антарктике. Комитет постановил уделять первоочередное внимание дальнейшей работе по следующим вопросам: последствия изменения морского льда для управления деятельностью, улучшение оценки воздействия основных видов деятельности на окружающую среду, охрана императорских пингвинов и разработка международной системы мониторинга окружающей среды в Антарктике. Следуя рекомендациям КООС, Стороны приняли 17 пересмотренных и новых планов управления для Особо охраняемых районов Антарктики (ООРА), а также несколько изменений и/или дополнений к перечню Исторических мест и памятников (ИМП). КСДА также поддержало усилия по расширению использования возобновляемых источников энергии и обеспечению надежного осуществления мер биобезопасности для минимизации рисков высокопатогенного птичьего гриппа (ВППГ). КООС избрал нового Председателя – г-жу Кейшу Пуаро (Ceisha Poirot) из Новой Зеландии.

Секретариат принимающей страны через Национальный центр полярных и океанических исследований (NCPOR), Гоа, провел несколько параллельных мероприятий в ознаменование 46-го КСДА и 26-го КООС. Совместно с Корейским институтом полярных исследований и Исследовательским центром полярного сотрудничества Университета Кобе 20 мая 2024 г. Секретариат организовал семинар *Changing Antarctic and Challenges Ahead* («Меняющаяся Антарктика и предстоящие вызовы»), состоявший из двух панельных дискуссий — *Challenges in Antarctic governance* («Вызовы в управлении Антарктикой») и *Shared responsibilities and commitments for Antarctic future* («Общая ответственность и обязательства в отношении будущего Антарктики»). В сотрудничестве с India Post была выпущена специально разработанная марка Mystamp с логотипом 46-го КСДА. В сотрудничестве с Германией, АСОК и ее партнерами была представлена фреска «Богатая видами Антарктика», разработанная школьниками и направленная на повышение осведомленности об Антарктике среди молодых людей. Была организована панельная дискуссия *Antarctic Synergy: Driving Scientific Progress through Diplomacy, fostering Cooperation through Research* («Антарктическая синергия: развитие научного прогресса через дипломатию, укрепление сотрудничества через исследования») как информационно-просветительская акция для студентов колледжа из Кочина, штат Керала.

46-е Консультативное совещание по Договору об Антарктике было пронизано общей темой «Vasudhaiva Kutumbakam», что переводится с санскрита как «одна Земля, одна семья, одно будущее». Это глубоко перекликается с идеями Системы Договора об Антарктике — содействия миру, научного сотрудничества и сохранения Антарктики для человечества.

Стороны выразили свою благодарность Индии и признательность за превосходное гостеприимство и условия, предоставленные для проведения Совещания.

Следующее КСДА (47-е КСДА) состоится в Италии в 2025 году.

ЧАСТЬ II

Меры, Решения и Резолюции

1. Меры

Мера 1 (2024 г.)

Особо охраняемый район Антарктики № 116 «Долина Нью-Колледж и Пляж Коли» (мыс Бэрд, полуостров Росса): Пересмотренный План управления

Представители,

напоминая о Статьях 3, 5 и 6 Приложения V к Протоколу по охране окружающей среды к Договору об Антарктике, в которых предусматривается определение Особо охраняемых районов Антарктики (ООРА) и утверждение Планов управления этими Районами;

напоминая о:

- Рекомендации XIII-8 (1985 г.), в соответствии с которой пляж Коли был определен в качестве Участка особого научного интереса (УОНИ) № 10 с приложением к нему Плана управления Участком;

- Рекомендации XIII-12 (1985 г.), в рамках которой долина Нью-Колледж была определена в качестве Особо охраняемого Района (ООР) № 20;

- Рекомендации XVI-7 (1991 г.), в рамках которой был продлен срок действия статуса участка в качестве УОНИ № 10;

- Рекомендации XVII-2 (1992 г.), в рамках которой был принят План управления ООР № 20;

- Мере 1 (2000 г.), которая расширила ООР № 20, включив в него пляж Коли, утвердила пересмотренный План управления Районом, предусматривая, что после этого УОНИ № 10 прекратит свое существование;

- Решении 1 (2002 г.), в рамках которого ООР № 20 был переименован в ООРА № 116;

- Мере 1 (2006 г.), Мере 1 (2011 г.) и Мере 1 (2016 г.), в рамках которых были приняты пересмотренные Планы управления ООРА № 116;

напоминая о том, что Рекомендация XIII-8 (1985 г.) была признана утратившей силу на основании Меры 13 (2014 г.);

напоминая о том, что Рекомендация XIII-12 (1985 г.) была признана утратившей силу на основании Решения 1 (2011 г.);

напоминая о том, что Рекомендация XVI-7 (1991 г.) не вступила в силу и была признана утратившей актуальность посредством принятия Решения 1 (2011 г.);

напоминая о том, что Рекомендация XVII-2 (1992 г.) не вступила в силу и была отменена посредством Меры 1 (2010 г.);

напоминая о том, что Мера 1 (2000 г.) не вступила в силу и была отменена Решением 3 (2017 г.);

отмечая одобрение пересмотренного Плана управления ООРА № 116 Комитетом по охране окружающей среды (КООС);

желая заменить действующий План управления ООРА № 116 пересмотренным Планом управления;

рекомендуют своим Правительствам утвердить следующую Меру в соответствии с пунктом 1 Статьи 6 Приложения V к Протоколу по охране окружающей среды к Договору об Антарктике:

а именно:

1. Утвердить пересмотренный План управления Особо охраняемым районом Антарктики № 116 «Долина Нью-Колледж и Пляж Коли» (мыс Бэрд, полуостров Росса), прилагаемый к настоящей Мере; а также

2. Признать План управления Особо охраняемым районом Антарктики № 116, прилагаемый к Мере 1 (2016 г.), утратившим силу.

Мера 2 (2024 г.)

Особо охраняемый район Антарктики № 128 «Западный Берег Залива Адмиралти» (остров Кинг-Джордж (Ватерлоо), Южные Шетландские острова): Пересмотренный План управления

Представители,

напоминая о Статьях 3, 5 и 6 Приложения V к Протоколу по охране окружающей среды к Договору об Антарктике, в которых предусматривается определение Особо охраняемых районов Антарктики (ООРА) и утверждение Планов управления этими Районами;

напоминая о

- Рекомендации X-5 (1979 г.), в соответствии с которой западный берег залива Адмиралти, остров Кинг-Джордж (Ватерлоо), был определен в качестве Участка особого научного интереса (УОНИ) № 8 с приложением к ней Плана управления Участком;

- Рекомендациях XII-5 (1983 г.), XIII-7 (1985 г.) и Резолюции 7 (1995 г.), в соответствии с которыми был продлен срок действия статуса района в качестве УОНИ № 8;

- Мере 1 (2000 г.), в рамках которой был принят пересмотренный План управления УОНИ № 8;

- Решении 1 (2002 г.), в рамках которого УОНИ № 8 был переименован и перенумерован в ООРА № 128;

- Мере 2 (2006 г.), в соответствии с которой залив Адмиралти (остров Кинг-Джордж (Ватерлоо), был определён в качестве Особо управляемого района Антарктики (ОУРА) № 1, на территории которого находится ООРА № 128;

- Мере 14 (2014 г.) и Мере 1 (2023 г.) в соответствии с которыми были приняты пересмотренные Планы управления для ОУРА № 1;

- Мере 4 (2014 г.) и Мере 2 (2019 г.), в соответствии с которыми были приняты пересмотренные Планы управления для ООРА № 128;

напоминая о том, что Рекомендация X-5 (1979 г.), Рекомендация XII-5 (1983 г.), Рекомендация XIII-7 (1985 г.) и Резолюция 7 (1995 г.) были признаны утратившими силу на основании Решения 1 (2011 г.);

напоминая о том, что Мера 1 (2000 г.) не вступила в силу и была отменена Решением 3 (2017 г.);

отмечая одобрение пересмотренного Плана управления ООРА № 128 Комитетом по охране окружающей среды (КООС);

желая заменить действующий План управления ООРА № 128 пересмотренным Планом управления;

рекомендуют своим Правительствам утвердить следующую Меру в соответствии с пунктом 1 Статьи 6 Приложения V к Протоколу по охране окружающей среды к Договору об Антарктике:

а именно:

1. Утвердить пересмотренный План управления Особо охраняемым районом Антарктики № 128 «Западный Берег Залива Адмиралти» (остров Кинг-Джордж (Ватерлоо), Южные Шетландские острова), прилагаемый к настоящей Мере; и

2. Признать План управления Особо охраняемым районом Антарктики № 128, прилагаемый к Мере 2 (2019 г.), утратившим силу.

Мера 3 (2024 г.)

Особо охраняемый район Антарктики № 135 «Северо-Восточная Часть Полуострова Бейли» (Берег Бадда, Земля Уилкса): Пересмотренный План управления

Представители,

напоминая о Статьях 3, 5 и 6 Приложения V к Протоколу по охране окружающей среды к Договору об Антарктике, в которых предусматривается определение Особо охраняемых районов Антарктики (ООРА) и утверждение Планов управления этими Районами;

напоминая о:

- Рекомендации XIII-8 (1985 г.), в соответствии с которой северо-восточная часть полуострова Бейли (Берег Бадда, Земля Уилкса) была определена в качестве Участка особого научного интереса (УОНИ) № 16 с приложением к ней Плана управления Участком;
- Резолюции 7 (1995 г.) и Мере 2 (2000 г.), которые продлили срок действия УОНИ № 16;
- Решении 1 (2002 г.), в рамках которого УОНИ № 16 был переименован и перенумерован в ООРА № 135;
- Мере 2 (2003 г.), Мере 8 (2008 г.) и Мере 6 (2013 г.), в соответствии с которыми были приняты пересмотренные Планы управления ООРА № 135;

напоминая о том, что Рекомендация XIII-8 (1995 г.) была признана утратившей силу на основании Меры 13 (2014 г.);

напоминая о том, что Резолюция 7 (1995 г.) была признана утратившей силу на основании Решения 1 (2011 г.);

напоминая о том, что Мера 2 (2000 г.) не вступила в силу и была отменена Мерой 5 (2009 г.);

напоминая о том, что на XXII заседании Комитета по охране окружающей среды (КООС) (2019 г.) был пересмотрен и оставлен без изменений План управления ООРА № 135, прилагаемый к Мере 6 (2013 г.);

отмечая одобрение КООС пересмотренного Плана управления ООРА № 135;

желая заменить действующий План управления ООРА № 135 пересмотренным Планом управления;

рекомендуют своим Правительствам утвердить следующую Меру в соответствии с пунктом 1 Статьи 6 Приложения V к Протоколу по охране окружающей среды к Договору об Антарктике:

а именно:

1. Утвердить пересмотренный План управления Особо охраняемым районом Антарктики № 135 «Северо-Восточная Часть Полуострова Бейли» (берег Бадда, Земля Уилкса), прилагаемый к настоящей Мере; и
2. Признать План управления Особо охраняемым районом Антарктики № 135, прилагаемый к Мере 6 (2013 г.), утратившим силу.

Мера 4 (2024 г.)

Особо охраняемый район Антарктики № 136 «Полуостров Кларк» (Берег Бадда, Земля Уилкса, Восточная Антарктида): Пересмотренный План управления

Представители,

напоминая о Статьях 3, 5 и 6 Приложения V к Протоколу по охране окружающей среды к Договору об Антарктике, в которых предусматривается определение Особо охраняемых районов Антарктики (ООРА) и утверждение Планов управления этими Районами;

напоминая о:

- Рекомендации XIII-8 (1985 г.), в соответствии с которой полуостров Кларк, берег Бадда, Земля Уилкса, Восточная Антарктида, был определен в качестве Участка особого научного интереса (УОНИ) № 17 с приложением к ней Плана управления Участком;
- Резолюции 7 (1995 г.), в рамках которой был продлен срок действия статуса участка в качестве УОНИ № 17;
- Мере 1 (2000 г.), в рамках которой был принят пересмотренный План управления УОНИ № 17;
- Решении 1 (2002 г.), в рамках которого УОНИ № 17 был переименован и перенумерован в ООРА № 136;
- Мере 1 (2006 г.), Мере 7 (2009 г.) и Мере 5 (2014 г.), в соответствии с которыми были приняты пересмотренные Планы управления ООРА № 136;

напоминая о том, что Рекомендация XIII-8 была признана утратившей силу на основании Меры 13 (2014 г.).

напоминая о том, что Резолюция 7 (1995 г.) была признана утратившей силу на основании Решения 1 (2011 г.);

напоминая о том, что Мера 1 (2000 г.) не вступила в силу и была отменена Решением 3 (2017 г.);

напоминая о том, что на XXII заседании Комитета по охране окружающей среды (КООС) (2019 г.) был пересмотрен и оставлен без изменений План управления ООРА № 136, который прилагается к Мере 5 (2014 г.);

отмечая одобрение КООС пересмотренного Плана управления ООРА № 136;

желая заменить действующий План управления ООРА № 136 пересмотренным Планом управления;

рекомендуют своим Правительствам утвердить следующую Меру в соответствии с пунктом 1 Статьи 6 Приложения V к Протоколу по охране окружающей среды к Договору об Антарктике:

а именно:

1. Утвердить пересмотренный План управления Особо охраняемым районом Антарктики № 136 «Полуостров Кларк» (берег Бадда, Земля Уилкса, Восточная Антарктида), прилагаемый к настоящей Мере; и

2. Признать План управления Особо охраняемым районом Антарктики № 136, прилагаемый к Мере 5 (2014 г.), утратившим силу.

Мера 5 (2024 г.)

Особо охраняемый район Антарктики № 137 «Северо-Западная Часть Возвышенности Уайт» (залив Мак-Мердо): Пересмотренный План управления

Представители,

напоминая о Статьях 3, 5 и 6 Приложения V к Протоколу по охране окружающей среды к Договору об Антарктике, в которых предусматривается определение Особо охраняемых районов Антарктики (ООРА) и утверждение Планов управления этими Районами;

напоминая о:
- Рекомендации XIII-8 (1985 г.), в соответствии с которой северо-западная часть возвышенности Уайт (залив Мак-Мердо) была определена в качестве Участка особого научного интереса (УОНИ) № 18 с приложением к ней Плана управления Участком;
- Рекомендации XVI-7 (1991 г.) и Мере 3 (2001 г.), в рамках которой был продлен срок действия статуса участка в качестве УОНИ № 18;
- Решении 1 (2002 г.), в рамках которого УОНИ № 18 был переименован и перенумерован в ООРА № 137;
- Мере 1 (2002 г.), Мере 9 (2008 г.), Мере 7 (2013 г.) и Мере 7 (2023 г.), в соответствии с которыми были приняты пересмотренные Планы управления ООРА № 137;

напоминая о том, что Рекомендация XIII-8 была признана утратившей силу на основании Меры 13 (2014 г.);

напоминая о том, что Рекомендация XVI-7 (1991 г.) не вступила в силу и была признана утратившей актуальность посредством принятия Решения 1 (2011 г.);

на основании того, что Мера 3 (2001 г.) не вступила в силу и была отменена Мерой 4 (2011 г.);

напоминая о том, что на XXI заседании Комитета по охране окружающей среды (КООС) (2018 г.) был пересмотрен и оставлен без изменений План управления ООРА № 137, который прилагается к Мере 7 (2013 г.);

отмечая одобрение КООС пересмотренного Плана управления ООРА № 137;

желая заменить действующий План управления ООРА № 137 пересмотренным Планом управления;

рекомендуют своим Правительствам утвердить следующую Меру в соответствии с пунктом 1 Статьи 6 Приложения V к Протоколу по охране окружающей среды к Договору об Антарктике:

а именно:

Заключительный отчет КСДА 46

1. Утвердить пересмотренный План управления Особо охраняемым районом Антарктики № 137 «Северо-Западная Часть Возвышенности Уайт» (залив Мак-Мердо), прилагаемый к настоящей Мере; а также

2. Признать План управления Особо охраняемым районом Антарктики № 137, приложенный к Мере 7 (2023 г.), утратившим силу.

Мера 6 (2024 г.)

Особо охраняемый район Антарктики № 141 «Долина Юкидори» (Лангховде, залив Лютцов-Хольм): Пересмотренный План управления

Представители,

напоминая о Статьях 3, 5 и 6 Приложения V к Протоколу по охране окружающей среды к Договору об Антарктике, в которых предусматривается определение Особо охраняемых районов Антарктики (ООРА) и утверждение Планов управления этими Районами;

напоминая о:
- Рекомендации XIV-5 (1987 г.), в соответствии с которой Долина Юкидори (Лангховде, залив Лютцов-Хольм) была определена в качестве Участка особого научного интереса (УОНИ) № 22 с приложением к ней Плана управления Участком;
- Рекомендации XVI-7 (1991 г.), в рамках которой был продлен срок действия статуса участка в качестве УОНИ № 22;
- Мере 1 (2000 г.), в рамках которой был принят пересмотренный План управления УОНИ № 22;
- Решении 1 (2002 г.), в рамках которого УОНИ № 22 был переименован и перенумерован в ООРА № 141;
- Мере 7 (2014 г.) и Мере 3 (2019 г.), в соответствии с которыми были приняты пересмотренные Планы управления ООРА № 141;

напоминая о том, что Рекомендация XIV-5 (1987 г.) была признана утратившей силу на основании Меры 13 (2014 г.);

напоминая о том, что Рекомендация XVI-7 (1991 г.) не вступила в силу и была признана утратившей актуальность посредством принятия Решения 1 (2011 г.);

напоминая о том, что Мера 1 (2000 г.) не вступила в силу и была отменена Решением 3 (2017 г.);

отмечая одобрение пересмотренного Плана управления ООРА № 141 Комитетом по охране окружающей среды (КООС);

желая заменить действующий План управления ООРА № 141 пересмотренным Планом управления;

рекомендуют своим Правительствам утвердить следующую Меру в соответствии с пунктом 1 Статьи 6 Приложения V к Протоколу по охране окружающей среды к Договору об Антарктике:

а именно:

1. Утвердить пересмотренный План управления Особо охраняемым районом Антарктики № 141 «Долина Юкидори» (Лангховде, залив Лютцов-Хольм), прилагаемый к настоящей Мере; а также

2. Признать План управления Особо охраняемым районом Антарктики № 141, прилагаемый к Мере 3 (2019 г.), утратившим силу.

Мера 7 (2024 г.)

Особо охраняемый район Антарктики № 142 «Свартамарен»: Пересмотренный План управления

Представители,

напоминая о Статьях 3, 5 и 6 Приложения V к Протоколу по охране окружающей среды к Договору об Антарктике, в которых предусматривается определение Особо охраняемых районов Антарктики (ООРА) и утверждение Планов управления этими Районами;

напоминая о:
- Рекомендации XIV-5 (1987 г.), в соответствии с которой Свартамарен был определен в качестве Участка особого научного интереса (УОНИ) № 23 с приложением к нему Плана управления Участком;
- Резолюции 3 (1996 г.), в рамках которой был продлен срок действия статуса участка в качестве УОНИ № 23;
- Мере 1 (1999 г.), в рамках которой был принят пересмотренный План управления ООРА № 23;
- Решении 1 (2002 г.), в рамках которого УОНИ № 23 был переименован и перенумерован в ООРА № 142;
- Мере 2 (2004 г.), Мере 8 (2009 г.), Мере 8 (2014 г.) и Мере 4 (2019 г.), в соответствии с которыми были приняты пересмотренные Планы управления ООРА № 142;

напоминая о том, что Рекомендация XIV-5 была признана утратившей силу на основании Меры 13 (2014 г.);

напоминая о том, что Резолюция 3 (1996 г.) была признана утратившей силу на основании Решения 1 (2011 г.);

напоминая о том, что Мера 1 (1999 г.) не вступила в силу и была отменена Мерой 8 (2009 г.);

отмечая одобрение пересмотренного Плана управления ООРА № 142 Комитетом по охране окружающей среды (КООС);

желая заменить действующий План управления ООРА № 142 пересмотренным Планом управления;

рекомендуют своим Правительствам утвердить следующую Меру в соответствии с пунктом 1 Статьи 6 Приложения V к Протоколу по охране окружающей среды к Договору об Антарктике:

а именно:

1. Утвердить пересмотренный План управления Особо управляемым районом Антарктики № 142 «Свартамарен», прилагаемый к настоящей Мере; и

2. Признать План управления Особо охраняемым районом Антарктики № 142, прилагаемый к Мере 4 (2019 г.), утратившим силу.

Мера 8 (2024 г.)

Особо охраняемый район Антарктики № 151 «Лайонз-Рамп» (остров Кинг-Джордж (Ватерлоо), Южные Шетландские острова): Пересмотренный План управления

Представители,

напоминая о Статьях 3, 5 и 6 Приложения V к Протоколу по охране окружающей среды к Договору об Антарктике, в которых предусматривается определение Особо охраняемых районов Антарктики (ООРА) и утверждение Планов управления этими Районами;

напоминая о:

- Рекомендации XVI-2 (1991 г.), в соответствии с которой Лайонз-Рамп, остров Кинг-Джордж (Ватерлоо), Южные Шетландские острова, был определен в качестве Участка особого научного интереса (УОНИ) № 34 с приложением к ней Плана управления Участком;

- Мере 1 (2000 г.), в которой прилагается пересмотренный План управления УОНИ № 34;

- Решении 1 (2002 г.), в рамках которого УОНИ № 34 был переименован и перенумерован в ООРА № 151;

- Мере 11 (2013 г.) и Мере 5 (2019 г.), в соответствии с которыми были приняты пересмотренные Планы управления ООРА № 151;

напоминая о том, что Мера 1 (2000 г.) не вступила в силу и была отменена Решением 3 (2017 г.);

отмечая одобрение пересмотренного Плана управления ООРА № 151 Комитетом по охране окружающей среды (КООС);

желая заменить действующий План управления ООРА № 151 пересмотренным Планом управления;

рекомендуют своим Правительствам утвердить следующую Меру в соответствии с пунктом 1 Статьи 6 Приложения V к Протоколу по охране окружающей среды к Договору об Антарктике:

а именно:

1. Уутвердить пересмотренный План управления Особо охраняемым районом Антарктики № 151 «Лайонз-Рамп» (остров Кинг-Джордж (Ватерлоо), Южные Шетландские острова), прилагаемый к настоящей Мере; а также

2. Признать План управления Особо охраняемым районом Антарктики № 151, прилагаемый к Мере 5 (2019 г.), утратившим силу.

Мера 9 (2024 г.)

Особо охраняемый район Антарктики № 154 «Залив Ботани» (мыс Джеолоджи, Земля Виктории): Пересмотренный План управления

Представители,

напоминая о Статьях 3, 5 и 6 Приложения V к Протоколу по охране окружающей среды к Договору об Антарктике, в которых предусматривается определение Особо охраняемых районов Антарктики (ООРА) и утверждение Планов управления этими Районами;

напоминая о:

- Мере 3 (1997 г.), в соответствии с которой залив Ботани, мыс Джеолоджи, Земля Виктории, был определен в качестве Участка особого научного интереса (УОНИ) № 37 с принятием Плана управления Участком;
- Решении 1 (2002 г.), в рамках которого УОНИ № 37 был переименован и перенумерован в ООРА № 154;
- Мере 2 (2003 г.), Мере 11 (2008 г.), Мере 12 (2013 г.) и Мере 6 (2019 г.), в соответствии с которыми были приняты пересмотренные Планы управления ООРА № 154;

на основании того, что Мера 3 (1997 г.) не вступила в силу и была отменена Мерой 6 (2011 г.);

отмечая одобрение пересмотренного Плана управления ООРА № 154 Комитетом по охране окружающей среды (КООС);

желая заменить действующий План управления ООРА № 154 пересмотренным Планом управления;

рекомендуют своим Правительствам утвердить следующую Меру в соответствии с пунктом 1 Статьи 6 Приложения V к Протоколу по охране окружающей среды к Договору об Антарктике:

а именно:

1. Утвердить пересмотренный План управления Особо охраняемым районом Антарктики № 154 «Залив Ботани» (мыс Джеолоджи, Земля Виктории), прилагаемый к настоящей Мере; и
2. Признать План управления Особо охраняемым районом Антарктики № 154, прилагаемый к Мере 6 (2019 г.), утратившим силу.

Мера 10 (2024 г.)

Особо охраняемый район Антарктики № 160 «Острова Фрейжер» (острова Уиндмилл, Земля Уилкса, Восточная Антарктика): Пересмотренный План управления

Представители,

напоминая о Статьях 3, 5 и 6 Приложения V к Протоколу по охране окружающей среды к Договору об Антарктике, в которых предусматривается определение Особо охраняемых районов Антарктики (ООРА) и утверждение Планов управления этими Районами;

напоминая о:

- Мере 2 (2003 г.), в соответствии с которой острова Фрейзер (острова Уиндмилл, Земля Уилкса, Восточная Антарктида) были определены в качестве ООРА № 160 с приложением к ней Плана управления Районом;
- Мере 13 (2008 г.) и Мере 14 (2013 г.), в соответствии с которыми были приняты пересмотренные Планы управления ООРА № 160;

напоминая о том, что на XXII заседании Комитета по охране окружающей среды (КООС) (2019 г.) был пересмотрен и оставлен без изменений План управления ООРА № 160, прилагаемый к Мере 14 (2013 г.);

отмечая одобрение КООС пересмотренного Плана управления ООРА № 160;

желая заменить действующий План управления ООРА № 160 пересмотренным Планом управления;

рекомендуют своим Правительствам утвердить следующую Меру в соответствии с пунктом 1 Статьи 6 Приложения V к Протоколу по охране окружающей среды к Договору об Антарктике:

а именно:

1. Утвердить пересмотренный План управления Особо охраняемым районом Антарктики № 160 «Острова Фрейзер» (острова Уиндмилл, Земля Уилкса, Восточная Антарктида), прилагаемый к настоящей Мере; и
2. Признать План управления Особо охраняемым районом Антарктики № 160, прилагаемый к Мере 14 (2013 г.), утратившим силу.

Мера 11 (2024 г.)

Особо охраняемый район Антарктики № 161 «Залив Терра-Нова» (море Росса): Пересмотренный План управления

Представители,

напоминая о Статьях 3, 5 и 6 Приложения V к Протоколу по охране окружающей среды к Договору об Антарктике, в которых предусматривается определение Особо охраняемых районов Антарктики (ООРА) и утверждение Планов управления этими Районами;

напоминая о:
- Мере 2 (2003 г.), в соответствии с которой залив Терра-Нова, Море Росса, был определен в качестве ООРА № 161 с принятием Плана управления Районом;
- Мере 14 (2008 г.), Мере 15 (2013 г.) и Мере 7 (2019 г.), в соответствии с которыми были приняты пересмотренные планы управления ООРА № 161;

отмечая одобрение пересмотренного Плана управления ООРА № 161 Комитетом по охране окружающей среды (КООС);

желая заменить действующий План управления ООРА № 161 пересмотренным Планом управления;

рекомендуют своим Правительствам утвердить следующую Меру в соответствии с пунктом 1 Статьи 6 Приложения V к Протоколу по охране окружающей среды к Договору об Антарктике:

а именно:

1. утвердить пересмотренный План управления Особо охраняемым районом Антарктики № 161 «Залив Терра-Нова» (море Росса), прилагаемый к настоящей Мере; и

2. Признать План управления Особо охраняемым районом Антарктики № 161, прилагаемый к Мере 7 (2019 г.), утратившим силу.

Мера 12 (2024 г.)

Особо охраняемый район Антарктики № 171 «Мыс Наребски» (полуостров Бартон, остров Кинг-Джордж (Ватерлоо): Пересмотренный План управления

Представители,

напоминая о Статьях 3, 5 и 6 Приложения V к Протоколу по охране окружающей среды к Договору об Антарктике, в которых предусматривается определение Особо охраняемых районов Антарктики (ООРА) и утверждение Планов управления этими Районами;

напоминая о:
- Мере 13 (2009 г.), в соответствии с которой мыс Наребски, полуостров Бартон, остров Кинг-Джордж (Ватерлоо), был определен в качестве ООРА № 171 с приложением к ней Плана управления Районом;
- Мере 11 (2014 г.) и Мере 8 (2019 г.), в соответствии с которыми были приняты пересмотренные Планы управления ООРА № 171;

отмечая одобрение пересмотренного Плана управления ООРА № 171 Комитетом по охране окружающей среды (КООС);

желая заменить действующий План управления ООРА № 171 пересмотренным Планом управления;

рекомендуют своим Правительствам утвердить следующую Меру в соответствии с пунктом 1 Статьи 6 Приложения V к Протоколу по охране окружающей среды к Договору об Антарктике:

а именно:

1. Утвердить пересмотренный План управления Особо охраняемым районом Антарктики № 171 «Мыс Наребски» (полуостров Бартон, остров Кинг-Джордж (Ватерлоо), прилагаемый к настоящей Мере; а также

2. Признать План управления Особо охраняемым районом Антарктики № 171, прилагаемый к Мере 8 (2019 г.), утратившим силу.

Мера 13 (2024 г.)

Особо охраняемый район Антарктики № 173 «Мыс Вашингтон и Бухта Сильверфиш» (залив Терра-Нова, море Росса): Пересмотренный План управления

Представители,

напоминая о Статьях 3, 5 и 6 Приложения V к Протоколу по охране окружающей среды к Договору об Антарктике, в которых предусматривается определение Особо охраняемых районов Антарктики (ООРА) и утверждение Планов управления этими Районами;

напоминая о:
- Мере 17 (2013 г.), в соответствии с которой мыс Вашингтон и бухта Сильверфиш (залив Терра-Нова, море Росса) был определен в качестве ООРА № 173 с принятием Плана управления Районом;
- Мере 9 (2019 г.), в рамках которой был принят пересмотренный План управления ОУРА № 173;

отмечая одобрение Комиссией по сохранению морских живых ресурсов Антарктики (АНТКОМ) на своем 31-м заседании проекта Плана управления ООРА на мысе Вашингтон и бухты Сильверфиш» (залив Терра-Нова, море Росса);

отмечая одобрение пересмотренного Плана управления ООРА № 173 Комитетом по охране окружающей среды (КООС);

желая заменить действующий План управления ООРА № 173 пересмотренным Планом управления;

рекомендуют своим Правительствам утвердить следующую Меру в соответствии с пунктом 1 Статьи 6 Приложения V к Протоколу по охране окружающей среды к Договору об Антарктике:

а именно:

1. Утвердить пересмотренный План управления Особо охраняемым районом Антарктики № 173 «Мыс Вашингтон и Бухта Сильверфиш» (залив Терра-Нова, море Росса), прилагаемый к настоящей Мере; и

2. Признать План управления Особо охраняемым районом Антарктики № 173, прилагаемый к Мере 9 (2019 г.), утратившим силу.

Мера 14 (2024 г.)

Особо охраняемый район Антарктики № 175 «Высокогорные Геотермальные Участки Региона Моря Росса»: Пересмотренный План управления

Представители,

напоминая о Статьях 3, 5 и 6 Приложения V к Протоколу по охране окружающей среды к Договору об Антарктике, в которых предусматривается определение Особо охраняемых районов Антарктики (ООРА) и утверждение Планов управления этими Районами;

напоминая о:

- Рекомендации XIV-5 (1987 г.), в соответствии с которой вершина горы Мелборн (Земля Виктории) была определена в качестве Участка особого научного интереса (УОНИ) № 24 с приложением к ней Плана управления Участком;

- Резолюции 3 (1996 г.) и Мере 2 (2000 г.), которые продлили срок действия УОНИ № 24;

- Рекомендации XVI-8 (1991 г.), в соответствии с которой гряда Криптограмм, расположенная на территории УОНИ № 24, была определена в качестве Особо охраняемого района (ООР) № 22 с приложением к ней Плана управления Районом;

- Рекомендации XIII-8 (1985 г.), в соответствии с которой гряда Трэмвей определена в качестве УОНИ № 11, и Мере 2 (1995 г.) и Мере 3 (1997 г.), в соответствии с которыми были приняты пересмотренные Планы управления Участком;

- Решении 1 (2002 г.), в соответствии с которым УОНИ № 24 и ООР № 22 были переименованы и перенумерованы в ООРА № 118 «Вершина Горы Мелборн» (Северная часть Земли Виктории), а УОНИ № 11 был переименован и перенумерован в ООРА № 130;

- Мере 2 (2003 г.) и Мере 5 (2008 г.), в соответствии с которыми были приняты пересмотренные Планы управления ООРА № 118;

- Мере 1 (2002 г.), в рамках которой был принят пересмотренный План управления ООРА № 130;

- Мере 13 (2014 г.), в соответствии с которой были объединены ООРА № 118 и ООРА № 130 в ООРА № 175 «Высокогорные Геотермальные Участки в Регионе Моря Росса» и принят План управления Районом;

напоминая о том, что Резолюция 3 (1996 г.) была признана утратившей силу на основании Решения 1 (2011 г.);

напоминая о том, что Мера 2 (2000 г.) не вступила в силу и была отменена Мерой 5 (2009 г.);

напоминая о том, что Рекомендация XVI-8 (1991 г.) и Мера 2 (1995 г.) не вступили в силу и были признаны утратившими актуальность посредством принятия Решения 1 (2011 г.);

напоминая о том, что Мера 3 (1997 г.) не вступила в силу и была отменена Мерой 6 (2011 г.);

отмечая одобрение пересмотренного Плана управления ООРА № 175 Комитетом по охране окружающей среды (КООС);

желая заменить действующий План управления ООРА № 175 пересмотренным Планом управления;

рекомендуют своим Правительствам утвердить следующую Меру в соответствии с пунктом 1 Статьи 6 Приложения V к Протоколу по охране окружающей среды к Договору об Антарктике:

а именно:

1. Утвердить пересмотренный План управления Особо охраняемым районом Антарктики № 175 «Высокогорные Геотермальные Участки Региона Моря Росса», прилагаемый к настоящей Мере; и

2. Признать План управления Особо охраняемым районом Антарктики № 175, прилагаемый к Мере 13 (2014 г.), утратившим силу.

Мера 15 (2024 г.)

Особо охраняемый район Антарктики № 180 «Архипелаг Островов Дейнджер» (Северо-восточная часть Антарктического полуострова): План управления

Представители,

напоминая о Статьях 3, 5 и 6 Приложения V к Протоколу по охране окружающей среды к Договору об Антарктике, в которых предусматривается определение Особо охраняемых районов Антарктики (ООРА) и утверждение Планов управления этими Районами;

отмечая, что Комитет по охране окружающей среды (КООС) одобрил План управления ООРА № 180;

признавая тот факт, что данный район обладает исключительными экологическими, научными, историческими, эстетическими ценностями и ценностями первозданной природы, а также здесь проводятся и планируются научные исследования, для которых особая охрана обеспечит лучшие условия для работы;

желая определить архипелаг островов Дейнджер (Северо-восточная часть Антарктического полуострова) в качестве ООРА №180 и утвердить План управления этим Районом;

рекомендуют своим Правительствам утвердить следующую Меру в соответствии с пунктом 1 Статьи 6 Приложения V к Протоколу по охране окружающей среды к Договору об Антарктике:

а именно:

1. Определить архипелаг островов Дейнджер (северо-восточная часть Антарктического полуострова) в качестве Особо охраняемого района Антарктики № 180; и

2. утвердить План управления, прилагаемый к настоящей Мере.

Мера 16 (2024 г.)

Особо охраняемый район Антарктики № 181 «Перевал Фарьер» (остров Хорсшу, залив Маргерит): План управления

Представители,

напоминая о Статьях 3, 5 и 6 Приложения V к Протоколу по охране окружающей среды к Договору об Антарктике, в которых предусматривается определение Особо охраняемых районов Антарктики (ООРА) и утверждение Планов управления этими Районами;

отмечая, что Комитет по охране окружающей среды (КООС) одобрил План управления ООРА № 181;

признавая тот факт, что данный район обладает исключительными экологическими, научными, историческими, эстетическими ценностями и ценностями первозданной природы, а также здесь проводятся и планируются научные исследования, для которых особая охрана обеспечит лучшие условия для работы;

желая определить перевал Фарьер (остров Хорсшу, залив Маргерит) в качестве ООРА № 181 и утвердить План управления этим Районом;

рекомендуют своим Правительствам утвердить следующую Меру в соответствии с пунктом 1 Статьи 6 Приложения V к Протоколу по охране окружающей среды к Договору об Антарктике:

а именно:

1. Определить перевал Фарьер (остров Хорсшу, залив Маргерит) в качестве Особо охраняемого района Антарктики № 181; и

2. утвердить План управления, прилагаемый к настоящей Мере.

Мера 17 (2024 г.)

План управления Особо охраняемым районом Антарктики № 182 «Западная Часть Пролива Брансфилд и Восточная Часть Бухты Далльманн»

Представители,

напоминая о Статьях 3, 5 и 6 Приложения V к Протоколу по охране окружающей среды к Договору об Антарктике, в которых предусматривается определение Особо охраняемых районов Антарктики (ООРА) и утверждение Планов управления этими Районами:

напоминая о:
- Рекомендации XVI-3 (1991 г.), в соответствии с которой Западная часть пролива Брансфилд, остров Лоу, была определена в качестве Участка особого научного интереса (УОНИ) № 35 с приложением к ней Плана управления Участком;
- Мере 3 (2001 г.), которой был продлен срок действия УОНИ № 35;
- Решении 1 (2002 г.), в рамках которого УОНИ № 35 был переименован и перенумерован в ООРА № 152;
- Мере 2 (2003 г.), Мере 10 (2009 г.) и Мере 9 (2015 г.), в соответствии с которыми были приняты пересмотренные Планы управления ООРА № 152;
- Рекомендации XVI-3 (1991 г.), в соответствии с которой восточная часть залива Далльманн, остров Брабант, была определена в качестве УОНИ № 36 с приложением к ней Плана управления Участком;
- Мере 3 (2001 г.), которой был продлен срок действия УОНИ № 36;
- Решении 1 (2002 г.), в рамках которого УОНИ № 36 был переименован и перенумерован в ООРА № 153;
- Мере 2 (2003 г.), Мере 11 (2009 г.) и Мере 10 (2015 г.), в соответствии с которыми были приняты пересмотренные Планы управления ООРА № 153;

напоминая о том, что Рекомендация XVI-3 (1991 г.) вступила в силу и была отменена посредством Меры 10 (2009 г.);

напоминая о том, что Мера 3 (2001 г.) не вступила в силу и была отменена Мерой 4 (2011 г.);

отмечая, что Комитет по охране окружающей среды (КООС) одобрил новый ООРА в Западной части пролива Брансфилд и Восточной части залива Далльманн, включающий ООРА № 152 и № 153, а также утвердил План управления, прилагаемый к настоящей Мере;

признавая тот факт, что данная территория обладает исключительными экологическими, научными, историческими, эстетическими ценностями и ценностями первозданной природы, а также здесь проводятся и планируются научные исследования, для которых особая охрана обеспечит лучшие условия для работы;

желая определить западную часть пролива Брансфилд и восточную часть залива Далльманн в качестве ООРА № 182, включающего ООРА № 152 и № 153, и утвердить План управления этим Районом;

рекомендуют своим Правительствам утвердить следующую Меру в соответствии с пунктом 1 Статьи 6 Приложения V к Протоколу по охране окружающей среды к Договору об Антарктике:

а именно:

1. Определить западную часть пролива Брансфилд и восточную часть залива Далльманн в качестве Особо охраняемого района Антарктики № 182;

2. Утвердить План управления, прилагаемый к настоящей Мере;

3. Признать План управления Особо охраняемым районом Антарктики № 152, прилагаемый к Мере 9 (2015 г.), и План управления Особо охраняемым районом Антарктики № 153, прилагаемый к Мере 10 (2015 г.), утратившими силу; и

4. В будущем не использовать при определении номера Особо охраняемых районов Антарктики № 152 и № 153.

Мера 18 (2024 г.)

Пересмотренный перечень Исторических мест и памятников Антарктики: новое Историческое место и памятник № 96 и обновление информации для Исторических мест и памятников № 93, № 63, № 75 и № 24

Представители

напоминая о требованиях Статьи 8 Приложения V к Протоколу по охране окружающей среды к Договору об Антарктике в отношении ведения перечня имеющихся Исторических мест и памятников (ИМП), а также положения о том, что данные объекты «нельзя нарушать, удалять или разрушать»;

напоминая о:
- Резолюции 3 (2009 г.), в которой Сторонам рекомендуется использовать Руководство по определению и охране Исторических мест и памятников;
- Резолюции 2 (2018 г.), в рамках которой Сторонам рекомендовалось применять Руководство по методике оценки и управления наследием Антарктики;
- Рекомендации VII-9, в соответствии с которой Пирамида Амундсена была добавлен в «Список исторических памятников, признанных и описанных предлагающим Правительством или Правительствами»;
- Мере 4 (1995 г.), в соответствии с которой база Y на острове Хорсшу, залив Маргерит, западная часть Земли Грейама, была добавлена в Перечень ИМП;
- Мере 1 (2001 г.), в соответствии с которой в Перечень ИМП была добавлена хижина А на научной станции Скотт-Бейс, полуостров Росса;
- Мере 12 (2019 г.), в соответствии с которой место крушения «Эндьюранс» было добавлено в перечень ИМП, и Мере 18 (2022 г.), в соответствии с которой были внесены поправки в ИМП № 93;
- Решении 1 (2019 г.), в котором были добавлены новые информационные поля в Перечень ИМП;
- Решении 1 (2021 г.), в котором излагается информация, содержащаяся в полях, которые по-прежнему являются официальной частью перечня ИМП, и что изменения в этих полях должны быть утверждены посредством Меры;
- Мере 23 (2021 г.), в рамках которой был принят и переформатирован Перечень ИМП;

желая обновить описания Исторических мест и памятников под номерами № 93, № 63, № 75 и № 24;

желая добавить памятную табличку о первом посещении района озера Унтерзе в Перечень как ИМП № 96;

рекомендуют своим Правительствам утвердить следующую Меру в соответствии с пунктом 2 Статьи 8 Приложения V к Протоколу по охране окружающей среды к Договору об Антарктике:

а именно:

1. Изменить информацию в Перечне Исторических мест и памятников для ИМП № 93 согласно следующему:

   Описание: Обломки судна «Эндьюранс», включая все артефакты, находящиеся или ранее находившиеся на судне, которые могут лежать на морском дне внутри или вблизи обломков судна в радиусе 1500 м. Сюда входят все приспособления и принадлежности судна, в том числе штурвал, рында и т. п. В эту категорию также входят все предметы личного имущества, оставленные на судне командой в момент его затопления.

2. Изменить информацию в Перечне ИМП для ИМП № 63 следующим образом:

   Описание: База Y на острове Хорсшу, залив Маргерит, западная часть Земли Грейама. Примечательна, как относительно мало измененная и полностью оборудованная британская научная база конца 1950-х годов. «Блейклок», убежище, расположенное на острове Блейклок в точке координат 67°32'31,7768''ю. ш, 67°11'50,6349''з.д, считается неотъемлемой частью базы.
   Средства и методы управления: Правила поведения для посетителей участка — 24. Остров Хорсшу. Подготовлен План управления по сохранению.
   Природные особенности окружающей среды, культурный контекст и местная специфика: Участок, расположенный на небольшом перешейке в бухте Салли, включает оригинальное главное здание, навес для метеозонда, загоны для собак, аварийный склад, а также убежище на острове Блейклок примерно в 20 милях к северу. Рядом с главным зданием стоят две мачты на возвышенностях, а в небольшой бухте к северу — две маленькие деревянные лодки. Внутри станции находится почти все первоначальное оборудование, приспособления и принадлежности, включая кухонную утварь, запасы еды и топлива, инструменты для мастерских, радиооборудование и дизельный генератор. Отличное состояние и целостность как зданий, так и артефактов имеют большое историческое значение; вместе они представляют собой особую "капсулу времени" британской жизни и науки в Антарктике в конце 1950-х годов. Историческая бывшая научная станция и станция для саней, в настоящее время управляемая британским траст-фондом «UK Antarctic Heritage Trust» как объект культурного наследия. www.ukaht.org. Участок имеет комплексный план управления по сохранению и активно сохраняется профессиональной командой.

3. Изменить информацию в Перечне ИМП для ИМП № 75 следующим образом:

   Название: Дом Хиллари TAE/IGY, хижина «А», геомагнитные хижины «G» и «H», научная станция Скотт-Бейс, полуостров Росса.
   Описание: Хижина «А» на Скотт-Бейс, которая является единственным зданием в Антарктике, оставшимся после Трансантарктической экспедиции 1956/1957 гг.; находится на мысе Прам, полуостров Росса, регион моря Росса, Антарктика. Хижины «G» и «H» являются оригинальными зданиями Международного геофизического года. Они по-прежнему расположены на первоначальных участках, как и были построены в 1957 году, к северо-западу от Хижины «А». Их физическое положение неразрывно связано с непрерывными научными наблюдениями за магнетизмом Земли с 1957 года. Это сборные здания, спроектированные специально для антарктических условий и не содержащие черных металлов, что позволяло использовать их в геомагнитных целях.
   Тип: Станция и хижины.
   Охранный статус: После масштабных работ по консервации, проведенных новозеландским траст-фондом «Antarctic Heritage» в 2016—2017 гг., хижина «А» выдерживает тяжелые погодные условия, обеспечивая сохранность коллекции артефактов. Ежегодный мониторинг и обслуживание обеспечивают устойчивость здания во времени.
   Консервационные работы еще не проводились в Хижинах «G» и «H». Здания

1. Меры

сохраняют устойчивость и эксплуатационную пригодность, несмотря на ожидаемый для зданий возраста 65 лет износ. Новозеландский траст-фонд «Antarctic Heritage» намерен провести работы по утилизации асбеста и консервации зданий в ближайшие годы.

Описание исторического контекста: Эти здания относятся к началу новозеландской антарктической программы в 1957 г. Они использовались в качестве базы, с которой сэр Эдмунд Хиллари совершил свой поход на Южный полюс на тракторе в рамках Трансантарктической экспедиции. Геомагнитные хижины были основным вкладом ученых Новой Зеландии в рамках Международного геофизического года (1957-1958 гг.) и представляют собой важный объект в истории науки на Антарктическом континенте; они обеспечивали непрерывную запись о научных наблюдениях за магнетизмом Земли в период с 1957 по 2023 год для международного сообщества.

Хижины тесно связаны с рядом ученых начиная с 1957-58 годов по сегодняшний день; имя доктора Тревора Хатертона (Trevor Hatherton), в частности, хорошо известно и высоко ценится на международном уровне в анналах антарктической науки.

Применимые критерии в соответствии с Резолюцией 3 (2009 г.):
a) в этом месте произошло конкретное событие, имеющее большое значение с точки зрения истории антарктической науки или исследования Антарктики;
b) это место связано с человеком, сыгравшим важную роль в развитии антарктической науки или исследования Антарктики;
d) в этом месте осуществлялась (полностью или частично) широкомасштабная деятельность, имевшая большое значение для освоения и изучения Антарктики;
e) материал, из которого изготовлен этот объект, его конструкция или метод сооружения представляют особую ценность с технической, исторической, культурной или архитектурной точек зрения;

Средства и методы управления: План управления по сохранению, Кодекс поведения, Путеводитель по хижинам, инструктаж для всех прибывающих на Скотт-Бейс, плакат «Исторические места и памятники в регионе моря Росса» на станциях в этом регионе.

Природные особенности окружающей среды, культурный контекст и местная специфика: Хижина находится в непосредственной близости от станции Скотт-Бейс. Хижину часто посещают местные сотрудники станций Скотт-Бейс и Мак-Мердо, а также сезонные туристы Хижина «А» отапливается и содержится в хорошем состоянии. Хижины «G» и «H» все еще находятся на своих первоначальных участках, где они были построены в 1957 году, к северо-западу от хижины «А».

4. Изменить информацию в Перечне ИМП для ИМП № 24 следующим образом:

Описание: Пирамида из камней, известная как «Пирамида Амундсена», на хребте Королевы Мод, сооруженная Роальдом Амундсеном 6 января 1912 г. на горе Амундсена при возвращении с Южного полюса на базу Фрамхейм.
Местоположение: 85°10'23,8"ю.ш., 163°36'5,9"з.д
Охранный статус: Пирамида осталась нетронутой. Внутри пирамиды находится хорошо сохранившийся бак с парафином. Жестяная коробка, содержащая две записки, которая была первоначально помещена в пирамиду Амундсеном, уже давно удалена. У основания пирамиды установлена мемориальная табличка, посвященная экспедиции Амундсена.

5. Добавить в Перечень ИМП следующую информацию:

№: 96;
Название: Памятная табличка о первом посещении района озера Унтерзе;
Описание: Латунная табличка размером 220 мм × 120 мм, толщиной 4 мм с именами пяти членов 14-й советской антарктической экспедиции, посетивших

этот район в 1969 году, установленная на алюминиевой трубе на скалистой поверхности.
Местонахождение: 71°20'25,0"ю.ш., 13°27'00"в.д.
Сторона-инициатор предложения: Российская Федерация.
Сторона, осуществляющая управление: Российская Федерация.
Тип: Памятная табличка.
Охранный статус: В хорошем состоянии.
Описание исторического контекста: В начале 1969 года состоялось первое посещение озера Унтерзе. Члены геолого-геофизической группы 14-ой Советской антарктической экспедиции (14 САЭ) выполнили первое наземное обследование района, которое включало гляциологические, геоморфологические, орнитологические и гидрологические наблюдения, промеры глубин и отбор проб воды, сбор материалов о моренных отложениях и отложениях морского дна.
Первое описание района озера показало его уникальность и перспективность для дальнейших исследований, а также послужило основой для последующих экспедиций в этот район.
Применимые критерии в соответствии с Резолюцией 3 (2009 г.): а) на этом месте произошло событие, имеющее особое значение в истории науки или исследования Антарктики.
Средства и методы управления: Деятельность по управлению не требует официального плана управления. Наблюдение и необходимые действия по поддержанию ИМП в надлежащем состоянии будут проводиться во время научных экспедиций в этом районе.
Природные особенности окружающей среды, культурный контекст и местная специфика: Памятная табличка закреплена на алюминиевой трубе, установленной на скалистой поверхности, на вершине горного хребта, простирающегося с севера на юг, в самой южной его точке непосредственно над склоном в сторону озера.

6. Обратиться с просьбой к Секретариату Договора об Антарктике обновить перечень, прилагаемый к Мере 23 (2021 г.), и разместить его на сайте Секретариата.

2. Решения

Решение 1 (2024 г.)

Уведомление от Консультативных сторон о списке Наблюдателей в соответствии со Статьей VII Договора об Антарктике и Статьей 14 Протокола по охране окружающей среды к Договору об Антарктике через Секретариат Договора об Антарктике

Представители,

напоминая, что в Статье VII(1) Договора об Антарктике (Договор) и Статье 14 Протокола по охране окружающей среды к Договору об Антарктике (Протокол) предусмотрено, что Консультативные стороны Договора об Антарктике должны информировать другие Консультативные стороны о назначении Наблюдателей для проведения инспекций;

принимая во внимание, что с момента вступления в силу Договора и с момента последующего создания Секретариата Договора об Антарктике (Секретариат) были разработаны новые и более эффективные способы представления информации и обмена ею, такие как циркуляры, которые Секретариат направляет Договаривающимся Сторонам по электронной почте;

напоминая в этой связи на статью 2.2 (с) Меры 1 (2003 г.), которая предусматривает, что Секретариат содействует и координирует связь и обмен информацией между Сторонами по всем вопросам, предусмотренным в соответствии с Договором и Протоколом;

учитывая, что хранение и распространение информации является одной из главных функций Секретариата;

стремясь обеспечить максимальную определенность с точки зрения дат начала и окончания назначения Наблюдателя с целью постоянного поддержания актуальности списка Наблюдателей;

решили:

1. Сообщение через Секретариат Договора об Антарктике о назначении Наблюдателей считать соответствующей формой уведомления, а также соответствующим Статье VII (1) Договора об Антарктике и Статье 14 Протокола по охране окружающей среды к Договору об Антарктике.

2. В случае необходимости эту информацию можно также передавать каждой из Консультативных Сторон по традиционным дипломатическим каналам.

3. После получения такой информации Секретариат незамедлительно уведомляет все Консультативные Стороны посредством циркулярного письма, отправленного по электронной почте.

4. Секретариат разместит всю информацию, предоставленную в сообщениях, указанных в пункте 1 настоящего Решения, в разделе с ограниченным доступом на своем веб-сайте.

5. Сообщение о назначении Наблюдателей будет включать как дату начала, так и дату окончания их назначения.

6. В случае отсутствия даты окончания, датой окончания считается три года с момента назначения.

7. Если назначение Наблюдателя прекращается до указанной даты окончания или до даты, указанной в пункте 6 настоящего Решения, Сторона должна уведомить об этом Секретариат Договора об Антарктике с целью поддержания актуальности текущего списка.

8. Решение 2 (2019 г.) считать утратившим силу.

Решение 2 (2024 г.)

Пересмотренные Правила процедуры Консультативного совещания по Договору об Антарктике

Представители,

напоминая о Решении 2 (2016 г.) — Пересмотренные Правила процедуры Консультативного совещания по Договору об Антарктике;

напоминая, что на XLV КСДА (2023 г.) СДА было поручено рассмотреть в рамках имеющихся ресурсов все соответствующие документы Договора об Антарктике, относящиеся к текущему и будущему сотрудничеству, чтобы предоставить варианты для возможного принятия КСДА, которые обеспечат гендерно-нейтральные формулировки в этих документах;

отмечая, что Секретариат пересмотрел действующие Правила процедуры КСДА и подготовил проект Пересмотренных правил процедуры КСДА на всех официальных языках Договора об Антарктике для устранения несоответствий с Руководством Организации Объединенных Наций по учету гендерной специфики в устной и письменной речи (Руководство ООН);

желая заменить в настоящее время только текущую англоязычную версию Правил процедуры КСДА;

также желая представить французскую, русскую и испанскую версии проекта Пересмотренных правил процедуры КСДА для корректуры с тем, чтобы содержание их текущих положений не было изменено;

признавая необходимость предоставления Секретариату руководящих указаний в отношении его редакционных процедур в отношении формулировок, учитывающих гендерную специфику;

решили:

1. Пересмотренные Правила процедуры Консультативного совещания по Договору об Антарктике, прилагаемые к настоящему Решению, должны заменить Пересмотренные Правила процедуры Консультативного совещания по Договору об Антарктике (2016 г.) только на английском языке.

2. Поручить Секретариату направить на рассмотрение 47-го Консультативного совещания по Договору об Антарктике французскую, русскую и испанскую версии проекта Пересмотренных правил процедуры КСДА для корректуры.

3. Секретариат будет учитывать Руководящие принципы ООН в своих стандартных редакционных процедурах.

4. Секретариат должен добавить ссылку на Руководство ООН в онлайн-руководство по подготовке документов, которое он предоставляет в качестве ресурса для делегатов.

Решение 2 (2024 г.) Приложение

Пересмотренные Правила процедуры Консультативного совещания по Договору об Антарктике (2024 г.)

Примечание редактора: Прилагаемые правила процедуры на русском языке являются оригинальными, принятыми Решением 2 (2016 г.).

1. Совещания, проводимые в соответствии со Статьей IX Договора об Антарктике, называются Консультативными совещаниями по Договору об Антарктике. Договаривающиеся Стороны, имеющие право на участие в этих Совещаниях, называются «Консультативные стороны»; другие Договаривающиеся Стороны, которые могут быть приглашены для участия в этих Совещаниях, называются «Неконсультативные стороны». Исполнительный секретарь Секретариата Договора об Антарктике называется «Исполнительный секретарь».

2. Представители Комиссии по сохранению морских живых ресурсов Антарктики, Научного комитета по антарктическим исследованиям и Совета управляющих национальных антарктических программ, приглашенные на эти Совещания в соответствии с Правилом 31, называются «Наблюдатели».

Представительство

3. Каждая Консультативная сторона представлена делегацией, состоящей из Представителя, а также Заместителей представителя, Советников и других лиц, участие которых каждое Государство сочтет необходимым. Каждая Неконсультативная сторона, приглашенная на Консультативное совещание, представлена делегацией, состоящей из Представителя и лиц, участие которых она сочтет необходимым, в количественных пределах, которые могут периодически устанавливаться Правительством принимающей Стороны по согласованию с Консультативными сторонами. Комиссия по сохранению морских живых ресурсов Антарктики, Научный комитет по антарктическим исследованиям и Совет управляющих национальных антарктических программ должны быть представлены, соответственно, своим Председателем или Президентом или другими лицами, назначенными для этой цели. Фамилии членов делегаций и Наблюдателей сообщаются Правительству принимающей Стороны до открытия Совещания.

4. Делегации указываются в алфавитном порядке на языке Стороны, принимающей Совещание, причем все делегации Неконсультативных сторон следуют за делегациями Консультативных сторон, а все делегации Наблюдателей следуют за Неконсультативными сторонами.

Должностные лица

5. Представитель Правительства принимающей Стороны является Временным председателем Совещания и выполняет председательские функции до тех пор, пока Совещание не изберет Председателя.

6. На вступительном заседании от одной из Консультативных сторон избирается Председатель. Представители других Консультативных сторон

выступают в качестве Заместителей председателя в порядке очередности проведения Совещаний. Председатель обычно председательствует на всех пленарных заседаниях. Если он отсутствует на заседании или на его части, то на таком заседании на основе ротации и в алфавитном порядке, как это определено в Правиле 4, председательствуют Заместители председателя.

Секретариат

7. Исполнительный секретарь исполняет функции Секретаря Совещания. Он (она) отвечает за обеспечение административно-технической поддержки Совещания при содействии Правительства принимающей Стороны, как это предусмотрено в Статье 2 Меры 1 (2003 г.), применяемой на временной основе в соответствии с Решением 2 (2003 г.) до вступления в силу Меры 1.

Заседания

8. Первое пленарное заседание является открытым, остальные заседания являются закрытыми, если Совещание не примет иного решения.

Комитеты и Рабочие группы

9. В целях содействия своей работе Совещание может создавать комитеты, которые оно сочтет необходимыми для осуществления своих функций, и определять круг их полномочий.

10. Работа комитетов осуществляется в соответствии с Правилами процедуры Совещания, за исключением случаев, когда они неприменимы.

11. Совещание или созданные им комитеты могут создавать Рабочие группы для рассмотрения различных вопросов повестки дня. В конце каждого Консультативного Совещания при принятии предварительной повестки дня следующего Совещания (в соответствии с положениями Правила 36) Совещание определяет предварительный порядок формирования и задействования Рабочих групп. Данный порядок включает в себя:

    a. формирование Рабочей группы (Рабочих групп) для следующего Совещания;

    b. назначение Председателя Рабочей группы (Председателей Рабочих групп);

    c. определение пунктов повестки дня для каждой Рабочей группы.

При принятии Совещанием решения о целесообразности создания Рабочих групп на срок более одного года Председатели этих Рабочих групп сразу же могут назначаться на срок, соответствующий одному или двум очередным Совещаниям. В последующем срок назначения Председателей Рабочих групп может продлеваться еще на один или два года, но не может составлять более четырех лет подряд для одной и той же Рабочей группы.

Приложение: Пересмотренные Правила процедуры Консультативного совещания по Договору об Антарктике (2024 г.)

Если Совещание не может назначить Председателей Рабочих групп для следующего Совещания, таковые назначаются в начале следующего Совещания.

Регламент

12. Две трети представителей Консультативных сторон, принимающих участие в Совещании, составляют кворум.

13. Председатель осуществляет свои должностные полномочия в соответствии с обычной практикой. Он следит за соблюдением Правил процедуры и поддержанием надлежащего порядка. Исполняя свои функции, Председатель остается подотчетным Совещанию.

14. В соответствии с Правилом 28 ни один Представитель не может выступать на Совещании без предварительного разрешения Председателя, а Председатель предоставляет делегатам слово в том порядке, в котором они заявили о своем желании выступить. Председатель может призвать выступающего к порядку, если его замечания не имеют отношения к обсуждаемому предмету.

15. Во время обсуждения любого вопроса Представитель Консультативной стороны может попросить слово по порядку ведения, и решение по порядку ведения принимается Председателем незамедлительно в соответствии с Правилами процедуры. Представитель Консультативной стороны может опротестовать решение Председателя. Протест незамедлительно выносится на голосование, и решение Председателя остается в силе в том случае, если оно не отклоняется большинством голосов Представителей Консультативных сторон, присутствующих на заседании и участвующих в голосовании. Представитель Консультативной стороны, взявший слово по порядку ведения, не должен выступать по сути обсуждаемого вопроса.

16. Совещание может ограничить время, отведенное каждому выступающему, а также число выступлений по любому вопросу. Если дебаты были ограничены таким образом, а Представитель исчерпал время, отведенное на его выступление, Председатель незамедлительно призывает его к порядку.

17. Во время обсуждения любого вопроса Представитель Консультативной стороны может внести предложение о том, чтобы отложить его обсуждение. Помимо предложившей Стороны, Представители двух Консультативных сторон имеют право выступить за такое предложение и еще двух – против него, после чего предложение незамедлительно ставится на голосование. Председатель может ограничить время, отведенное тем, кто выступает в соответствии с настоящим Правилом.

18. Представитель Консультативной стороны может в любое время внести предложение о том, чтобы завершить обсуждение какого-либо вопроса, независимо от того, изъявил ли желание выступить какой-либо другой Представитель. Разрешение выступить по вопросу о завершении обсуждения дается только Представителям двух Консультативных сторон, выступающим против его завершения, после чего предложение незамедлительно ставится на

голосование. Если Совещание примет решение о прекращении обсуждения, Председатель должен объявить дискуссию завершенной. Председатель может ограничить время, отведенное тем, кто выступает в соответствии с настоящим Правилом. (Это Правило не распространяется на обсуждения в комитетах.)

19. Во время обсуждения любого вопроса Представитель Консультативной стороны может внести предложение о том, чтобы приостановить или прервать работу Совещания. Такие предложения не выносятся на обсуждение, а незамедлительно ставятся на голосование. Председатель может ограничить время, отведенное тому, кто выступил с предложением приостановить или прервать работу Совещания.

20. При условии соблюдения Правила 15, перечисленные далее предложения имеют приоритет перед всеми другими предложениями, внесенными на рассмотрение Совещания, в указанном порядке убывания приоритета:

    a) приостановить Совещание;

    b) прервать Совещание;

    c) отложить дебаты по обсуждаемому вопросу;

    d) завершить дебаты по обсуждаемому вопросу.

21. Решения Совещания по всем процедурным вопросам принимаются большинством голосов Представителей Консультативных сторон, участвующих в Совещании, причем каждый из них имеет один голос.

Языки

22. Официальными языками Совещания являются английский, испанский, русский и французский языки.

23. Любой Представитель может выступить на языке, не входящим в число официальных. Однако в этом случае он должен обеспечить синхронный перевод своего выступления на один из официальных языков.

Меры, Решения. Резолюции и Заключительный отчет

24. Без ущерба для Правила 21 Меры, Решения и Резолюции, о которых идет речь в Решении 1 (1995 г.), принимаются Представителями всех присутствующих Консультативных сторон и в дальнейшем регулируются положениями Решения 1 (1995).

25. В Заключительном отчете содержится также краткое изложение хода работы Совещания. Он утверждается большинством голосов Представителей присутствующих Консультативных сторон, а Исполнительный секретарь направляет его на рассмотрение Правительствам всех Консультативных и Неконсультативных сторон, которые были приглашены принять участие в Совещании.

Приложение: Пересмотренные Правила процедуры Консультативного совещания по Договору об Антарктике (2024 г.)

26. Несмотря на Правило 25, сразу после окончания Консультативного совещания Исполнительный секретарь уведомляет все Консультативные стороны обо всех принятых Мерах, Решениях и Резолюциях и направляет им заверенные копии окончательных формулировок на соответствующем языке Совещания. В отношении любой Меры, принятой в соответствии с процедурами, предусмотренными в Статьях 6 или 8 Приложения V к Протоколу, в соответствующем уведомлении указывается также срок, отведенный для ее утверждения этой Меры.

Неконсультативные стороны

27. Представители Неконсультативных сторон, приглашенные на Консультативное совещание, могут присутствовать:

    a) на всех пленарных заседаниях Совещания; и

    b) на заседаниях всех официальных Комитетов или Рабочих групп, в состав которых входят все Консультативные стороны, если Представитель Консультативной стороны не потребует иного в каком-либо конкретном случае.

28. Соответствующий Председатель может предложить Представителю Неконсультативной стороны выступить на Совещании, заседании Комитета или Рабочей группы, на котором он присутствует, если Представитель какой-либо Консультативной стороны не потребует иного. При этом Председатель должен всегда отдавать приоритет Представителям Консультативных сторон, которые выражают желание выступить, и, предлагая Представителям Неконсультативных сторон выступить на Совещании, может ограничить время, отведенное каждому выступающему, и число выступлений по любому вопросу.

29. Неконсультативные стороны не имеют права участвовать в принятии решений.

30.
    a) Неконсультативные стороны могут представлять в Секретариат документы для распространения на Совещании в качестве информационных документов. Такие документы должны иметь отношение к вопросам, обсуждаемым на Совещании во время заседания Комитетов.

    b) Если Представитель Консультативной стороны не потребует иного, такие документы распространяются только на языке или языках, на которых они были представлены.

Наблюдатели в системе Договора об Антарктике

31. Наблюдатели, упомянутые в Правиле 2, присутствуют на Совещании с конкретной целью представления Докладов по следующим вопросам:

a) в случае Комиссии по сохранению морских живых ресурсов Антарктики – развитие событий в сфере ее компетенции;

b) в случае Научного комитета по антарктическим исследованиям:

   i) деятельность СКАР в целом;

   ii) вопросы, относящиеся к компетенции СКАР в соответствии с Конвенцией о сохранении антарктических тюленей;

   iii) публикации и отчеты, которые могли быть опубликованы или подготовлены в соответствии с Рекомендациями IX-19 и VI-9, соответственно;

c) в случае Совета управляющих национальных антарктических программ – деятельность в сфере его компетенции.

32. Наблюдатели могут присутствовать:

   a) на пленарных заседаниях Совещания, на которых рассматривается соответствующий Доклад;

   b) на заседаниях официальных Комитетов или Рабочих групп, в состав которых входят все Договаривающиеся Стороны, где рассматривается соответствующий Доклад, если Представитель Консультативной стороны не потребует иного в каком-либо конкретном случае.

33. После представления соответствующего Доклада Председатель соответствующего заседания может предложить Наблюдателю еще раз выступить на Совещании, на котором рассматривается этот Доклад, если Представитель Консультативной стороны не потребует иного. Председатель может ограничить время, отведенное для таких выступлений.

34. Наблюдатели не имеют права участвовать в принятии решений.

35. Наблюдатели могут представить в Секретариат свой Доклад и/или документы, относящиеся к обсуждаемым в нем вопросам, для распространения на Совещании в качестве рабочих документов.

Повестка дня Консультативного совещания

36. В конце каждого Консультативного совещания Правительство принимающей Стороны готовит предварительную повестку дня следующего Консультативного совещания. Если Совещание утверждает предварительную повестку дня следующего Совещания, она прилагается к Заключительному отчету Совещания.

37. Любая Договаривающаяся Сторона может предложить дополнительные вопросы для включения в предварительную повестку дня предстоящего

Приложение: Пересмотренные Правила процедуры Консультативного совещания по Договору об Антарктике (2024 г.)

Консультативного совещания, сообщив об этом Правительству принимающей Стороны не позднее, чем за 180 дней до начала Совещания; каждое такое предложение должно сопровождаться пояснительной запиской. Правительство принимающей Стороны обращает внимание всех Договаривающихся Сторон на это Правило не позднее, чем за 210 дней до начала Совещания.

38. Правительство принимающей Стороны готовит проект повестки дня Консультативного совещания. В состав проекта повестки дня входят:

    a) все вопросы, включенные в предварительную повестку дня, принятую в соответствии с Правилом 36; и

    b) все вопросы, включение которых было предложено какой-либо Договаривающейся Стороной в соответствии с Правилом 37.

    Не позднее, чем за 120 дней до Совещания Правительство принимающей Стороны направляет всем Договаривающимся Сторонам проект повестки дня вместе с пояснительными записками и другими относящимися к ней документами.

Эксперты от международных организаций

39. В конце каждого Консультативного совещания Совещание решает, каким международным организациям, имеющим научные или технические интересы в Антарктике, нужно предложить назначить экспертов для участия в предстоящем Совещании, чтобы они оказали содействие в его работе по существу.

40. Любая Договаривающаяся Сторона может впоследствии предложить направить приглашение в другие международные организации, имеющие научные или технические интересы в Антарктике, чтобы они оказали содействие Совещанию в его работе по существу; каждое такое предложение направляется Правительству принимающей Стороны не позднее, чем за 180 дней до начала Совещания и сопровождается запиской с изложением оснований для такого предложения.

41. Правительство принимающей Стороны направляет эти предложения всем Договаривающимся Сторонам в соответствии с процедурой, изложенной в Правиле 38. Любая Консультативная Сторона, у которой имеются возражения против такого предложения, должна заявить об этом не позднее, чем за 90 дней до начала Совещания.

42. Если такие возражения не поступили, Правительство принимающей Стороны направляет приглашения международным организациям, определенным согласно Правилам 39 и 40, и просит каждую международную организацию сообщить фамилию назначенного эксперта Правительству принимающей Стороны до открытия Совещания. Все такие эксперты могут присутствовать на Совещании при рассмотрении всех вопросов, за исключением тех, которые

относятся к работе Системы Договора об Антарктике и были определены на предыдущем Совещании или после принятия повестки дня.

43. Соответствующий Председатель с согласия всех Консультативных сторон может предложить эксперту выступить на Совещании, на котором он присутствует. Председатель должен всегда отдавать приоритет Представителям Консультативных или Неконсультативных сторон или Наблюдателям, упомянутым в Правиле 31, которые выразили желание выступить, и, предоставляя слово эксперту, может ограничить время, отведенное на его выступление, и число выступлений по любому вопросу.

44. Эксперты не имеют права участвовать в принятии решений.

45.
    a) Эксперты могут представлять в Секретариат документы, относящиеся к соответствующему пункту повестки дня, для их распространения на Совещании в качестве информационных документов.

    b) Если Представитель Консультативной стороны не потребует иного, такие документы распространяются только на том языке или языках, на которых они были представлены.

46. В межсессионный период Исполнительный секретарь, действуя в пределах своей компетенции, как это установлено Мерой 1 и соответствующими актами, регулирующими деятельность Секретариата, проводит консультации с Консультативными сторонами, когда это юридически необходимо в рамках соответствующих актов КСДА и когда неотложные обстоятельства требуют принятия мер до начала следующего КСДА, с соблюдением следующей процедуры:

    a) Каждая Консультативная сторона должна регулярно уведомлять Исполнительного секретаря о своем Представителе и Заместителях Представителя, уполномоченных выступать от имени свей Консультативной стороны в ходе межсессионных консультаций;

    b) Исполнительный секретарь должен вести перечень Представителей и Заместителей Представителя и следить за его актуальностью;

    c) В случае необходимости проведения межсессионных консультаций Исполнительный секретарь направляет соответствующую информацию и любые предлагаемые меры всем Консультативным сторонам через Представителей и Заместителей Представителя, назначенных ими в соответствии с вышеприведенным пунктом (a), с указанием необходимого срока предоставления ответов;

    d) Исполнительный секретарь должен убедиться в том, что все Консультативные стороны подтвердили получение такой информации;

    e) Каждая Консультативная сторона рассматривает данный вопрос и к указанному сроку направляет Исполнительному секретарю ответ, если таковой имеется, через своего Представителя или Заместителей Представителя;

Приложение: Пересмотренные Правила процедуры Консультативного совещания по Договору об Антарктике (2024 г.)

f) Исполнительный секретарь, сообщив Консультативным сторонам о результатах консультаций, может приступить к осуществлению предлагаемых мер, если ни у одной Консультативной стороны нет никаких возражений;

g) Исполнительный секретарь ведет учет межсессионных консультаций, включая результаты таких межсессионных консультаций и принятые им/ею меры, и отражает эти результаты и меры в своем отчете, представляемом на рассмотрение КСДА.

Межсессионные консультации

47. в межсессионный период при получении информационного запроса о деятельности КСДА от международной организации, имеющей научный или технический интерес в Антарктике, Исполнительный секретарь должен скоординировать ответ по следующей процедуре:

    a) Исполнительный секретарь должен направить запрос и первый проект ответа всем Консультативным сторонам через их Представителей или Заместителей Представителя, назначенных ими в соответствии с Правилом 46(a), с предложением предоставить ответ на запрос и указанием соответствующей даты, к которой Консультативные стороны должны либо (1) сообщить о нецелесообразности ответа, либо (2) предоставить комментарии к первоначальному проекту ответа. Указанная дата должна предусматривать разумное количество времени для предоставления комментариев с учётом сроков, установленных в первоначальных информационных запросах. Если какая-либо Консультативная сторона сообщит о нецелесообразности ответа, Исполнительный секретарь должен отправить только формальный ответ, подтверждающий получение запроса, без рассмотрения существа вопроса.

    b) Если возражения по существу отсутствуют и до даты, указанной в запросе, о котором говорится выше в пункте (a), предоставлены комментарии, Исполнительный секретарь должен переработать ответ с учётом комментариев и направить переработанный ответ всем Консультативным сторонам с указанием соответствующей даты, к которой требуется предоставление ответов;

    c) Если до даты, указанной в запросе, о котором говорится выше в пункте (b), предоставляются какие-либо дополнительные комментарии, Исполнительный секретарь должен повторять процедуру, описанную выше в пункте (b), до тех пор пока поступление комментариев не закончится;

    d) Если до даты, указанной в запросе, о котором говорится выше в пунктах (a), (b) или (c), комментарии не предоставляются, Исполнительный секретарь должен разослать всем окончательный вариант с запросами, как оперативного цифрового подтверждения в электронном виде «прочитано», так и оперативного подтверждения в электронном виде «одобрено» от каждой Консультативной стороны с указанием даты, к которой подтверждение «одобрено» должно быть получено. Исполнительный секретарь должен осведомлять Консультативные стороны о ходе поступления подтверждений. После получения подтверждения «одобрено» от всех Консультативных сторон Исполнительный секретарь должен от имени всех Консультативных сторон подписать и отправить ответ заинтересованной международной организации и предоставить копию подписанного ответа всем Консультативным сторонам.

e) На любом этапе данного процесса любая Консультативная сторона может попросить большее количество времени на рассмотрение вопроса.

f) На любом этапе данного процесса любая Консультативная сторона может сообщить о нецелесообразности предоставления ответа на запрос. В таком случае Исполнительный секретарь должен отправить только формальный ответ, подтверждающий получение запроса, без рассмотрения существа вопроса.

Документы совещания

48. Рабочими документами должны называться документы, представленные Консультативными сторонами, которые требуют обсуждения и принятия решений на Совещании, а также документы, представленные Наблюдателями согласно положениям Правила 2.

49. Документами Секретариата должны называться документы, подготовленные Секретариатом согласно мандату, установленному на Совещании, или документы, которые, по мнению Исполнительного секретаря, помогут информировать участников Совещания или содействовать его проведению.

50. Информационными документами должны называться:
   - документы, представленные Консультативными сторонами или Наблюдателями, в которых содержится информация в поддержку какого-либо Рабочего документа или информация, которую необходимо обсудить на Совещании;
   - документы, представленные Неконсультативными сторонами, которые необходимо обсудить на Совещании;
   - документы, представленные Экспертами, которые необходимо обсудить на Совещании.

51. Вспомогательными документами должны называться документы, представленные любым участником, которые не будут вноситься на рассмотрение на Совещании и представлены с целью формального предоставления информации.

52. Руководство по представлению, переводу и распространению документов прилагается к настоящим Правилам процедуры.

Приложение: Пересмотренные Правила процедуры Консультативного совещания по Договору об Антарктике (2024 г.)

Поправки

53. Настоящие Правила процедуры могут быть изменены двумя третями голосов Представителей Консультативных сторон, принимающих участие в Совещании. Настоящее Правило не распространяется на Правила 24, 27, 29, 34, 39-42, 44 и 46, изменение которых требует согласия Представителей всех Консультативных сторон, присутствующих на Совещании

Приложение

Руководство по представлению, переводу и распространению документов КСДА и КООС

1. Настоящее Руководство регулирует представление, перевод и распространение официальных документов Консультативного совещания по Договору об Антарктике (КСДА) и Комитета по охране окружающей среды (КООС), к которым относятся Рабочие документы, Документы Секретариата, Информационные документы и Вспомогательные документы.

2. В документах, представляемых на КСДА и на заседание КООС, по мере необходимости должно быть указано, какие части документа или содержащиеся в нем вопросы должны, по мнению авторов документа, обсуждаться на соответствующем заседании.

3. Переводу подлежат следующие документы: Рабочие документы, Документы Секретариата, доклады КСДА, представленные Наблюдателями на КСДА и приглашёнными Экспертами в соответствии с положениями Рекомендации XIII-2 или в связи со Статьёй III-2 Договора об Антарктике, а также Информационные документы, по которым Консультативная сторона подала запрос на перевод. Вспомогательные документы переводу не подлежат.

4. Объём документов, подлежащих переводу, кроме отчётов Межсессионных контактных групп (МКГ), созванных КСДА или КООС, Отчётов Председателя Совещания экспертов Договора об Антарктике, а также Отчёта и Программы Секретариата, не должен превышать 1500 слов. Объем документа рассчитывается без учёта предлагаемых Мер, Решений и Резолюций и вложений к ним.

5. Документы, подлежащие переводу, должны быть получены Секретариатом не позднее, чем за 45 дней до начала Консультативного совещания. Если такие документы предоставляются позднее, чем за 45 дней до начала Консультативного совещания, они могут рассматриваться только при отсутствии возражений всех Консультативных сторон .

6. Информационные документы, по которым не было запроса на перевод, и Вспомогательные документы, которые участники хотят включить в Заключительный отчёт, должны быть получены Секретариатом не позднее, чем за 30 дней до начала Совещания .

7. По каждому документу, предоставленному Стороной Договора, Секретариат назначит Наблюдателя или Эксперта в день подачи документа.

8. Если в Секретариат вновь направляется на перевод пересмотренный вариант документа, подготовленный после его первоначального представления, в пересмотренном варианте текста должны быть чётко указаны внесённые изменения.

Приложение: Пересмотренные Правила процедуры Консультативного совещания по Договору об Антарктике (2024 г.)

9. Документы следует направлять в Секретариат в электронном виде. Все документы будут размещаться на главной странице сайта КСДА, созданной Секретариатом для данного КСДА. Рабочие документы, полученные до установленного срока в 45 дней, должны быть размещены на странице в кратчайшие сроки, но в любом случае не позднее, чем за 30 дней до начала Совещания. Изначально документы будут размещаться на страницах сайта, защищённых паролем, а после завершения Совещания они будут перемещаться на страницы, не защищённые паролем.

10. Стороны могут согласиться с тем, чтобы документы, перевод которых не был запрошен, были представлены в Секретариат для перевода во время Совещания.

11. Ни один документ, представленный на КСДА, не будет использоваться в качестве основы для обсуждения на КСДА или КООС, если он не был переведён на четыре официальных языка Совещания.

12. В течение трёх месяцев после окончания Консультативного совещания Секретариат должен разместить на главной странице сайта КСДА предварительный вариант Заключительного отчёта данного Совещания на четырёх официальных языках Совещания. Данный вариант Отчёта должен иметь чёткую пометку «ПРОЕКТ» и указания о том, что он подлежит финальному форматированию и прохождению процедуры публикации.

13. В течение шести месяцев после окончания Консультативного совещания Секретариат должен распространить среди Сторон и разместить на главной странице сайта КСДА Заключительный отчёт данного Совещания на четырёх официальных языках Совещания.

Решение 3 (2024 г.)

Отчет, программа и бюджет Секретариата

Представители,

напоминая о Мере 1 (2003 г.) по учреждению Секретариата Договора об Антарктике (Секретариата);

принимая во внимание Финансовый регламент Секретариата Договора об Антарктике, прилагаемый к Решению 4 (2003 г.) с изменениями и дополнениями, которые внесены Решением 6 (2005 г.);

решили:

1. Утвердить проверенный финансовый отчет за 2022/2023 финансовый год, прилагаемый к настоящему Решению (Приложение 1).

2. Принять к сведению Отчет секретариата за 2023/2024 финансовый год, включающий в себя Предварительный финансовый отчет за 2023/24 финансовый год, прилагаемый к настоящему Решению (Приложение 2).

3. Принять к сведению Прогнозный пятилетний финансовый план на 2025/2026–2029/2030 финансовые годы и утвердить Программу работы Секретариата на 2024/2025 финансовый год, включая Бюджет на 2024/2025 финансовый год и Сметное предложение на 2025/2026 финансовый год, прилагаемые к настоящему Решению (Приложение 3).

4. Поручить Секретариату создать Специальный фонд в соответствии с Положением 6.2 (d) Финансовых положений, который будет использоваться для финансирования деятельности в поддержку разработки последовательной и всеобъемлющей системы регулирования туристической и другой неправительственной деятельности в Антарктике, а также для получения добровольных взносов в соответствии с Положением 7.4 Финансовых положений для этой цели.

5. Поручить Секретариату создать Специальный фонд в соответствии с Положением 6.2(d) Финансовых положений, который будет использоваться для покрытия расходов на совместный семинар КООС/НК-АНТКОМ, который будет проведен за неделю до заседания КООС 27 в 2025 г., и для получения добровольных взносов в соответствии с положениями Положения 7.4 Финансовых положений для этой цели.

6. Санкционировать перевод до 20 000 долл. США в Специальный фонд, упомянутый в пункте 5 постановляющей части, из излишка, накопленного в Общем фонде, и обратиться к Исполнительному секретарю Секретариата с просьбой открыть на Форуме Консультативного совещания по Договору об Антарктике тему для доклада Консультативным сторонам по финансовым вопросам.

Presidencia de la Nación
Sindicatura General de la Nación

Решение 3 (2024 г.) Приложение 1

2024 — «ГОД ЗАЩИТЫ ЖИЗНИ, СВОБОДЫ И СОБСТВЕННОСТИ».

ПРИЛОЖЕНИЕ I

Аудиторское заключение

Г-ну Секретарю
Секретариата Договора об Антарктике
Maipú 757, 4° piso
CUIT 30-70892567-1
По вопросу: КСДА 46 - КООС 26 Консультативное совещание по Договору об Антарктике, 2024 - Кочи, Индия.

1. Отчет о результатах проверки финансовой отчетности

Нами был произведен аудит прилагаемой Финансовой отчетности Секретариата Договора об Антарктике, включающей Отчет о доходах и расходах, Отчет о финансовом состоянии, Отчет об изменениях в стоимости активов, Отчет о движении денежных средств, а также Пояснительные записки за финансовый период с 1 апреля 2022 года по 31 марта 2023 года.

2. Ответственность Руководства за Финансовую отчетность

Секретариат Договора об Антарктике, созданный в соответствии с Законом Аргентинской Республики № 25.888 от 14 мая 2004 г., несет ответственность за составление и своевременное представление согласно нормам бухгалтерского учета прилагаемой финансовой отчетности, основанной на движении денежных средств, в соответствии с Международными стандартами финансовой отчетности и соответствующими стандартами Консультативных Совещаний по Договору об Антарктике. Данная ответственность распространяется на организацию, внедрение и осуществление внутреннего контроля в отношении составления и представления финансовой отчетности, не содержащей искажений вследствие ошибок или недобросовестных действий, а также на выбор и осуществление надлежащей учетной политики и подготовку соотносимых с обстоятельствами бухгалтерских расчетов.

3. Ответственность Аудитора

В наши обязанности входит представление аудиторского заключения о Финансовой отчетности, основанного на результатах проведенного аудита.

Аудит производился в соответствии с Международными стандартами аудита и Приложением к Решению 3 (2012 г.) XXXI Консультативного Совещания по Договору об Антарктике, содержащим описание задач, возлагаемых на внешнюю аудиторскую организацию.

Данные стандарты требуют соблюдения норм профессиональной этики, планирования и проведения аудита с целью обоснованного гарантирования отсутствия существенных неточностей в представленной Финансовой отчетности.

Аудит включает осуществление процедур, направленных на получение доказательств, относящихся к приведенным в Финансовой отчетности суммам и показателям. Выбор аудиторских процедур осуществляется по усмотрению аудитора с учетом оценки риска наличия существенных неточностей в финансовой отчетности.

При оценке данного риска аудитор анализирует систему внутреннего контроля, необходимого для составления и своевременного представления организацией Финансовой отчетности, с целью планирования надлежащих, соответствующих обстоятельствам процедур.

Помимо этого, аудит включает в себя оценку соответствия применяемых принципов бухгалтерского учета, представление экспертизы об обоснованности проводимых руководством бухгалтерских операций, а также оценку общего представления Финансовой отчетности.

Мы полагаем, что полученные нами доказательства являются надлежащим и достаточным основанием для формирования нашего аудиторского заключения.

4. Заключение

По нашему мнению, прилагаемая Финансовая отчетность Секретариата Договора об Антарктике за финансовый период, закончившийся 31 марта 2023 г., подготовлена во всех существенных аспектах в соответствии с требованиями Международных стандартов финансовой отчетности, соответствующими стандартами Консультативных Совещаний по Договору об Антарктике, а также принципами основанного на наличных расчетах бухгалтерского учета.

5. Прочие вопросы

Информация, содержащаяся в Примечании 1 к прилагаемой финансовой отчетности, указывает, что эта отчетность была подготовлена Секретариатом Договора об Антарктике в соответствии с нормами, установленными в прилагаемых к Решению 4 (2003 г.) Финансовых положениях, согласно Международным стандартам финансовой отчетности (МСФО) Совета по международным стандартам финансовой отчетности (СМСФО), которые по определенным критериям оценки и представления отчетности расходятся с профессиональными стандартами ведения бухгалтерского учета, действующими в Автономном городе Буэнос-Айрес (Аргентинская Республика).

Вместе с тем, приведенная в предшествующем параграфе информация отражает разницу при пересчете валюты, возникшую в течение финансового года в условиях значительной девальвацией национальной валюты Аргентинской Республики.

6. Требуемая по законодательству дополнительная информация

На основании описанного в пункте 3 анализа довожу до сведения, что упомянутая выше Финансовая отчетность основана на данных учета, которые не внесены в бухгалтерские книги в соответствии с требованиями действующих аргентинских стандартов.

Также сообщаем, что, согласно данным бухгалтерского учета, по состоянию на 31 марта 2023 г. причитающаяся задолженность Секретариата перед Единой системой социального обеспечения Аргентинской Республики с учетом произведенных Секретариатом платежей, составляет 2 466 680,61 аргентинских песо (11 446,31 долл. США), при этом подлежащая взысканию задолженность в аргентинских песо отсутствует.

Важно отметить, что трудовые правоотношения регулируются Положениями о персонале Секретариата Договора об Антарктике.

Автономный город Буэнос-Айрес, 3 апреля 2024 г.

НАЦИОНАЛЬНЫЙ ГЕНЕРАЛЬНЫЙ СИНДИКАТ
C.P.C.E.C.A.B.A. T°1 - F°2

Ариэль Максимилиано Боццано
Присяжный бухгалтер (U.B.A.)
C.P.C.E.C.A.B.A. T° 379 F° 44

Приложение 1: Проверенный финансовый отчет за 2022/2023 финансовый год

Приложение I. Заключительный отчет за 2022/23 гг.

1. Отчет о доходах и расходах средств, относящихся к финансовому году с 1 апреля 2022 г. по 31 марта 2023 г., в сравнении с предыдущим финансовым годом.

	31/3/2022	31/3/2023 Бюджет	31/3/2023
ДОХОДЫ			
Взносы (Примечание 10)	378 097	1 378 097	1 378 097
Общий фонд (Примечание 1.11)	-	-	-
Прочие доходы (Примечание 2)	975	-	2 485
Итого доходов	379 072	1 378 097	1 380 582
РАСХОДЫ			
Заработная плата	707 463	748 087	742 146
Услуги письменного и устного перевода	240 184	310 000	322 460
Командировочные расходы	26 532	108 500	105 599
Информационные технологии	45 873	52 000	48 499
Типографские, редакторские и копировально-м	12 517	14 500	10 192
Общие услуги	34 206	47 418	45 024
Услуги связи	16 543	18 000	17 092
Расходы на содержание офиса	14 618	16 000	15 157
Административные расходы	6 228	8 200	6 111
Представительские расходы	770	4 000	1 485
Финансирование (Примечание 9)	19 104	21 800	58 792
Итого расходов	1 124 040	1 348 505	1 372 556
АССИГНОВАНИЯ В ФОНДЫ			
Фонд выходных пособий и компенсаций	26 768	29 592	29 592
Фонд компенсации расходов, связанных с пере	-	-	-
Фонд проведения операций			
Фонд покрытия непредвиденных расходов на пе			
Итого ассигнований в фонды	26 768	29 592	29 592
Итого расходов и отчислений	1 150 808	1 378 097	1 402 148
Профицит (дефицит) за период	228 264	0,00	(21 566)

Данный отчет должен рассматриваться совместно с прилагаемыми Примечаниями 1–10

Приложение I. Заключительный отчет за 2022/23 гг.

2. Финансовое положение по состоянию на 31 марта 2023 г. в сравнении с предыдущим финансовым годом.

АКТИВЫ	31/3/2022	31/3/2023
Текущие активы		
Денежные средства и их эквиваленты (Примечание 3)	2 131 016	1 952 036
Задолженность по взносам (Примечание 10)	141 963	181 983
Прочая дебиторская задолженность (Примечание 4)	1 122	-
Прочие текущие активы (Примечание 5)	49 953	119 812
Итого текущих активов	2 324 055	2 253 831
Внеоборотные активы		
Основные средства (Примечания 1.3 и 6)	89 722	91 076
Итого внеоборотных активов	89 722	91 076
Итого активов	2 413 777	2 344 907
ПАССИВЫ		
Краткосрочные обязательства		
Кредиторская задолженность по счетам (Примечание 7)	29 232	127 918
Взносы, поступившие авансом (Примечание 10)	660 495	534 769
Специальный фонд добровольных взносов (Примечание 1.9)	24 171	-
Вознаграждение и причитающиеся взносы (Примечание 8)	32 611	35 571
Итого по краткосрочным обязательствам	746 509	698 258
Долгосрочные обязательства		
Фонд выходных пособий и компенсаций (Примечание 1.4)	96 897	126 489
Фонд компенсации расходов, связанных с переездом сотруд...	50 000	50 000
Фонд на случай непредвиденных расходов на перевод (Прим...	30 000	30 000
Фонд пособий по недобровольному прекращению контракт...	80 291	81 495
Фонд замещения основных средств (Примечание 1.8)	23 426	24 780
Итого по долгосрочным обязательствам	280 614	312 764
Итого обязательств (пассивов)	1 027 123	1 011 022
ЧИСТЫЕ АКТИВЫ	1 386 655	1 333 885

Данный отчет должен рассматриваться совместно с прилагаемыми Примечаниями 1–10

Приложение 1: Проверенный финансовый отчет за 2022/2023 финансовый год

Приложение I. Заключительный отчет за 2022/23 гг.

3. Отчет об изменении чистых активов на 31 марта 2023 г. и сопоставление с предыдущим периодом.

Представленные	Чистые активы 31/3/2022	Доходы	Расходы и отчисления	Прочие доходы	Чистые активы 31/3/2023
Общий фонд	1 156 703	1 378 097	(1 402 148)	2 485	1 135 137
- оценка сотрудников					-
- покрыть фонд непредвиденных расходов на перевод					(30 000)
- создать фонд пособий по недобровольному прекращению контрактов					(1 204)
Фонд проведения операций (Прим.	229 952				229 952
Чистые активы	1 386 655				1 333 885

Данный отчет должен рассматриваться совместно с прилагаемыми Примечаниями 1–10

Приложение I. Заключительный отчет за 2022/23 гг.

4   Отчет о движении денежных средств за финансовый год с 1 апреля 2022 г. по 31 марта 2023 г., в сравнении с предыдущим финансовым годом.

Изменения в денежных средствах и их эквивалентах	31/3/2022		31/3/2023	
Денежные средства и их эквиваленты на начало финансового года	1 541 947		2 131 016	
Денежные средства и их эквиваленты на конец года	2 131 016		1 952 036	
Чистое увеличение (уменьшение) денежных средств и их эквивалентов		589 069		(178 980)
Причины изменений в денежных средствах и их эквивалентах				
Текущая деятельность				
Поступление взносов	977 611		677 583	
Выплата заработной платы	(707 064)		(740 354)	
Оплата переводческих услуг	(233 224)		(257 041)	
Оплата командировочных расходов и т.д.	(21 731)		(114 129)	
Оплата типографских, редакторских и копировально-множительных у	(12 517)		(12 399)	
Оплата общих услуг	(27 721)		(17 664)	
Прочие платежи поставщикам услуг	(85 316)		(84 181)	
Чистый поток денежных средств и их эквивалентов от основной деятельности		(109 964)		(548 185)
Инвестиционная деятельность				
Приобретение основных средств	(1 983)		(14 158)	
Чистый поток денежных средств и их эквивалентов от инвестиционной деятельности		(1 983)		(14 158)
Финансовая деятельность				
Взносы, поступившие авансом	660 495		534 769	
Выплата выходных пособий и расходы, связанные с переездом сотру	-		-	
Готовность к КСДА	-		-	
Оплата расходов на перевод	-		(30 000)	
Получение п. 5.6 Положения о персонале	208 453		152 432	
Выплата п. 5.6 Положения о персонале	(170 370)		(175 132)	
Чистое изменение арендной платы	15 200		(43 477)	
Сальдо движения ФНА	17 445		(12 150)	
Прочие поступления или расходы	975		2 485	
Чистый приток денежных средств и их эквивалентов от финансовой деятельности		732 198		428 927
Операции с иностранной валютой				
Чистый убыток	(31 182)		(45 564)	
Чистый поток денежных средств и их эквивалентов от операций с иностранной валютой		(31 182)		(45 564)
Чистое увеличение (уменьшение) денежных средств и их эквивалентов		589 070		(178 980)

Данный отчет должен рассматриваться совместно с прилагаемыми Примечаниями 1–10

Приложение 1: Проверенный финансовый отчет за 2022/2023 финансовый год

Примечания к финансовым отчетам по состоянию на 31 марта 2022 и 2023 гг.

1 МЕТОДИКА ПОДГОТОВКИ ФИНАНСОВЫХ ОТЧЕТОВ

Суммы в данных финансовых отчетах выражены в долларах США в соответствии с нормами, установленными Финансовыми положениями, Приложение к Решению 4 (2003). Данные отчеты подготовлены в соответствии с требованиями Международных стандартов финансовой отчетности (МСФО) Совета по Международным стандартам финансовой отчетности (СМСФО). Использовался метод бухгалтерского учета по принципу начисления.

1.1 Первоначальная стоимость

Финансовая отчетность подготовлена на основе фактической стоимости приобретения, за исключением тех случаев, где прямо указано иное.

1.2 Помещения

Офисные помещения Секретариата предоставлены Министерством иностранных дел, международной торговли и вероисповедания Аргентинской Республики. Они освобождены от арендных и коммунальных платежей.

1.3 Основные средства

Имущество оценено по первоначальной стоимости минус начисленная амортизация. Для расчета амортизации используется линейный метод с использованием ежегодных долей достаточных для погашения стоимости имущества к концу расчетного срока эксплуатации. Общая остаточная стоимость материальных активов не превышает ценности их производительного использования.

1.4 Фонд выходных пособий и компенсаций

В соответствии со Статьей 10.4 Положений о персонале, ассигнования в данный фонд должны быть достаточными для осуществления компенсационных выплат сотрудникам руководящей категории в размере одного базового оклада за один месяц за каждый год работы.

1.5 Фонд компенсации расходов, связанных с переездом сотрудников

Данный фонд предназначен для возмещения сотрудникам руководящей категории расходов, связанных с переездом к месту и от места нахождения штаб-квартиры Секретариата.

1.6 Фонд покрытия непредвиденных расходов на перевод

Согласно Решению 4 (2009 г.) данный фонд был создан с целью оплаты расходов на перевод, которые могут возникнуть в результате непредвиденного увеличения объема требующих перевода документов, представляемых на КСДА. В течение финансового года, закончившегося 31 марта 2023 года, из этого фонда было израсходовано 30 000, и он был увеличен на 30 000 за счет средств из Общего фонда.

1.7 Фонд пособий по недобровольному прекращению контрактов

В соответствии со Статьей 10.5 Положений о персонале Секретариата Договора об Антарктике в отношении сотрудников, оказывающих общие услуги.

1.8 Фонд возмещения основных средств

Согласно требованиям МСФО активы, срок полезного использования которых составляет более одного финансового года, должны отражаться в строке активов в Отчете о финансовом состоянии. До марта 2010 г. статья отражалась как поправка к Общему фонду. С апреля 2010 г. компенсирующая запись по таким активам должна отображаться в пункте пассивов.

1.9 Фонд проведения операций

Согласно Статье 6.2 (a) Финансового регламента данный фонд не должен превышать 1/6 (одну шестую) бюджета на текущий финансовый год. В текущем финансовом году этот фонд не распределялся.

1.10 Специальный фонд добровольных взносов

Пункт (82) Заключительного отчета КСДА XXXV о получении добровольных взносов от сторон. Фонд добровольных взносов предназначен для оплаты аренды и коммунальных услуг в финансовом году.

1.11 Общий фонд

Этот фонд был учрежден для учета доходов и расходов Секретариата.

Примечания к финансовым отчетам по состоянию на 31 марта 2022 и 2023 гг.

			31/3/2022	31/3/2023
2	**Прочие доходы**			
		Полученные проценты	-	-
		Полученные скидки	975	2.485
		Итого	975	2.485
3	**Денежные средства и их эквиваленты**			
		Наличные доллары США	1 480	1 274
		Наличные аргентинские песо	159	16
		Банк аргентинской нации — специальный счет в долларах США	2 116 254	66 704
		Банк аргентинской нации — специальный счет в аргентинских песо	13 123	1 884 042
		Инвестиции	-	-
		Итого	2 131 016	1 952 036
4	**Прочая задолженность**			
		Положение о персонале п. 5.6	1 122	-
5	**Прочие текущие активы**			
		Авансовые платежи	18 178	94 557
		НДС к зачету	27 500	24 824
		Прочие возмещаемые расходы	4 275	430
		Итого	49 953	119 812
6	**Основные средства**			
		Книги и подписки	17 341	18 136
		Офисное оборудование	40 227	40 227
		Мебель	52 436	52 436
		Компьютерное аппаратное и программное обеспечение	150 937	164 300
		Итого первоначальная стоимость	260 940	275 098
		Начисленная амортизация	(171 218)	(184 021)
		Итого	89 722	91 076
7	**Кредиторская задолженность**			
		Коммерческие операции	3 503	19 446
		Начисленные расходы	25 742	108 471
		Прочие	(13)	-
		Итого	29 232	127 918
8	**Вознаграждение и причитающиеся взносы**			
		Заработная плата	9 900	11 692
		Взносы и отчисления	22 711	23 878
		Итого	32 611	35 571
9	**Финансовые операции**			
		Курсовая разница в связи с платежами	13 328	9 144
		Курсовая разница по денежным расходам в Аргентине	2 056	34 822
		Курсовая разница по возврату НДС	3 720	14 826
		Итого	19 104	58 792

Приложение 1: Проверенный финансовый отчет за 2022/2023 финансовый год

Примечания к финансовым отчетам по состоянию на 31 марта 2022 и 2023 гг.

10. Взносы, причитающиеся и полученные авансом на начало года; обязательства по взносам; взносы, собранные в течение года; и взносы, причитающиеся и полученные авансом на конец года.

Взносы Стороны	Задолженность 31/3/2022	Полученные досрочно 31/3/2022	Обязательства по взносам	Взносы, собранные в течение года	Задолженность 31/3/2023	Полученные досрочно 31/3/2023
Германия			52 216	52 216		
Аргентина			60 347	60 347		
Австралия		60.335	60 347	60 335		60 323
Бельгия		40.009	40 021			
Бразилия	55.822		40 021		95 843	
Болгария			33 923	33 923		
Чили	46.119		46 119	92 238		
Китай			46 119	46 119		
Эквадор			33 923	33 923		
Испания			46 119	46 119		
Соединенные Штаты		60.347	60 347	60 347		60 347
Финляндия			40 021	40 021		
Франция		60.347	60 347	60 347		60 347
Индия			46 119	46 119		
Италия		52.216	52 216	52 216		52 216
Япония			60 347	60 347		
Норвегия		60.327	60 347	60 367		60 347
Новая Зеландия		60.322	60 347	60 372		60 347
Нидерланды		46.119	46 119	46 119		46 119
Перу		33.965	33 923	34 313		34 355
Польша		40.021	40 021			
Чешская Республика			40 021	80 042		40 021
Республика Корея		40.021	40 021			
Российская Федерация			46 119		46 119	
Южная Африка		46.119	46 119			
Швеция			46 119	46 119		
Великобритания		60.347	60 347	60 347		60 347
Украина			40 021		40 021	
Уругвай	40.021		40 021	80 042		
Итого	141 962	660 495	1 378 097	1 212 336	181 983	534 769

Альберт Льюберас Бонаба
Исполнительный секретарь

Габриэла А. Руссо
Управляющая по финансам

Решение 3 (2024 г.) Приложение 2

Предварительный финансовый отчет за 2023/24 финансовый год

СТАТЬИ АССИГНОВАНИЙ	Проверенный отчет за	Бюджет на 2023/24 финан	Предварительный отчет за 2023/24
ДОХОДЫ			
Объявленные взносы	$ 1 378 097	$ 1 378 097	$ 1 378 099
Добровольные взносы	$ -	$ -	$ -
Другие доходы	$ 4 053	$ 6 500	$ 7 052
Всего доходы	$ 1 382 150	$ 1 384 597	$ 1 385 151
РАСХОДЫ			
ЗАРАБОТНАЯ ПЛАТА			
Руководящий состав	$ 313 326	$ 328 898	$ 329 146
Сотрудники общей категории	$ 406 124	$ 420 371	$ 427 310
Вспомогательный персонал КСДА	$ 13 616	$ 14 900	$ 15 730
Стажеры	$ -	$ 600	$ -
Переработки	$ 9 081	$ 10 000	$ 10 742
Всего заработная плата	$ 742 147	$ 774 769	$ 782 928
ПИСЬМЕННЫЙ И УСТНЫЙ ПЕРЕВОД			
Письменный и устный перевод	$ 322 460	$ 313 500	$ 341 795
КОМАНДИРОВКИ			
Проезд, проживание, суточные и пр.	$ 105 599	$ 106 900	$ 108 626
ИНФОРМАЦИОННЫЕ ТЕХНОЛОГИИ			
Аппаратное обеспечение	$ 13 090	$ 11 000	$ 12 904
Программное обеспечение	$ 3 052	$ 3 500	$ 3 756
Разработка	$ 24 107	$ 25 500	$ 17 138
Поддержка аппаратного и программного обеспечения	$ 3 371	$ 3 500	$ 4 144
Поддержка	$ 4 880	$ 7 000	$ 4 095
Всего по информационным технологиям	$ 48 500	$ 50 500	$ 42 038
ТИПОГРАФСКИЕ, РЕДАКТОРСКИЕ И КОПИРОВАЛЬНО-МНОЖИТЕЛЬНЫЕ УСЛУГИ			
Заключительный отчет	$ 8 727	$ 10 000	$ 11 709
Прочие публикации	$ 1 465	$ 2 500	$ 4 245
Всего по типографским, редакторским и копировально-множительным услугам	$ 10 192	$ 12 500	$ 15 954
ОБЩИЕ УСЛУГИ			
Юридические консультации	$ 4 416	$ 3 000	$ 2 591
Расчет заработной платы	$ 8 315	$ 8 400	$ 5 726
Внешний аудит	$ 11 428	$ 11 428	$ 11 428
Уборка, техническое обслуживание и безопасность	$ 7 528	$ 8 000	$ 3 911
Обучение	$ 3 330	$ 6 000	$ 4 626
Банкинг	$ 9 268	$ 8 000	$ 11 003
Аренда оборудования	$ 740	$ 1 000	$ 791
Всего по общим услугам	$ 45 025	$ 45 828	$ 40 076
СВЯЗЬ			
Телефон	$ 4 317	$ 3 500	$ 3 814
Интернет	$ 5 584	$ 4 500	$ 8 228
Веб-хостинг	$ 6 468	$ 3 500	$ 3 435
Почтовые расходы	$ 723	$ 700	$ 634
Всего по услугам связи	$ 17 092	$ 17 200	$ 16 112

Заключительный отчет КСДА 46

	Проверенный отчет за 2022/23 год	Бюджет на 2023/24 финансовый год	Предварительный отчет за 2023/24 год
РАСХОДЫ НА СОДЕРЖАНИЕ ОФИСА			
Канцелярские товары и расходные материалы	$ 2 975	$ 3 000	$ 2 219
Книги и подписки	795	1 000	546
Страхование	5 223	3 300	3 548
Мебель	2 128	1 500	109
Оргтехника	241	3 000	1 365
Благоустройство офиса	3 796	4 000	1 279
Всего по расходам на содержание офиса	$ 15 158	$ 15 800	$ 9 066
АДМИНИСТРИРОВАНИЕ			
Офисные принадлежности	$ 748	$ 2 000	$ 1 151
Местный транспорт	34	700	38
Разное	2 907	2 700	2 485
Коммунальные платежи	2 416	2 500	2 520
Всего по административным расходам	$ 6 105	$ 7 900	$ 6 194
ПРЕДСТАВИТЕЛЬСКИЕ			
Представительские	$ 1 485	$ 4 000	$ 1 453
ФИНАНСИРОВАНИЕ			
Расходы при конвертации — (прибыль)/убыток	$ 9 144	$ 16 000	$ 13 613
Расходы при конвертации в принимающей стране (прибыль)/убыток	34 822	6 500	51 930
Возврат НДС — чистая (прибыль)/убыток	16 394	7 500	21 041
Всего по финансовым операциям — (прибыль)/убыток	$ 60 360	$ 30 000	$ 86 584
ПРОМЕЖУТОЧНАЯ СУММА РАСХОДОВ	$ 1 374 123	$ 1 378 897	$ 1 450 825
АССИГНОВАНИЯ В ФОНДЫ			
Фонд оборотных средств	$ -	$ -	$ -
Фонд компенсации расходов, связанных с переездом сотрудников	-	-	-
Фонд выходных пособий и компенсаций	29 592	33 620	33 696
Принудительное увольнение сотрудников	-	-	-
Резервный фонд для оплаты переводческих услуг	-	-	-
Всего ассигнований в фонды	$ 29 592	$ 33 620	$ 33 696
ВСЕГО РАСХОДОВ И АССИГНОВАНИЙ	$ 1 403 715	$ 1 412 517	$ 1 484 521
Профицит/(дефицит) за период	$ (21 565)	$ (27 920)	$ (99 370)

Приложение 2: Предварительный Финансовый отчет за 2023/2024 финансовый год

	Проверенный отчет за 2022/23 год	Чистое движение в 2023/24 финансовом году	Предварительный отчет за 2023/24 год
ДЕЯТЕЛЬНОСТЬ ФОНДА			
ОБЩИЙ ФОНД			
Проверенное начальное сальдо	$ 1 103 934		
В Фонд принудительного увольнения сотрудников		$ (2 363)	
В Резервный фонд оплаты переводческих услуг		$ (37 880)	
Профицит/(дефицит) за текущий период		$ (99 370)	
Предварительный конечное сальдо			$ 964 321
ФОНД ОБОРОТНЫХ СРЕДСТВ			
Проверенное начальное сальдо	$ 229 952		
Предварительный конечное сальдо		$ -	$ 229 952
ФОНД КОМПЕНСАЦИИ РАСХОДОВ, СВЯЗАННЫХ С ПЕРЕЕЗДОМ СОТРУДНИКОВ (1)			
Проверенное начальное сальдо	$ 50 000		
Предварительный конечное сальдо		$ -	$ 50 000
ФОНД ВЫХОДНЫХ ПОСОБИЙ И КОМПЕНСАЦИЙ (2)			
Проверенное начальное сальдо	$ 126 489		
Ассигнования в текущем периоде		$ 33 696	
Предварительный конечное сальдо			$ 160 185
ПРИНУДИТЕЛЬНОЕ УВОЛЬНЕНИЕ СОТРУДНИКОВ (3)			
Проверенное начальное сальдо	$ 81 495		
Из общего фонда		$ 2 363	
Предварительный конечное сальдо			$ 83 858
РЕЗЕРВНЫЙ ФОНД ДЛЯ ОПЛАТЫ ПЕРЕВОДЧЕСКИХ УСЛУГ (4)			
Проверенное начальное сальдо	$ 30 000		
Перевод итоговых документов ВООС «Буревестник»		$ (17 880)	
Из общего фонда		$ 37 880	
Предварительный конечное сальдо			$ 50 000
ФИНАНСОВОЕ ПОЛОЖЕНИЕ 6.3			
Общий фонд	$ 1 103 934	$ (139 613)	$ 964 321
Неуплаченные взносы (5)	$ (181 983)		$ (178 675)
Положительное сальдо	$ 921 951		$ 812 657

Примечания

1) Решение 1 (2006 г.)
2) Решение 1 (2006 г.)
3) Решение 3 (2019 г.)
4) Решение 4 (2009 г.) и Решение 2 (2023 г.)
5) Неуплаченные взносы по состоянию на 31 марта 2023 год и 31 марта 2024 год

Решение 3 (2024 г.) Приложение 3

Программа работы Секретариата на 2024/2025 финансовый год

Резюме

В настоящем документе изложены предлагаемые планы деятельности Секретариата на межсессионный период 2024/2025 годов. Основное внимание в нем уделяется регулярной деятельности Секретариата и другим дополнительным мероприятиям, направленным на повышение качества услуг и продуктов СДА, предлагаемых Сторонам. Кроме того, включена финансовая информация за этот период.

Введение

В данной программе работы излагаются мероприятия, предлагаемые для Секретариата в 2024/25 финансовом году (с 1 апреля 2024 г. по 31 марта 2025 г.).

В Программе основное внимание уделено штатной деятельности Секретариата, связанной с подготовкой 47-го КСДА, публикацией Отчетов, решением задач в соответствии с положениями Меры 1 (2003 г.), а также ряда задач, поставленных на последних КСДА. Она также охватывает другие дополнительные мероприятия, предлагаемые для улучшения услуг и продуктов СДА, предлагаемых Сторонам.

Программа работы и соответствующее предложение по бюджету на 2024/2025 год подготовлены на основе утвержденного Прогноза бюджета на 2024/2025 Финансовый год, утвержденного Решением 2 (2023 г.).

Поддержка межсессионной деятельности

В последние годы как КСДА, так и КООС выполнили значительный объем межсессионной работы, в основном через межсессионные контактные группы (МКГ) и неформальные дискуссионные форумы. Секретариат продолжит поддерживать эти дискуссии, регулярно публиковать напоминания о текущих обсуждениях и предоставлять подробные обновления о статусе этих дискуссий на форуме. Секретариат будет поддерживать тесный контакт с председателями рабочих групп КСДА для помощи в подготовке следующего заседания.

Касательно КООС, Секретариат продолжит работу с Председателем КЭОС и координаторами Вспомогательной группы по реагированию на изменение климата (ВГРИК) и Вспомогательной группы по планам управления (ВГПУ). Секретариат также будет поддерживать связь с Председателем КООС, чтобы способствовать межсессионной работе КООС и подготовке к следующему заседанию.

Планируемая поддержка 47-го КСДА (2025 г.) и 48-го КСДА (2026 г.)

Правительство Италии и Секретариат Договора об Антарктике совместно организуют 47-е КСДА и 27-й КООС, которые состоятся в 2025 г. Обязанности Секретариата принимающей страны и Секретариата Договора об Антарктике описаны в Руководстве по организации, которое ежегодно обновляется Секретариатом Договора об Антарктике. Основными задачами Секретариата на совещании являются управление документооборотом, надзор за техническими службами, организация письменного и устного перевода, помощь Председателям, а также помощь в составлении и публикации Заключительного отчета. Секретариат принимающей страны отвечает за предоставление места для проведения мероприятия, обеспечение технических услуг, организацию услуг приглашенных докладчиков и протокольные мероприятия.

Услуги устного и письменного перевода включают в себя перевод документов до, во время и после встречи, а также устный перевод во время сессий. Секретариат также организует ведение записей во время заседания и будет отвечать за согласование и редактирование отчетов о КСДА и заседании КООС. Секретариат также создаст раздел на своем сайте, чтобы сделать документы и другие соответствующие материалы доступными для делегатов и обеспечить онлайн-регистрацию на совещание.

Секретариат продолжит оказывать поддержку правительству Японии в отношении организации 48-го КСДА (2026 г.), включая такие вопросы, как планировка и вместимость офисов и залов заседаний, ИТ-обеспечение, аудиовизуальная поддержка и планирование мероприятий.

Координация и контакты

Помимо поддержания регулярных контактов по электронной почте и телефону со Сторонами и международными учреждениями системы Договора об Антарктике, участие в совещаниях является важным инструментом для поддержания координации и связи. Поэтому Исполнительный секретарь примет участие в совещании АНТКОМ-43 в Хобарте в октябре 2024 года и в совещании делегатов СКАР в Чили в июле 2024 года, а Исполнительный секретарь и заместитель Исполнительного секретаря примут участие в 36-м Ежегодном общем собрании КОМНАП в Буэнос-Айресе в августе 2024 года.

Веб-сайт и веб-сервисы

Доработка веб-сайта Секретариата

На основе отзывов пользователей Секретариат внесет улучшения в инструменты страницы совещаний, такие как системы комментариев и уведомлений. В этот период будет оцениваться разработка приложения Договора об Антарктике для использования на мобильных устройствах до и во время встреч.

Базы данных и карты

База данных Договора об Антарктике

Секретариат продолжит работу над переопределением категорий и тем, используемых в настоящее время для классификации мер КСДА в базе данных Договора об Антарктике для облегчения поиска и сортировки мер. Как указано в Отчете Секретариата за 2023/2024 годы, работа, проделанная над категорией «Туризм» в течение прошлого года, будет распространена на другие темы. Секретариат готов получать замечания и предложения по этой инициативе и проинформирует Стороны о ходе реализации этих инициатив в межсессионный период.

Картографические инструменты

Секретариат продолжит изучение способов возможного применения существующей веб-платформы географической информации для представления разнообразного контента с географической привязкой, который уже имеется в его базах данных или может появиться в результате новых требований к обмену информацией. В связи с этим планируется разработка новой карты, отображающей научную деятельность.

Система электронного обмена информацией (СЭОИ)

Как обычно, секретариат продолжит помогать Сторонам с размещением их материалов в рамках обмена информацией, отправлять периодические напоминания для поощрения соответствия, а также обрабатывать информацию, загружаемую с помощью функции загрузки файлов. Кроме того, Секретариат планирует выпустить новые видеоуроки и добавить инструменты для облегчения отслеживания процесса загрузки в СЭОИ.

Приложение 3: Программа работы Секретариата на 2024/2025 финансовый год

Будут внесены улучшения в сводные отчеты, позволяющие извлекать информацию об общем количестве посетителей Антарктики за сезон, а также о местоположении и статусе всех антарктических станций и убежищ согласно отчетам Сторон через СЭОИ.

Обучающие мероприятия

По запросу Секретариат продолжит проводить очные и виртуальные тренинги с делегатами Сторон и операторами СЭОИ, чтобы поддержать использование ими СЭОИ, объяснить новые функции и обменяться мнениями о том, как постоянно улучшать систему.

Также по запросу Секретариат продолжит предлагать учебные мероприятия в Штаб-квартире СДА по вопросам, связанным с Консультативными совещаниями по Договору об Антарктике, на основе проекта учебной программы, приведенного в Приложении 5 к Отчету Секретариата за 2023-2024 гг., представленному в качестве SP 4 на 46-е КСДА. Сторонам предлагается связаться с Секретариатом для координации этих мероприятий в межсессионный период 2024/2025 годов. В связи с этим Секретариат считает, что организация ежегодного совещания делегатов СКАР-2024 и КОМНАП в Чили и Аргентине соответственно предоставляет Сторонам шанс рассмотреть возможность предложения этих мероприятий своим представителям.

Чтобы обеспечить более широкое участие, Секретариат также планирует подготовить обобщенную виртуальную презентацию по темам, охватываемым проектом учебной программы, описанной выше, которая будет предложена всем заинтересованным Сторонам в формате вебинара через Zoom. Подробная информация об этой инициативе будет разослана Сторонам в течение 2024 года.

Заключительные отчеты и другие публикации

Заключительный отчет КСДА и Отчет КООС

К 46-му КСДА в Кочине Секретариат подготовил своевременный перевод на четыре языка Договора неофициального документа Председателя КООС о рекомендациях КООС для КСДА. После заседания Секретариат будет переводить, публиковать и распространять Заключительный отчет 46-го КСДА и приложения к нему на четырех языках Договора в соответствии с процедурами представления, перевода и распространения документов для КСДА и заседания КООС, а также другими требованиями, установленными КСДА (Заключительный отчет КСДА XXXII, п. 72).

Заключительный отчет будет доступен на сайте Секретариата, а бумажные копии будут распространяться по курьерским и дипломатическим каналам. Делегациям, желающим получить только цифровые версии, предлагается сообщить о своих предпочтениях в Секретариат как можно скорее. Печатные копии также будут доступны для покупки в интернет-магазинах. Секретариат скорректирует свои внутренние процедуры для дальнейшего улучшения редакционного качества отчета, включая форматирование документов до и после заседания.

Прочие документы и публикации

В случае принятия новых правил Секретариат опубликует новую редакцию *Правил процедуры Консультативного совещания по Договору об Антарктике и Комитета по охране окружающей среды* на четырех языках Договора об Антарктике. Эта книга будет доступна на сайте Секретариата, а печатные экземпляры будут также доступны в интернет-магазинах по всему миру. Секретариат готов подготовить новое издание *Сборника основных документов Системы Договора об Антарктике* на четырех языках Договора, если это необходимо.

Документация и общедоступная информация

Документы КСДА

Для дополнения базы данных Документов Совещания Секретариат свяжется со Сторонами, которые организовали Консультативные совещания и другие Совещания, для которых все еще отсутствуют Заключительные отчеты и документы совещаний.

Секретариат обеспечит на своем веб-сайте доступ к дополнительным документам 46-го КСДА, включая отчеты Наблюдателей и Экспертов, а также другие документы, в соответствии с положениями, установленными КСДА (Заключительный отчет XXXII КСДА, п. 72).

Редакционные правила

Секретариат будет постоянно обновлять свои редакционные правила с целью стандартизации работы докладчиков, переводчиков, корректоров и сотрудников Секретариата. Секретариат обновит свой сетевой технический глоссарий (лексикон) для внутреннего использования для обеспечения согласованности переводов документов КСДА.

Банк изображений

Секретариат планирует представить новую платформу для текущего банка изображений, чтобы обновить его внешний вид и новые инструменты поиска, выбора и загрузки фотоматериалов. Секретариат будет держать Стороны в курсе этой инициативы в межсессионный период.

Секретариату напоминает о своем предложении Сторонам, Наблюдателям и Экспертам предоставлять оригинальные фотоматериалы для публикации в банке изображений по лицензии Creative Commons. Мы были бы особенно признательны получить фотографии с совещаний по Договору об Антарктике до создания Секретариата, а также фотографий на тему полевых работ, проводимых Сторонами в Антарктике в целях соблюдения правил, установленных КСДА и КООС, таких как инспекционная деятельность. Раздел «Инструменты для делегатов» на сайте Секретариата предлагает делегатам форму для подачи фотоматериалов.

Аналогичным образом, Секретариат будет признателен за предоставление видеоматериалов о Консультативных совещаниях (например, видео презентаций, которые страна, принимающая следующее совещание, ежегодно показывает во время заключительного пленарного заседания).

Персонал

На 1 апреля 2024 г. штат Секретариата состоял из следующего персонала:

Должность	С	Разряд	Шаг	Срок полномочий
Сотрудники руководящего звена				
Исполнительный секретарь	01.09.2017	E1	7	31.08.2025
Заместитель Исполнительного секретаря	01.08.2019	E3	4	31.07.2027
Сотрудники общей категории				
Сотрудник по информации	01.11.2004	G1	6	
Референт (неполный рабочий день)	01.02.2020	G2	4	

Приложение 3: Программа работы Секретариата на 2024/2025 финансовый год

Редактор	01.02.2006	G2	6
Бухгалтер	01.04.2023	G3	2
Специалист по ИТ	01.02.2019	G3	5
Специалист по коммуникациям (неполный рабочий день)	01.10.2010	G4	6
Офис-менеджер	15.11.2012	G4	6
Помощник по уборке (неполный рабочий день)	01.07.2015	G7	6

Никаких изменений в штатных должностях сотрудников общей категории Секретариата за этот период не предвидится.

Для этого отчетного периода, учитывая, что программа Секретариата начнется 1 апреля, как уже сообщалось на последнем КСДА в 2023 году, Стороны могут принять решение касательно новой процедуры для объявления о выборах нового Исполнительного секретаря, которое должно быть сделано во время 46-го КСДА в 2024 году и 47-го КСДА в 2025 году, когда и будет сделан соответствующий выбор. Секретариат предоставил Принимающей стране и стране-депозитарию соответствующие ссылки и ранее использованные формы, для необходимого рассмотрения и обновления, в результате чего они представили рабочий документ (WP 017) с предложением о принятии Сторонами Решения.

Финансовые вопросы

Бюджет на 2024/25 финансовый год и прогноз бюджета на 2025/26 финансовый год включены в Приложение 1.

Проект бюджета на 2024/25 финансовый год

Распределение бюджетных ассигнований по статьям расходов аналогично прошлогоднему прогнозу. В прогнозируемые расходы в 2024/25 финансовом году были внесены лишь небольшие корректировки, с учетом увеличения расходов в долларах США как на местном, так и на международном уровне, а также потенциальное влияние дальнейшей девальвации в строке финансирования.

В 2023 г. в Аргентине продолжился стремительный рост стоимости жизни. Уровень инфляции (индекс потребительских цен) за 2023 г., опубликованный INDEC (Национальный институт статистики и переписи населения Аргентины), составил 211%. До ноября 2023 года это лишь частично компенсировалось ростом курса доллара США по отношению к аргентинскому песо на 118%, однако в декабре 2023 года вновь избранное правительство девальвировало песо еще на 51%.

Первый квартал 2024 года показал еще более высокую инфляцию, превысив 50% только за этот период, несмотря на практически фиксированный обменный курс. Поэтому, учитывая непредсказуемость ситуации с точки зрения стоимости жизни в Аргентине, Исполнительный секретарь предлагает повысить заработную плату сотрудников Секретариата на 2,9%, в соответствии со средней мировой инфляцией.

Предлагаемая шкала окладов представлена в Приложении 3.

Несмотря на влияние этих факторов, из-за консервативного и осторожного управления, в бюджете ожидается дефицит в размере 89 922 долларов США, который будет покрыт за счет существующего профицита в Общем фонде.

Ежеквартальные отчеты об исполнении бюджета будут предоставляться Сторонам в соответствии с Решением 2 (2023 г.).

Фонды

Фонд оборотных средств

Согласно Финансовому положению 6.2 (а), Фонд оборотных средств должен поддерживаться на уровне 1/6 бюджета Секретариата (в настоящее время 229 952 долл. США).

Фонд выходных пособий и компенсаций

В фонд выходных пособий и компенсаций будет зачислено 36 491 долл. США в соответствии с Положением о персонале 10.4 (см. Приложение 1).

Прогноз бюджета на 2025/2026 финансовый год

Ожидается, что большая часть регулярной деятельности Секретариата продолжится в 2025/2026 финансовом году, включая очные заседания в 2025 г. в Италии, поэтому если программа не претерпит серьезных изменений, никаких серьезных изменений в статьях ассигнований не предвидится.

Однако, с учетом стабильности доходов и продолжения незначительных корректировок в сторону увеличения в долларах США в Аргентине и мировой инфляции, прогнозируемый бюджет на этот период, как ожидается, покажет дефицит в размере 91 972 долларов США, который будет покрыт за счет накопленного профицита в Общем фонде.

Взносы на 2025/26 финансовый год не возрастут. В Приложении 2 показана шкала взносов на 2025/26 финансовый год.

Перспективная пятилетняя бюджетная оценка на 2025/26–2029/30 финансовые годы

Основываясь на разумных предположениях профиль бюджета предусматривает нулевое увеличение взносов, которые остаются без изменений уже который год с 2014 года, до 2029/30 года. Тем не менее в какой-то момент пятилетнего периода может потребоваться обсудить потенциальное увеличение взносов в результате изменения мировых и региональных условий, либо изменение категории Сторон в шкале взносов для компенсации возрастающих дефицитов, как поясняется в отдельно представленном документе SP 6 «*Перспективная пятилетняя бюджетная оценка на 2025/26-2029/30 финансовые годы*».

Приложение 3: Программа работы Секретариата на 2024/2025 финансовый год

Бюджет на 2024/25 финансовый год и прогноз на 2025/26 финансовый год

СТАТЬИ АССИГНОВАНИЙ	Предварительный отчет за 2023/24 год	Прогноз на 2024/25 финансовый год	Бюджет на 2024/25 финансовый год	Прогноз на 2025/26 финансовый год
ДОХОДЫ				
Объявленные взносы	$ 1 378 099	$ 1 378 097	$ 1 378 097	$ 1 378 097
Добровольные взносы	$ -	$ -	$ -	$ -
Другие доходы	$ 7 052	$ 6 000	$ 6 000	$ 6 000
Всего доходы	**$ 1 385 151**	**$ 1 384 097**	**$ 1 384 097**	**$ 1 384 097**
РАСХОДЫ				
ЗАРАБОТНАЯ ПЛАТА				
Руководящий состав	$ 329 146	$ 332 909	$ 343 600	$ 335 000
Сотрудники общей категории	$ 427 310	$ 399 974	$ 413 400	$ 418 000
Вспомогательный персонал КСДА	$ 15 730	$ 16 000	$ 15 000	$ 15 500
Стажеры	$ -	$ 1 200	$ 600	$ 1 200
Переработки	$ 10 742	$ 10 500	$ 10 500	$ 11 000
Всего заработная плата	**$ 782 928**	**$ 760 583**	**$ 783 100**	**$ 780 700**
ПИСЬМЕННЫЙ И УСТНЫЙ ПЕРЕВОД				
Письменный и устный перевод	$ 341 795	$ 325 000	$ 335 000	$ 335 000
КОМАНДИРОВКИ				
Проезд, проживание, суточные и пр.	$ 108 626	$ 114 000	$ 114 000	$ 115 000
ИНФОРМАЦИОННЫЕ ТЕХНОЛОГИИ				
Аппаратное обеспечение	$ 12 904	$ 11 000	$ 11 500	$ 12 000
Программное обеспечение	$ 3 756	$ 3 500	$ 4 000	$ 4 500
Разработка	$ 17 138	$ 26 500	$ 26 000	$ 27 000
Поддержка аппаратного и программного обеспечения	$ 4 144	$ 3 500	$ 4 000	$ 4 500
Поддержка	$ 4 095	$ 7 500	$ 7 000	$ 7 500
Всего по информационным технологиям	**$ 42 038**	**$ 52 000**	**$ 52 500**	**$ 55 500**
ТИПОГРАФСКИЕ, РЕДАКТОРСКИЕ И КОПИРОВАЛЬНО-МНОЖИТЕЛЬНЫЕ УСЛУГИ				
Заключительный отчет	$ 11 709	$ 11 000	$ 11 500	$ 11 500
Прочие публикации	$ 4 245	$ 3 000	$ 3 000	$ 3 000
Всего по типографским, редакторским и копировально-множительным услугам	**$ 15 954**	**$ 14 000**	**$ 14 500**	**$ 14 500**
ОБЩИЕ УСЛУГИ				
Юридические консультации	$ 2 591	$ 3 500	$ 3 000	$ 3 500
Расчет заработной платы	$ 5 726	$ 8 400	$ 8 000	$ 8 000
Внешний аудит	$ 11 428	$ 11 428	$ 11 428	$ 11 900
Уборка, техническое обслуживание и безопасность	$ 3 911	$ 8 000	$ 7 500	$ 8 000
Обучение	$ 4 626	$ 7 000	$ 6 000	$ 7 000
Банкинг	$ 11 003	$ 8 500	$ 10 500	$ 11 000
Аренда оборудования	$ 791	$ 1 000	$ 1 000	$ 1 000
Всего по общим услугам	**$ 40 076**	**$ 47 828**	**$ 47 428**	**$ 50 400**
СВЯЗЬ				
Телефон	$ 3 814	$ 4 000	$ 4 500	$ 5 000
Интернет	$ 8 228	$ 5 000	$ 7 000	$ 7 000
Веб-хостинг	$ 3 435	$ 9 000	$ 7 000	$ 9 500
Почтовые расходы	$ 634	$ 700	$ 1 000	$ 1 000
Всего по услугам связи	**$ 16 112**	**$ 18 700**	**$ 19 500**	**$ 22 500**

Заключительный отчет КСДА 46

	Предварительный отчет за 2023/24 год	Прогноз на 2024/25 финансовый год	Бюджет на 2024/25 финансовый год	Прогноз на 2025/26 финансовый год
РАСХОДЫ НА СОДЕРЖАНИЕ ОФИСА				
Канцелярские товары и расходные материалы	$ 2 219	$ 3 300	$ 3 300	$ 3 500
Книги и подписки	546	1 000	1 000	1 000
Страхование	3 548	3 700	4 000	4 500
Мебель	109	2 000	2 000	2 000
Оргтехника	1 365	3 500	3 000	3 000
Благоустройство офиса	1 279	4 000	4 000	4 500
Всего по расходам на содержание офиса	$ 9 066	$ 17 500	$ 17 300	$ 18 500
АДМИНИСТРИРОВАНИЕ				
Офисные принадлежности	$ 1 151	$ 2 500	$ 2 000	$ 2 000
Местный транспорт	38	800	500	500
Разное	2 485	3 200	3 200	3 200
Коммунальные платежи	2 520	3 000	4 500	5 000
Всего по административным расходам	$ 6 194	$ 9 500	$ 10 200	$ 10 700
ПРЕДСТАВИТЕЛЬСКИЕ				
Представительские	$ 1 453	$ 4 000	$ 4 000	$ 4 000
ФИНАНСИРОВАНИЕ				
Расходы при конвертации — (прибыль)/убыток	$ 13 613	$ 15 000	$ 17 000	$ 17 000
Расходы при конвертации в принимающей стране (прибыль)/убыток	51 930	5 000	12 000	12 000
Возврат НДС — чистая (прибыль)/убыток	21 041	7 500	11 000	11 000
Всего по финансовым операциям — (прибыль)/убыток	$ 86 584	$ 27 500	$ 40 000	$ 40 000
ПРОМЕЖУТОЧНАЯ СУММА РАСХОДОВ	$ 1 450 825	$ 1 390 611	$ 1 437 528	$ 1 446 800
АССИГНОВАНИЯ В ФОНДЫ				
Фонд оборотных средств	$ -	$ -	$ -	$ -
Фонд компенсации расходов, связанных с переездом сотрудников	-	-	-	-
Фонд выходных пособий и компенсаций	33 696	36 491	36 491	29 269
Принудительное увольнение сотрудников	-	-	-	-
Резервный фонд для оплаты переводческих услуг	-	-	-	-
Всего ассигнований в фонды	$ 33 696	$ 36 491	$ 36 491	$ 29 269
ВСЕГО РАСХОДОВ И АССИГНОВАНИЙ	$ 1 484 521	$ 1 427 102	$ 1 474 019	$ 1 476 069
Профицит/(дефицит) за период	$ (99 370)	$ (43 005)	$ (89 922)	$ (91 972)
БАЛАНС ФОНДА				
Фонд оборотных средств	$ 229 952	$ 229 952	$ 229 952	$ 229 952
Фонд компенсации расходов, связанных с переездом сотрудников	50 000	50 000	50 000	50 000
Фонд выходных пособий и компенсаций	160 185	196 601	196 601	88 908
Принудительное увольнение сотрудников	83 858	86 290	86 290	86 290
Резервный фонд для оплаты переводческих услуг	50 000	30 000	50 000	50 000

Приложение 3: Программа работы Секретариата на 2024/2025 финансовый год

Шкала взносов на 2025/26 финансовый год

Сторона	Кат.	Мульт.	Пер.	Фикс.	Всего
Австралия	A	3,6	$ 36 587	$ 23 760	$ 60 347
Аргентина	A	3,6	$ 36 587	$ 23 760	$ 60 347
Бельгия	D	1,6	$ 16 261	$ 23 760	$ 40 021
Болгария	E	1	$ 10 163	$ 23 760	$ 33 923
Бразилия	D	1,6	$ 16 261	$ 23 760	$ 40 021
Великобритания	A	3,6	$ 36 587	$ 23 760	$ 60 347
Германия	B	2,8	$ 28 456	$ 23 760	$ 52 217
Индия	C	2,2	$ 22 359	$ 23 760	$ 46 119
Испания	C	2,2	$ 22 359	$ 23 760	$ 46 119
Италия	B	2,8	$ 28 456	$ 23 760	$ 52 217
Китай	C	2,2	$ 22 359	$ 23 760	$ 46 119
Нидерланды	C	2,2	$ 22 359	$ 23 760	$ 46 119
Новая Зеландия	A	3,6	$ 36 587	$ 23 760	$ 60 347
Норвегия	A	3,6	$ 36 587	$ 23 760	$ 60 347
Перу	E	1	$ 10 163	$ 23 760	$ 33 923
Польша	D	1,6	$ 16 261	$ 23 760	$ 40 021
Республика Корея	D	1,6	$ 16 261	$ 23 760	$ 40 021
Российская Федерация	C	2,2	$ 22 359	$ 23 760	$ 46 119
США	A	3,6	$ 36 587	$ 23 760	$ 60 347
Украина	D	1,6	$ 16 261	$ 23 760	$ 40 021
Уругвай	D	1,6	$ 16 261	$ 23 760	$ 40 021
Финляндией	D	1,6	$ 16 261	$ 23 760	$ 40 021
Франция	A	3,6	$ 36 587	$ 23 760	$ 60 347
Чешская Республика	D	1,6	$ 16 261	$ 23 760	$ 40 021
Чили	C	2,2	$ 22 359	$ 23 760	$ 46 119
Швеция	C	2,2	$ 22 359	$ 23 760	$ 46 119
Эквадор	E	1	$ 10 163	$ 23 760	$ 33 923
ЮАР	C	2,2	$ 22 359	$ 23 760	$ 46 119
Япония	A	3,6	$ 36 587	$ 23 760	$ 60 347
Всего объявленных					$ 1 378 097

Шкала окладов на 2024/25 финансовый год

Приложение A

ШКАЛА ОКЛАДОВ ДЛЯ РУКОВОДЯЩЕГО ПЕРСОНАЛА
(долл. США)

2024/25 Уровень		I	II	III	IV	V	VI	VII	VIII	IX	X	XI	XII	XIII	XIV	XV
E1	A	$ 145 413	$ 148 117	$ 150 824	$ 153 530	$ 156 236	$ 158 940	$ 161 646	$ 164 353							
E1	B	$ 181 765	$ 185 147	$ 188 529	$ 191 913	$ 195 295	$ 198 676	$ 202 058	$ 205 442							
E2	A	$ 122 446	$ 124 749	$ 127 052	$ 129 353	$ 131 655	$ 133 956	$ 136 257	$ 138 560	$ 140 863	$ 143 165	$ 145 466	$ 145 727	$ 147 999		
E2	B	$ 153 057	$ 155 935	$ 158 815	$ 161 691	$ 164 568	$ 167 444	$ 170 321	$ 173 200	$ 176 080	$ 178 955	$ 181 833	$ 182 159	$ 184 999		
E3	A	$ 102 107	$ 104 326	$ 106 548	$ 108 769	$ 110 992	$ 113 213	$ 115 434	$ 117 656	$ 119 876	$ 122 097	$ 124 319	$ 125 651	$ 126 983	$ 129 174	$ 131 364
E3	B	$ 127 632	$ 130 408	$ 133 186	$ 135 963	$ 138 740	$ 141 515	$ 144 293	$ 147 071	$ 149 845	$ 152 621	$ 155 399	$ 157 063	$ 158 728	$ 161 469	$ 164 205
E4	A	$ 84 666	$ 86 722	$ 88 782	$ 90 834	$ 92 894	$ 94 948	$ 97 002	$ 99 062	$ 101 120	$ 103 174	$ 105 232	$ 105 805	$ 107 833	$ 109 861	$ 111 889
E4	B	$ 105 833	$ 108 403	$ 110 979	$ 113 543	$ 116 118	$ 118 687	$ 121 252	$ 123 826	$ 126 399	$ 128 966	$ 131 539	$ 132 255	$ 134 791	$ 137 326	$ 139 862
E5	A	$ 70 196	$ 72 037	$ 73 875	$ 75 717	$ 77 554	$ 79 392	$ 81 234	$ 83 068	$ 84 911	$ 86 751	$ 88 586	$ 89 182			
E5	B	$ 87 745	$ 90 047	$ 92 345	$ 94 645	$ 96 943	$ 99 242	$ 101 542	$ 103 836	$ 106 138	$ 108 438	$ 110 734	$ 111 477			
E6	A	$ 55 570	$ 57 337	$ 59 104	$ 60 874	$ 62 639	$ 64 406	$ 66 176	$ 67 943	$ 69 709	$ 70 784	$ 71 478				
E6	B	$ 69 461	$ 71 672	$ 73 878	$ 76 091	$ 78 299	$ 80 508	$ 82 721	$ 84 929	$ 87 137	$ 88 480	$ 89 347				

Примечание: Строка B — это базовый оклад (указан в строке A) плюс 25% надбавка, покрывающая накладные расходы (отчисления в пенсионный фонд, страховые взносы, пособия на обустройство, репатриацию, надбавки на образование и т. д.), который представляет собой общий размер заработной платы руководящего персонала в соответствии с положением 5.1.

Приложение B

ШКАЛА ОКЛАДОВ ДЛЯ СОТРУДНИКОВ ОБЩЕЙ КАТЕГОРИИ
(долл. США)

Уровень	I	II	III	IV	V	VI	VII	VIII	IX	X	XI	XII	XIII	XIV	XV
G1	$ 69 629	$ 72 877	$ 76 127	$ 79 375	$ 82 760	$ 86 290									
G2	$ 58 024	$ 60 731	$ 63 438	$ 66 145	$ 68 968	$ 71 909									
G3	$ 48 352	$ 50 607	$ 52 865	$ 55 120	$ 57 473	$ 59 926									
G4	$ 40 295	$ 42 175	$ 44 055	$ 45 935	$ 47 894	$ 49 938									
G5	$ 33 287	$ 34 841	$ 36 394	$ 37 948	$ 39 569	$ 41 260									
G6	$ 27 285	$ 28 557	$ 29 830	$ 31 104	$ 32 432	$ 33 816									
G7	$ 14 750	$ 15 387	$ 16 026	$ 16 664	$ 17 329	$ 18 024									

Решение 4 (2024 г.)

Многолетний стратегический план работы Консультативного совещания по Договору об Антарктике

Представители,

вновь подтверждая ценности, цели и принципы, заявленные в Договоре об Антарктике и Протоколе по охране окружающей среды к нему;

напоминая о Решении 3 (2012 г.) по вопросу Многолетнего стратегического плана работы (План) и его принципов;

принимая во внимание, что План дополняет повестку дня Консультативного совещания по Договору об Антарктике (КСДА) и что Стороны Договора об Антарктике и другие участники КСДА по-прежнему приглашаются к активному участию в подготовке других вопросов, стоящих на повестке дня КСДА;

решили:

1. Принять План, прилагаемый к настоящему Решению.

2. Признать План, прилагаемый к Решению 5 (2023 г.), утратившим актуальность.

Решение 4 (2024 г.) Приложение

Многолетний стратегический план работы КСДА

	Приоритет	46-е КСДА (2024 г.)	Межсессионная работа	47-е КСДА (2025 г.)	Межсессионная работа	48-е КСДА (2026 г.)	Межсессионная работа	49-е КСДА (2027 г.)
1.	Рассмотрение согласованной разъяснительной работы со странами, не являющимися сторонами Договора, граждане которых осуществляют деятельность или имущество которых задействовано в Антарктике, а также со странами, которые являются Сторонами Договора об Антарктике, но еще не присоединились к Протоколу	КСДА должно выявить страны, не являющиеся Сторонами Договора, граждане которых осуществляют деятельность в Антарктике, и связаться с ними	Координация должна быть рассмотрена в рамках онлайн-форума компетентных органов	КСДА должно выявить страны, не являющиеся Сторонами Договора, граждане которых осуществляют деятельность в Антарктике, и связаться с ними	Координация должна быть рассмотрена в рамках онлайн-форума компетентных органов	КСДА должно выявить страны, не являющиеся Сторонами Договора, граждане которых осуществляют деятельность в Антарктике, и связаться с ними	Координация должна быть рассмотрена в рамках онлайн-форума компетентных органов	КСДА должно выявить страны, не являющиеся Сторонами Договора, граждане которых осуществляют деятельность в Антарктике, и связаться с ними
2.	Вклад в координируемую на национальном и международном уровнях образовательную и информационно-просветительскую деятельность с точки зрения Договора об Антарктике	РГ 1 рассмотрит отчет МКГ по вопросам образовательной и информационно-просветительской деятельности	МКГ по вопросам образовательной и информационно-просветительской деятельности	РГ 1 рассмотрит отчет МКГ по вопросам образовательной и информационно-просветительской деятельности	МКГ по вопросам образовательной и информационно-просветительской деятельности	РГ 1 рассмотрит образовательные и информационно-просветительские мероприятия	МКГ по вопросам образовательной и информационно-просветительской деятельности	РГ 1 рассмотрит образовательные и информационно-просветительские мероприятия
3.	Обсуждение стратегических научных приоритетов	Стороны рассмотрят вопрос о том, как	Стороны загрузят информацию в	Стороны предоставят конкретную		Сторонам продолжат предоставлять		

Приоритет	46-е КСДА (2024 г.)	Межсессионная работа	47-е КСДА (2025 г.)	Межсессионная работа	48-е КСДА (2026 г.)	Межсессионная работа	49-е КСДА (2027 г.)
и обмен информацией по данному вопросу с целью определения и использования возможностей для сотрудничества и наращивания научного потенциала, в особенности в отношении вопросов изменения климата	проводить регулярные оценки прогресса в соответствии с рекомендациями и приоритетными действиями, определенными в Десятилетнем обзоре ИКАОС 2022 г. и на совместной сессии КООС/КСДА 2023 г., посвященной изменению климата	СЭОЙ, касающуюся научного сотрудничества во всех исследовательских их проектах.	информацию о том, как участвовать в международных научных инициативах, особенно в области изменения климата		конкретную информацию о том, как участвовать в международных научных инициативах, особенно в отношении изменения климата		
4. Введение в действие Приложения VI и продолжение сбора информации по устранению и ликвидации последствий экологического ущерба и другим вопросам из этой области для будущих переговоров по материальной ответственности	КСДА проведет оценку прогресса в отношении вступления в силу Приложения VI в соответствии с положениями Статьи IX Договора об Антарктике, а также рассмотрит необходимость принятия каких-либо надлежащих мер, способствующих своевременному одобрению Сторонами Приложения VI		КСДА проведет оценку прогресса в отношении вступления в силу Приложения V I в соответствии с положениями Статьи IX Договора об Антарктике, а также рассмотрит необходимость принятия каких-либо		КСДА проведет оценку прогресса в отношении вступления в силу Приложения V I в соответствии с положениями Статьи IX Договора об Антарктике, а также рассмотрит необходимость принятия каких-либо		КСДА проведет оценку прогресса в отношении вступления в силу Приложения V I в соответствии с положениями Статьи IX Договора об Антарктике, а также рассмотрит необходимость принятия каких-либо

Приложение: Многолетний стратегический план работы КСДА

№	Приоритет	46-е КСДА (2024 г.)	Межсессионная работа	47-е КСДА (2025 г.)	Межсессионная работа	48-е КСДА (2026 г.)	Межсессионная работа	49-е КСДА (2027 г.)
5.	Проведение анализа осуществляемой КООС работы по вопросу пересмотра передовых методов работы и совершенствования существующих методов и средств, а также разработки дополнительных методов охраны окружающей среды, включая процедуры оценки воздействия на окружающую среду	РГ 1 рассмотрит рекомендации КООС и обсудит принципиальные соображения пересмотра Оценки воздействия на окружающую среду (ОВОС)		РГ 1 рассмотрит рекомендации КООС и обсудит принципиальные соображения пересмотра Оценки воздействия на окружающую среду (ОВОС)		РГ 1 рассмотрит рекомендации КООС и обсудит принципиальные соображения пересмотра Оценки воздействия на окружающую среду (ОВОС)		надлежащих мер, способствующих их своевременному одобрению Сторонами Приложения V РГ 1 рассмотрит рекомендации КООС и обсудит принципиальные соображения пересмотра Оценки воздействия на окружающую среду (ОВОС)
6.	Содействие декарбонизации и повышению энергоэффективности в деятельности в Антарктике в целях реализации Резолюции 4 (2022 г.)	Стороны будут обмениваться информацией о своем опыте в отношении уязвимости инфраструктуры, протоколов биобезопасности,		Стороны поделятся информацией о своих проектах по декарбонизации и повышению энергоэффекти		Стороны продолжат обмениваться информацией о своих проектах по декарбонизации и повышению		

	Приоритет	46-е КСДА (2024 г.)	Межсессионная работа	47-е КСДА (2025 г.)	Межсессионная работа	48-е КСДА (2026 г.)	Межсессионная работа	49-е КСДА (2027 г.)
7.	Модернизация антарктических станций в контексте изменения климата	способов повышения энергоэффективности и сокращения отходов и выбросов СДА представит сводку подготовленных документов по вопросам модернизации антарктических станций с 2016 по 2023 год Стороны продолжат обмен информацией о модернизации антарктических станций Стороны дадут оценку ходу исполнения этого приоритета.	Стороны через свои национальные антарктические программы примут участие в дискуссиях по модернизации и оценке рисков в контексте изменения климата во время следующего заседания КОМНАП	вности деятельности в Антарктике Рассмотреть рекомендации Сторон и КОМНАП по модернизации инфраструктуры и потенциальным рискам в контексте изменения климата.		энергоэффективности вности деятельности в Антарктике Стороны дадут оценку ходу исполнения этого приоритета.		
8.	Способствование согласованной реализации Полярного кодекса	Стороны продолжат обмениваться документами об опыте реализации Полярного кодекса их стран		Стороны продолжат обмениваться документами о национальном опыте и передовой практике реализации		Стороны дадут оценку ходу исполнения этого приоритета		

Приложение: Многолетний стратегический план работы КСДА

Приоритет	46-е КСДА (2024 г.)	Межсессионная работа	47-е КСДА (2025 г.)	Межсессионная работа	48-е КСДА (2026 г.)	Межсессионная работа	49-е КСДА (2027 г.)
	Стороны представят документы о том, как они продвигают внедрение Полярного кодекса, различным заинтересованным сторонам в своих национальных морских кластерах. Стороны обсудят возможные пути сотрудничества Сторон с государствами Арктического совета и другими крупными странами регистрации судов для обмена информацией и передовым опытом в реализации Полярного кодекса.		Полярного кодекса ИМО в районе действия Договора об Антарктике. Стороны представят документы о том, как они продвигают согласованную реализацию Полярного кодекса, различным заинтересованным сторонам в своих национальных морских кластерах				

293

Приоритет	46-е КСДА (2024 г.)	Межсессионная работа	47-е КСДА (2025 г.)	Межсессионная работа	48-е КСДА (2026 г.)	Межсессионная работа	49-е КСДА (2027 г.)
10. Разработка стратегического подхода к управлению антарктическим туризмом, чтобы гарантировать, что он осуществляется безопасным и экологически ответственным образом	Рассмотреть ход реализации и вступления в силу Меры 4 (2004 г.) и Меры 15 (2009 г.)	Заинтересованные Стороны, консультируясь с Секретариатом, рассмотрят предложения об изменениях в требованиях к обмену информацией, и через СЭОИ распространят информацию об отдельной разрешенной туристической и другой неправительственной деятельности, связях между такой деятельностью, а также информацию о научной деятельности.	Рассмотреть ход реализации и вступления в силу Меры 4 (2004 г.) и Меры 15 (2009 г.) и предложить Сторонам предоставить любые соответствующие обновления Сторонам предлагается сообщать о реализации резолюций КСДА, связанных с туризмом				

Приложение: Многолетний стратегический план работы КСДА

	Приоритет	46-е КСДА (2024 г.)	Межсессионная работа	47-е КСДА (2025 г.)	Межсессионная работа	48-е КСДА (2026 г.)	Межсессионная работа	49-е КСДА (2027 г.)
11.	Более строгое соблюдение правил КСДА, касающихся неправительственной деятельности, в том числе туристической	Секретариат утвердит руководство по передовым методам сбора и обмена доказательствами предполагаемых нарушений	МКГ по разработке системы регулирования туристической и другой неправительственной деятельности в Антарктике, включая онлайн-семинары. Семинар по разработке системы регулирования туристической и другой неправительственной деятельности в Антарктике перед и во время 47-го КСДА	Специальная рабочая группа по разработке системы регулирования туристической й и другой неправительс твенной деятельности в Антарктике				
			Запросить отзыв о полезности руководства	Дальнейшее совершенствование руководства				

295

Приоритет	46-е КСДА (2024 г.)	Межсессионная работа	47-е КСДА (2025 г.)	Межсессионная работа	48-е КСДА (2026 г.)	Межсессионная работа	49-е КСДА (2027 г.)
12. Рассмотрение вопросов равенства, разнообразия и инклюзивности путем поощрения всестороннего участия недостаточно представленных групп в научной и операционной деятельности по всем антарктическим вопросам, включая науку, операции, политику и законодательство	Стороны, Наблюдатели и Эксперты поделятся информацией о своих планах и принципах по этим вопросам		Стороны, Наблюдатели и Эксперты поделятся информацией о своих планах и принципах по этим вопросам. Стороны дадут оценку ходу исполнения этого приоритета. Рассмотреть вопрос о разработке всеобъемлющего законодательства в области равенства, разнообразия и инклюзивности в антарктическом сообществе		Стороны, Наблюдатели и Эксперты, которые еще не поделились информацией о своих планах и принципах по этим вопросам, приглашаются представить их. Рассмотреть вопрос о разработке всеобъемлющего законодательства в области равенства, разнообразия и инклюзивности в антарктическом сообществе.		

Приложение. Многолетний стратегический план работы КСДА

	Приоритет	46-е КСДА (2024 г.)	Межсессионная работа	47-е КСДА (2025 г.)	Межсессионная работа	48-е КСДА (2026 г.)	Межсессионная работа	49-е КСДА (2027 г.)
13.	Усилить координацию управления опасными природными явлениями на антарктических объектах	Стороны продолжат обмен планами по управлению опасными природными явлениями на антарктических объектах. Стороны обсудят, для каких объектов стоит предусматривать эти планы. КОМНАП будет предложено представить отчет о работе его Группы технического сотрудничества		Стороны обсудят, как/где вести отчетность об этих планах (например, СЭОИ). Стороны дадут оценку ходу исполнения этого приоритета				
14.	Продолжить работу по ликвидации повышенных рисков, связанных с высокопатогенным птичьим гриппом в Антарктике		МКГ по протоколам биобезопасности	Стороны рассмотрят любой прогресс в работе, а также рекомендации Сторон, Наблюдателей и Экспертов по		Стороны рассмотрят любой прогресс в работе, а также рекомендации Сторон, Наблюдателей и Экспертов по		

Приоритет	46-е КСДА (2024 г.)	Межсессионная работа	47-е КСДА (2025 г.)	Межсессионная я работа	48-е КСДА (2026 г.)	Межсессионная работа	49-е КСДА (2027 г.)
			управлению рисками		управлению рисками		
			Стороны рассмотрят отчет МКГ по протоколам биобезопастности				

Примечание: Упомянутые выше Рабочие группы КСДА не являются постоянными органами и формируются на основании консенсуса в конце каждого Консультативного совещания по Договору об Антарктике.

Решение 5 (2024 г.)

Разработка Системы регулирования туристической и другой неправительственной деятельности в Антарктике

Представители,

подтверждая решимость Консультативного совещания по Договору об Антарктике (КСДА) продолжать управление и регулирование туристической и другой неправительственной деятельности в районе действия Договора об Антарктике в соответствии с ценностями, целями и принципами Договора об Антарктике и Протокола по охране окружающей среды (Протокол) к нему;

признавая многолетние усилия КСДА по управлению туристической и другой неправительственной деятельностью, включая принятие определенных Мер, Решений и Резолюций в поддержку управления упомянутой деятельностью;

напоминая о Резолюции 7 (2009 г.) *Общие принципы антарктического туризма*, в которой КСДА сформулировало общие принципы, которые будут использоваться для информирования и руководства дальнейшей работой по управлению туристической деятельностью в Антарктике;

признавая потенциал должным образом управляемого туризма для повышения общественного признания неотъемлемых ценностей Антарктики;

выражая озабоченность в связи с фактическими и потенциальными последствиями недавнего значительного увеличения посещаемости и диверсификации туристической и другой неправительственной деятельности в районе действия Договора об Антарктике;

желая с этой целью продолжать использовать наилучшие имеющиеся научные и технические рекомендации, включая относящиеся к этому вопросу данные, в соответствии со Статьей 10 Протокола;

подтверждая свою приверженность всесторонней охране окружающей среды Антарктики и зависящих от нее и связанных с ней экосистем и охране Антарктики в качестве природного заповедника, предназначенного для мира и науки;

подтверждая, что охрана окружающей среды имеет важное значение и что для сохранения Антарктики для нынешних и будущих поколений необходимо принимать меры предосторожности;

стремясь обеспечить максимальную безопасность деятельности, осуществляемой в районе действия Договора об Антарктике;

напоминая, что XLV КСДА инициировало специальный процесс для разработки всеобъемлющей и последовательной Системы регулирования туристической и другой неправительственной деятельности в районе действия Договора об Антарктике (Решение 6 (2023 г.);

будучи преисполнены решимости принять срочные, амбициозные и всеобъемлющие действия, в том числе в отношении широкого и кумулятивного воздействия на окружающую среду Антарктики всей деятельности человека;

имея цель скорейшую разработку подобной системы;

решили:

1. Начать специальный процесс разработки комплексной и единообразной Системы регулирования туристической и другой неправительственной деятельности в Антарктике.

2. Продолжить обсуждение разработки подобной системы в рамках специальной рабочей группы КСДА, принимая во внимание:

    - передовой опыт и примеры, разработанные КСДА;
    - актуальность существующих методов и примеров, в том числе разработанных Международной ассоциацией антарктических туристических операторов (МААТО) и международным сообществом;
    - существующие требования к обмену информацией в соответствии с Решением 4 (2023 г.), а также потенциальную необходимость их пересмотра;
    - информацию, предоставленную через систему электронного обмена информацией;
    - результаты программ мониторинга и наблюдения;
    - реализацию подхода, основанного на принципе предосторожности.

3. Что Система:

    - должна быть амбициозной, всеобъемлющей, динамичной и гибкой;
    - должна основываться на конкретных Мерах, Решениях и Резолюциях в поддержку управления туристической и другой неправительственной деятельностью, а также их осуществления;
    - должна быть направленной на упорядоченное, скоординированное и предсказуемое ведение туристической и другой неправительственной деятельности и не подрывать целей деятельности правительства;
    - должна учитывать все аспекты туристической и другой неправительственной деятельности, включая, помимо прочего, связь туризма с охраной окружающей среды, научными исследованиями и охраной здоровья и безопасностью человека;
    - будет разработана на основе результатов обсуждений по темам, перечисленным в Приложении, с целью их отражения в Системе.

4. Специальный процесс, упомянутый в Решении 6 (2023 г.), будет завершен как можно скорее, отмечая, что 50-е КСДА по предварительным данным состоится в 2028 г., и:

    - будет включать межсессионную работу в формате межсессионной контактной группы КСДА, созываемой Председателем специальной рабочей группы, включая онлайн-семинары, при необходимости, с учетом различных часовых поясов;
    - может, при наличии ресурсов, включать межсессионную работу в виде:
    - очных семинаров в режиме он-лайн;
    - совещаний Экспертов и/или Специальных КСДА по согласованию с КСДА.

Список тем

Структурный блок 1. Управление ростом:
- количество (посетители, морские суда, воздушные суда, операторы и т. д.);
- сроки (продолжительность сезона);
- участки (количество, типы, местоположение, регионы, уязвимости, непосещаемость, охрана) и пространственное управление на основе соображений локального и регионального масштаба Антарктики;
- инфраструктура.

Структурный блок 2. Управление разнообразием:
- виды деятельности;
- виды транспорта;
- субъекты (например, независимые субъекты, не связанные со страной-участником и (или) ответственным государственным органом).

Структурный блок 3. Мониторинг:
- мониторинг, включая мониторинг окружающей среды (например, сбор данных, управление, доступ и использование);
- наблюдение, инспекция и надзор;
- финансирование;
- координация;
- обязанности;
- отчетность.

Структурный блок 4. Соблюдение и правоприменение:
- выявление причин несоблюдения, включая отчетность;
- рассмотрение случаев несоблюдения;
- наблюдение, инспекция и надзор.

Структурный блок 5. Управление:
- лидерская роль КСДА;
- рекомендации КООС;
- сотрудничество и координация, в том числе между национальными компетентными органами;
- рассмотрение обсуждений национальных компетентных органов, включая соответствующие вопросы национального законодательства;
- в полевой координации;
- независимое управление данными, информацией и отчетностью;
- обмен информацией;
- сборы;
- безопасность (безопасность судов, безопасность полетов, ответственность, страхование, реагирование на чрезвычайные ситуации, поисково-спасательные операции, планирование на случай чрезвычайных ситуаций и т. д.);
- материальная ответственность;
- гибридная деятельность государственного и негосударственного характера;
- отсутствие препятствий для целей государственной деятельности;
- аккредитация операторов;
- согласование процессов авторизации;
- институциональные механизмы;
- назначение четкой ответственности государства за всю туристическую и другую неправительственную деятельность.

Структурный блок 6. Общие темы:

- цели;
- охват;
- определения;
- меры предосторожности;
- окружающая среда (последствия, состояние, кумулятивное воздействие всех видов антропогенной деятельности и т. д.);
- методики оценки;
- приоритеты научных исследований р области всей туристической и другой неправительственной деятельности;
- рассмотрение состояния научной деятельности, связанной с туристической и другой неправительственной деятельностью;
- охрана ценностей;
- связь с существующими правилами и документами (СДА)
- в случае необходимости включение существующих резолюций, руководств, положений, методов;
- предотвращение или смягчение воздействия неклиматических стресогенных факторов на окружающую среду;
- адаптивное управление (гибкость; перспективность);
- образовательная и информационно-просветительская деятельность

3. Резолюции

Резолюция 1 (2024 г.)

Пересмотренное Руководство по подготовке Планов управления Особо охраняемыми районами Антарктики

Представители,

напоминая о требованиях Статьи 5 Приложения V к Протоколу по охране окружающей среды к Договору об Антарктике (Протокол) по подготовке и пересмотру Планов управления Особо охраняемыми районами Антарктики;

напоминая также о Действии в рамках Рабочей программы ответных мер в отношении изменения климата КООС, которое предусматривает «пересмотреть и при необходимости изменить существующие инструменты управления, чтобы понять, позволяют ли они применить передовые практические меры по адаптации в районах под угрозой воздействий изменения климата»;

отмечая, что в соответствии с Резолюцией 2 (2011 г.) Консультативные совещания по Договору об Антарктике (КСДА) утвердили пересмотренное Руководство по подготовке Планов управления Особо охраняемыми районами Антарктики (Руководство);

желая обновить Руководство, чтобы отразить текущую передовую практику в подготовке Планов управления Особо охраняемыми районами Антарктики, в том числе в отношении изменения климата;

принимая во внимание пересмотр Руководства КООС и его Вспомогательной группой по планам управления;

рекомендуют:

1. Руководство, принятое Резолюцией 2 (2011 г.), заменить на Руководство по подготовке Планов управления Особо охраняемыми районами Антарктики, прилагаемое к настоящей Резолюции, а также использовать его лицами, принимающими участие в подготовке или пересмотре планов управления.

2. Секретариату разместить текст Резолюции 2 (2011 г.) на своем сайте таким образом, чтобы было понятно, что она более не является действительной.

3. Секретариату Договора об Антарктике разместить Приложение 2 к настоящему Руководству в виде отдельного документа на веб-сайте СДА.

Руководство по подготовке Планов управления Особо охраняемыми районами Антарктики

История вопроса

Назначение Руководства

В 1991 году Консультативные Стороны Договора об Антарктике приняли Протокол по охране окружающей среды к Договору об Антарктике (далее по тексту — Протокол) для обеспечения всесторонней охраны окружающей среды в Антарктике. Протокол определяет всю территорию Антарктики «природным заповедником», предназначенным для использования исключительно в мирных целях и для научных исследований.

Приложение V к Протоколу, принятое впоследствии на XVI КСДА в соответствии с Рекомендацией XVI-10, устанавливает правовые рамки по определению Особо охраняемых и Особо управляемых районов в пределах всего «природного заповедника». Текст Приложения V имеется на веб-сайте http://www.ats.aq/documents/recatt/Att004_r.pdf Секретариата Договора об Антарктике.

Приложение V предусматривает возможность определения любого района территории, подпадающей под действие Договора об Антарктике, включая любой морской район, в качестве Особо охраняемого района Антарктики (ООРА) в целях охраны исключительно важных экологических, научных, исторических, эстетических или первозданных природных ценностей, любого сочетания этих ценностей или ведущихся или планируемых научных исследований (Статья 3 Приложения V).

Приложением также предусматривается, что любая Сторона Договора об Антарктике, Комитет по охране окружающей среды (КООС), Научный комитет по антарктическим исследованиям (СКАР) или Комиссия по сохранению морских живых ресурсов Антарктики (АНТКОМ) могут вносить предложения по определению того или иного района в качестве Особо охраняемого района Антарктики путем представления предлагаемого Плана управления на рассмотрение Консультативного Совещания по Договору об Антарктике (Статья 5 Приложения V).

Первоначальная версия настоящего Руководства, принятая Сторонами в качестве приложения к Резолюции 2 (1998 г.), была пересмотрена в 2011 г. (Резолюция 2 (2011 г.) и повторно в 2024 г., в том числе для включения дальнейших соображений по изменению климата (Резолюция 1 (2024 г.). Руководство разработано для оказания помощи какому-либо заявителю в работе по внесению предложения о придании статуса Особо охраняемого какому-либо району Антарктики и преследует следующие конкретные цели:

- оказание помощи Сторонам в работе по подготовке Планов управления по предлагаемым Особо охраняемым районам Антарктики (ООРА) в соответствии с требованиями Протокола (Статья 5 Приложения V);
- определение базовых рамок, следование которым обеспечивает соответствие Планов управления требованиям Протокола;
- оказание помощи в обеспечении четкости содержания, ясности, согласованности (с другими Планами управления) и эффективности Планов управления с целью облегчения их анализа, принятия и реализации; и
- где уместно, оказание помощи заявителям в деятельности в проработке в соответствующих случаях вопросов возможных последствий изменения климата для Района и предлагаемой в нем деятельности.

Следует отметить, что настоящее Руководство является не более чем методическим пособием по разработке Планов управления ООРА. Документ не имеет какого-либо юридического статуса. На начальной стадии любой стороне-разработчику Плана управления следует внимательно изучить положения Приложения V к Протоколу и проконсультироваться с надлежащей национальной инстанцией.

Сеть охраняемых районов

Приложение V обязывает Стороны стремиться определять в *систематических эколого-географических рамках* и включать в категорию Особо охраняемых районов Антарктики:

- районы, не подвергшиеся влиянию деятельности человека, для возможности их сравнения в будущем с районами, подвергшимися влиянию деятельности человека;
- репрезентативные примеры основных экосистем суши, включая ледниковы и водные, и морских экосистем;
- районы, характеризующиеся наличием значимых или необычных сообществ видов, включая основные места размножения местных птиц или млекопитающих;
- типичные или единственные известные места обитания любых видов;
- районы, представляющие особый интерес для проводимых и планируемых научных исследований;
- районы, характеризующиеся исключительно важными геологическими, гляциологическими или геоморфологическими особенностями;
- районы, представляющие собой исключительную эстетическую ценность или ценность с точки зрения первозданности природы;
- места или памятники признанной исторической ценности;
- любые другие подобные районы, в которых следует обеспечить охрану исключительно важных экологических, научных, исторических, эстетических или первозданных природных ценностей, любого сочетания этих ценностей или ведущихся или планируемых научных исследований.

Данное положение Протокола определяет рамочное основы по созданию *Сети охраняемых районов Антарктики*. Однако практическое воплощение этих рамочных основ все еще обсуждается с момента принятия Приложения V.

С момента принятия Приложения V был проведен целый ряд аналитических и оценочных исследований по определению представленности девяти категорий, перечисленных в Статье 3(2). Сначала это было сделано на Семинаре по охраняемым районам в рамках СКАР/МСОП в 1992 г., а затем — на Семинарах по охраняемым районам в рамках Первого и Второго заседаний КООС в 1998 и 1999 гг., соответственно. В аналитическом отчете, представленном на VIII заседании КООС в 2005 г. (XXVIII КСДА – WP 11), было отмечено, что:

- наблюдается неравномерное распределение ООРА между категориями, представленными в Статье 3 (2) Приложения V, которое является чисто историческим в результате принятия специальных определений в динамике по времени, а не в результате систематического отбора участков в рамках генеральной стратегии или рамочных основ;
- при отсутствии таких рамочных основ отсутствуют и средства оценки адекватности текущего состояния распределения;
- при отсутствии холистического подхода к организации системы охраняемых районов (в стратегических эколого-географических рамках согласно положениям Статьи 3 (2) Приложения V) существующее распределение участков можно лишь принять к сведению.

Совсем недавно в 2019 г. состоялся совместный семинар СКАР и КООС по вопросам дальнейшего развития Системы охраняемых районов Антарктики. На основании результатов этого семинара XXII заседание КООС направило КСДА отчет о состоянии системы охраняемых районов (*Отчет о состоянии Системы охраняемых районов Антарктики* — Приложение А к XXII КСДА – WP 70).

С течением времени толкование термина «стратегические эколого-географические рамки» изменилось. Тем не менее окончательная редакция Анализа экологических доменов антарктического континента, подготовленного и представленного Новой Зеландией на заседании КООС в 2005 г., составляет основу для современного толкования этого понятия. Анализ экологических доменов обеспечивает классификацию районов с установлением подтвержденных данными и пространственно четко выраженных параметров окружающей среды Антарктики, которые, в числе прочего, должны использоваться для определения первоочередных участков, требующих статуса охраняемых. Анализ экологических доменов обеспечивает инструментарий для холистического и стратегического определения ООРА вместо оценки участков на базе их индивидуальных качеств в отрыве от остальных факторов.

КСДА согласилось с тем, что Анализ экологических доменов для Антарктического континента должен использоваться последовательно и в сочетании с другими инструментами, согласованными в рамках Системы Договора об Антарктике, в качестве динамической модели для определения районов, которые могут быть обозначены как Особо охраняемые районы Антарктики в пределах систематических эколого-географических рамок, оговоренных в Статье 3.2 Приложения V к Протоколу (Резолюция 3 (2008 г.).

Анализ экологических доменов (АЭД) обеспечивает эффективный и важный критерий оценки изменений под влиянием внешних условий на антарктическом континенте, который в отношении свободных ото льда доменов может считаться основным в оценивании первого порядка вероятных систематических изменений в биологическом разнообразии. Для выполнения более полного анализа в более точных пространственных масштабах инструментарий АЭД все же должен дополняться данными о биологическом разнообразии, отражающими не только текущее положение, но и, что особенно важно, исторические процессы, которые во многих случаях не могут быть установлены на основании современных данных об окружающей среде.

В дальнейшем свободные ото льда районы Антарктического континента и близлежащие острова в районе действия Договора об Антарктике были разделены на 16 биологически различных Заповедных биогеографических регионов Антарктики (ЗБРА) на основе анализа данных о биоразнообразии с конкретной пространственной привязкой, доступных из Базы данных о биоразнообразии Научного комитета по антарктическим исследованиям (СКАР). КСДА рекомендовал использовать Заповедные биогеографические регионы Антарктики в комплексе с Анализом экологических доменов Антарктического континента, а также другими средствами, согласующимися с системой Договора об Антарктике, для поддержки мероприятий, относящихся к интересам Сторон, включая динамическую модель для идентификации районов, которые не могут быть определены как Особо охраняемые районы Антарктики в рамках систематической эколого-географической модели, согласно Статье 3(2) Приложения V к Протоколу по охране окружающей среды (Резолюция 3 (2017 г.).

В 2015 г. КСДА признал обширную глобальную сеть Ключевых орнитологических территорий (КОТ) BirdLife International, которая включает 205 КОТ в пределах района действия Договора (Резолюция 5 (2015 г.) (см. Приложение к XXXVIII КСДА – IP 27). КСДА рекомендовал Комитету по охране окружающей среды КООС подготовить на рассмотрение КСДА уточненную информацию о существующей или необходимой степени представленности этих КОТ в системе Особо охраняемых районов Антарктики, в особенности в отношении участков, которые могут быть отнесены к «крупным колониям гнездящихся местных птиц». Заявители могут пожелать ознакомиться с последующим обновленным отчетом (доступен как Приложение А к XL КСДА – IP15).

В 2022г. КООС согласился призвать Членов принять во внимание охрану типичных мест обитания антарктических видов согласно Статье 3(2d) Приложения V, а также использовать исследования, представленные в XLIV КСДА – WP 20, а также другие соответствующие инструменты при: рассмотрении планов управления для существующих ООРА; планировании, оценке и проведении мероприятий; и рассмотрении вопроса о создании новых ООРА в рамках системных эколого-географических границ.

Выявление районов для охраны

Определение какого-либо района в качестве охраняемого предоставляет этому району более высокий уровень охраны, превышающий уровень, обеспечиваемый другими видами мер по планированию и управлению, предусмотренными Протоколом, для достижения особых целей и задач по охране.

При оценке района в контексте фактической необходимости такого уровня охраны необходимо четко определить ценности, в отношении которых необходима такая охрана, и фактическую необходимость охраны этих ценностей на уровне, превышающем общие меры по охране, предусмотренные Протоколом. КООС принял Руководство по реализации рамочных основ охраны районов в соответствии со Статьей 3 Приложения V к Протоколу, направленное на содействие любой стороне- заявителю в выполнении такой оценки. В процессе оценки следует также учитывать, каким образом определение ООРА будет дополнять существующую систему Охраняемых районов в пределах систематических эколого-географических рамок, установленных на основании Анализа экологических доменов, Заповедных биогеографических регионов Антарктики, Ключевых орнитологических территорий и иных имеющихся данных по существу вопроса. Следование этому принципу при выполнении тщательного и глубокого анализа обеспечит заявителю четкое понимание того, является ли определение района в качестве охраняемого действительно необходимым или нет.

Заявители могут также захотеть выявить ценности, подлежащие охране в районах, на которые повлияют изменения климата, с перспективой смягчения или адаптации к воздействию климата за счет управления деятельностью человека, а также рассмотреть вопрос о том, может ли изменение климата иметь особое значение для научных исследований в этом районе.

Только после выполнения полной оценки района, претендующего на статус охраняемого, следует приступать к разработке Плана управления этим районом в соответствии с методическими рекомендациями, изложенными в настоящем документе.

Инструктивная документация по вопросу:

- Приложение V к Протоколу по охране окружающей среды (http://www.ats.aq/documents/recatt/Att004_r.pdf);
- Руководство по реализации рамочных основ охраны районов в соответствии со Статьей 3 Приложения V к Протоколу по охране окружающей среды (http://www.ats.aq/documents/recatt/Att081_r.pdf);
- Анализ экологических доменов антарктического континента (http://www.ats.aq/documents/recatt/Att408_r.pdf);
- Заповедные биогеографические регионы Антарктики (https://documents.ats.aq/recatt/att628_r.pdf);
- СКАР — Отчеты «Изменение климата Антарктики и окружающая среда» (https://scar.org/library-data/scar-library/acce?lowbandwidth=0).
- Портал окружающей среды Антарктики: Информационные сводки (https://environments.aq/)

Приложение: Руководство по подготовке Планов управления Особо охраняемыми районами Антарктики

Формат Планов управления ООРА

Статья 5 Приложения V определяет круг вопросов, подлежащих включению в каждый План управления ООРА В последующих разделах настоящего Руководства приведены рекомендации по выполнению этих требований (краткий обзор приведен в Таблице 1).

КООС придает большое значение необходимости обеспечения соответствия между Планами управления охраняемыми районами. Шаблон Планов управления Особо охраняемыми районами Антарктики, представленный в Приложении 3, является стандартной рамочной основой для внесения заявителями информации, характерной для рассматриваемого района при подготовке нового или откорректированного Плана управления ООРА.

Шаблон содержит перекрестные ссылки на соответствующие разделы настоящего Руководства. Ссылки на Руководство выделены *курсивом* и должны быть удалены из Плана управления.

Шаблон отформатирован в соответствии с требованиями *Руководства по представлению документов Консультативному совещанию по Договору об Антарктике и Комитету по охране окружающей среды*, разработанного Секретариатом Договора об Антарктике. Заявители должны обратиться к Руководству за разъяснениями по вопросам оформления, например таблиц и рисунков, включенных в План управления.

Раздел Плана управления / раздел Руководства	Ссылка на Статью 5
Введение	
1. Описание охраняемых ценностей	3а
2. Цели и задачи	3b
3. Меры управления	3с
4. Период определения	3d
5. Карты	3g
6. Описание Района	3 e (i - iv)
6(v) Особые зоны в Районе	3f
7. Условия выдачи разрешений для доступа	3 i (i - x)
8. Сопроводительная документация	3h

Таблица 1. Для заголовков настоящего Руководства приведены перекрестные ссылки на Статью 3 Приложения V

Руководство по содержанию Планов управления

Ввиду постоянного совершенствования методики разработки Планов управления ООРА разработчики Планов управления должны ознакомиться с существующей передовой практикой, и им настоятельно рекомендуется использование планов, одобренных на последних КСДА в качестве образца. Для оценки каждого существующего Плана управления ООРА можно использовать базу данных по Охраняемым районам на веб-сайте Секретариата Договора об Антарктике https://www.ats.aq/devph/en/apa-database.

Шаблон, приведенный в Приложении 3, содержит предложенные стандартные формулировки по некоторым разделам. Наличие предложенных стандартных формулировок не должно служить помехой для заявителей в разработке и реализации особых для конкретного участка или творческих и новаторских подходов к охране и управлению районом. Предложенные формулировки, непосредственно относящиеся к требованиям Протокола, обозначены звездочкой (*). В зависимости от ситуации предложенную формулировку следует либо использовать, либо изменить или заменить на альтернативную, адекватно отражающую соображения по особым условиям, характеризующим рассматриваемый район.

План управления должен содержать достаточно подробные сведения о характерных особенностях Района и все требования по доступу к Району и его управлению с тем, чтобы лица, планирующие посещение Района, и национальные инстанции, ответственные за выдачу разрешений, были в состоянии выполнить свои задачи в соответствии с целевым назначением определения охранного статуса. План должен содержать четкое обоснование необходимости определения Района в качестве охраняемого и соответствующие дополнительные меры (помимо общих норм, оговоренных в Протоколе и Приложениях к нему), применимые к Району. В последующих разделах содержатся рекомендации для заявителей по содержанию каждого конкретного раздела Плана управления, имеющего стандартный заголовок.

Введение

Несмотря на то, что наличие вступительной части в Плане управления не является обязательным требованием Статьи 5 Приложения V, она может быть очень полезной для обзорного изложения вопроса. Сведения могут включать в себя краткое изложение важных характеристик Района, его предысторию (например, информацию об изначальном определении, внесенных изменениях, предшествующих Планах управления), данные о проводившихся там научных исследованиях и иной деятельности.

В Плане управления также должны быть указаны основания для определения или целесообразности определения Района в качестве особо охраняемого, причем желательно указать эти основания во вступительной части. В этом отношении полезным ссылочным материалом является *Руководство по осуществлению системы формирования охраняемых районов, описанных в Статье 3 Приложения V к Протоколу по охране окружающей среды*, приложенное к Резолюции 1 (2000 г.) (http://www.ats.aq/documents/recatt/Att081_r.pdf).

КООС одобрил включение в Планы управления четко сформулированной главной причины необходимости определения Района в качестве охраняемого[1]. Было бы полезно включить такую формулировку во вступительную часть Плана управления, являющуюся кратким обзором Плана управления, а также в последующий раздел, содержащий описание ценностей, нуждающихся в охране.

КООС также рекомендует заявителям включать описание того, каким образом Район будет дополнять систему охраняемых районов Антарктики в целом[2]. С этой целью текст его Плана должен *в частности* ссылаться на Анализ экологических доменов антарктического континента (http://www.ats.aq/documents/recatt/Att408_r.pdf), приложенный к Резолюции 3 (2008 г.), Заповедные биогеографические регионы Антарктики, приложенные к Резолюции 3 (2017 г.), список Ключевых орнитологических территорий (КОТ) и существующий перечень ООРА. Если применимо, было бы небесполезно включить во вступительную часть описание того, каким образом Район будет дополнять другие близлежащие охраняемые Районы или регион.

В определенных случаях при обосновании необходимости присвоения охранного статуса во введении может быть не лишним кратко изложить, как изменение климата влияет или может повлиять на ценности Района.

---

[1] Заключительный отчет VIII КСДА, пункт 187.
[2] Заключительный отчет VIII КСДА, пункт 187.

Приложение: Руководство по подготовке Планов управления Особо охраняемыми районами Антарктики

1. Описание охраняемых ценностей

Статья 3 Приложения V к Протоколу гласит, что любой район, включая любой морской район, может быть определен в качестве ООРА в целях охраны исключительно важных экологических, научных, исторических, эстетических или первозданных природных ценностей, а также устанавливает ряд таких ценностей, которые Консультативные стороны КСДА будут стремиться включить в состав ООРА.

При рассмотрении любого нового предложения по определению ООРА будет анализироваться вопрос о том, каким образом статус охраняемого района будет решать задачу охраны ценностей, оговоренных в Статье 3 Приложения V, и представлены ли уже эти ценности в достаточной мере в охраняемых районах Антарктики или нет.

В данном разделе должна быть сформулирована главная причина необходимости определения Района, а также указан весь спектр оснований для определения района в качестве охраняемого. Описание ценности или ценностей Района должно содержать четкую и подробную характеристику необходимости придания участку статуса особо охраняемого, а также того, каким образом статус ООРА позволит усилить охранные меры. При этом можно включать описание фактических и потенциальных рисков для ценностей. Например, если целью определения Района является предотвращение ущерба от ведущихся или планируемых исследований, данный раздел должен содержать описание природных условий и ценность упомянутых исследований.

Условия окружающей среды Антарктики подвержены не только естественным изменениям под влиянием таких факторов, как климат, распространение льда и плотность и пространственная распространенность биологических популяций, но и влиянию быстрого регионального изменения климата (особенно в районе Антарктического полуострова). Следовательно, данный раздел может также содержать, по необходимости, описание потенциальных изменений условий окружающей среды, наблюдаемых в Районе в свете быстрого изменения климата (например, данные о потенциальном уменьшении толщины ледников, быстром отступлении шельфовых ледников и появлении новых, не покрытых льдом, участков суши; о влиянии потепления океанов и уменьшения распространения морского льда на виды пингвинов, средой обитания которых он является; о вероятности/опасности появления неместных видов или колоний аборигенных видов, происходящих из расположенных севернее (а, значит, и климатически менее суровых) широт и т. д.).

В случаях, когда целью определения района является охрана ценностей участков в качестве эталонных или контрольных для проведения долгосрочных программ мониторинга, необходимо дать описание характерных особенностей Района, относящихся к осуществлению долгосрочных программ мониторинга. В случае, когда целью определения ООРА является охрана исторических, геологических, эстетических, первозданных и других ценностей, данный раздел должен содержать описание этих ценностей.

Во всех случаях описание ценностей должно быть достаточно подробным, дающим читающему лицу точное представление о том, что предполагается охранять определением ООРА. Раздел не должен содержать полного описания Района, что должно быть представлено в разделе 6.

2. Цели и задачи

В данном разделе должны быть определены предполагаемые цели и задачи, которые должны быть достигнуты в результате реализации Плана управления, и меры по охране вышеуказанных ценностей, предполагаемые Планом. Например, первоочередными целями Плана могут быть:

- предупреждение определенных, четко оговоренных изменений в Районе;
- предотвращение какого-либо вмешательства человека с оговоркой характера вмешательства и деятельности человека в Районе;

- разрешение проведения только определенных видов исследований, управления и иной деятельности, не противоречащих причинам определения участка в качестве охраняемого;
- сведение к практически достижимому минимуму внедрения неместных видов, что позволит сохранить природную и научную ценность района; или
- максимизировать устойчивость выявленных ключевых ценностей (Раздел 1) Района к изменению климата путем управления человеческой деятельностью в Районе.

Следует отметить, что описание ценностей и задач предназначено для оказания помощи национальной инстанции, ответственной за выдачу разрешений, в определении видов разрешенной и запрещенной деятельности в Районе. Следовательно, описание ценностей, требующих охраны и задач Плана должно быть конкретным, а не изложенным в общих чертах.

3. Меры управления

Деятельность по управлению, представленная в данном разделе, должна относиться к целям Плана управления и к задачам, для решения которых Район определяется в качестве охраняемого.

В разделе должно быть четко указано, что запрещается, что должно быть предупреждено или предотвращено и что разрешается. В Плане должны конкретно указываться периоды времени, в течение которых можно осуществлять разрешенную деятельность. Например, отдельные виды деятельности могут быть разрешены только в периоды времени, не совпадающие с периодом размножения уязвимых видов.

Данный раздел должен содержать описание действий по обеспечению охраны конкретных ценностей Района (например, установка и техническое обслуживание научной аппаратуры, устройство обозначенных маршрутов передвижения или посадочных площадок, установка знаков, указывающих на статус ООРА участка и запрещающих доступ на участок без разрешения, выданного соответствующей национальной инстанцией, вывоз брошенного оборудования или материалов). Если осуществление деятельности по управлению требует совместных действий двух или более Сторон, ведущих исследования или обеспечивающих техническую поддержку исследований в Районе, необходима совместная разработка мероприятий по осуществлению необходимой деятельности в соответствии с положениями Плана управления.

Следует помнить и указать в Плане управления, что активное управление может потребовать выполнения оценки воздействия на окружающую среду в соответствии с требованиями Приложения I к Протоколу.

Если какой-либо специальной деятельности по управлению не требуется, об этом в данном разделе плана должна стоять отметка «не требуется».

4. Период определения

Если иное не предусмотрено Планом управления, определение ООРА устанавливается на неопределенный срок. Статья 6 (3) к Протоколу содержит требование о пересмотре Плана управления и приведении его в соответствие с текущими требованиями не реже одного раза в пять лет.

Если целью определения является обеспечение охраны на определенный период проведения конкретного исследования или осуществления иной деятельности, дата истечения срока действия определения должна быть указана в данном разделе.

5. Карты

Карты являются наиболее важным элементом любого Плана управления, они должны быть четкими и достаточно подробными. При очень большой площади Района следует предусматривать несколько карт разного масштаба, но не менее двух: одну обзорную

Приложение: Руководство по подготовке Планов управления Особо охраняемыми районами Антарктики

мелкомасштабную карту региона с указанием местонахождения рассматриваемого Района и близлежащих охраняемых Районов и одну подробную карту самого Района.

На картах должны быть четко указаны границы Охраняемого района согласно требованиям подраздела 6.1 ниже.

Руководство по составлению карт представлено в Приложении 1 вместе с контрольным списком обязательных элементов нагрузки карты.

6. Описание Района

Данный раздел должен содержать тщательное и подробное описание Района и, если это целесообразно, его окрестностей с тем, чтобы лица, планирующие посещение Района и национальные инстанции, ответственные за выдачу разрешений на это, могли получить должное представление о характерных особенностях Района.

Совершенно необходимо, чтобы в данном разделе было представлено адекватное описание особенностей Района, подлежащих охране, с привлечением внимания пользователей Планом управления к особенно уязвимым элементам. Желательно, чтобы информация, представленная в разделе, не являлась повторением описания ценностей Района.

Раздел состоит и пяти подразделов:

6(i) Географические координаты, специальные и характерные естественные признаки, определяющие границы

Границы Района должны быть однозначно определены с четким описанием их важных признаков, так как делимитация границы служит основой для принуждения к соблюдению действующего законодательства. Признаки границы Района должны быть тщательно подобраны и описаны. Желательно, чтобы описание границы обеспечивало возможность ее идентификации в любое время года. Зачастую это является трудной задачей ввиду наличия снежного покрова в зимний период, однако по крайней мере в летний период границы участка должны быть определяемы любым посетителем Района. Это особенно важно для Районов, расположенных вблизи участков, часто посещаемых туристами. В качестве признаков границ лучше всего использовать стационарные признаки, например обнаженные скалы. Признаки, местоположение которых может изменяться в течение года или на протяжении пятилетнего срока пересмотра Плана управления, например границы снежных полей или колоний животного мира, едва ли подходят для этой цели. В отдельных случаях, при недостаточности естественных признаков можно рекомендовать установку специальных пограничных знаков.

При определении или пересмотре границ Охраняемого района следует учитывать возможные последующие воздействия на окружающую среду, связанные с изменением климата. Особое внимание при определении границ следует уделить признакам, не относящимся к территории, свободной ото льдов. Например, возможное отступание ледников, разрушение шельфовых ледников, изменение уровня воды в озерах в результате изменения климата отразится на идентификации границ ООРА при использовании их в качестве признаков границ.

Географические координаты, включенные в описание границ, должны быть определены с максимально возможной точностью. Необходимо указать долготу и широту в градусах, минутах и секундах. При возможности следует дать ссылку на официальные топографические или морские карты для возможности нанесения границ Района на карту. Следует указать применявшиеся методы геодезической и топографической съемки и, по возможности, название организации, выпускающей топографические или морские карты, на которые даны ссылки.

Важность глобальных навигационных спутниковых систем (ГНСС/GNSS) (например, GPS, ГЛОНАСС, Galileo и BeiDou) для определения местоположения невозможно переоценить. Возможность пересмотра плана по каждому ООРА обеспечивает также

315

возможность использования GNSS для получения точных координат местоположения границ. Представление планов без наличия такой информации настоятельно не рекомендуется. Если возможно, следует предоставить Секретариату Договора об Антарктике электронную запись о местоположении границ (например, в виде шейп-файла).

При описании физико-географических элементов Района следует использовать только названия, официально одобренные Консультативной стороной и включенные в Справочник СКАР по географическим наименованиям Антарктики (http://data.aad.gov.au/aadc/gaz/scar/). Все названия, на которые делаются ссылки в тексте Плана, должны быть приведены на картах. В случае возникновения необходимости в присвоении нового географического названия до его использования на какой-либо карте и до представления Плана такое географическое название должно быть предварительно одобрено соответствующим национальным комитетом и включено в Справочник СКАР по географическим наименованиям Антарктики.

Описание физико-географических элементов Района должно включать в себя информацию о местных топографических особенностях, таких как постоянные снежные/ледяные поля, водные объекты (озера, водотоки, водоемы), с краткой характеристикой местных геологических и геоморфологических условий. Также следовало бы представить точное и краткое описание биологических особенностей района, включая краткую характеристику основных растительных сообществ, микробных слоев, колоний птиц и тюленей с указанием количества отдельных особей или гнездящихся пар птиц. В определенных случаях раздел может также включать (i) описание задокументированных воздействий изменения климата на Район и (ii) подробную информацию о любых прогнозах изменения климата, актуальных для Района.

Если Район содержит морскую составляющую, возможно, потребуется представление Плана управления на рассмотрение АНТКОМ (см. раздел «Порядок утверждения Планов управления ООРА» ниже).

6(ii) Доступ в Район

Данный подраздел должен содержать описание предпочтительных путей доступа в Район по суше, по морю или по воздуху. Пути доступа должны быть четко определены во избежание путаницы с указанием применимых альтернативных путей на случай недоступности предпочтительного пути.

Все пути доступа, а также морские якорные стоянки и вертолетные площадки должны быть описаны и четко указаны на сопроводительной карте Района. Вертолетные площадки, как правило, должны располагаться на значительном удалении от границы ООРА для сведения к минимуму воздействия на целостность Района.

Подраздел должен также содержать информацию о предпочтительных пешеходных маршрутах и, если допускается, маршрутах для транспортных средств в пределах Района.

При подготовке этого раздела Плана управления следует рассмотреть вопрос о том, как механизмы управления доступом в Район по суше, морю и/или воздуху могут быть реализованы на практике в соответствии с ожидаемыми изменяющимися условиями окружающей среды (например, изменения продолжительности и протяженности морского льда, скорости и направления ветра, местоположения и размера свободных ото льда районов, а также наличия и распределения дикой природы, когда применимо).

6(iii) Местонахождение сооружений в пределах и вблизи Района

Необходимо дать описание и указать точное месторасположение всех сооружений на территории Района и вблизи него. Сюда входят, например, знаки, определяющие границы, щиты с указательными надписями, пирамиды из камней, полевые приюты, складские сооружения и научное оборудование. По возможности должно указываться время постройки сооружений и страны, которым они принадлежат, а также подробная информация о любых ИМП на территории Района. Если применимо, также следует указывать время планируемого демонтажа и вывоза каких-либо сооружений (например, временных научных или иных сооружений).

6(iv) Местонахождение других близлежащих охраняемых районов

Для описания других близлежащих охраняемых районов нет установленных требований относительно радиуса их удаления, однако в целом ряде одобренных на сегодняшний день планов это расстояние составляет около 50 км. Для всех этих близлежащих охраняемых районов (например, ООРА, ОУРА, ИМП, КСАТ-заповедники тюленей, участки, включенные в Программу мониторинга экосистем (СЕМП) АНТКОМ и т. д.) должны быть указаны их названия и, если имеются, номера. Также следует указать координаты и их приблизительное удаление и направление от рассматриваемого Района.

6(v) Особые зоны в Районе

Пункт 3(f) Статьи 5 Приложения V предусматривает возможность учреждения зон внутри ООРА и ОУРА, «на которых деятельность должна быть запрещена, ограничена или управляема для достижения целей и задач...», предусмотренных Планом управления.

Разработчики Планов управления должны учитывать возможность более эффективной реализации задач Плана путем учреждения одной или нескольких особых зон. Четкое определение границ зон способствует предоставлению посетителям участков четкой информации о том, где, в какое время и почему применяются условия особого управления. Учреждение зон может способствовать доведению до сведения целей и требований по управлению в ясной и простой форме. Например, особые зоны могут включать в себя колонии птиц, доступ к которым запрещен в период размножения, или участки, на которых проводятся научные эксперименты.

Для обеспечения большей последовательности в применении инструмента зонирования в Антарктике определен стандартный набор наиболее распространенных зон, требования к которым соответствуют задачам управления в большинстве случаев (Таблица 2).

Применительно ко всем рекомендациям могут возникнуть ситуации, при которых необходимо и желательно применение исключений из правил. Именно в этих случаях разработчикам Планов управления следует рассмотреть вопрос об учреждении альтернативных зон. Следует иметь в виду, однако, что цели зон, предусматриваемых в Планах управления, должны быть максимально простыми и последовательными для всех районов Антарктики. Это обеспечит понятность условий Плана и простоту их соблюдения и, тем самым, будет способствовать реализации практических задач охраны и управления этими особыми территориями.

Отсутствие в пределах Района особых зон должно быть конкретно оговорено в Плане управления.

Таблица 2. Руководство по зонированию ООРА

Зона	Конкретные цели зоны
Зона станционной инфраструктуры	Обеспечить, чтобы объекты инфраструктуры и связанная с ней деятельность в Районе находились и управлялись в пределах отведенных территорий.
Зона доступа	Обеспечивать руководство по подходу и/или посадке авиасредств, лодок, транспортных средств или пешеходов для доступа в Район с целью защиты участков обитания уязвимых видов или научного оборудования и др., и / или обеспечения безопасности
Историческая зона	Проинформировать въезжающих в Район об участках или объектах внутри Района, которые являются местами, зданиями и/или

	артефактами, имеющими историческое значение, и необходимости надлежащим образом обращаться с ними.
Зона научных исследований	Обеспечить, чтобы те, кто въезжает в Район, были осведомлены об участках, находящихся на его территории, которые являются объектами текущих или долгосрочных научных исследований или на которых установлено чувствительное научное оборудование.
Зона ограниченного доступа	Ограничить доступ к определенной части Района и/или деятельности на его территории по ряду управленческих или научных причин, например: из-за особой научной или экологической ценности, из-за чувствительности, наличия опасностей или для ограничения выбросов или строительства на конкретном участке. Доступ в Зоны ограниченного доступа обычно должен осуществляться по веским причинам, которые невозможно обеспечить в другом месте на территории Района.
Запретная зона	Запретить доступ к определенной части ООРА до тех пор, пока КСДА (а не отдельные Стороны) не согласится с тем, что план управления следует изменить, чтобы разрешить доступ.

7. Условия выдачи разрешений для доступа

7(i) Общие условия выдачи разрешений

Статья 3 (4) Приложения V к Протоколу предусматривает возможность доступа в ООРА только при наличии разрешения, выданного соответствующей национальной инстанцией.

В Плане управления должны быть оговорены условия выдачи разрешения. При разработке проектов Планов управления авторы должны учитывать, что инстанции, ответственные за выдачу разрешений для доступа в ООРА, будут пользоваться информацией, содержащейся в данном разделе для определения возможности и условий выдачи разрешения.

Статья 7(3) Приложения V к Протоколу предусматривает, что каждая Сторона должна обязывать держателя разрешения иметь при себе копию разрешения в течение всего срока пребывания в ООРА. В данном разделе должно быть оговорено, что в текст всех разрешений должен содержать условие, обязывающее держателя разрешения иметь при себе копию разрешения в течение всего срока пребывания в ООРА.

В статье 5 Приложения V предусмотрено 10 отдельных пунктов, которые необходимо учитывать при определении условий, на которых могут быть выданы разрешения. Эти пункты приведены ниже:

7(ii) Доступ в Район и передвижение внутри и над ним

Данный раздел Плана управления должен содержать ограничения по транспортным средствам, точкам доступа, маршрутам и передвижению внутри Района. В нем также должно быть оговорено направление захода на посадку авиасредств и минимальная высота пролета над Районом. В этой информации должен быть оговорен тип воздушного судна (например, самолет или вертолет), для которого определены ограничения и который должен быть оговорен в качестве условия выдачи разрешений.

В определенных случаях в Плане управления должны содержаться ссылки на соответствующие руководящие документы, принятые КООС, такие как *Руководство по эксплуатации воздушных судов вблизи скоплений птиц* (http://www.ats.aq/documents/recatt/Att224_r.pdf) приложенное к Резолюции 2 (2004 г.), и Руководство по экологическим аспектам использования дистанционно пилотируемых авиационных систем (ДПАС) в Антарктике (ред. 1.1), приложенное к Резолюции 4 (2018 г.).

При подготовке этого раздела Плана управления следует учитывать, как механизмы управления для доступа в Район и условия передвижения в нем по суше, морю и/или воздуху могут быть реализованы на практике с учетом изменяющихся условий окружающей среды. Как описано в подразделе *6(ii) Доступ в Район*, изменения, вызванные изменением климата, могут относиться, например, к продолжительности и площади морского льда, скорости и направлению ветра, изменению уровня моря, расположению и размеру свободных ото льда районов, наличию и распределению дикой природы, таянию вечной мерзлоты, присутствию мягкого грунта.

7(iii) Разрешенная деятельность в Районе

Здесь должны быть подробно изложены виды деятельности, которые могут проводиться в пределах охраняемого Района и условия их проведения. Например, во избежание вмешательства в дикую природу могут быть разрешены только отдельные виды деятельности.

Если в Плане управления содержатся предложения по активному управлению Районом, они также должны быть перечислены в данном подразделе.

7(iv) Возведение, реконструкция и удаление сооружений

Если это вообще имеет место, желательно определить, какие сооружения разрешены на территории Района. Например, в пределах Района может быть разрешена установка отдельных видов исследовательского оборудования, знаков обозначения или других сооружений.

Для облегчения понимания назначения таких сооружений в Плане управления следует дать пояснения по вопросу возможности их распознавания. Изложение общих / конкретных соображений по минимизации вредного воздействия сооружений на ценности Района было бы также целесообразным.

При наличии каких-либо существующих сооружений (например, убежищ) в Плане управления должны быть оговорены разрешаемые действия по реконструкции или удалению этих сооружений. И наоборот, если в пределах Района вообще не разрешается возведение каких-либо сооружений, это должно быть четко оговорено в Плане.

При подготовке этого раздела Плана управления следует учитывать последствия изменения климата для целесообразности и (или) расположения новых сооружений и необходимость удаления, изменения или перемещения существующих сооружений (например, из-за изменений глубины активного слоя вечной мерзлоты, уровней накопления снега, распределения дикой природы или доступа).

7(v) Размещение полевых лагерей

Как правило, размещение полевых лагерей в пределах границ Района не допускается. Тем не менее при определенных условиях, скажем, из важнейших соображений безопасности, они могут быть разрешены. В этом случае должны быть оговорены условия, при которых разрешается размещение полевых лагерей. Возможно, что полевые лагеря могут быть размещены только на определенных участках Района. В этом случае необходимо определить такие места размещения лагерей с указанием их на дополнительных картах.

В случаях, когда разрешены относительно постоянные полевые лагеря, План управления должен учитывать уязвимость выбранных лагерей к изменению климата (например, непостоянной толщи твердого льда, изменения в руслах ручьев/рек, трансформация твердого грунта в мягкий небезопасный грунт, возможность затопления и другие).

7(vi) Ограничения на ввоз в Район материалов и организмов

В данном разделе должны быть изложены запреты и указания по обращению с любыми материалами, которые будут использоваться или храниться в Районе.

В соответствии с положениями Статьи 4 Приложения II к Протоколу преднамеренное внедрение неместных видов и болезней на территорию, подпадающую под действие

Договора об Антарктике, полностью запрещено, за исключением случаев на условиях отдельного разрешения, выданного инстанцией, оговоренной в Приложении II. В Статье 4 также говорится о: (i) необходимости принятии мер предосторожности на территории, подпадающей под действие Договора об Антарктике, для предотвращения случайного внедрения микроорганизмов; (ii) принятии надлежащих мер по недопущению ввоза зараженной болезнями птицы и птицепродуктов; (iii) запрете внедрения нестерильной почвы; и (iv) необходимости сведения ввоза нестерильной почвы к практически достижимому минимуму. В силу вышесказанного, рекомендуемые меры по снижению риска внедрения неместных видов на всей территории Антарктики относятся и к Охраняемым районам. Заявители могут рассмотреть меры по устранению риска интродукции неместных видов с учетом того, что изменение климата может увеличить вероятность появления любых неместных видов в некоторых Районах. В соответствии с ключевыми руководящими принципами «Профилактика», «Мониторинг» и «Ответные меры», описанными в Руководстве КООС по неместным видам (Резолюция 4 (2016 г.); последним обновлением Руководства: п. 193 Отчета XXII Заседания КООС (2019 г.), План управления должен, при необходимости, включать положения, касающиеся очистки оборудования для разбивки лагеря, научного оборудования, транспортных средств и личной обуви и одежды для удаления пропагул перед входом в ООРА. Экологический кодекс поведения при осуществлении наземных научных полевых исследований в Антарктике, разработанный СКАР (Резолюция 5 (2018 г.), и Кодекс поведения при осуществлении деятельности на наземных участках геотермальной активности в Антарктике, разработанный СКАР (Резолюция 3 (2016 г.), содержат ряд полезных рекомендаций по биобезопасности.

Пристальное внимание следует уделить опасности внедрения неместных видов в Охраняемый район с продуктами питания и их упаковкой. Со свежими овощами и фруктами может произойти внедрение нестерильной почвы, ростков растений, яиц и живых насекомых, а патогенные организмы птиц и млекопитающих могут быть внедрены в Район через птицепродукты. В Плане управления можно предусматривать запрет на ввоз таких продуктов в Район или меры по сведению к минимуму опасности попадания в окружающую среду патогенных организмов.

В отдельных случаях может потребоваться принятие особых мер предосторожности по предотвращению внедрения неместных видов. Если, например, Район определен для охраны обитающих в нем особых микробиальных сообществ, может потребоваться принятие более строгих мер обеспечения биологической безопасности для минимизации внедрения комменсальных микроорганизмов человека и перераспределения других микроорганизмов окружающей среды за счет попадания их извне Района. Возможно, целесообразно предусмотреть использование стерильной верхней одежды и тщательно очищенной обуви.

Может, например, возникнуть необходимость во ввозе в Район некоторых химических веществ для проведения исследований или реализации функций управления. В этом случае необходимо предусмотреть директивные указания по их хранению, обращению с ними и удалению. Также может возникнуть необходимость во ввозе в Район продуктов питания и топлива, для чего необходимо предусмотреть директивные указания по использованию, хранению и удалению этих продуктов. Выброс радиоактивных и/или нерадиоактивных изотопов в окружающую среду в пределах ООРА допускается только после тщательного анализа долгосрочного воздействия такой деятельности на будущие ценности окружающей среды и научные ценности Района.

7(vii) Изъятие или вредное вмешательство в местную флору и фауну

Данная деятельность запрещена требованиями Статьи 3 Приложения II к Протоколу, за исключением случаев на условиях разрешения, выданного в соответствии с положениями Приложения II; это должно быть оговорено во всех разрешениях, санкционирующих данную деятельность в Районе. Требования Статьи 3 Приложения II должны неукоснительно соблюдаться, а в качестве минимально применимого стандарта могут использоваться общепринятые нормы, например Кодекс поведения при использовании животных в научных целях в Антарктике, разработанный СКАР (Резолюция 4 (2019 г.).

7(viii) Сбор или вывоз из Района материалов, не ввезенных держателем Разрешения

Допускается вывоз из Района таких предметов как прибрежный мусор, мертвые, сухостойные или имеющие патологические изменения объекты фауны и флоры или брошенные остатки и продукты предшествующей деятельности человека. Предметы или образцы, разрешаемые к вывозу, должны быть четко оговорены.

7 (ix) Удаление отходов

Организация сбора и удаления отходов в Антарктике регламентируется положениями Приложения III к Протоколу. В данном подразделе должны быть изложены требования к удалению отходов, которые должны быть включены в условия, оговариваемые при выдаче разрешений. Требования Приложения III следует рассматривать в качестве минимальных норм по удалению отходов из ООРА.

Общепринятая практика предполагает удаление из ООРА всех отходов, включая все отходы, образующиеся в результате жизнедеятельности человека. В настоящем подразделе Плана управления, исходя из конкретной ситуации, следует оговорить исключения, отвечающие требованиям положений Протокола. В частности, следует уделить внимание вопросу о возможном воздействии удаляемых бытовых сточных вод на птиц и морских млекопитающих в пределах Района.

7(x) Меры по обеспечению дальнейшей реализации целей и задач Плана управления

Если применимо, в данном подразделе должны быть оговорены условия необходимости выдачи разрешения в целях поддержания мер по охране Района. Например, может потребоваться выдача разрешения для экологического мониторинга Района, ремонта или замены знаков, определяющих границы Района, реализации отдельных мер активного управления в соответствии с вышеизложенными положениями Раздела 3.

При подготовке этого раздела Плана управления следует учитывать управленческую деятельность, которая может помочь понять или принять меры относительно последствия изменения климата для Района (например, посещения для пересмотра механизмов управления или проведения долгосрочного мониторинга изменений окружающей среды).

Если в Плане управления предусматривается внедрение по каким-либо исключительным причинам неместных видов по отдельному разрешению, в данном подразделе должны быть оговорены меры содержания неместных видов и порядок действий в чрезвычайных обстоятельствах при непреднамеренном внедрении неместных видов в окружающую среду. Например, во исполнение требований плана обеспечения биологической безопасности может оговариваться необходимость обеспечения полевых работ соответствующими материалами биологической безопасности и обучения персонала обращению с этими материалами.

Для Охраняемых районов, где появление неместных видов является известным фактом, План управления может предусматривать меры по минимизации дальнейшего распространения этих видов и пропагул в другие районы, в частности с учетом вероятных последствий изменения климата для возможности закрепления и распространения таких видов в связи с изменением климата.

7(xi) Требования к отчетам

В данном подразделе должны быть изложены требования к отчетам, которые должны быть включены в качестве условия выдачи разрешений соответствующей национальной инстанцией. В подразделе должна быть оговорена информация, подлежащая включению в отчеты. Форма отчета о посещении ООРА приведена в Приложении 2 к настоящему Руководству, а также ее можно загрузить с веб-сайта Секретариата Договора об Антарктике www.ats.aq.

Было бы целесообразно установить предельный срок представления отчетов о посещении Района (например, шесть месяцев). Для случаев возможного посещения Района группами специалистов, получивших разрешение не от Стороны, предложившей План управления, а от других Сторон, было бы целесообразно оговорить необходимость обмена отчетами о посещениях в целях содействия в управлении Районом и корректировки Плана управления.

Несмотря на то, что многие требования к отчетам в целом окажутся применимыми, в отдельных случаях, возможно, следует особо оговорить определенные виды информации, полезной для решения задач управления Районом. Например, для Районов, определенных в целях охраны колоний птиц, было бы целесообразно предложить посещающим изыскательским группам представлять подробные данные по учету птиц, месторасположении новых, ранее не зарегистрированных, колоний или гнездовий.

8. Сопроводительная документация

Данный раздел должен содержать ссылки на любые дополнительные документы, могущие иметь отношение к рассматриваемому вопросу. Это могут быть научные отчеты или работы, содержащие более подробное описание ценностей Района, несмотря на то что описание различных составляющих Района и предлагаемой деятельности по управлению должно быть, как правило, приведено в различных разделах самого Плана управления. Все подобные работы или подтверждающие документы должны быть приведены в полном объеме.

Приложение: Руководство по подготовке Планов управления Особо охраняемыми районами Антарктики

Порядок утверждения Планов управления ООРА

Статья 5 Приложения V предусматривает возможность представления проекта Плана управления на рассмотрение КСДА любой Стороной, КООС, СКАР или АНТКОМ. На практике же проекты Планов управления представляются, как правило, на рассмотрение КООС.

Процесс рассмотрения Планов управления от представления проекта до утверждения приведен на маршрутной карте на рис. 1. Данный порядок основан на требованиях Статьи 6 Приложения V, *Руководства КООС по рассмотрению проектов новых и пересмотренных Планов управления ООРА и ОУРА* (Дополнение 1 Приложения 3 к Заключительному отчету XI заседания КООС) и других руководящих документов по данному вопросу.

Порядок утверждения включает в себя целый ряд решающих этапов, для завершения которых может потребоваться много времени. Тем не менее эти этапы являются необходимыми, так как План управления ООРА должен быть одобрен всеми Консультативными Сторонами Договора об Антарктике на КСДА.

Подготовка проекта Плана управления

На начальных этапах подготовки Плана управления рекомендуется проведение широких консультаций на национальном и международном уровне по научным, экологическим аспектам и вопросам материально-технического обеспечения Плана, в зависимости от конкретной ситуации. Это может упростить прохождение Плана во время более официальной процедуры обсуждения на КСДА.

Заявителям на создание новых Районов настоятельно рекомендуется пользоваться соответствующими руководствами и справочной литературой в помощь при оценке, выборе, определении границ и предложении районов, требующих более высокого уровня охраны путем их определения в качестве ООРА, включая:

- *Руководство по реализации рамочных основ охраны районов в соответствии со Статьей 3 Приложения V к Протоколу* — Резолюция 1 (2000 г.);
- *Анализ экологических доменов антарктического континента* — Резолюция 3 (2008 г.);
- Ключевые орнитологические территории в Антарктике — Резолюция 5 (2015 г.);
- *Пересмотренные Заповедные биогеографические регионы Антарктики* — Резолюция 3 (2017 г.).

При рассмотрении определения нового ООРА заявителям рекомендуется проинформировать об этом КООС на начальной стадии (например, даже до конкретизации Плана управления районом) для возможности обсуждения предложений в контексте системы охраняемых районов в целом. Заявителям рекомендуется использовать *Руководство по проведению предварительной оценки необходимости определения ООРА и ОУРА* (Приложение 4, Заключительный отчет XX заседания КООС). В Руководстве приведен шаблон, содержащий практические и необязательные средства для упрощения предоставления информации в соответствии с руководящими принципами по предварительной оценке.

Иногда предложение о новом ООРА требует исключения из списка предварительно утвержденных ООРА. При таких обстоятельствах заявителям рекомендуется ознакомиться с *Руководством по отмене статуса ООРА* (Приложение 3, Заключительный отчет XXIII заседания КООС).

При пересмотре существующего Плана управления в качестве источника информации и инструмента для определения необходимых изменений и усовершенствований рекомендуется использование *Вопросника для проведения инспекций Особо охраняемых районов Антарктики и Особо управляемых районов Антарктики* (Резолюция 4 (2008 г.).

Представление проекта Плана управления на рассмотрение

Проект Плана управления представляется в КООС в виде приложения к Рабочему документу, разработанному в соответствии с требованиями пересмотренного *Руководства по представлению Рабочих документов, содержащих предложения, касающиеся Особо охраняемых районов Антарктики, Особо управляемых районов Антарктики или Исторических мест и памятников* – Резолюция 2 (2021 г.).

Если Район содержит морской компонент, отвечающий критериям Решения 9 (2005 г.) *Морские охраняемые районы и другие районы, представляющие интерес для АНТКОМ*, проект Плана управления должен также представляться на рассмотрение Комиссии АНТКОМ. Заявители должны принять меры, обеспечивающие получение какой-либо ответной информации от АНТКОМ (ежегодные заседания которой проводятся октябре/ноябре) до рассмотрения предложения в КООС.

Рассмотрение в КООС и на КСДА

КООС рассматривает План управления с учетом, если применимо, замечаний АНТКОМ. КООС может направить План управления либо на рассмотрение и утверждение КСДА, либо на межсессионное рассмотрение Вспомогательной группы по Планам управления (ВГПУ).

В соответствии с Техническим заданием (см. Приложение 1 к Заключительному отчету XIII заседания КООС) ВГПУ рассматривает каждый направляемый ей План управления, выдает рекомендации заявителю(-ям) по внесению изменений, рассматривает все пересмотренные варианты Плана управления, подготовленные в межсессионный период и представляет в КООС экспертное заключение. Откорректированный План управления и экспертное заключение для КООС затем рассматриваются на заседании КООС и, в случае одобрения, направляются на рассмотрение и утверждение КСДА.

В случае одобрения Плана управления КСДА принимается Мера в соответствии с положениями Статьи IX(1) Договора об Антарктике. Если Мера не содержит особой оговорки, План считается утвержденным по истечении 90 дней от даты закрытия КСДА, на котором он был одобрен, при условии отсутствия за этот период уведомления от одной или более Консультативных сторон на имя Депозитария с ходатайством о продления этого срока или извещением о невозможности утверждения Меры.

Пересмотр и корректировка Планов управления

В соответствии с требованиями Статьи 6(3) Приложения V к Протоколу План управления подлежит пересмотру и приведению в соответствие с текущими требованиями раз в пять лет. Обновленный План управления подлежит аналогичной процедуре согласования и утверждения.

При пересмотре Плана управления следует тщательно проанализировать необходимость дальнейшей охраны или поддержания охраны в районе обитания видов, популяции или разнообразие которых значительно увеличились. Следует также задуматься о том, имеют ли новые знания/исследования об изменении климата и его воздействии отношение к механизмам управления. Если охрана участка считается потенциально ненужной в Районе, где охраняемые виды исчезли, и/или экологические или научные ценности, для которых этот Район был определен, больше не актуальны, заявителям рекомендуется ознакомиться с *Руководством по отмене статуса ООРА* (Приложение 3, Заключительный отчет XXIII заседания КООС).

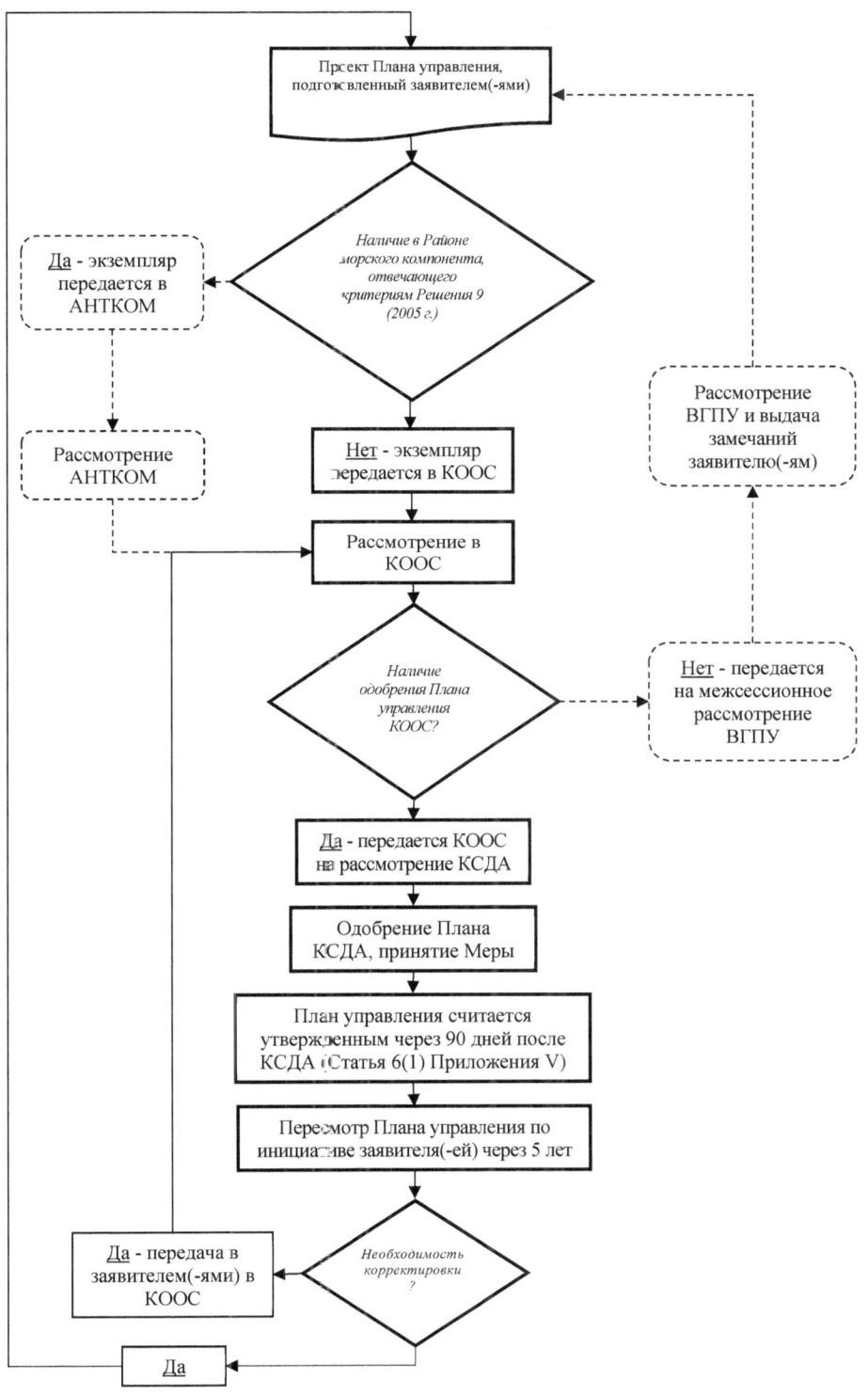

Заключительный отчет КСДА 46

Рисунок 1. Маршрутная карта согласования Планов управления ООРА Перед представлением проекта Плана управления ООРА в КООС заявителям рекомендуется представить в КООС в качестве приложения к рабочему документу заполненный шаблон предварительной оценки, как это предусмотрено в Руководстве по проведению предварительной оценки необходимости определения ООРА и ОУРА *(Приложение 4, Заключительный отчет XX заседания КООС)*

Приложение: Руководство по подготовке Планов управления Особо охраняемыми районами Антарктики

Приложение 1. Руководство по составлению карт, включаемых в Планы управления

Планы управления должны включать в себя одну обзорную мелкомасштабную карту с указанием местонахождения Района и всех других близлежащих Охраняемых районов и как минимум одну подробную карту территории Района с указанием элементов, необходимых для реализации задач, предусмотренных Планом управления:

1) На каждой карте должны быть указаны линии широты и долготы, а также приведена масштабная шкала. Следует избегать простого указания масштаба (например, 1:50000), так как при увеличении/уменьшении изображения карты эта информация становится бесполезной. Должна быть приведена проекция карты и нули высот и горизонтальной дальности.

2) Следует использовать новейшие данные о береговой линии, включая такие элементы, как шельфовые ледники, ледниковые языки и ледники. Отступание и продвижение ледников продолжает оказывать влияние на целый ряд территорий, что приводит к соответствующим изменениям границ Района. При использовании ледового образования в качестве признака границы следует указать дату и источник информации (например, топографическая съемка или космический снимок).

3) На картах должны быть отображены следующие элементы: все установленные маршруты; все особые зоны (например, Запретные зоны или Зоны ограниченного доступа), причалы для судов и/или посадочные площадки для вертолетов и точки доступа, места для размещения лагерей, сооружения и приюты, основные места скопления и размножения животных и все крупные участки с растительным покровом с четким указанием границы между ледяным/снежным покровом и территорией, свободной это льда. В целом ряде случаев следует включать в состав Плана и геологическую карту Района. Для большинства случаев рекомендуется нанесение на все карты Района изолиний с надлежащим интервалом. Изолинии, однако, не должны располагаться слишком близко друг к другу, чтобы не перекрывать нанесенные на карты другие элементы и обозначения.

4) Интервал нанесения изолиний должен подбираться в соответствии с масштабом карты.

5) При составлении карты следует иметь в виду, что она будет уменьшена примерно до размера 150 х 200 мм, чтобы поместиться в официальный отчет КСДА. Это имеет значение для подбора размера условных обозначений, интервалов изолиний и использования штриховки. Так как копии карт всегда выполняются в черно-белом цвете, применение различных цветов в оригинале карты для обозначения отличий между нанесенными элементами не допускается. Могут существовать и другие цветовые варианты карты Района, однако применительно к правовому положению о Плане управления именно черно-белый вариант карты в опубликованном Заключительном отчете Консультативного совещания является окончательным и именно он отражается в национальном законодательстве.

6) Если требуется оценка Района Комиссией АНТКОМ, на карте необходимо указать местонахождение близлежащих участков, включенных в Программу мониторинга экосистем (СЕМП) АНТКОМ. АНТКОМ ходатайствует о нанесении на карту, по возможности, мест расположения колоний птиц и тюленей и путей подхода со стороны моря.

7) Прочий иллюстративный материал может служить ценным вспомогательным средством при пользовании Планом управления в полевых условиях:

- следует иметь в виду, что хорошие контрастные снимки имеют большое значение для получения фотокопий надлежащего качества. Отбор хороших изображений или их оцифровка будет способствовать улучшению качества при фотокопировании плана. При включении в карты изображений

аэрофотоснимков или космических снимков необходимо указать источник и дату съемки;
- в некоторых Планах управления уже используются трехмерные модели местности, которые также могут предоставить важную информацию о местоположении при приближении к Району, особенно на вертолете. Такие рисунки требуют тщательного проектирования, чтобы не запутаться при уменьшении.

Приложение: Руководство по подготовке Планов управления Особо охраняемыми районами Антарктики

Контрольный список обязательных элементов нагрузки карты

1. **Основные элементы**

1.1 Название
1.2 Географические координаты (широта и долгота)
1.3 Оцифрованная масштабная шкала
1.4 Подробное пояснение условных обозначений
1.5 Правильные и утвержденные географические названия
1.6 Проекция карты и референц-эллипсоид
1.7 Стрелка, показывающая направление истинного меридиана
1.8 Интервал между изолиниями
1.9 Если используются данные изображения, то дата получения изображения

2. **Основные элементы рельефа**

2.1 Береговая линия, скалы и льды
2.2 Вершины гор и линии горных хребтов
2.3 Края и другие элементы ледников
2.4 Точки тахеометрической съемки (соответственно обозначенные) и высотные отметки

3. **Физико-географические элементы**

3.1 Озера, водоемы, водотоки
3.2 Морены, каменистые осыпи, скалы, отлогий морской берег
3.3 Береговые полосы
3.4 Растительность
3.5 Колонии птиц и тюленей

4. **Антропогенные элементы**

4.1 Станция
4.2 Полевые приюты, убежища
4.3 Места для размещения лагерей
4.4 Дороги и маршруты для транспортных средств, пешеходные тропы
4.5 Посадочные площадки для самолетов с неизменяемой геометрией крыла и вертолетов
4.6 Причалы и пристани
4.7 Источники электропитания и кабели
4.8 Антенны
4.9 Районы складов горючего
4.10 Резервуары воды и трубопроводы
4.11 Места скрытого размещения запасов продовольствия
4.12 Указательные знаки и таблички
4.13 Исторические места, памятники материальной культуры, места археологических раскопок
4.14 Научные сооружения и места отбора проб и образцов
4.15 Загрязненные и видоизмененные участки

5. **Границы**

5.1 Граница Района
5.2 Границы особых зон или районов. Границы внутренних охраняемых районов
5.3 Знаки обозначения границы (включая пирамиды из камней)
5.4 Маршруты подхода морских/воздушных судов
5.5 Навигационные знаки и маяки

5.6   Точки съемки и геодезические знаки на местности

Все карты в составе Плана должны составляться в соответствии с этими требованиями.

По окончании составления проекта карты следует проверить качество нанесения картографических элементов в контексте:

- соблюдения баланса элементов;
- качества штриховки для выделения элементов с учетом отсутствия путаницы после фотокопирования и надлежащего выделения штриховкой степени важности отображенного элемента;
- правильности и соответствия текстовой информации, отсутствия взаимного наложения данных;
- правильности пояснений условных обозначений и их соответствия системе картографических условных знаков, одобренных СКАР;
- надлежащей отчетливости текста на всех данных фотоизображений.

Приложение: Руководство по подготовке Планов управления Особо охраняемыми районами Антарктики

Приложение 2. Форма отчета о посещении Особо охраняемого района Антарктики (ООРА)

1) Номер ООРА:
2) Название ООРА:
3) Номер разрешения:
4) Срок действия разрешения с: по:
5) Название национальной инстанции, выдавшей разрешение:
6) Дата представления отчета:
7) Контактная информация о Главном держателе разрешения: Ф.И.О.: Должность: Тел: Эл. почта:
8) Количество лиц, которым разрешено посещение Района: посетивших Район:
9) Список всех лиц, посетивших Район по данному разрешению:
10) Цели и задачи посещения Района по данному разрешению:
11) Дата(-ы) и продолжительность посещения(-ий) по данному разрешению:
12) Вид транспорта в/из и внутри Района:
13) Краткий обзор деятельности, проводившейся в Районе:
14) Описание отобранных образцов и места отбора (тип, количество и условия по отбору образцов, включенные в разрешения):
15) Описание и месторасположение установленных/изъятых указательных знаков, приборов или оборудования или выпуска любых веществ в окружающую среду (с указанием предполагаемого срока нахождения в Районе вновь установленных средств):
16) Меры соблюдения требований Плана управления, принятые во время посещения:
17) На прилагаемой карте Района просим указать (по принадлежности): место(-а) расположения полевого лагеря, передвижения или маршруты по суше/морю/воздуху, места отбора проб, установки оборудования, преднамеренного выпуска веществ, не зарегистрированных ранее особо значимых воздействий или особенностей. По возможности укажите GPS-координаты этих мест:
18) Любая другая информация или комментарии, а именно: • Результаты наблюдений за воздействием деятельности человека на Район, отдельно по данному посещению и по предшествующим посещениям других лиц:

- Оценка соответствия уровня охраны ценностей Района, по которым он был определен:
- Особенности исключительной важности, ранее не зарегистрированные в Районе:
- Рекомендации по дальнейшим мерам по управлению, необходимым для охраны Района, включая места расположения и оценку состояния сооружений, знаков и т.д.:
- Любые отклонения от положений Плана управления во время посещения с указанием дат, масштабности и мест, где были допущены отклонения:

Приложение 3. Шаблон Планов управления Особо охраняемыми районами Антарктики

План управления Особо охраняемым районом Антарктики № [XXX]

[УКАЖИТЕ НАЗВАНИЕ ОХРАНЯЕМОГО РАЙОНА]

Введение

Рекомендации по содержанию данного раздела Планов управления изложены в Руководстве по подготовке Планов управления Особо охраняемыми районами Антарктики (Руководство). Здесь не приведены какие-либо стандартные формулировки ввиду специфики содержания данного раздела для каждого рассматриваемого Района.

[Изложите информацию, касающуюся рассматриваемого Района]

1. Описание охраняемых ценностей

Рекомендации по содержанию данного раздела Планов управления приведены в Разделе 1 Руководства. Здесь не приведены какие-либо стандартные формулировки ввиду специфики содержания данного раздела для каждого рассматриваемого Района.

[Изложите информацию, касающуюся рассматриваемого Района]

2. Цели и задачи

Многие уже действующие Планы управления имеют схожие цели и задачи. Разработан пакет рекомендуемых стандартных формулировок, которые можно использовать, изменять или исключать, в зависимости от их применимости к рассматриваемому Району (см. ниже). Заявителям предлагается определить конкретные цели и задачи для рассматриваемого района с учетом рекомендаций по содержанию данного раздела Плана управления, изложенных в Разделе 2 Руководства.

Целями управления [укажите название Района] являются:

- предупреждение ухудшения или значительного риска ухудшения состояния ценностей Района путем предотвращения излишнего антропогенного воздействия;
- предупреждение ухудшения или риска существенного ухудшения состояния ценностей Района, его характерных особенностей и артефактов путем предотвращения излишнего нарушения человеком экологического баланса через организацию управляемого доступа к [указать конкретный приют];
- разрешение научных исследований в Районе только при наличии неопровержимых доводов такой необходимости, невозможности их проведения в любом другом месте и при условии, что они не сопряжены с опасностью нарушения естественной экосистемы Района;
- предотвращение или сведение к минимуму внедрения в Район чужеродных растений, животных и микроорганизмов;
- сведение к минимуму вероятности интродукции патогенов, способных вызвать заболевания объектов фауны, населяющих территорию Района;
- сохранение [укажите часть] естественной экосистемы Района в качестве эталонной для будущих сравнительных исследований;

- поддержание состояния исторических ценностей Района путем природоохранного планирования и реализации программ археологических исследований;
- [изложите дополнительную информацию, касающуюся рассматриваемого Района].
- *Для Районов, в которые разрешен доступ в образовательных и просветительских целях, можно рассмотреть возможность использования нижеприведенных формулировок:*
- разрешение в Районе деятельности образовательного и просветительского характера при наличии неопровержимых доводов такой необходимости, невозможности ее проведения в любом другом месте и при условии, что она не сопряжена с опасностью нарушения естественной экосистемы Района;
- [изложите дополнительную информацию, касающуюся рассматриваемого района].

3.   Меры управления

Многие уже действующие Планы управления имеют схожие формулировки в данном разделе. Разработан пакет рекомендуемых стандартных формулировок, которые можно использовать, изменять или исключать, в зависимости от их применимости к рассматриваемому Району (см. ниже). Заявителям предлагается определить конкретные виды деятельности по управлению рассматриваемым районом с учетом рекомендаций по содержанию данного раздела Плана управления, изложенных в Разделе 3 Руководства.

Не требуется.

[Укажите вид информации] по широкому освещению месторасположения Района [с указанием специальных применимых ограничений] и [укажите место размещения информации], где должны быть представлены материалы данного Плана управления.

Материалы данного Плана управления [и информационный материал] должны быть доступны для судов [и авиасредств] [указать: совершающих маршруты/ планирующих посетить/находящихся/эксплуатирующихся в] окрестностях Района.

Знаки, определяющие местонахождение и границы, с четкой формулировкой ограничений по доступу должны быть установлены в надлежащих местах на границе Района [и зоны ограниченного доступа] для предупреждения непреднамеренного доступа.

Указатели, знаки или иные сооружения (например, ограждения, пирамиды из камней), возведенные на территории Района в научных целях или в целях управления должны быть надежно закреплены, поддерживаемы в хорошем состоянии и удалены, как только в них отпадет необходимость.

В соответствии с положениями Приложения III к Проколу по охране окружающей среды к Договору об Антарктике брошенное оборудование или материалы должны быть удалены в максимально возможной степени, при условии, что эти работы не будут сопряжены с отрицательным воздействием на окружающую среду и ценности Района.*

Посещение Района должно осуществляться по необходимости [, но не реже одного раза в пять лет,] для оценки его соответствия целям, для которых он был определен, и обеспечения требуемой деятельности по управлению [и техническому обеспечению].

Разрешения на посещение должны выдаваться по мере необходимости в целях изучения и мониторинга антропогенных изменений, могущих нанести ущерб охраняемым ценностям Района, в частности [укажите конкретный вид деятельности]. Деятельность по изучению воздействия и мониторингу должна проводиться с максимально возможным использованием неинвазивных методов контроля.

Приложение: Руководство по подготовке Планов управления Особо охраняемыми районами Антарктики

Осуществляемые в Районе национальные антарктические программы должны взаимно согласовываться соответствующими Сторонами с целью обеспечения реализации вышеуказанной деятельности по управлению.

План управления подлежит пересмотру и приведению в соответствие с текущими требованиями не реже одного раза в пять лет.*

Специалисты [персонал, участвующий в национальных программах, полевых экспедициях, туристы и летный состав], работающие поблизости, осуществляющие доступ к Району или выполняющие над ним полет, должны проходить специальный инструктаж по положениям и содержанию Плана управления, который должен проводиться национальной программой [или соответствующей национальной инстанцией].

Весь летный состав, выполняющий полеты в регионе, должен быть проинформирован о местонахождении, границах и ограничениях по доступу в Район и пролету над ним.

[Изложите дополнительную информацию, касающуюся рассматриваемого района]

4. *Период определения*

Многие уже действующие Планы управления имеют схожие формулировки в данном разделе. Разработаны рекомендуемые формулировки, которые можно использовать по применимости (см. ниже) Рекомендации по содержанию данного раздела Планов управления изложены в Разделе 4 Руководства.

Определен на неограниченный период времени. / Определен на срок [x] лет.

5. *Карты*

Рекомендации по содержанию данного раздела Планов управления изложены в Разделе 5 Руководства. Руководство по составлению карт изложено в Приложении 1 к Руководству. Здесь не приведены какие-либо стандартные формулировки ввиду специфики содержания данного раздела для каждого рассматриваемого Района. Тем не менее заявители могут использовать следующий предлагаемый формат:

[Карта X, Название карты X

Карта Y, Название карты Y

Карта Z, Название карты Z]

6. *Описание Района*

Общие рекомендации по содержанию данного раздела Планов управления изложены в Разделе 6 Руководства. Изложение материала должно быть разбито на подразделы в соответствии с нижеприведенными заголовками.

6(i) **Географические координаты, специальные знаки и характерные естественные признаки, определяющие границы**

Рекомендации по содержанию данного подраздела Планов управления изложены в Разделе 6(i) Руководства. Здесь не приведены какие-либо стандартные формулировки ввиду специфики содержания данного подраздела для каждого рассматриваемого Района.

[Изложите информацию, касающуюся рассматриваемого Района]

6(ii) **Доступ в Район**

Рекомендации по содержанию данного подраздела Планов управления изложены в Разделе 6(ii) Руководства. Здесь не приведены какие-либо стандартные формулировки ввиду специфики содержания данного подраздела для каждого рассматриваемого Района.

[Изложите информацию, касающуюся рассматриваемого Района]

6(iii) Местонахождение сооружений в пределах и вблизи Района

Рекомендации по содержанию данного подраздела Планов управления изложены в Разделе 6(iii) Руководства. Здесь не приведены какие-либо стандартные формулировки ввиду специфики содержания данного подраздела для каждого рассматриваемого Района.

[Изложите информацию, касающуюся рассматриваемого Района]

6(iv) Местонахождение других близлежащих охраняемых районов

Рекомендации по содержанию данного подраздела Планов управления изложены в Разделе 6(iii) Руководства. Здесь не приведены какие-либо стандартные формулировки ввиду специфики содержания данного подраздела для каждого рассматриваемого Района. Тем не менее заявители могут использовать следующий предлагаемый формат (например, ООРА 167, остров Хоукер, 68°35' южной широты, 77°50' восточной долготы, 22 км на северо-восток):

[Другие близлежащие охраняемые Районы (см. карту XX):

ООРА XXX, название охраняемого Района, широта, долгота, XX км на [направление]

ООРА YYY, название охраняемого Района, широта, долгота, XX км на [направление]

и т. д.]

6(v) Особые зоны в Районе

Для условий наличия таких зон рекомендации по содержанию данного подраздела Планов управления изложены в Разделе 6(v) Руководства. При отсутствии каких-либо особых зон можно использовать нижеприведенную стандартную формулировку. Иные стандартные формулировки не приведены ввиду специфики содержания данного подраздела для каждого рассматриваемого Района.

На территории Района нет специальных зон. / [Изложите информацию, касающуюся рассматриваемого Района]

7. *Условия выдачи Разрешений для доступа*

7(i) Общие условия выдачи Разрешений

Многие уже действующие Планы управления имеют схожие формулировки в данном подразделе. Разработан пакет рекомендуемых стандартных формулировок, которые можно использовать, изменять или исключать, в зависимости от их применимости к рассматриваемому Району (см. ниже). Заявителям предлагается определить конкретные условия выдачи разрешений с учетом рекомендаций по содержанию данного подраздела Плана управления, изложенных в Разделе 7(i) Руководства.

Доступ в Район возможен только на основании Разрешения, которое выдается соответствующим государственным органом. Условия выдачи Разрешения на доступ в Район:*

- разрешение выдается на основании весомых научных целей, которые не могут быть достигнуты в другом месте, или по важным причинам, связанным с управлением Районом;
- разрешаемая деятельность не противоречит положениям данного Плана управления;*
- разрешаемая деятельность обеспечивает надлежащее встречное удовлетворение необходимости проведения оценки воздействия на окружающую среду для поддержания уровня охраны [экологических, научных, исторических, эстетических или первозданных] ценностей Района;
- разрешение выдается на определенный срок;

Приложение: Руководство по подготовке Планов управления Особо охраняемыми районами Антарктики

- разрешение имеется при себе в период пребывания в Районе;*
- [Изложите дополнительную информацию, касающуюся рассматриваемого Района]

Для Районов, в которые разрешен доступ в образовательных и просветительских целях, можно рассмотреть возможность использования нижеприведенных формулировок:

- при наличии исключительной научной, образовательной или просветительской необходимости, которая не может быть удовлетворена в любом другом Районе, или по жизненно важным причинам, связанным с управлением Районом;
- [Изложите дополнительную информацию, касающуюся рассматриваемого Района]

7(ii) Доступ в Район и передвижение внутри и над ним

Многие уже действующие Планы управления имеют схожие формулировки в данном подразделе. Разработан пакет рекомендуемых стандартных формулировок, которые можно использовать, изменять или исключать, в зависимости от их применимости к рассматриваемому Району (см. ниже). Заявителям предлагается определить конкретное содержание подраздела с учетом особенностей Района и рекомендаций по содержанию данного подраздела Плана управления, изложенных в Разделе 7(ii) Руководства.

Использование наземных транспортных средств на территории Района запрещено, передвижение возможно только пешком.

Использование транспортных средств на территории Района должно быть сведено к минимуму.

Минимальным требованием по выполнению воздушных операций над Районом является их соответствие положениям Руководства по осуществлению воздушных операций вблизи скоплений птиц, содержащегося в Резолюции 2 (2004 г.).

Применение дистанционно пилотируемых авиационных систем (ДПАС) в пределах Района должно как минимум соответствовать требованиям положений Руководства по экологическим аспектам использования дистанционно пилотируемых авиационных систем (ДПАС) в Антарктике (ред. 1.1) (Резолюция 4 (2018 г.).

Движение пешеходов должно быть сведено к минимуму, необходимому для осуществления разрешенной деятельности; при этом следует принимать все возможные меры для минимизации таких последствий вытаптывания.

Пешеходное передвижение внутри Района должно осуществляться только по установленным маршрутам.

При отсутствии установленных маршрутов пешеходное передвижение должно быть сведено к минимальному объему, необходимому для выполнения разрешенной деятельности, с принятием всех надлежащих мер по максимальному уменьшению степени вытаптывания поверхности передвижения.

Посетители должны избегать участков с видимой растительностью и соблюдать осторожность при ходьбе по водонасыщенным участкам суши, особенно в районе русел водных потоков, где пешеходное движение может легко нанести ущерб уязвимым грунтам, растениям и водорослевым сообществам и привести к ухудшению качества воды.

[Изложите дополнительную информацию, касающуюся рассматриваемого Района]

7(iii) Разрешенная деятельность в Районе

Многие уже действующие Планы управления имеют схожие формулировки в данном подразделе. Разработан пакет рекомендуемых стандартных формулировок, которые можно использовать, изменять или исключать, в зависимости от их применимости к рассматриваемому Району (см. ниже). Заявителям предлагается определить конкретное содержание подраздела с учетом особенностей Района и рекомендаций по содержанию данного подраздела Плана управления, изложенных в Разделе 7(iii) Руководства.

Разрешенная деятельность в Районе включает в себя:

- крайне необходимые научные исследования, которые не могут быть проведены в каком-либо другом Районе;
- отбор проб и образцов в минимально необходимом количестве для утвержденных программ научных исследований;
- сохранение и поддержание качества окружающей среды;
- основные мероприятия по управлению, включая мониторинг;
- оперативная деятельность по технической поддержке научных исследований или управления внутри или за пределами Района, включая посещения для оценки эффективности Плана управления и деятельности по управлению;
- [Изложите дополнительную информацию, касающуюся рассматриваемого Района, включая информацию о возможной необходимости последующего активного управления территорией]

Для Районов, в которые разрешен доступ туристов (например, исторические места и памятники определены в качестве ООРА) или посещения в образовательных и просветительских целях, на рассмотрение предлагаются следующие формулировки:

- посещения туристов;
- деятельность, связанная с образовательными и просветительскими целями;
- [Изложите дополнительную информацию, касающуюся рассматриваемого Района]

7(iv) Возведение, реконструкция и удаление сооружений

Многие уже действующие Планы управления имеют схожие формулировки в данном подразделе. Разработан пакет рекомендуемых стандартных формулировок, которые можно использовать, изменять или исключать, в зависимости от их применимости к рассматриваемому Району (см. ниже). Заявителям предлагается определить конкретное содержание подраздела с учетом особенностей Района и рекомендаций по содержанию данного подраздела Плана управления, изложенных в Разделе 7(iv) Руководства.

На территории Района запрещается возведение каких-либо [новых] сооружений или установка какого-либо научного оборудования за исключением случаев крайней научной необходимости или требований управления и только на заранее установленный срок, оговоренный в разрешении.

Запрещается возведение постоянных зданий и сооружений [за исключением постоянных геодезических знаков и знаков, определяющих границы].

На территории Района запрещается возведение каких-либо [новых] сооружений или установка какого-либо научного оборудования.

Все сооружения, научное оборудование и указатели, возводимые/устанавливаемые на территории Района, подлежат четкой идентификации с указанием страны, наименования основной исследовательской организации, года возведения/установки и даты планируемого удаления.

Все указанные позиции не должны содержать организмов, стадий, служащих для размножения (например, семена, яйца) и должны быть выполнены из материалов, способных выдерживать условия окружающей среды и представляющих минимальную опасность загрязнения окружающей среды Района.

Приложение: Руководство по подготовке Планов управления Особо охраняемыми районами Антарктики

Работы по установке (включая выбор площадки), техническому обслуживанию, реконструкции или удалению сооружений и оборудования должны выполняться с учетом обеспечения минимального воздействия на ценности Района.

Существующие сооружения удалению не подлежат, за исключением случаев на условиях разрешения.

Здания и сооружения должны быть удалены как только в них отпадет необходимость или по истечении срока действия разрешения, в зависимости от того, что наступит ранее.

Ответственность за удаление специальных сооружений или оборудования, на которые истек срок разрешения, несет [инстанция, выдавшая оригинал разрешения, что должно являться] условием выдачи Разрешения.

[Изложите дополнительную информацию, касающуюся рассматриваемого Района]

7(v)   Размещение полевых лагерей

В большинстве случаев содержание данного подраздела будет носить специфический характер, присущий рассматриваемому Району. Заявителям предлагается определить конкретное содержание подраздела с учетом особенностей Района и рекомендаций по содержанию данного подраздела Плана управления, изложенных в Разделе 7(v) Руководства. Для Районов, на территории которых запрещается размещение полевых лагерей или имеются места для размещения полевых лагерей, на рассмотрение предлагаются следующие формулировки:

Размещение лагерей на территории Района запрещается.

Существующие места для размещения полевых лагерей площадки следует использовать по возможности.

[Изложите дополнительную информацию, касающуюся рассматриваемого Района]

7(vi)   Ограничения на ввоз в Район материалов и организмов

Многие уже действующие Планы управления имеют схожие формулировки в данном подразделе. Разработан пакет рекомендуемых стандартных формулировок, которые можно использовать, изменять или исключать, в зависимости от их применимости к рассматриваемому Району (см. ниже). Заявителям предлагается определить конкретное содержание подраздела с учетом особенностей Района и рекомендаций по содержанию данного подраздела Плана управления, изложенных в Разделе 7(vi) Руководства.

Помимо требований Протокола по охране окружающей среды к Договору об Антарктике, вводятся следующие ограничения на ввоз в Район указанных ниже материалов и организмов:

- преднамеренное внедрение в Районе животных, растительных материалов, микроорганизмов и нестерильной почвы запрещается. Следует принимать необходимые меры предосторожности по предотвращению непреднамеренного внедрения животных, растительных материалов, микроорганизмов и нестерильной почвы из других биологически отличающихся регионов (подпадающих и не подпадающих под действие Договора об Антарктике).* Особые меры обеспечения биологической безопасности для данного Района приведены ниже:
- [изложите особые меры для данного Района];
- хранение горючего и химических веществ в Районе не допускается, за исключением случаев на особых условиях Разрешения. Способы хранения и обращения с этими веществами должны обеспечивать сведение к минимуму вероятности их непреднамеренного попадания в окружающую среду.

- ввоз материалов в Район разрешается только на оговоренный срок, и они подлежат удалению к концу установленного срока;
- [Изложите дополнительную информацию, касающуюся рассматриваемого Района]

7(vii) Изъятие или вредное вмешательство в местную флору и фауну

Многие уже действующие Планы управления имеют схожие формулировки в данном подразделе. Разработан пакет рекомендуемых стандартных формулировок, которые можно использовать, изменять или исключать, в зависимости от их применимости к рассматриваемому Району (см. ниже). Заявителям предлагается определить конкретное содержание подраздела с учетом особенностей Района и рекомендаций по содержанию данного подраздела Плана управления, изложенных в Разделе 7(vii) Руководства.

Изъятие или вредное вмешательство в жизнь местной флоры и фауны запрещается, если иное не оговорено в разрешении, выданном в соответствии с требованиями Приложения II к Протоколу по охране окружающей среды к Договору об Антарктике.*

В случае изъятия или вредного вмешательства в жизнь животных следует руководствоваться разработанным СКАР Кодексом поведения при использовании животных в научных целях в Антарктике в качестве минимального стандарта.

[Изложите дополнительную информацию, касающуюся рассматриваемого Района]

7(viii) Сбор или вывоз из Района материалов, не ввезенных держателем Разрешения

Многие уже действующие Планы управления имеют схожие формулировки в данном подразделе. Разработан пакет рекомендуемых стандартных формулировок, которые можно использовать, изменять или исключать, в зависимости от их применимости к рассматриваемому Району (см. ниже). Заявителям предлагается определить конкретное содержание подраздела с учетом особенностей Района и рекомендаций по содержанию данного подраздела Плана управления, изложенных в Разделе 7(viii) Руководства.

При отсутствии особых условий, оговоренных в разрешении, лицам, посещающим Район, запрещается вмешиваться в состояние, трогать руками, брать с собой или наносить ущерб каким-либо оговоренным историческим местам или памятникам или антропогенным предметам, отвечающим критериям Резолюции 5 (2001 г.). Аналогично вышесказанному, перемещение или удаление предметов материальной культуры в целях обеспечения их сохранности, охраны или перепроверки исторической ценности разрешается только при наличии разрешения. Обо всех обнаруженных новых или вновь выявленных антропогенных материалах следует уведомлять соответствующий национальный орган.

Прочие материалы антропогенного происхождения, которые могут нанести ущерб ценностям Района и которые не были ввезены в Район держателем Разрешения или санкционированы иным образом, могут быть вывезены при условии, что воздействие на окружающую среду при их удалении не будет превышать ущерб от оставления этих материалов на месте; в этом случае необходимо проинформировать соответствующий национальный орган и получить его одобрение.

[Изложите дополнительную информацию, касающуюся рассматриваемого Района]

7(ix) Удаление отходов

Многие уже действующие Планы управления имеют схожие формулировки в данном подразделе. Разработан пакет рекомендуемых стандартных формулировок, которые можно использовать, изменять или исключать, в зависимости от их применимости к рассматриваемому Району (см. ниже). Заявителям предлагается определить конкретное содержание подраздела с учетом особенностей Района и рекомендаций по содержанию данного подраздела Плана управления, изложенных в Разделе 7(ix) Руководства.

Все отходы, включая все отходы жизнедеятельности человека, подлежат вывозу из Района.

Все отходы, за исключением отходов, образующихся в результате жизнедеятельности человека, подлежат удалению из Района. [Хотя удаление из Района отходов, образующихся в результате жизнедеятельности человека, является более предпочтительным, допускается их сброс в море].

Отходы, образующиеся в результате деятельности на территории Района, должны временно складироваться и храниться (подробно укажите место для складирования и хранения отходов) таким образом, чтобы исключить возможность их попадания в окружающую среду, и подлежат удалению по окончании деятельности.

[Изложите дополнительную информацию, касающуюся рассматриваемого Района]

7 (x) Меры по обеспечению дальнейшей реализации целей и задач Плана управления

Многие уже действующие Планы управления имеют схожие формулировки в данном подразделе. Разработан пакет рекомендуемых стандартных формулировок, которые можно использовать, изменять или исключать, в зависимости от их применимости к рассматриваемому Району (см. ниже). Заявителям предлагается определить конкретное содержание подраздела с учетом особенностей Района и рекомендаций по содержанию данного подраздела Плана управления изложенных в Разделе 7(x) Руководства.

Разрешения на доступ в Район могут выдаваться в следующих целях:

- проведение мониторинга и инспектирования Района, что может предусматривать отбор небольшого количества образцов или данных для анализа или рассмотрения;
- для установки или обслуживания указательных знаков, сооружений или научного оборудования;
- проведение профилактических мероприятий;
- [Изложите дополнительную информацию, касающуюся рассматриваемого Района]

Все специальные участки долгосрочного мониторинга должны быть надлежащим образом обозначены на местности и на картах Района. Должны быть определены GNSS-координаты их местоположения для включения в Систему каталогов антарктических данных через соответствующую национальную инстанцию.

Для обеспечения сохранения экологических и научных ценностей, лица, посещающие Район, должны принимать особые меры предосторожности по предотвращению внедрения чужеродной среды. Особое внимание следует уделять предотвращению внедрения микробиальной, животной или растительной среды с грунтом из других территорий Антарктики, включая станции и регионы за пределами Антарктики. Лица, посещающие Район, должны проводить тщательную очистку обуви, одежды и любого оборудования, в особенности оборудования для полевых лагерей и отбора проб, до их попадания в Район.

Во избежание создания помех для долгосрочных научных исследований и мониторинга или дублирования деятельности, лица, планирующие реализацию новых проектов на территории Района, должны ознакомиться с уже существующими программами и/или провести консультации с соответствующими национальными инстанциями.

[Изложите дополнительную информацию, касающуюся рассматриваемого Района]

7(xi) Требования к отчетам

Многие уже действующие Планы управления имеют схожие формулировки в данном подразделе. Разработан пакет рекомендуемых стандартных формулировок, которые можно использовать, изменять или исключать, в зависимости от их применимости к рассматриваемому Району (см. ниже). Заявителям предлагается определить конкретное содержание подраздела с учетом особенностей Района и рекомендаций по содержанию данного подраздела Плана управления изложенных в Разделе 7(xi) Руководства.

Главный держатель разрешения на посещение Района должен представить отчет соответствующей национальной инстанции в максимально короткий срок, но не позднее шести месяцев от даты завершения посещения.*

Эти отчеты должны содержать, в зависимости от конкретного случая, информацию, указанную в форме отчета о посещении, приведенной в Руководстве по подготовке Планов управления Особо охраняемыми районами Антарктики. По мере возможности национальному органу рекомендуется направить экземпляр отчета о посещении также Стороне, которая подготовила План управления, в качестве вспомогательного материала для управления Районом и пересмотра Плана управления.

Сторонам следует по возможности размещать оригиналы или копии таких отчетов о посещении в общедоступном архиве для учета пользования материалами в целях какого-либо пересмотра плана управления и в качестве организационной меры по использованию Района в научных целях.

[Изложите дополнительную информацию, касающуюся рассматриваемого Района]

8. Сопроводительная документация

Рекомендации по содержанию данного раздела Планов управления приведены в Разделе 8 Руководства. Здесь не приведены какие-либо стандартные формулировки ввиду специфики содержания данного раздела для каждого рассматриваемого Района.

[Изложите информацию, касающуюся рассматриваемого Района]

Резолюция 2 (2024 г.)

Общее руководство для посетителей Антарктики

Представители,

напоминая о Рекомендации XVIII-1 (1994 г.) с приложением к ней общего Руководства для тех, кто занимается организацией и проведением туристической и неправительственной деятельности в Антарктике, и Резолюции 3 (2011 г.) с приложением Общего руководства для посетителей Антарктики («Общее руководство»);

напоминая о Резолюции 4 (2021 г.), в приложении к которой содержатся обновленное Общее руководство;

напоминая, что на XLV КСДА (2023 г.) СДА было поручено рассмотреть в рамках имеющихся ресурсов все соответствующие документы Договора об Антарктике, относящиеся к текущему и будущему сотрудничеству, чтобы предоставить варианты для возможного принятия КСДА, которые обеспечат гендерно-нейтральные формулировки в этих документах;

отмечая, что Секретариат пересмотрел действующее Общее руководство и подготовил проект пересмотренного Общего руководства на всех официальных языках Договора об Антарктике для устранения несоответствий с Руководством Организации Объединенных Наций по учету гендерной специфики в устной и письменной речи («Руководство ООН»);

желая заменить в настоящее время только текущую англоязычную версию Правил процедуры КСДА;

также желая представить французскую, русскую и испанскую версии проекта Общего руководства для корректуры с тем, чтобы содержание их текущих положений не было изменено;

рекомендуют своим правительствам:

1. Попросить Секретариат заменить англоязычную версию Общего руководства, которая в настоящее время размещена на его веб-сайте, на пересмотренную версию, прилагаемую к настоящей Резолюции; и

2. Попросить Секретариат направить французскую, русскую и испанскую версии проекта пересмотренного Общего руководства на корректуру для представления на рассмотрение 47-го Консультативного совещания по Договору об Антарктике.

Общее руководство для посетителей Антарктики

Примечание редактора: Прилагаемые рекомендации на русском языке являются оригинальными, принятыми Резолюцией 4 (2021).

Общее руководство распространяется на всех посетителей и всю деятельность в районе действия Договора об Антарктике[1]. Все посещения Антарктики должны проводиться в соответствии с Договором об Антарктике, Протоколом по охране окружающей среды к нему и соответствующими мерами, решениями и резолюциями, принятыми на Консультативных совещаниях по Договору об Антарктике (КСДА). Вся деятельность должна подлежать оценке воздействия на окружающую среду и получить предварительное одобрение/разрешение или соответствовать всем требованиям соответствующего Национального компетентного органа.

Настоящее руководство содержит общие указания по посещению различных мест, направленные на предупреждение отрицательного воздействия посещений на окружающую среду Антарктики, ее научные, природные и эстетические ценности. Принятые КСДА Правила поведения для посетителей участков содержат дополнительные рекомендации в отношении некоторых мест. Также могут применяться правила в отношении определенных рисков, таких как использование летательных аппаратов или недопущение интродукции неместных видов.

Перед посещением Антарктики ознакомьтесь с данным руководством и спланируйте, как свести свое воздействие к минимуму.

Если вы являетесь частью группы посетителей, соблюдайте это руководство, обращайте внимание на своих гидов и следуйте их инструкциям. Если вы являетесь организатором своего собственного посещения или посещения группы и соответствующих мероприятий, вы несете ответственность за соблюдение данного руководства. Вы также несете ответственность за определение объектов на посещаемых вами участках, которые могут быть уязвимы к воздействию посетителей, и за соблюдение любых специальных требований, касающихся охраняемых территорий, исторических мест и памятников, действий или рисков. Специальные требования могут быть включены в принятые КСДА Правила поведения для посетителей участков, Планы управления Особо охраняемыми районами Антарктики (ООРА) и Особо управляемыми районами Антарктики (ОУРА), или в правила посещения станций.

ОХРАНА ФАУНЫ АНТАРКТИКИ	
ФАУНА	• Изъятие или вредное вмешательство в жизнь антарктической фауны запрещено.
	• Находясь в непосредственной близости от представителей фауны на суше или в море, двигайтесь или маневрируйте медленно и осторожно, старайтесь как можно меньше шуметь.
	• Чтобы не беспокоить представителей фауны, держитесь на достаточном расстоянии от них — обычно не менее 5 м на суше, хотя во многих случаях может потребоваться большее расстояние. Соблюдайте все указания относительно

---

[1] Признается, что для научной и официальной правительственной деятельности возможны исключения из применения элементов данного руководства, если это требуется для осуществления такой деятельности и если такая деятельность была предварительно одобрена Национальным компетентным органом и отвечает всем требованиям соответствующего национального органа.

	расстояний, указанные в правилах для конкретных видов или участков.
	• Всегда уступайте дорогу представителям фауны и не блокируйте их пути доступа между морем и сушей, местами гнездования или другими пунктами назначения.
	• Представители фауны могут изменить свое поведение, если их потревожить. Следите за поведением представителей фауны. Если представители фауны меняют свое поведение (встают, тревожно поворачивают голову, начинают издавать звуки и т. д.), перестаньте двигаться или медленно увеличивайте расстояние.
	• Не заходите на территорию колонии и ведите наблюдение с безопасного расстояния. Представители фауны особенно чувствительны к беспокойству в период размножения (в т. ч. гнездования) или линьки.
	• Все ситуации – разные. Учитывайте топографию и специфические особенности участка, потому что они могут повлиять на уязвимость представителей фауны к вмешательству.
	• Следите за тем, куда вы ступаете, чтобы не наступить на яйца, птенцов или гнезда поморников, пингвинов или буревестников.
	• Запрещается использовать беспилотные летательные аппараты вблизи представителей фауны.
	• Не кормите представителей фауны и не оставляйте после себя пищу или объедки.
РАСТИТЕЛЬНОСТЬ	• Растительность, включая мхи и лишайники, является хрупкой и растет очень медленно. Не ходите, не ездите и не приземляйтесь там, где растут мхи или лишайники, чтобы не повредить их.
	• Путешествуя пешком, по возможности придерживайтесь установленных маршрутов, чтобы свести к минимуму нарушение или повреждение почвы и покрытых растительностью поверхностей. Если дорожек нет, тщательно выбирайте маршрут, идите самым коротким путем, избегая растительности, хрупкой грунтовой местности, каменистых осыпей на склонах и фауны.
ИНТРОДУКЦИЯ НЕМЕСТНЫХ ВИДОВ И ПАТОГЕНОВ	• Не ввозите в Антарктику никаких растений или представителей фауны.
	• Чтобы предотвратить занесение неместных видов и болезней, тщательно вымойте обувь и очистите все оборудование, включая одежду, сумки, треноги, палатки и трости, прежде чем брать их в Антарктику. Обратите особое внимание на подошвы ботинок, застежки-липучки и карманы, которые могут содержать почву или семена. Автотранспортные средства и летательные аппараты также должны быть очищены.
	• Чтобы предотвратить перенос неместных видов и болезней между участками Антарктики, убедитесь, что вся одежда, обувь и оборудование тщательно очищены, прежде чем перемещаться между участками и регионами.

Приложение: Общее руководство для посетителей Антарктики

СОБЛЮДАЙТЕ ПРАВИЛА В ОТНОШЕНИИ ОХРАНЯЕМЫХ РАЙОНОВ И СООРУЖЕНИЙ	
ОСОБО УПРАВЛЯЕМЫЕ РАЙОНЫ АНТАРКТИКИ (ОУРА) И ОСОБО ОХРАНЯЕМЫЕ РАЙОНЫ АНТАРКТИКИ (ООРА)	• Деятельность в ООРА и ОУРА должна соответствовать положениям соответствующего Плана управления и ограничениям в отношении ведения деятельности в этих районах. • Для входа в любой ООРА требуется разрешение национального компетентного органа. Носите это разрешение с собой и соблюдайте все его условия во время посещения ООРА. • Заранее проверьте расположение и границы ООРА и ОУРА и ознакомьтесь с положениями их Планов управления (все они имеются на сайте Секретариата Договора об Антарктике (www.ats.aq).
ИСТОРИЧЕСКИЕ МЕСТА И ПАМЯТНИКИ (ИМП) И ДРУГИЕ СООРУЖЕНИЯ	• Некоторые исторические хижины определены как ООРА, для посещения которых требуется разрешение. Посещения должны осуществляться согласно положениям соответствующего плана управления. • В некоторых случаях исторические хижины и сооружения можно посещать в туристических, рекреационных и образовательных целях. Посетители не должны использовать их для других целей, за исключением экстренных случаев. • Не повреждайте, не удаляйте, не разрушайте и не изменяйте никакие исторические места, памятники или артефакты, а также другие здания или аварийные убежища (занятые или незанятые). • Изучите соответствующие принятые КСДА Правила поведения для посетителей участков, касающихся конкретных исторических мест, памятников, предметов или зданий и других сооружений в окрестностях. • Перед тем как войти в какое-либо историческое сооружение, очистите обувь от снега и песка и удалите снег и воду с одежды, так как это может привести к повреждению сооружений или артефактов. • Перемещаясь по историческим местам, старайтесь не наступать на артефакты, которые могут скрываться под отложениями или снегом. • Если вам попадется предмет, который может иметь историческую ценность и о котором власти могут не знать, не трогайте и не сдвигайте его. Сообщите о нем своему руководителю экспедиции или НКО. • Список официально определенных ИМП можно найти на сайте СДА.
УВАЖАЙТЕ НАУЧНЫЕ ИССЛЕДОВАНИЯ	
	• Некоторые антарктические станции могут принимать посетителей по предварительной договоренности. Получите разрешение перед посещением антарктических станций.

	• Подтвердите запланированные посещения заранее или в соответствии с инструкциями, предоставленными менеджером станции до прибытия. • Помимо этого общего руководства, при посещении антарктических станций соблюдайте все правила участков или правила для посетителей. • Не вмешивайтесь и не удаляйте научное оборудование или маркеры, не нарушайте места экспериментальных исследований, полевые лагеря или складские запасы.
СОХРАНИТЕ ДЕВСТВЕННУЮ ПРИРОДУ АНТАРКТИКИ – НЕ ОСТАВЛЯЙТЕ СЛЕДОВ СВОЕГО ПОСЕЩЕНИЯ	
ОТХОДЫ	• Не выбрасывайте мусор или отходы на суше и не сбрасывайте их в море. • Курение запрещено, за исключением специально отведенных мест на станциях или в лагерях, во избежание засорения и риска возгорания сооружений. Соберите пепел и мусор для утилизации за пределами Антарктики. • Обеспечьте обращение с отходами в соответствии с Приложениями III (удаление отходов) и IV (загрязнение моря) Протокола по охране окружающей среды к Договору об Антарктике. • Убедитесь, что все имущество, оборудование и отходы всегда надежно закреплены таким образом, чтобы предотвратить их распространение в окружающую среду из-за сильного ветра или добывания корма представителями фауны.
ЦЕННОСТИ ДИКОЙ ПРИРОДЫ	• Не тревожьте и не загрязняйте озера, ручьи, реки и другие водоемы (например, ходьбой, умыванием или мытьем снаряжения, бросанием камней и т. д.) • Не пишите и не вырезайте имена и другие граффити на искусственных или природных поверхностях Антарктики. • Не берите с собой сувениры, будь то предметы искусственного, биологического или геологического происхождения, включая перья, кости, яйца, растительность, почву, камни, метеориты и окаменелости. • По возможности размещайте палатки и оборудование на снегу или в ранее использовавшихся местах.
БУДЬТЕ В БЕЗОПАСНОСТИ	
МЕРЫ ПРЕДОСТОРОЖ-НОСТИ/ ПОДГОТОВКА	• Будьте готовы к суровой и переменчивой погоде. Убедитесь, что ваша экипировка и одежда соответствуют антарктическим стандартам. Помните, что окружающая среда Антарктики негостеприимна, непредсказуема и потенциально опасна. • Знайте свои возможности и опасности, исходящие от окружающей среды Антарктики, и действуйте соответственно. Планируя деятельность, всегда помните о безопасности. • На суше и на море следует держаться на большем расстоянии от потенциально опасных или охраняющих

Приложение: Общее руководство для посетителей Антарктики

	свою территорию представителей фауны, таких как морские котики. По возможности держитесь на расстоянии не менее 15–25 м.
	• Будьте осторожны, где вы идете, поскольку тюлени могут замаскироваться на камнях или между ними. Держитесь на безопасном расстоянии от кромки морского льда и будьте осторожны, переступая через трещины в морском льду.
	• Поморники – очень территориальные птицы, они нападают на незваных гостей, приближающихся к их гнездам. Если это произойдет, отступите от места атаки.
	• Любые представители фауны, даже пингвины, могут нанести вам серьезный вред. Не стоит недооценивать риски.
	• Если вы путешествуете в группе, следуйте указаниям и инструкциям своих гидов. Не отрывайтесь от своей группы, так как выживание в Антарктике может стать вопросом нескольких минут (особенно в случае острого переохлаждения).
	• Нельзя ходить по поверхности ледников или крупных снежных полей без надлежащего оборудования и опыта. Существует реальная опасность провалиться в скрытые трещины.
	• Будьте бдительны в непосредственной близости от мест отелов ледников. Отламывающиеся куски льда могут вызвать опасные волны.
	• Будьте особенно внимательны при лазании по скалам и/или валунам, так как таяние вечной мерзлоты при изменении температуры увеличивает риск схода лавин.
	• Не рассчитывайте на спасателей. Правильное планирование, высококачественное оборудование и специально обученный персонал обеспечивают большую самодостаточность и уменьшают риски.
	• В аварийные убежища можно входить только в случае чрезвычайных ситуаций. Если вы использовали оборудование или продукты питания, которые находились в убежище, то по окончании чрезвычайной ситуации сообщите об этом ближайшей исследовательской станции или компетентному национальному органу, который одобрил/разрешил деятельность посетителей в Антарктике.
	• Соблюдайте все ограничения на курение. Категорически не рекомендуется использование фонарей с горелками и открытого огня в исторических сооружениях или возле них. Принимайте все меры предосторожности, чтобы не допустить возникновения пожара. Это реальная опасность в сухих условиях Антарктики.

ТРЕБОВАНИЯ В ОТНОШЕНИИ ВЫСАДКИ И ТРАНСПОРТА	
ТРАНСПОРТ	• Используя летательные аппараты, суда, малые плавательные средства, транспортные средства на воздушной подушке или другие транспортные средства, не тревожьте представителей фауны в море и на суше.
	• Избегайте полетов над скоплениями птиц и млекопитающих. Следуйте рекомендациям, определенным в Резолюции 2

	(2004 г.) Руководство по воздушным операциям вблизи скоплений птиц в Антарктике.
	• Заправка воздушных судов (самолетов и вертолетов) должна производиться таким образом, чтобы свести к минимуму разливы и использовать подходящее оборудование для локализации разливов.
	• Заправка топливных баков малых плавсредств должна производиться таким образом, чтобы разливы можно было локализовать (например, на борту судна).
	• До начала любых операций по транспортировке с морского судна на берег следует убедиться, что на малых плавсредствах нет почвы, растений и животных.
	• Курс и скорость малых плавсредств всегда должны контролироваться таким образом, чтобы свести к минимуму беспокойство представителей фауны и избежать столкновений с ними.
МОРСКИЕ СУДА[2]	• Одновременно участок может посещать только одно морское судно.
	• Судам, имеющим более 500 пассажиров на борту, запрещено производить высадку в Антарктике.
ВЫСАДКА ПАССАЖИРОВ С СУДОВ	• С судна на берег одновременно могут высадиться не более 100 человек, если рекомендации для конкретного участка не предусматривают меньшее количество пассажиров.
	• На всех участках во время высадки с судна соотношение гидов и пассажиров должно составлять 1:20, если рекомендации для конкретного участка не предусматривают большее количество гидов.

---

[2] Морское судно определяется как судно, на борту которого может находиться более 12 пассажиров.

www.ingramcontent.com/pod-product-compliance
Lightning Source LLC
LaVergne TN
LVHW081540070526
838199LV00057B/3722